ドイツ封建社会の城塞支配権

櫻井利夫

ドイツ封建社会の城塞支配権

学術選書
159
西洋法制史

信山社

序

　本書は著者の三作目の著書である。処女作『中世ドイツの領邦国家と城塞』（2000年，創文社刊）は，中世後期の14世紀前半期について，トリール大司教の中世ランデスヘルシャフト形成の際に城塞ないし大司教の城塞政策はいかなる役割を果たしまたいかなる意義をもったのかを考察した。特にこの拙著の第四章「城塞とアムト制」において，著者は城塞の周囲に城主の支配区，城塞区が存在すると同時に，城塞を中核とするアムト管区それ自体もまた城塞区として把握されうることを究明した。この城塞の周囲の支配区，城塞区，アムト管区，つまり城塞の周辺領域という視角が，中世後期に先立つ11-13世紀の所謂「封建制社会の第二期」について，ドイツにフランス型のシャテルニーchâtellenie（城主支配領域，城主支配圏，城主領等と訳される）は存在したのかという第二作目の著書『ドイツ封建社会の構造』（2008年，創文社刊）の中心的研究課題へと発展していった。したがって，処女作と第二作目の各著書が考察対象とした時期こそ中世盛期（11-13世紀）と中世後期（14世紀前半期）と異なっているが，しかし共通の問題関心がこの両著作を貫いており，これらの著作は切り離すことができない姉妹篇をなしているのである。

　問題関心の点でこの二著はドイツにもフランス型のシャテルニー，ドイツ語のBurgherrschaft（城塞支配権）の存在自体を究明することを主な研究課題としたために，城塞の周囲に形成された城塞支配権の内部構造ないし城主支配権の具体的な構成要素を究明するまでには至らなかった。

　したがって，中世盛期，特に12世紀から13世紀中葉までの時期について，城塞支配権の内部構造を究明しかつ考察することが，必然的に本書の中心課題となることになった。ただし，本文でも言及したように，この課題を果たすべき基礎となるドイツの史料の伝承状況が不都合であったために，この課題の解決には大きな困難が伴ったことをここで敢えて告白せざるをえないのも事実である。しかし，文献と史料を渉猟していく中で，この問題を究明するのに正にうってつけの史料集ともいうべき „Codex Falkensteinensis“『ファルケンシュタイン証書集』（12世紀後半期の成立）に遭遇し，この問題の究明に本格的に取り組むことができる幸運に恵まれた。現在本書の形でこの間の研究成果を纏め公刊する日を迎えることができたことは，著者の望外の喜びである。

　本書の内容に関し，第1篇は上記の『ファルケンシュタイン証書集』を史料

的基礎としつつ，ファルケンシュタイン伯 Graf von Falkenstein が所有する四つの城塞について，その城塞支配権の内部構造を考察するものである。第2篇「神聖ローマ帝国におけるシャテルニー ── 城塞の「付属物」の視角から ──」は，城塞支配権が中世の帝国に遍く存在したことを主に皇帝・国王証書に基づき史料に即して明らかにすることを試みたものである。したがって，第2篇は第二の著書『ドイツ封建社会の構造』の直接の延長線上にあり，さらに第二の著書の課題を一層発展させようとしたものである。第3篇「13世紀ヴェルフェン家の城塞支配権とアムト制」はフランスやドイツ西部のラインラントから比較的遠く離れた地方においても城塞支配権の存在が認められ，かつこの城塞支配権がランデスヘルシャフト Landesherrschaft（領邦支配権）の地方行政組織たるアムト制 Amtsverfassung の基礎をなしたことを明らかにすることを試みたものである。この第3篇は，問題関心の系譜から見て，処女作『中世ドイツの領邦国家と城塞』の第4章「城塞とアムト制」の直接の延長線上に位置するものといえよう。

　次に，本書の所収論文の初出は以下の通りである。

　第1篇　「中世盛期バイエルンの貴族ファルケンシュタイン伯の城塞支配権」
　　　　のうち第1章序説」：（原題）「中世盛期バイエルンの貴族ファルケンシュ
　　　　タイン伯の城塞支配権序説」，『金沢法学』56巻2号，平成26年
　第2篇　「神聖ローマ帝国におけるシャテルニー ── 城塞の「付属物」の視
　　　　角から ──」：（原題も同様），『金沢法学』53巻2号，平成23年
　第3篇　「13世紀ドイツ北東部ヴェルフェン家の城塞支配権とアムト制」：
　　　　（原題）「13世紀ヴェルフェン家の城塞支配権とアムト制」，『金沢法学』55
　　　　巻2号，平成25年

本書への転載を快諾された金沢大学法学系の関係教員に厚く御礼申し上げたい。

　上記の初出論文のうち「第1篇」は「第1章序説」以外は，すべて本書のための書き下ろしである。また第1篇のうち，「第2章 ファルケンシュタイン伯の支配権的権利」と「第3章 ノイブルクの城塞支配権」の主な趣旨は，法制史学会近畿部会新年例会（第436回例会）（平成27年1月24日京都大学で開催）において，「中世盛期バイエルンの貴族ファルケンシュタイン伯の城塞支配権 ── ノイブルク城塞を例として ──」の題名で報告し，参加者から種々の

貴重な意見と示唆を与えられた。ここに記して謝意を表したい。その他「第1篇」の「第1章序説」，第2篇，第3篇は，初出論文に加筆修正の上，本書に収録したものである。また，第2篇の主な趣旨は「ヨーロッパ中世史研究会」（平成21年12月5日青山学院大学で開催）において同じ題名で研究報告を行い，参加者から忌憚のない意見と貴重な示唆を与えられた。記して謝意を表したい。なお，第1篇は平成23-26年度，第2篇は平成21-22年度，第3篇は平成23-24年度日本学術振興会科学研究費補助金基盤研究(C)による研究成果の一部である。ここに記して関係各位に深く謝意を表したい。

　本書が生まれるについては，ここに一々名前を記すことができないほど多くの先学，学友，同僚の方々からご配慮を頂いた。特に，東北大学名誉教授小山貞夫先生からは，著者の学部学生時代以来研究その他全般についてご指導とご鞭撻を給わった。また信山社の袖山貴氏および稲葉文子氏には学術出版が一層困難になりつつある昨今の状況にもかかわらず，本書の出版を快く引き受けて下さっただけでなく，出版に必要な煩瑣な手続きの全般について格別のご配慮を給わった。厚く御礼申し上げたい。さらに，本書への図版の転載を快諾されたミュンヘンのバイエルン州立中央文書館（Bayerisches Hauptstaatsarchiv München）の関係各位と郁文堂編集部柏倉健介氏にも厚く御礼申し上げたい。

　最後に，本書の刊行には独立行政法人日本学術振興会による平成29年度科学研究費補助金　研究成果公開促進費（学術図書　課題番号17HP5136）の交付を受けた。関係各位に深く謝意を表したい。

　2017年4月10日

金沢にて

櫻　井　利　夫

目　　次

序

　凡　例

第1篇　中世盛期バイエルンの貴族ファルケンシュタイン伯の城塞支配権 ………3

第1章　序　　説 ……5

　第1節　は じ め に ……5

　第2節　ファルケンシュタイン証書集 ……18

　　1．写本の成立時期，作成の目的，伝承史 ……18

　　2．写本の内容 ……24

　第3節　ファルケンシュタイン伯の系譜 ……26

　　1．ヴァイアルン＝ノイブルク家系とファルケシュタイン＝
　　　ヘルンシュタイン家系 ……26

　　2．ジボトー4世とそれ以後の世代 ……35

　第4節　小　　括 ……40

第2章　ファルケンシュタイン伯の支配権的権利 ……47

　第1節　グラーフシャフト＝アムトの中核としての城塞 ……47

　第2節　支配権的権利 ……56

　　1．ハントゲマール ……56

　　2．レーエン法上の権利 ……59

　　⑴　封臣としての諸権利（59）

　　⑵　封主としての諸権利（65）

　第3節　小　　括 ……77

第3章　ノイブルクの城塞支配権 ……79

　第1節　は じ め に ……79

　第2節　グルントヘルシャフト ……79

　第3節　フォークタイないしフォークトとして保持する諸権利 ……93

　第4節　伯として保持する裁判権 ……112

ix

目　次

　　　第5節　小　　　括 ……………………………………… *123*

　第4章　ファルケンシュタインの城塞支配権 ……………… *131*
　　　第1節　は じ め に ……………………………………… *131*
　　　第2節　グルントヘルシャフト ………………………… *131*
　　　第3節　フォークタイないしフォークトとして保持する諸権利 …… *135*
　　　第4節　伯として保持する裁判権 ……………………… *140*
　　　第5節　小　　　括 ……………………………………… *142*

　第5章　ハルトマンスベルクの城塞支配権 ………………… *147*
　　　第1節　は じ め に ……………………………………… *147*
　　　第2節　グルントヘルシャフト ………………………… *147*
　　　第3節　フォークタイないしフォークトとして保持する諸権利 …… *152*
　　　第4節　伯として保持する裁判権 ……………………… *163*
　　　第5節　小　　　括 ……………………………………… *163*

　第6章　ヘルンシュタインの城塞支配権 …………………… *171*
　　　第1節　は じ め に ……………………………………… *171*
　　　第2節　グルントヘルシャフト ………………………… *175*
　　　第3節　フォークタイないしフォークトとして保持する諸権利 …… *178*
　　　第4節　伯として保持する裁判権 ……………………… *178*
　　　第5節　小　　　括 ……………………………………… *186*

　結　　　語 …………………………………………………… *193*

第2篇　神聖ローマ帝国におけるシャテルニー
　　　── 城塞の「付属物」の視角から ── ………………… *213*

は じ め に ……………………………………………………… *215*

第1章　城塞の成立と発展 …………………………………… *218*

第2章　シャテルニーを示す用語とその具体的権限 ……… *223*

第3章　ドイツ王国における付属物の意味 ………………… *225*

第4章　付属物に関するドイツの諸学説 …………………… *231*

第5章　ドイツ，ブルグント，イタリアにおける付属物 …… *243*

目　次

第6章　付属物との関連で興味深い，都市ローマに関する
　　　　二つの証書 ……………………………………………249

第7章　主に皇帝フリードリッヒ1世の時代（1152-90年）の
　　　　証書 ………………………………………………………253

む　す　び ………………………………………………………259

第3篇　13世紀ドイツ北東部ヴェルフェン家の城塞支配権
　　　　とアムト制 ………………………………………………267

は　じ　め　に ……………………………………………………269

第1章　1202年のラント分割契約 …………………………275

第2章　1223年皇帝オットーの死亡と宮中伯ハインリッヒによる
　　　　相続人の指定 ……………………………………………297

第3章　1235年オットー幼童公の帝国諸侯身分への昇格 …………301

第4章　1267年のラント分割契約 …………………………307

むすびと展望 ……………………………………………………313

文献目録（321）
事項・地名・人名索引（333）

凡　例

略記号

a. a. O.	am angeführten Ort	gesamm.	gesammelt
aktual.	aktualisiert	Hrsg.	Herausgeber
Anm.	Anmerkung	hrsg.	herausgegeben
Art.	Artikel	Jg.	Jahrgang
Aufl.	Auflage	Nachdr.	Nachdruck(e)
Ausg.	Ausgabe	Neudr.	Neudruck
Bd., Bde	Band, Bände	NF	Neue Folge
Bearb.	Bearbeiter	Nr.	Nummer
bearb.	bearbeitet	Reg.	Regest
Ders.	Derselbe	S.	Seite
Dies.	Dieselbe	Sp.	Spalte
Diss.	Dissertation	überarb.	überarbeitet
durchg.	durchgesehen	unveränd.	unverändert
erg.	ergänzt	veränd.	verändert
erw.	erweitert	verb.	verbessert(e)
f.	folgende Seite	vgl.	vergleich[e]
ff.	folgende Seiten		

略記法

F. Töpfer : Töpfer, Friedrich(Hrsg.) : Urkundenbuch für die Geschichte des gräflichen und
　　freiherrlichen Hauses der Vögte von Hunolstein, I Bd., 1866, II. Bd., 1867, III. Bd., 1872.

HHSD Bd. II : Handbuch der Historischen Stätten Deutschlands, II. Bd. : Niedersachsen
　　und Bremen, hrsg.von K. Brüning und H. Schmidt, 5., verb. Aufl., 1986.

HHSD Bd. VII : Handbuch der Historischen Stätten Deutschlands, Bd. VII : Bayern, hrsg. von
　　K. Bosl, 3. Aufl., 1961.

HRG I , II, III, IV, V : Handwörterbuch zur Deutschen Rechtsgeschichte, hrsg. von A. Erler
　　und E. Kaufmann, I . Bd., 1971, II. Bd., 1978, III. Bd., 1984, IV., Bd., 1990, V. Bd., 1998.

HRG, 2. Aufl., I , II: Handwörterbuch zur Deutschen Rechtsgeschichte, 2., völlig überarb.
　　und erweit. Aufl., Bd. I , hrsg. von A. Cordes, H. Lück, D. Werkmüller und R.
　　Schmidt-Wiegand, 2008. Bd. II, hrsg. von A. Cordes, H. Lück, D. Werkmüller und Ch.
　　Bertelsmeier-Kierst als philologischer Beraterin, 2012.

HRG, 2. Aufl., 17.-23. Lieferung : Handwörterbuch zur Deutschen Rechtsgeschichte, 2.,
　　völlig überarb. und erweit. Aufl., 17.-23. Lieferung, hrsg. von A. Cordes, H-P. Haferkamp,
　　H. Lück, D. Werkmüller und Ch. Bertelsmeier-Kierst als philologischer Beraterin,
　　2013-2016.

HZ : Historische Zeitschrift

xii

凡　例

K. Lamprecht, DWL Ⅲ : Lamprecht, Karl : Deutsches Wirtschaftsleben im Mittelalter. Untersuchungen über die Entwicklung der materiellen Kultur des platten Landes auf Grund der Quellen zunächst des Mosellandes, hrsg. von Karl Lamprecht, unveränd. Neudr. der Ausg. 1885-86, 1960, Ⅲ. Quellensammlung.

LM Ⅰ, Ⅱ, Ⅲ, Ⅳ, V : Lexikon des Mittelalters, Bd. Ⅰ, 1980, Bd. Ⅱ, 1983, Bd. Ⅳ, 1989, Bd. V

MGH : Monumenta Germaniae Historica.

— DD : Diplomata regum et imperatorum Germaniae

— SS : Monumenta Germaniae Historica. Scriptores

MRUB : Beyer, Heinrich , Eltester, Leopold und Adam Goerz (Bearb.) : Urkundenbuch zur Geschichte der jetzt die Preussischen Regierungsbezirke Coblenz und Trier bildenden mittelrheinischen Territorien, Bd. 1, Neudr. der　Ausg. 1860, 1974, Bd. 2, Neudr. der Ausg. 1865, 1974, Bd. 3, Neudr. der Ausg. 1860, 1974.

Rhein. Vjbll. : Rheinische Vierteljahrsblätter

VF : Vorträge und Forschungen, hrsg. vom Konstanzer Arbeitskreis für mittelalterliche Geschichte

ZRG. : Zeitschrift der Savigny-Stiftung für Rechtsgeschichte.

— GA. Abt. : Germanistische Abteilung

— KA. Abt. : Kanonistische Abteilung

xiii

ドイツ封建社会の城塞支配権

第1篇

中世盛期バイエルンの貴族
ファルケンシュタイン伯の城塞支配権

第1章　序　説

第1節　はじめに

　著者はすでに中世盛期のライン河中流域の諸城塞[1]，北ドイツのヴェルフェン家の支配領域の諸城塞を始めとして[2]，さらに一般的に中世盛期の帝国全体の城塞についても[3]，城塞の周囲に形成された支配権を城塞支配権 Burgherrschaft，換言すればフランス型のシャテルニー châtellenie（「城主支配領域」，「城主支配圏」，「城主領」等）として把握することができることを主張した。同時に，このように把握することによって，ヴィリカツィオーン制 Villikationsverfassung（領主直営地型荘園制）（11世紀まで）──→ 城塞支配権（城塞区制）（12世紀から13世紀中葉まで）──→ ランデスヘルシャフトのアムト制（13世紀中葉以後）──→ 近現代国家の地方行政区（郡 Landkreis）という発展系列を展望することができることも指摘した[4]。したがって，城塞支配権，つまり貴族たる城主が城塞を中核としつつその周囲に集積した支配権は，ドイツ中世封建社会の展開に寄与した無視すべからざる起動力の1つと評価することができるのである。正に歴史における城塞支配権のこのような起動力としての意義と役割を明らかにすることにこそ，研究の目的があると言っても過言ではない。ただし，上記の拙論は中世ドイツの可能な限り多くの城塞について，その周囲に形成された支配権を城塞支配権（シャテルニー）として把握しうることを考察の目的としたという事情のために，城塞支配権の存在を突き止

---

(1)　拙稿「ドイツ封建社会における城塞とシャテルニー ── 中部ライン領域を例として ──」，小山貞夫先生古稀記念論集編集委員会編『西洋法制史学の現在 小山貞夫先生古稀記念論集』2006年，所収，133-305頁，拙稿「ドイツ封建社会における城塞とシャテルニー ── 中部ライン領域・マンダーシャイトの2つの城塞とケルペン城塞の例 ──」，『金沢法学』34巻2号，2007年，81-113頁，拙著『ドイツ封建社会の構造』2008年。

(2)　拙稿「13世紀ヴェルフェン家の城塞支配権とアムト制」，『金沢法学』55巻2号（梅田康夫教授，中山博善教授，井上英夫教授，鹿島正裕教授退職記念号）2013年，65-119頁。

(3)　拙稿「神聖ローマ帝国におけるシャテルニー ── 城塞の「付属物」の視角から ──」，『金沢法学』53巻2号，2011年，43-98頁。

(4)　上掲拙稿「13世紀ヴェルフェン家の城塞支配権とアムト制」，116頁。

めることに主眼が置かれ，城塞支配権の具体的な様相あるいは内部構造それ自体に論及することはほとんどなかった。しかし，専ら城塞守備勤務を果たす家臣 Burgmann（城塞守備封臣，城臣）とその日常的な支配に係わる行動について，著者はすでに考察を行っている[5]。そこでこの第1篇は中世盛期のドイツ南東部，オーバーバイエルン Oberbayern の貴族ファルケンシュタイン伯 Graf von Falkenstein が所有する城塞を取り上げ，その周囲に形成された支配権を城塞支配権として把握しうることを明らかにすると同時に，この城塞支配権の内部構造をも究明することを目的とするものである。

　先ず上記の拙稿で触れなかった城塞支配権の研究をめぐる学会動向に，簡単に言及することにしたい。フランス史学では M・ブロック Bloch の刺激を受けた G・デュビイ Duby の研究『マコン地方における 11 世紀と 12 世紀の社会 La société aux XIᵉ et XIIᵉ siècles dans la region mâconnaise』が 1953 年に公刊されて以来，シャテルニーに関する研究が著しい活況を呈してきたのに対して，ドイツでは，最近城塞の歴史的＝法制史的研究が大いに活発化してきたにもかかわらず，シャテルニーの対応物というべき城塞支配権の研究はなお立ち遅れを示していると言わざるをえない[6]。また城塞支配権の内部構造の研究となると，管見の範囲では，いよいよもって見当たらないと言っても過言ではないように思われる。

　ヨーロッパ全体に目を転じるならば，例えばフランスの歴史家 R・フォシエ Fossier は『中世事典 Lexikon des Mittelalters』の „Kastellanei"（「シャテルニー」）の項目で，ヨーロッパにシャテルニーが一般的に存在したことを前提とすると同時に，これを西部・中央ヨーロッパと東ヨーロッパの二類型に区別する。さらにフォシエは西部・中央ヨーロッパの類型を，シャテルニーの特徴の著しい地域的な相違に基づき，四つの類型に区別する。つまり，1. 独立的なシャテルニーが現れる中部・東部・南部フランス（マコン Mâcon，オーヴェルニュ Auvergne，ガスコーニュ Gascogne，プロヴァンス Provence，ロートリンゲン Lotharingien）の類型，2. これと対極をなす類型として，諸侯（大公，伯＝グ

---

(5) 拙稿「14 世紀前半期トリール大司教バルドゥインの治世における城塞とランデスヘルシャフト —— 城塞レーエン政策の視角から ——」，『金沢法学』33 巻 1・2 合併号，1991 年，後に拙著『中世ドイツの領邦国家と城塞』，2000 年，第 1 章として収録，12-34 頁，拙稿「トリール大司教バルドゥインの城塞政策と領邦国家 —— レーエン制の視角から ——」，『金沢法学』34 巻 2 号，後に上掲拙著『中世ドイツの領邦国家と城塞』，第 2 章として収録，50-88 頁を参照。

(6) 拙著『ドイツ封建社会の構造』，2008 年，第 1 章「研究動向の概観」を参照。

ラーフ）の強力な権力によって決定的な影響を受けた地域（フランドル，ノルマンディー，ノルマン王朝以後のイングランド，ザクセン，バイエルン）のシャテルニー ── ここでは，城主は単なる官職保持者として中央権力の監督下に立つ ──（傍点＝著者），3. シャテルニーの発展が生じなかった地域（北部スペイン，中心のパリ盆地，中部イタリア），4. シャテルニーに関して共通の分母に括ることが極めて難しい地域，換言すれば，シャテルニーの発展が極めて早期に行われた地域（ポアトゥ Poitou），またはプランタジュネ Plantagenet 家（西部フランス）やドイツのザーリアー Salier 王権とシュタウフェン Staufen 王権がプレゼンスを維持したために，シャテルニーの発展時期が極めて遅くに生じた地域（上部イタリア，中央ドイツ）の類型である[7]。したがって，シャテルニーの独立性，発展時期等に相違があることに加えて，シャテルニーの発展が見られない例外的な地域の存在が認められるにもかかわらず，しかしフォシエはシャテルニーの存在を全ヨーロッパ的現象と見ていることになる。フォシエはこの所論で，ドイツ，つまり中央ドイツ，ザクセン，そして本論で考察するファルケンシュタイン伯の城塞が位置するバイエルンにもシャテルニーが存在するものと見ていることが注目される。もっとも，その際にフォシエはこのドイツのシャテルニーの内部構造について全く言及してはいないことも付言しておく必要がある。

　なお念のために言えば，フォシエはシャテルニー権力とは，城塞周囲の勢力圏に対して行使される城主の罰令権力 Banngewalt（バン権 Bann）であり，また具体的に罰令権力の内容をなす権利として次のような権利に言及する[8]。軍事罰令権，裁判権，城塞の修理あるいは耕作のための夫役を要求する権利，経済的バン権，軍事罰令権の象徴としてのタイユ税 taille（フランス語）ないしベーデ Bede（ドイツ語）が罰令権力の内容をなすとする。さらに，フォシエは同時にこのバン権＝シャテルニー権力をドイツ語で Burgherrschaft（城塞支配権）とも呼んでいる[9]。

　ヨーロッパにシャテルニーが一般的に存在したことを示す例をもう一つ挙げてみたい。フレデリック・ドルーシュ Frédéric Delouche 綜合編集による『欧州共通教科書 Histoire de l'Europe』の「村，城と裁判領主制」の節の記述によれば，「正に 10 世紀末期から建設が続けられた城塞は，農村と地域の新たな

---

(7) R. Fossier, Kastellanei, in : LM, Bd. V, 1991, Sp. 1036 f.

(8) R. Fossier, a. a. O., Sp. 1036.

(9) R. Fossier, a. a. O., Sp. 1037.

第1篇　中世盛期バイエルンの貴族ファルケンシュタイン伯の城塞支配権

社会的組織化の基礎である。実際確かに，他ならぬ城塞の周囲において農村住民の再組織化が行われている。城塞が（城塞が石造りの城壁と塔という周知の形態を取るには，11世紀を待たなければならないであろうが）極めてしばしば村落の近隣で生まれたときに，農村の定住地はそれ以後城塞の周囲に集中する」。また「土地を所有する家系は多数の騎士を輩出したが，それ以後長い間すでに（確実に，早くも7世紀よりも前から）自身の農奴に対し全権力をもっているが，しかし自身の「従士」とその他の自由身分の従属民に対しても同じく拡大された権力を保持する。古来の荘園領主権 seignerie foncière に「バン」領主権 seignerie banale（古いドイツ語「バン ban」に由来する用語，命令権力）を合わせもった後に，領主は領主権に服する全住民に行使する裁判権力 pouvoirs judiciaires を独占する。その上，領主は税と勤務義務 taxes et services（城塞の維持に役立てられるべき城塞夫役や農村の騎士に与えられるべき接待税）を課す。これらの「バナリテ banalités〔バン権＝罰令権〕」は（税の支払と引き換えに）粉を挽きあるいは穀粒を焼くために城主によって使用させられる設備を利用する義務をも含む」と[10]。G・デュビイは裁判権とその他の強制権からなる城主のこのバン権力をシャテルニー権力として把握している[11]。したがって，F・ドルーシュもまた明らかにバン領主権＝シャテルニーを全ヨーロッパ的な現象と見ていることになる。ただし，改めて指摘するまでもなく，F・ドルーシュもまたフォシエと同様，ドイツのシャテルニーの内部構造については全く言及していない。

　次にドイツにおけるシャテルニーの研究状況について見てみたい。この研究状況を極めて明確に示すのは，ザーリアー朝の後期（11世紀後半から12世紀初め）におけるライン河下流域のラインラントの貴族の生活様式の変化を考察したM・グローテン Groten の研究である。グローテンは先ず，この地域で元来貴族の名前は一語でしかなかったが[12]，1063年から1081年までの時期を境に，ケルン大司教の証書の証人欄に城塞名を姓とする貴族が登場することを確認する[13]。これを踏まえてグローテンは貴族が城塞名を家系の命名基礎と

---

(10)　Histoire de l'Europe. Une initiative européenne de Frédéric Delouche, revised and updated. ed., 1997, p. 134 f.〔フレデリック・ドルーシュ綜合編集，木村尚三郎監修／花上克己訳『ヨーロッパの歴史　欧州共通教科書』，第2版，1998年，134頁，ただし訳文は筆者による〕。

(11)　G. Duby, La société, S. 205 f., 226f., 322 ff.

(12)　M. Groten, Die Stunde der Burgherren. Zum Wandel adliger Lebenformen in den nördlichen Rheinlanden in der späten Salierzeit, in：Rhein. Vjbll, Jg. 66, 2002, S. 74.

8

し始めると同時に，この点に貴族の自己了解の根本的な変化が示されていると
推定する(14)。グローテンはこのような変化を「1080 年頃にラインラントにお
いて貴族の構造転換が生じた」と定式化すると同時に，この新たな貴族の特徴
に関して「婚姻関係によって固められた新たな貴族階層の共通の標識は，城塞
支配権である。命名の基礎となる城塞に，自律的な貴族支配権の要求権が明示
されたのである。カール・シュミット Karl Schmid が定式化したように，「貴
族はその城塞を中心として国王のように支配した」のである」と述べている(15)。
　ただしなお，この引用文が示すように，グローテンは貴族が城塞名を家系の
姓の基礎とすることをもって城塞支配権の成立と捉えている。このことをグ
ローテンの別の指摘もまた物語っている。つまり「城塞支配権確立の第一段階
において，様々な居所〔城塞〕に因んで姓を名乗る貴族に出会う。その顕著な
例はディートリッヒ・フォン・クレーフェ・ウント・トムブルク Dietrich von
Kleve und Tomburg である。他のグラーフシャフトの中に城塞支配権を維持
することが，新たな形の貴族支配権の特徴をなす，ということを前提するなら
ば，そのような処置は理解できることになる」という指摘である(16)。したがっ
て，グローテンの研究の趣旨は，城塞名を家系の姓の基礎とする貴族の登場は，
貴族の構造転換を反映し，城塞支配権はこの新たな形の貴族支配権の現象形態
であるという点にあり，城塞支配権の内部構造を明らかにする点にあるのでは
ない。
　グローテンはラインラントの地域で 11 世紀末期以後，貴族の城塞支配権つ
まりシャテルニーが登場してくることを検討した後，結論部で，次のように締
め括る。「ライン地方の状況はいかにして帝国とその他のヨーロッパの発展の
中に組み入れられるかを，我々は最後になお問題としたい。類似の現象は，徹
頭徹尾ドイツの他のいろいろな地域で観察された。……11 世紀の史料の中で
どこでも把握可能となる貴族の現象形態の変化についての説明モデルを，もっ
と大きな領域のレベルで議論する地方史研究はまだほんの僅かしかない。そ
のような地方史研究の基礎の上に立って初めて，帝国における発展が首尾一
貫して叙述されまた解釈されうるであろう」(17)。また，「フランスの歴史研究

---

(13)　M. Groten, Die Stunde der Burgherren, 78, 84 ff., 88 ff.
(14)　M. Groten, Die Stunde der Burgherren, S. 79.
(15)　M. Groten, Die Stunde der Burgherren, S. 96.
(16)　M. Groten, Die Stunde der Burgherren, S. 96.
(17)　M. Groten, Die Stunde der Burgherren, S. 108 f.

第1篇　中世盛期バイエルンの貴族ファルケンシュタイン伯の城塞支配権

は城主，つまり châtelains の現象にもっと明確に気がついている。そのような
châtelains はバン領主権 Bannherrschaften（seigneurie banale）の保持者とし
て，フランスの様々な地域で 10 世紀の末期以後，11 世紀初め以後はますます
多く，史料に登場する。……ジョルジュ・デュビイは城塞支配権の成立をフラ
ンスの初期中世国制史における決定的な区切りであると評価した」[18]。「フラ
ンスの視角から見れば，ライン地方の所見は，西フランクの最後のカロリング
家やカペー家の初期の国王の時代に，現在のフランスの広い地域で始まった過
程の一断面として現れる。ハインリッヒ 4 世の治世のザーリアー家の支配権の
危機は，ドイツ帝国における城塞支配権の現象の拡大という帰結をもたらした。
上述したように，このヨーロッパ的な広がりをもつ過程の個別的な段階は，帝
国についてなお一層詳細な解明を必要とする。11 世紀初期のライン地方の貴
族の生活世界の諸変化についての我々の考察が，そのための礎石を提供するよ
う期待される」と[19]。グローテンのこの主張は，フランス史学では城主とそ
のバン領主権＝シャテルニー権力の歴史的意義に関する研究が進展しているの
に対して，ドイツ史学は，11 世紀以後ドイツにおいても城主とそのシャテル
ニー権力の現象が感知されるのもかかわらず，そもそもまだこの現象に対して
関心が向けられることが極めて稀であること指摘するとともに，さらにこの現
象はヨーロッパ的な広がりをもつ現象であるために，今後ドイツについても地
方史と帝国の双方のレベルで研究すべきことを要請するものであると解釈され
る。

　グローテンによる指摘の直前，1997 年に L・クーヘンブーフ Kuchenbuch
がすでに「城塞を中心とした騎士の支配権」の研究が行われるべきことを要請
していたが[20]，その後 2005 年に W・ヘヒベルガー Hechberger は「クーヘン
ブーフによって要請された，城塞を中心とした支配権の成立についての研究は，
史料状況を考慮すると，実行することは困難というほかないであろう」と論評
している[21]。このように，グローテン，クーヘンブーフ，ヘヒベルガー等最
近の論者の指摘は，ドイツの城塞支配権＝シャテルニー権力ないしその内部構

---

(18)　M. Groten, Die Stunde der Burgherren. S. 109.

(19)　M. Groten, Die Stunde der Burgherren. S. 110.

(20)　L. Kuchenbuch : Potestas und Utilitas. Ein Versuch über Stand und Perspektiven
　　　def Forschung zur Grundherrschaft im 9.-13. Jahrhundert, in : HZ., Bd. 265, 1997, S.
　　　130.

(21)　W. Hechberger, Adel im fränkisch-deutschen Mittelalter. Zur Anatomie eines
　　　Forschungsproblems, Habilitationsschrift Passau 2003, 2005 S. 232f..

第 1 章　序　　説

造に関する研究は，史料の伝承状況の悪さのために，依然として存在しないこ
とを，明確に物語っている。

　なお，念のために銘記しておくべき点がある。それは，クーヘンブーフと
ヘヒベルガーを除いて確認したように，以上に取り上げた論者はいずれもド
イツの Burgherrschaft をフランスの châtellenie ないし seigneurie banale と
同一視していることである。言い換えれば，ドイツの城塞支配権とフランス
のシャテルニーはいずれもバン領主権であり，したがって同質的なものとし
て，相互に対応するものと捉えられているのである。換言すれば，学術用語
として，ドイツ語の Burgherrschaft はフランス語の châtellenie に対応する
ものと捉えられているといってよい。ドイツの城塞史家 Th・ビラー Biller も
またドイツの貴族城塞に関する著書の中で，北フランスで 11 世紀に貴族と騎
士 milites が国王の支配権的諸権利を簒奪しつつ，小規模な領域で創り出した
新しい形式の支配権を「バンヘルシャフト Bannherrschaft」ないし「城塞支
配権 Burgherrschaft（シャテルニー châtellenie）」と呼んでいる[22]。Th・ビ
ラーの指摘もまたドイツの Burgherrschaft をフランスの châtellenie ないし
seigneurie banale と同一視していることを示している。

　最後に，日本の研究状況について簡単に言及したい。第二次世界大戦後，封
建社会の基礎細胞をグルントヘルシャフトと見る世良晃志郎氏と，シャテル
ニーと見るフランス史学（木村尚三郎氏，井上泰男氏，鯖田豊之氏等）の間で活
発な論争が展開された[23]。この論争の過程で，とりわけドイツに関して本論

---

(22)　Th. Biller, Die Adelsburg in Deutschland. Entstehung – Gestalt – Bedeutung, 2.
　　　Aufl.,1998, S. 54 f.
(23)　この論争について，差当たり以下の文献を参照。堀米庸三「中世国家に関する二
　　　つの研究 ── 世良晃志郎・封建制社会の法的構造，高柳信一・近代プロイセン国家
　　　成立史序説 ──」，『国家学会雑誌』69 巻 1・2 合併号」，石川武「Grundherrschaft,
　　　Bannherrschaft, Gerichtsherrschaft ──封建社会における「荘園制」の位置をめぐっ
　　　て ──」，『北大史学』3 号，1955 年，井上泰男「フランス領主制の基本的特質」，『史
　　　学雑誌』65 編 1 号，1956 年，同『西欧社会と市民の起源』1976 年，同「ヨーロッパ
　　　封建社会論」，木村尚三郎外編集『中世史講座 5 封建社会論』所収，1985 年，木村尚
　　　三郎「フランス封建王制，その確立過程，帰結」，『史学雑誌』64 編 10 号，1955 年，
　　　同「フランス封建制の成立 ── 11 世紀における城主支配圏・バン領主支配圏の形成」，
　　　『法制史研究』8 号，1958 年，同「中世フランスの農村構造と領主権力 ── G・デュビー
　　　の新著をめぐって ──」，『法学会雑誌（東京都立大学）』4 巻 2 号，1964 年，同「中世
　　　フランスの農村構造と領主権力（承前）── G・デュビーの新著をめぐって ──」，『法
　　　学会雑誌（東京都立大学）』5 巻 1 号，1964 年，所収，同「大陸封建社会 2 古典的封
　　　建制の成立」，『岩波講座　世界歴史 7　中世 1』，鯖田豊之『封建支配の成立と村落共

第1篇　中世盛期バイエルンの貴族ファルケンシュタイン伯の城塞支配権

とも関連する二つの問題が析出された。第一に，ドイツにおいてシャテルニーに該当するような段階を想定しうるかどうかという問題，第二に城塞管区をシャテルニーと同質的なものと見うるかどうかという問題である[24]。このような学会動向を背景として，塙浩氏はドイツの城塞区とフランスのシャテルニーを統一的に把握しうる手掛りを得ることを一つの目的として，言わば迂回路を取り，この両国の間に位置するフランドル伯領のシャテルニーの究明を試みた[25]。しかし，その後塙氏を始めとして他ならぬドイツの史料それ自体に即したドイツの城塞区ないしシャテルニーに関する研究は現在もなお未だ行われておらず，シャテルニーの内部構造の研究となるとなおのこと皆無であると言っても過言ではないように思われる。日本におけるこの問題に関する研究上の空隙は，M・グローテンやL・クーヘンブーフが示唆するドイツの城塞支配権に関する研究の立ち遅れと同様に，W・ヘヒベルガーが指摘する成立期の城塞支配権に関するドイツの「史料状況」の不都合さに起因するのである。ひとえにドイツの「史料状況」の不都合さの故に，ドイツの城塞支配権＝シャテルニーに関する研究は立ち遅れを示していると言わなければならない。

　以上のヨーロッパとドイツ双方の視角から見た研究動向の概観及び日本の研究状況の確認に基づいて，本論では，細かな点を捨象して，ドイツの城塞支配権とフランスのシャテルニーはいずれもバン領主権の性格を有し，したがって相互に対応する同質的なものであるという前提に立って考察を進めていくことにしたい。前置きが長くなったが，第2章以下で，ファルケンシュタイン伯が所有する四つの城塞の城塞支配権の内部構造を究明することを試み，またこれを通じて，この城塞支配権はフランスのシャテルニーに対応するバン領主権であることを改めて明らかにするよう試みることにしたい。

　次に，ファルケンシュタイン伯の城塞を考察対象とする理由について一言述

　　　同体』，1962，塙浩「書評 石川武著「封建制の成立と封建制社会の《細胞》・木村尚
　　　三郎著「フランス封建制の成立 —— 11世紀における城主支配圏・バン領主支配圏の形
　　　成」，『法制史研究』10号，1960年。さらに世良晃志郎『封建制社会の法的構造』（法
　　　律学大系II法　学理論篇25），1954年，再刊1977年，155-175頁，上掲拙著，12-14
　　　頁も参照。
(24)　世良，上掲書，166頁。
(25)　塙浩「フランドル伯領城主支配圏序説 —— ことにベルギー史学の動きをめぐって
　　　——」，『法学』30巻1号，1966年，その姉妹編として，同「フランドル伯領城主支配
　　　圏制度に関する一所説 —— ガンスホーフ「シャテルニー裁判廷研究」——」，『神戸
　　　法学雑誌』15巻1号，1965年を参照。

第1章 序 説

べておきたい。ファルケンシュタイン伯は12世紀後半期ジボトー4世 Siboto
Ⅳ. の時代に，„Codex Falkensteinens“『ファルケンシュタイン証書集』（以
下必要に応じて『CF 証書集』と略記）として知られている写本を作成したが，
この証書集は中世盛期の俗人貴族が作成しかつ唯一現在まで伝承された世俗
グルントヘルシャフト（荘園領主権）Grundherrschaft の徴税台帳 Urbar や譲
渡帳簿 Traditionsbuch を含んでおり，そのために俗人貴族の歴史と所領に関
する最も重要な史料なのである[26]。これについて，P・フリート Fried もま
た「ヴィッテルスバッハ Wittelsbach 家の発祥地の南東に隣接するファルケン
シュタイン伯のイン河 Inn とマングファル Mangfall 川の間の支配領域は，特
に研究に適している。なぜなら，1180 年頃の時代の有名なファルケンシュタ
イン証書集がその内部組織について初期のかつ完全な洞察を与えてくれるから
である」と述べて，『CF 証書集』の史料としての重要な意義を強調している
[27]。さらに M・シュピンドラー Spindler は，この証書集は「世俗グルントヘ
ルシャフトのかくも早い時期の唯一の我々に伝えられた徴税台帳であり，当時
のドイツの高級貴族の有力な家系の財産状態についての詳細な情報を与えるた
めに，計り知れない価値をもつ経済史，法制史と諸身分の歴史の史料である」
と述べている[28]。さらに R・ファン・デュルメン van Dülmen もまた「中世
の世俗＝貴族支配権のこの唯一伝承された徴税台帳〔＝『CF 証書集』〕は一度
限り我々に支配＝経営の構造を解き明かしてくれる」と指摘する[29]。しかも

---

(26) E. Noichl (Bearb.), Codex Falkensteinensis. Die Rechtsaufzeichnungen der Grafen
von Falkenstein, 1978, S. 63*; W. Rösener, Beobachtungen zur Grundherrschaft
des Adels im Hochmittelalter, in : W. Rösener (Hrsg.), Grundherrschaft und
bäuerliche Gesellschaft im Hochmittelalter (Veröffentlichungen des Max-Planck
Instituts für Geschichte ; 115), 1995, S. 117f. ; Ders., Codex Falkensteinensis. Zur
Erinnerungskultur eines Adelsgeschlechts im Hochmittelalter, in : W. Rösener
(Hrsg.), Adelige und bürgerliche Erinnerungskulturen des Spätmittelalters und der
frühen Neuzeit, 2000, S. 37f.

(27) P. Fried, Hochadelige und landesherrlich-wittelbachische Burgenpolitik im hoch-
und spätmittelatelichen Bayern, in : Die Burgen im deutschen Sprachraum. Ihre
rechts-und verfassungsgeschichtliche Bedeutung Ⅱ (VF, Bd. 19 Teil Ⅱ), 1976, S.
344. ただし，『CF 証書集』の成立年代については，次節を参照。

(28) M. Spindler, Die Anfänge des bayerischen Landesfürstentums (Schriftenreihe zur
bayerischen Landesgeschichte, Bd. 26), Neud. der Ausg. 1937, 1973, S. 36 Anm 2.

(29) G. Diepolder, R. van Dülmen, A. Sandberger, ROSENHEIM. Die Landgerichte
Rosenheim und Auerburg und die Herrschaften Hohenaschau und Wildenwart
(Historischer Atlas von Bayern, hrsg. von der Kommisssion für Bayerische

第1篇　中世盛期バイエルンの貴族ファルケンシュタイン伯の城塞支配権

我々の観点から見て特筆するほどに重要なことは，この唯一伝承された世俗グルントヘルシャフトの証書集において，グルントヘル（荘園領主）たるファルケンシュタイン伯の権利権益は，この伯が所有する四つの城塞の各々に付属する財産複合体として把握され，こうしてこの四つの各城塞を基準として伯の権利権益の記述が行われていることである[30]。したがって，『CF証書集』は世俗グルントヘルの城塞支配権の具体的な在り様を追究するには，この上もなく適切なまた不可欠な史料であるといわなければならない。また別の観点から言えば，世俗グルントヘルの城塞支配権を考察するには，この『CF証書集』は避けて通ることができない史料なのである。しかも『CF証書集』は，後述のように，1166年夏に成立し，その後も1231年まで書き継がれた史料であるために，城塞建設の古典期とされる12・13世紀，換言すれば上述したヘヒベルガーの所謂城塞支配権の「成立」期に属する史料である[31]。このような事情から，『CF証書集』は史料状況の不都合な成立期＝中世盛期について城塞支配権の内部構造の言わば闇に一筋の光明を投じてくれるほとんど唯一の鍵とも言うべき史料なのである。これらの事情が，ファルケンシュタイン伯の城塞を

Landesgeschichte bei der Bayerischen Akademie der Wissenschaften Teil Altbayern, Heft 38), 1978, S. 15 ; F. Andrelang (Bearb.), Landgericht Aibling und Reichsgrafschaft Hohenwaldeck (Historischer Atlas von Bayern, hrsg. von der Kommisssion für Bayerische Landesgeschichte bei der Bayerischen Akademie der Wissenschaften Teil Altbayern, Heft 17), 1967, S.

(30) H. G. Gengler, Ein Blick auf das Rechtsleben Bayerns unter Herzog Otto I. von Witteladsbach〔um 1117-1183〕, 1880, S. 3 ; H. Petz, H. Grauert und J. Mayerhofer (Hrsg.), Drei bayerische Traditionsbücher aus dem XII. Jahrhundert : Festschrift zum 700 jährigen Jubiläum der Wittelsbacher Thronbesteigung, 1880, S.XI-XII ; G. Umlauf, Grund und Boden im Codex Falkensteinensis. Besitz, Besitzrechte und Wirtschaftsführung, Diss. Masch. Wien 1955, S. 40ff. ; F. Andrelang (Bearb.), Landgericht Aibling und Reichsgrafschaft Hohenwaldeck (Historischer Atlas von Bayern, hrsg. von der Kommisssion für Bayerische Landesgeschichte bei der Bayerischen Akademie der Wissenschaften Teil Altbayern, Heft 17) 1967, S. 170 ; E. Noichl (Bearb.), Codex Falkensteinensis, S. 30*f., S. 64*ff. ; W. Rösener, Beobachtungen zur Grundherrschaft, S. 120f. ; Ders., Codex Falkensteinensis, S.45ff. ; Ders., Adel und Burg im Mittelalter. Fragen zum Verhältnis von Adel und Burg aus kulturhistorischer Sicht, in : Zeitschrift für die Geschichte des Oberrheins, 150. Bd. (Der neuen Folge 111. Bd.), hrsg. von Kommission für geschichtliche Landeskunde in Baden-Württemberg, 2002, S. 107f.

(31) 12・13世紀が城塞建設の古典期であることに関し，Burgen in Mitteleuropa, Bd. I, S. 83 (rechts) を参照。

第 1 章　序　　説

考察対象として取り上げる理由である。なお，中世盛期の社会は貴族とその社
会形式から強力な影響を受けていたにもかかわらず，この時代の貴族グルント
ヘルシャフトの構造に関する研究成果は少ないと言わざるをえない[32]。貴族
グルントヘルシャフトの高い意義と，これに関する極めて乏しい知識水準との
間のこの驚くべき食い違いの原因の一つは，貴族グルントヘルシャフトに関す
る史料の伝承が極めて少ないという上記の史料状況にある。

　このように『CF 証書集』は貴族グルントヘルシャフトに関する中世盛期の
唯一の史料であるために，古くから考察の対象に取り上げられてきた。管見の
範囲では，例えば，19 世紀に歴史家 K・H・R・フォン・ラング von Lang の
研究[33]，法制史家 H・G・ゲングラー Gengler の研究[34]，歴史家 H・ペッツ
Petz の研究[35]，教育家 M・A・ベッカー Becker の地方史研究[36]，20 世紀
には，経済史家 K・ラムプ Ramp の研究[37]，同じく経済史家 G・ウムラウフ
Umlauf の研究[38]，歴史家 G・ディーポルダー Diepolder の研究[39]，歴史家

---

(32)　W. Rösener, Beobachtungen zur Grundherrschaft, S. 116. この状況を W・レーゼ
　　ナーは経済史研究の立場から次のように切実な問題として総括している。すなわち
　　「中世グルントヘルシャフトに関する研究分野において，貴族のグルントヘルシャフ
　　トの構造と発展に関する研究は，他の何にも優る課題領域に属する。我々は貴族のグ
　　ルントヘルシャフトに関して，国王・教会・修道院のグルントヘルシャフトに関し
　　て知るよりもはるかに少ない。しばしば嘆かれまた多くのところで該当もする貴族
　　のグルントヘルシャフトについての適切な史料の素材の不足は，既存の証書，徴税
　　台帳，計算書や地代帳をより慎重に検討し利用することを妨げてはならないであろ
　　う」と（W. Rösener, Grundherrschaften des Hochadels in Südwestdeutschland im
　　Spätmittelalter, in : Die Grundherrschaft im späten Mittelalter II, hrsg. von H. Patze
　　(VF, Bd. 27), 1983, S. 87）。
(33)　K. H. R. von Lang, Bayerns alte Grafschaften und Gebiete als Fortsetzung von
　　Bayerns Gauen, urkundlich und geschichtlich nachgewiesen, 1831, S. 46-57.
(34)　H. G. Gengler, Ein Blick auf das Rechtsleben Bayerns unter Herzog Otto I. von
　　Wittelsbach〔um 1117-1183〕, 1880, S. 2-21.
(35)　H. Petz, H. Grauert und J. Mayerhofer (Hrsg.), Drei bayerische Traditionsbücher,
　　S. XI-XXIX.
(36)　M. A. Becker (Hrsg.), Hernstein in Niederösterreich. Sein Gut und das Land im
　　weiteren Umkreise, II. Bd. 2. Hälfte : Geschichte von Hernstein in Niederösterreich
　　und der damit vereinigten Güter Starhemberg und Emmerberg. Bearb. von Josef
　　von Zahn, 1889, S. 26-40, 150-161.
(37)　K. Ramp, Studien zur Grundherrschaft Neuburg-Falkenstein auf Grund des „Codex
　　diplomaticus Falkensteinensis", Diss. München 1925.
(38)　上掲註(30)の G・ウムラウフ Umlauf の論文を参照。
(39)　G. Diepolder, Oberbayerische und Niederbayerische Adelsherrschaften im

15

第1篇　中世盛期バイエルンの貴族ファルケンシュタイン伯の城塞支配権

F・アンドレラング Andrelang の研究[40]，同じく歴史家 P・フリート Fried によるバイエルンの城塞政策に関する研究[41]，古文書学者・歴史家 E・ノイヒル Noichl による文献学的な研究[42]，アメリカの歴史家 J・B・フリード Freed による系譜学的な研究[43]，経済史家 W・レーゼナー Rösener の研究[44]，歴史家 R・ツェーエトマイアー Zehetmayer の古文書学的な研究[45]等である。日本では，『CF 証書集』を考察の対象とした研究を，著者は寡聞にして知らない。

　このように19世紀以来の研究史をごく簡単に瞥見しただけでも，『CF 証書集』は一般史，法制史，地方史，経済史，古文書学，系譜学，社会史等様々な観点に基づく研究関心を喚起すると同時に，それ相応の研究成果を蓄積する刺激を研究者に与えてきた。また実際に，『CF 証書集』には，簡単に一瞥しただけでも，ファルケンシュタイン家系の世襲財産（ハントゲマール hantgemal）についての記述，受動的レーエンと能動的レーエンとの目録，系譜に関する記述，また特に膨大な徴税台帳，最後にこの家系の旧来の譲渡証書その他が含まれており，このような事情が種々の研究関心を喚起してきた。特に徴税台帳は経済史研究の「豊かな宝庫」[46]，ないし「特別の僥倖」と呼ばれ[47]，上記のK・ラムプの博士論文（ミュンヘン大学）と G・ウムラウフの博士論文（ヴィーン大学，未公刊）はこの徴税台帳に関して経済史の立場から最も詳細に行われ

---

　　　wittelsbachischen Territorialstaat des 13.-15. Jahrhunderts, in : Zeitschrift für bayerische Landesgeschichte, Bd. 25, 1962, S. 37ff., 42ff.

(40)　F. Andrelang (Bearb.), Landgericht Aibling, S. 56ff., 61ff., 165-182.

(41)　P. Fried, Hochadelige und landesherrlich-wittelbachische Burgenpolitik, S. 344f.

(42)　E. Noichl (Bearb.), Codex Falkensteinensis, S. 11*-88*. この研究は，ノイヒル自身が作成した『CF 証書集』のテクストの印刷部分に先立つ「導入部 Einleitung」で行われている。

(43)　J. B. Freed, The Counts of Falkenstein : Noble Self-Consciousness in Twelfth-Century Germany, 1984.

(44)　W. Rösener, Beobachtungen zur Grundherrschaft, S. 117-161 ; Ders., Codex Falkensteinensis, S. 35-55. ただし，後者の論文はファルケンシュタイン伯のグルントヘルシャフトに関する研究を目的とするものではなく，この伯家系の貴族の「記憶の構造」の解明を目的とするものである。Ders., Codex Falkensteinensis, S. 37 を参照。

(45)　R. Zehetmayer, Urkunde und Adel. Ein Beitrag zur Geschichte der Schriftlichkeit im Südosten des Reiches vom 11. bis zum frühen 14. Jahrhundert, Habilitationsschrift Wien 2009, 2010, S. 13, 26-39, 43, 46, 56f., 111, 291.

(46)　K. Ramp, Studien zur Grundherrschaft, S. 3.

(47)　W. Rösener, Beobachtungen zur Grundherrschaft, S. 117.

た研究の成果である。それほど詳細な考察を加えた研究でなくとも，ファルケンシュタイン伯の所領についての簡単な言及ならば，経済史のその他の文献においても散見される。例えば，K・Th・フォン・イナマ＝シュテルネック von Inama-Sternegg の著書『ドイツ経済史』である[48]。

　次に冒頭で述べたように，問題は，以上に挙げた文献のなかで，ファルケンシュタイン伯の城塞支配権の具体的な様相や内部構造が検討の対象とされているかどうかである。この点について，上記の研究のうち F・アンドレラング[49]，P・フリート[50]，E・ノイヒル[51]，J・B・フリード[52]，W・レーゼナー[53]のみはファルケンシュタイン伯の城塞支配権という視角を打ち出しているが，この視角に基づいて城塞支配権の具体的な様相または内部構造を検討対象とするまでに至っていない。しかし他方で，W・レーゼナーの研究は「ファルケンシュタイン伯の台帳に基づいて，12世紀後半期の貴族グルントヘルシャフトの構造を分析する」という問題設定の下で，「所領組織，行政構造，フローンホーフ制（領主直営地型荘園制）の普及，グルントヘルの自家経営の規模，中世盛期の転換の過程」を考察の中心に据えるのみならず，この考察を「様々な支配権的諸権利の統一的基礎に基づき相対的に纏まりをもった12世紀の貴族支配権の枠内で」展開している[54]。したがってレーゼナーの研究はファルケンシュタイン伯のグルントヘルシャフトの構造分析の域を突破し，ファルケンシュタイン伯の支配権を，城塞を支配と行政の中核とすると同時にグルントヘルシャフト，裁判支配権，体僕支配権等の支配権的諸権利からなる城塞支配権として把握する視座を提供する[55]。そのために，レーゼナーの研究は極めて示唆的な研究と評価される。なお付随的に，上記の研究のうち G・ディーポルダー，P・フリートと W・レーゼナーはファルケンシュタイン伯以外の貴族の城塞についても城塞支配権の存在を語っている[56]。このことは，地域的なま

---

(48)　K. Th. von Inama-Sternegg, Deutsche Wirtschaftsgeschichte des 10. bis 12. Jahrhunderts, 1891, S. 483f.

(49)　F. Andrelang (Bearb.), Landgericht Aibling, S. 61f., 172.

(50)　P. Fried, Hochadelige und landesherrlich-wittelbachische Burgenpolitik, S. 344f.

(51)　Noichl (Bearb.), Codex Falkensteinensis, S. 65*, 75*f.

(52)　J. B. Freed, The Counts of Falkenstein, S. 8, 11, 43, 55, 61.

(53)　W. Rösener, Beobachtungen zur Grundherrschaft, S. 156ff., 159f. ; Ders., Codex Falkensteinensis, S. 50ff.,

(54)　W. Rösener, Beobachtungen zur Grundherrschaft, S. 122.

(55)　W. Rösener, Beobachtungen zur Grundherrschaft, S. 121, 123, 126, 132f., 137, 159 f.

(56)　G. Diepolder, Oberbayerische und Niederbayerische Adelsherrschaften, S. 39, S.

第1篇　中世盛期バイエルンの貴族ファルケンシュタイン伯の城塞支配権

た時期的な偏差はあれ中世の帝国に城塞支配権が偏在したという著者の従来の主張とも相即的な関係に立つものといわなければならない。前置きが長くなったが，第2章以下での考察をより容易にするために，予備的考察として先ずこの第1章では，続く第2節と第3節で史料としての『CF証書集』とファルケンシュタイン伯の系譜に関して考察を試みることにしたい。

第2節　ファルケンシュタイン証書集

1. 写本の成立時期，作成の目的，伝承史

　現在ミュンヘンのバイエルン州立中央文書館Bayerisches Hauptstaatsarchiv München に所蔵され『ファルケンシュタイン証書集』として知られているラテン語写本は，上述のように，俗人貴族の唯一伝承された譲渡帳簿を含み，同時に荘園領主，ファルケンシュタイン伯の歴史と所領についての最も重要な史料である[57]。なおこの伯はそれぞれ所領複合体の中核をなすノイブルク Neuburg，ファルケンシュタイン Falkenstein，ハルトマンスベルク Hartmannsberg，ヘルンシュタイン Hernstein の四つの城塞を所有したために，フォン・ノイブルク，フォン・ファルケンシュタイン，フォン・ハルトマンスベルク，フォン・ヘルンシュタイン[58]，あるいはフォン・ノイブルク＝ファルケンシュタイン等と，その都度異なった姓を使用し，姓が一定していない。ただし，後述するように，12世紀初期にファルケンシュタイン家系の男性相続人とノイブルク家系の女性相続人が結婚し，この結婚から生まれたジボトー4世が『CF証書集』を作成する機縁を与えた[59]。恐らくこの理由により，『CF証書集』の最新版の編集者E・ノイヒルは「導入部 Einleitung」において，またこの『証書集』の個々の証書（Texte）に付された表題の中で伯の姓を補充する必要がある際に，一貫して，両家系の姓を連結したフォン・ノイブルク＝ファルケンシュタイン von Neuburg-Falkenstein の姓を与えている[60]。本

　　42ff. ; P. Fried, Hochadelige und landesherrlich-wittelbachische Burgenpolitik, S. 344 ;
　　W. Rösener, Grundherrschaften des Hochadels, S. 163 ; Ders., Beobachtungen zur
　　Grundherrschaft, S. 157, 160 ; Ders., Adel und Burg im Mittelalter, 94f., 97f.
(57)　E. Noichl (Bearb.), Codex Falkensteinensis, S. 11*.
(58)　J. B. Freed, The Counts of Falkenstein, S. 52f. 本章末尾に掲げた四つの城塞の細密画を参照。
(59)　ジボトーの両親について，後述 27 頁以下を参照。
(60)　E. Noichl (Bearb.), Codex Falkensteinensis, Einleitung, S. 11*, 17*, 79*. Texte の部

18

第 1 章　序　　説

論でも必要に応じて，この伯の姓をフォン・ノイブルク＝ファルケンシュタインまたはフォン・ノイブルク，フォン・ファルケンシュタイン，フォン・ヘルンシュタイン等と記すことにしたい。

　『CF 証書集』の成立と写本の伝承に関して，この証書集は伯ジボトー 4 世が 1158 年以後フォークト Vogt（教会守護）職を務めたオーバーバイエルンのヘレンキームゼー修道院 Stift Herrenchiemsee で成立した[61]。つまり，同じく 12 世紀に，『CF 証書集』に先行して，ヘレンキームゼー修道院の聖堂参事会は当修道院の寄進帳『ヘレンキームゼー修道院の譲渡帳』„Codex Traditionum Chiemseensium" を作成しており[62]，再び 12 世紀後半期に修道院のフォークトたる高級貴族，伯ジボトー 4 世の依頼を受けて『CF 証書集』を創り出したのである[63]。ファルケンシュタイン伯の家系はこの伯ジボトーの孫の世代，つまり 13 世紀の中葉後に，ランデスヘルとして強力に台頭しつつあったバイエルン大公ヴィッテルスバッハ家との対決に破れて没落するが[64]，その時までおよそ一世紀間，『CF 証書集』はそのままヘレンキーム

　　分では，例えば E. Noichl（Bearb.），Codex Falkensteinensis, Nr. 1, 2, 102, 103, 105, 107, 108, 111, 114-135 usw を参照.

(61)　E. Noichl（Bearb.），Codex Falkensteinensis, S. 40*. フォークトとは，元来，世俗的事項に関して教会・修道院の利益を外部に対して，特に裁判所において代表することを任務とする教会・修道院の俗人役人である。教会・修道院がイムニテート裁判権，特に 10 世紀頃以後に高級裁判権を取得して以降，教会・修道院の裁判権の行使を担当するようになった。これと平行して 10 世紀頃以後しばしば有力な高級貴族がフォークトとなり，フォークトの地位を教会・修道院からレーエンとして受領し，役人から封臣に転化すると同時に，その権力を濫用して教会・修道院領の住民に対する苛斂誅求を強めていった（Haberkern/Wallach, Hilfswörterbuch für Historiker, Bd. 2, Art. „Vogt", S. 647 f.；D. Willoweit, Art.„Vogt, Vogtei", in：HRG, hrsg. von A. Erler und E. Kaufmann, V. Bd., 1998, Sp. 932 ff.；H. J. Schmidt, Art. „Vogt, Vogtei", in：LM, Bd. VIII., Sp. 1811 ff.）。フォークタイ Vogtei とは，フォークトの制度，フォークトの権利義務，その地位や職を指す。フォークトの任務は上記の裁判権行使のほかに，税の徴収，招集軍の指揮，政治的及び法的請求権の貫徹である（G. Diepolder, R. van Dülmen, A. Sandberger, ROSENHEIM, S. 21）。ザルツブルク大司教エーベルハルト 1 世 Eberhard I. は，修道院長ウルリッヒ Ulrich 配下のヘレンキームゼー修道院の空席になったフォークト職を，修道院長の要請によりノイブルク＝ファルケンシュタイン伯ジボトー 4 世に譲与した。Salzburger Urkundenbuch, Bd. II：Urkunden von 790-1119, gesamm. und bearb. von W. Hauthaler und F. Martin, 1916, Nr. 333 S. 462ff.

(62)　Monumenta Boica 2, S. 279-371.

(63)　E. Noichl（Bearb.），Codex Falkensteinensis, S. 40*；W. Rösener, Beobachtungen zur Grundherrschaft, S. 118；Ders., Codex Falkensteinensis, S. 38.

19

第1篇　中世盛期バイエルンの貴族ファルケンシュタイン伯の城塞支配権

ゼー修道院に保管されていたと推定されている[65]。

　写本の具体的な成立時期について，E・ノイヒルは「高度の蓋然性をもって，当時ほぼ40歳の伯が皇帝フリードリッヒ1世 Friedrich I. の第四回イタリア遠征との関連でイニシアティブを取った1166年夏」と推定する。なぜこの時期に写本が作成されるべき必要があったのかについて，E・ノイヒルは「筆跡Feder 1 により一気に書かれた記載の大部分，すなわち後見人の指定，ハントゲマールの記事，受動的レーエンの目録と徴税台帳」から「作成の本来の主な目的もまた，最も明確に明らかになる。この写本は，場合によってはありうる伯ジボトー4世の死亡の後に，任命された後見人が現有の全財産をその未だ未成年の息子たちのためにそのまま受け取るのに役立つよう意図された」と述べる[66]。これを敷衍すれば，伯ジボトーは皇帝の軍隊に参加することを望んだが，遠征の結末は不確実であり帰還しうる保障はない故に，自身の貴族家系の基礎を守るために，城塞，支配権的諸権利と土地所領を遺言書に基づいて処分するよう促した。この写本は後見人の指定と並んで，特にレーエンの目録と徴税台帳を含んでいることから，全体として作成の主な目的が明確に明らかになる。すなわち，『CF証書集』の作成は，子供たちの後見人をして，イタリア遠征の途中で父親の万が一の死亡の後にヘルシャフト・ファルケンシュタインの財産の保全を可能なものとすることを目的としていたのである[67]。『CF証書集』の編集者ノイヒルの1166年夏成立とする見解は詳細な研究に基づいており，説得的なものと評価される。J・B・フリード[68]とW・レーゼナーの最近の研究もまたこのノイヒルの見解を踏襲している[69]。我々も1166年夏の成立説を前提として議論を進めていくことにしたい。

　『CF証書集』はその後も，絶えず変わる書き手によって書き続けられてゆき，

---

(64)　F. Andrelang（Bearb.），Landgericht Aibling, S. 61f.；E. Noichl（Bearb.），Codex Falkensteinensis, S. 79*ff., 144*ff.；W. Rösener, Beobachtungen zur Grundherrschaft, S. 118.

(65)　E. Noichl（Bearb.），Codex Falkensteinensis, S. 40*.

(66)　E. Noichl（Bearb.），Codex Falkensteinensis, S. 42*. 後見人の指定，受動的レーエンの目録，ハントゲマールの記事，土地台帳の各々について，E. Noichl（Bearb.），Codex Falkensteinensis, Nr. 1, 2, 3, 5-102 を参照。後出43頁で伯とその家族の細密画を参照。

(67)　W. Rösener, Codex Falkensteinensis, S. 35.

(68)　J. B. Freed, The Counts of Falkenstein, S. 11 und ebenda Anm. 40.

(69)　W. Rösener, Beobachtungen zur Grundherrschaft, S. 118；Ders., Codex Falkensteinensis, S. 38.

第1章　序　　説

これらの書き手もまた徴税台帳に一連の補足と修正を施した[70]。最も新しい記事は1196年頃のものである。したがって、ジボトー4世により作成の機縁を与えられた写本は、彼自身の統治期間を通じてほぼ30年間使われ続けたことになる。なおジボトー4世の死亡は1200年頃である[71]。ただし、このラテン語写本は、その後恐らく、現在行方不明となっているドイツ語写本にとって代わられた[72]。つまり、最初のラテン語写本『CF証書集』はドイツ語に翻訳され、このドイツ語写本は少なくとも1231年まで書き続けられていった[73]。ドイツ語写本の作成時期は、かなりの確実性をもって1190年代の後半期と想定されている[74]。

　その後の伝承史について、ラテン語写本とドイツ語写本の両証書集は16世紀初めに、ノイブルク＝ファルケンシュタイン伯のオーバーバイエルンの家修道院たるヴァイアルン Weyarn 修道院に保管されていたことが証明されている[75]。この保管を示す三つの事実が挙げられる。第一に、当時の修道院長ゲオルク・ロートシュミット Georg Rotschmidt が1514年に著したドイツ語の修道院年代記のなかで、史料として、いささか不明確に「ジボトーの Salbuch〔土地台帳〕」と記載していること、第二に、1518年7月6日にヴァイアルン修道院を訪れた人文主義者アヴェンティン Aventin が、ファルケンシュタイン伯のラテン語写本とドイツ語写本の両証書集が当修道院に存在すると語っていること[76]。最後に、ヴィグロイス・フント Wiguläus Hund もまたラテン語写本と並ぶドイツ語写本の存在を知っていたことである[77]。つまり、フント

---

(70)　E. Noichl (Bearb.), Codex Falkensteinensis, S. 43*. E・ノイヒルは書き手（筆跡）として、しばしば現れる者11名、一度だけ臨機的に現れる者5名を確認する。E. Noichl (Bearb.), Codex Falkensteinensis, S. 48*-51*.

(71)　E. Noichl (Bearb.), Codex Falkensteinensis, S. 17*；W. Rösener, Beobachtungen zur Grundherrschaft, S. 142. またジボトー4世の生没年について J. B. Freed, The Counts of Falkenstein, S. 16 に掲載されているノイブルク＝ファルケンシュタイン家系の系図（Table 1）をも参照。

(72)　E. Noichl (Bearb.), Codex Falkensteinensis, S.43*；W. Rösener, Beobachtungen zur Grundherrschaft, S.119. 行方不明のドイツ語写本について、H. Petz (Hrsg.), Codex Falkensteinenis も参照。

(73)　E. Noichl (Bearb.), Codex Falkensteinensis, S. 17*.

(74)　E. Noichl (Bearb.), Codex Falkensteinensis, S. 17*；W. Rösener, Beobachtungen zur Grundherrschaft, S. 119.

(75)　E. Noichl (Bearb.), Codex Falkensteinensis, S. 11*.

(76)　E. Noichl (Bearb.), Codex Falkensteinensis, S. 11*f.

(77)　E. Noichl (Bearb.), Codex Falkensteinensis, S. 12*. フントはインゴルシュタット大

第1篇　中世盛期バイエルンの貴族ファルケンシュタイン伯の城塞支配権

は 1582 年に公刊した著書 „Metropolis Salisburgensis"『ザルツブルク大司教教会』の中で，ラテン語写本とドイツ語写本の双方が存在すること，他方で彼はその直後，1585/86 年の著書 „Bayerisches Stammenbuch"『バイエルン人の系図』の中で，両写本はなおヴァイアルン修道院に存在していることを書き留めているのである。

　ところが，その後 17 世紀末期にドイツ語写本は忽然と姿を消し行方不明のまま現在に至っている[78]。ドイツ語写本のこのような運命は，明らかに，以下の事情に起因する。つまり，上述のように，ファルケンシュタイン伯の家系は 13 世紀後半期に没落し，その支配権はバイエルン大公ヴィッテルスバッハ家の勢力伸張の犠牲となったために，『CF 証書集』は早くにその法的意義を喪失したという事情である[79]。他方で，ラテン語写本はその後もヴァイアルン修道院に保管されていたことが 1724，同 27，同 65/66 年について確認されており，結局 1803 年教会諸侯領の還俗の時まで当修道院に留まった[80]。

　ドイツ語写本の痕跡は完全に消滅したのであるが，しかしなおささやかな幸運というべきか，アヴェンティンとフントが 16 世紀に各自の著書にドイツ語写本の抜粋を収録して伝承しており，ドイツ語写本に関する知識は限定的ではあるが，現在我々から完全に失われたわけではない[81]。『CF 証書集』のラテン語写本の優れた編集に基づいて，1978 年にこれを公刊した E・ノイヒルは，この編集本の至るところで，各証書に付した „Vorbemerkung"「序文」の中に，アヴェンティンとフントが伝承したドイツ語写本の文言を記述しており，このドイツ語の文言はこれに対応する現存のラテン語版証書を理解するのに極めて有益な示唆を与えてくれるものである。写本の伝承史に比較的詳しく論及した理由の一つは，正にこの点を明確にするためであった。

　学教授，法学者。

(78)　E.Noichl（Bearb.）, Codex Falkensteinensis, S. 13*ff.; W. Rösener, Beobachtungen zur Grundherrschaft, S. 119.

(79)　E. Noichl（Bearb.）, Codex Falkensteinensis, S. 17* ; W. Rösener, Beobachtungen zur Grundherrschaft, S. 119.

(80)　E. Noichl（Bearb.）, Codex Falkensteinensis, S. 13* ; W.Rösener, Beobachtungen zur Grundherrschaft, S. 119.

(81)　Johannes Turmair gen. Aventinus : Sämmtliche Werke, hrsg. von der königlichen Akademie der Wissenschaften, 6 Bde., München 1880-1908 ; Wiguläus Hund, Bayerisch Stammenbuch, 2. Teile, Ingolstadt 1585/86 ; Wiguläus Hund : Metropolis Salisburgensis, Ingolstadt 1582 ; Wiguläus Hund : Metropolis Salisburgensis, hrsg. und bearb. von Christoph Gewold, Bd. 3, München 1620.

次に，『CF 証書集』の印刷本について。16 世紀と 17 世紀にすでにその一部の印刷本が公刊されている。最も古い印刷本として，フントは 1585 年その著作『バイエルン人の系図』において，徴税台帳のなかから 5 行とごく一部のみ[82]とレーエン目録の詳細なドイツ語訳[83]を提供する。その後 1620 年にクリストフ・ゲヴォルト Christoph Gewold は，上記のフントの著作『ザルツブルク大司教教会』への増補版においてレーエン目録の印刷を加えている[84]。その後 18 世紀に入り，『CF 証書集』の全体の印刷本が作成されるようになった。1766 年に『CF 証書集』は „Monumenta Boica"『バイエルン史料集成』の第 7 巻の中で „Monumenta Weyariensia"『ヴァイアルン修道院史料集成』の表題を付して公刊された[85]。しかし，この刊本には，特に地名と人名の読み間違いと不正確な点が多数含まれているために，1880 年ヴィッテルスバッハ家の大公即位 700 年記念祭の折に，H・ペッツ Petz により新たに改訂され，極めて厳密な刊本が作成された[86]。ところが，この刊本は，これに付けられた編集者による「導入部 Einleitung」が写本自体に関して全く概括的に論じるに留まり，「譲渡証書 Traditionen」を年代順に配列することを怠っている等の欠陥をもつ[87]。また同じく 1880 年の記念祭の機会に，H・G・ゲングラー Gengler は『CF 証書集』の完全な刊本を作成したのではないが，この証書集を法制史研究の基礎として選び，またこの脈絡で典拠としてこの証書集の一連の記載を，完全な形でまたは抜粋の形で印刷した[88]。さらに，『CF 証書集』のニーダーオーストリアの支配権（ヘルンシュタイン城塞を中核とする支配権）に関する部分，財産目録と譲渡証書は，ニーダーオーストリアのヘルシャフト・ヘルンシュタインについての M・A・ベッカー Becker の著書において再版された[89]。

---

(82) W. Hund, Bayerisch Stammenbuch, Teil1, S. 46 ; vgl. E. Noichl (Bearb.), Codex Falkensteinensis, Nr. 82.

(83) W. Hund, Bayerisch Stammenbuch, Teil 1, 47 ; vgl. E. Noichl (Bearb.), Codex Falkensteinensis, Nr. 2.

(84) W. Hund, Metropolis Salisburgensis, Teil 3, hrsg. und bearb. von Christoph Gewold, 1620, S. 496-504.

(85) Monumenta Boica, Bd.7, S. 433-503.

(86) H. Petz, H. Grauert und J. Mayerhofer (Hrsg.), Drei bayerische Traditionsbücher aus dem XII. Jahrhundert, 1880.

(87) E. Noichl (Bearb.), Codex Falkensteinensis, S. 19*.

(88) H. G. Gengler, Ein Blick auf das Rechtsleben Bayerns unter Herzog Otto Ⅰ. von Wittelsbach〔um 1117-1183〕, 1880.

第1篇　中世盛期バイエルンの貴族ファルケンシュタイン伯の城塞支配権

最後に，最新の優れた模範的な印刷本は，上記のように，1978 年にＥ・ノイヒルが編集した刊本である[90]。ノイヒルは上述の『CF 証書集』への長大な„Einleitung“「導入部」において，『CF 証書集』の写本の伝承史，行方不明のドイツ語写本，細密画，記述法，日付決定，書き手，徴税台帳の概観，レーエン目録，ファルケンシュタイン伯の系譜の問題を論じると同時に，自身の編集本とその他 3 つの本，つまりラテン語写本（フォリオ folio 版），上述した『バイエルン史料集成』に収録された活字本，同じく上述したペッツの編集による活字本との対照表までも掲載している[91]。のみならず，ノイヒルは合計 172通の証書の各々に簡単な概略 Regest を加えると同時に，上記の「序文」を付し，その中で従来の『バイエルン史料集成』とペッツの編集による活字本のそれぞれにおける印刷箇所，その他の文献における言及箇所，当該証書の書き手の問題，日付決定の方法や根拠，収録されている証書相互間の関連，記載されている人物や地名の説明，地名については現在の地名との比定の問題について精細な説明を行うと同時に，当該の証書に対応するアヴェンティンのドイツ語写本やフント゠ゲヴォルトのドイツ語写本が存在する場合には，これをも記載している[92]。

2．写本の内容

すでに簡単に指摘したように，『CF 証書集』は多様かつ多面的な内容を有し[93]，また「家系と家族の記録集の性格」をもつ証書集である[94]。そこに収録されている証書の内容を改めてより詳細に概観すると，次の通りである。『CF 証書集』の作成者たる伯ジボトー 4 世の未成年の息子のための後見人の指定[95]，伯ジボトー 4 世の受動的レーエンの目録（主君の一覧表）[96]，所謂世襲財産（ハントゲマール）の記述[97]，徴税台帳[98]，譲渡証書（売買，質入，質

---

(89)　M. A. Becker (Hrsg.), Hernstein in Niederösterreich, II -2, S. 424-437.

(90)　E. Noichl (Bearb.), Codex Falkensteinensis, 1978.

(91)　E. Noichl (Bearb.), Codex Falkensteinensis, S. 7*-8* の内容目次を参照。

(92)　例えば，E. Noichl (Bearb.), Codex Falkensteinensis, Nr. 4, 5, 24, 28, 155a, 160, 163 usw. を参照。

(93)　上述 13 頁以下を参照。

(94)　E. Noichl (Bearb.), Codex Falkensteinensis, S. 36*f. ; W. Rösener, Beobachtungen zur Grundherrschaft, S. 119.

(95)　E. Noichl (Bearb.), Codex Falkensteinensis, Nr. 1.

(96)　E. Noichl (Bearb.), Codex Falkensteinensis, Nr. 2.

(97)　E. Noichl (Bearb.), Codex Falkensteinensis, Nr. 3, 113.

の請戻，所領の交換等に関する証書）[99]，ジボトー4世が二人の息子に分配する家臣のリスト[100]，ヘレンキームゼー修道院領におけるフォークタイ収益の一覧[101]，ザルツブルク教会領におけるフォークタイ収益の一覧[102]，ジボトー4世と二人の息子との間で行われる所領分割[103]，ノイブルク城塞に属する城塞守備レーエンとその保有者（城臣）の一覧[104]。その他1133年の日食と皇帝コンラート3世 Konrad Ⅲ. による十字軍の記事[105]，所有する貴金属と貨幣のリスト[106]，ジボトー4世が行った二件の殺人とこれについての教会贖罪規定の記事[107]，三つの城塞ノイブルク，ファルケンシュタイン，ハルトマンスベルクの城塞礼拝堂の保護聖人の祝日，寄付等に関する記録[108]，ある主任司祭が納める貢租についてのドイツ語のヴァイストゥーム Weistum（法判告）とラテン語の記事[109]，ハルトマンスベルクの城塞礼拝堂とノイブルクの城塞礼拝堂との献堂式[110]，ノイブルク，ファルケンシュタイン，ハルトマンスベルク，ヘルンシュタインの各城塞に所蔵される貴重品と武器の一覧[111]，ある敵を除くよう家人の一人に依頼した文書[112]，ドイツ語で書かれた薬の処方箋[113]，家系の系譜の簡単な記述と日食への再度の言及である[114]。

　これらの事項のなかで，城塞支配権の観点から著しく注目されるべきことは，上述のように，徴税台帳がファルケンシュタイン伯の四つの自由所有城塞，つまりノイブルク，ファルケンシュタイン，ハルトマンスベルク，ヘルンシュタ

---

(98)　E. Noichl (Bearb.), Codex Falkensteinensis, Nr. 5-102.

(99)　E. Noichl (Bearb.), Codex Falkensteinensis, Nr. 110-130, 132-154ab, 155-160, 163-166, 168-178.

(100)　E. Noichl (Bearb.), Codex Falkensteinensis, Nr. 106.

(101)　E. Noichl (Bearb.), Codex Falkensteinensis, Nr. 107.

(102)　E. Noichl (Bearb.), Codex Falkensteinensis, Nr. 108.

(103)　E. Noichl (Bearb.), Codex Falkensteinensis, Nr. 167.

(104)　E. Noichl (Bearb.), Codex Falkensteinensis, Nr. 109.

(105)　E. Noichl (Bearb.), Codex Falkensteinensis, Nr. 184.

(106)　E. Noichl (Bearb.), Codex Falkensteinensis, Nr. 105.

(107)　E. Noichl (Bearb.), Codex Falkensteinensis, Nr. 182.

(108)　E. Noichl (Bearb.), Codex Falkensteinensis, Nr. 4.

(109)　E. Noichl (Bearb.), Codex Falkensteinensis, Nr. 161, 162.

(110)　E. Noichl (Bearb.), Codex Falkensteinensis, Nr. 179, 180.

(111)　E. Noichl (Bearb.), Codex Falkensteinensis, Nr. 104.

(112)　E. Noichl (Bearb.), Codex Falkensteinensis, Nr. 183.

(113)　E. Noichl (Bearb.), Codex Falkensteinensis, Nr. 185.

(114)　E. Noichl (Bearb.), Codex Falkensteinensis, Nr. 181.

インを基準として編成されていることである⁽¹¹⁵⁾。換言すれば，この四つの自由所有城塞が伯の比較的大きな所領複合体の中心を構成し，また伯の収益はこれら四つの自由所有城塞の各々を中心とする城塞アムト Amt（officium ＝ 管轄領域）の付属物として記述されているのである⁽¹¹⁶⁾。しかもこのことを視覚的にも明示するために，ノイブルク，ファルケンシュタイン，ハルトマンスベルク，ヘルンシュタインの各アムトの節の先頭に，赤と茶色で描かれた各城塞の細密画までもが描かれている⁽¹¹⁷⁾。『CF 証書集』における徴税台帳の記述並びに細密画の順番は，ノイブルク⁽¹¹⁸⁾，ファルケンシュタイン⁽¹¹⁹⁾，ハルトマンスベルク⁽¹²⁰⁾，最後にヘルンシュタイン⁽¹²¹⁾である。なおこの徴税台帳はファルケンシュタイン伯の支配権の基礎をなす重要なものであるためと推測されるが，『CF 証書集』全体のほぼ 3 分の 1 の分量を占める⁽¹²²⁾。

第 3 節　ファルケンシュタイン伯の系譜

1.　ヴァイアルン＝ノイブルク家系とファルケシュタイン＝ヘルンシュタイン家系

　第 1 節で述べたごとく，ジボトー 4 世はノイブルク＝ファルケンシュタインの姓を名乗ることがあったことが示すように，ノイブルクとファルケンシュタイン両家系の継承者であった。これを先ず確認しておきたい。さらに，一方でノイブルク家系はノイブルク城塞の他にヴァイアルン城塞を所有したために，ヴァイアルン＝ノイブルク家系とも呼ばれ，他方でファルケンシュタイン家系はファルケンシュタイン城塞の他にヘルンシュタイン城塞を所有したために，ファルケンシュタイン＝ヘルンシュタイン家系とも呼ばれることがある

---

(115)　E. Noichl（Bearb.），Codex Falkensteinensis, S. 30[*] ; W. Rösener, Codex Falkensteinensis, S. 48.

(116)　W. Rösener, Beobachtungen zur Grundherrschaft, S. 121 ; Ders.,Codex Falkensteinensis, S. 45.

(117)　E. Noichl（Bearb.），Codex Falkensteinensis, S. 30[*] ; W. Rösener, Codex Falkensteinensis, S. 45f.

(118)　E. Noichl（Bearb.），Codex Falkensteinensis, Nr. 5-26.

(119)　E. Noichl（Bearb.），Codex Falkensteinensis, Nr. 29-43.

(120)　E. Noichl（Bearb.），Codex Falkensteinensis, Nr. 44-79.

(121)　E. Noichl（Bearb.），Codex Falkensteinensis, Nr. 80-102.

(122)　E. Noichl（Bearb.），Codex Falkensteinensis, S. 63[*] ; W. Rösener,Beobachtungen zur Grundherrschaft, S. 126.

第 1 章　序　　説

（後述）。次に，系譜に関する考察の出発点として，『CF 証書集』に記述されているジボトー 4 世の父方と母方の祖先についての簡潔な記述を見てみたい。

【史料 1】（1180 年頃 –1190 年頃）

Comitis Sigbotonis pater dicebatur Rodolfus, avus eius Herrandus, attavus eius Patto ; eiusdem comitis mater dicebatur Gerdrut, avus eius Sigboto, attavus eius Gerolt ; filii comitis Sigbotonis dicebantur Chono et Sigboto, mater eorum Hiltegardis〔伯ジボトー〔4 世〕の父親はルードルフ Rudolf，同人の祖父はヘラント Herrand，同人の曽祖父はパットー Patto という名前であった。また同伯の母親はゲルトルート Gertrud，同人の祖父はジボトー，同人の曽祖父はゲーロルト Gerold という名前であった。伯ジボトー〔4 世〕の息子たちはクーノ Kuno とジボトー〔5 世〕，息子たちの母親はヒルデガルト Hidegard という名前であった〕(123)。

これを整理すれば，以下の系図になる。

　　母系（ノイブルク家系）Gerold — Siboto — Gertrud — Siboto Ⅳ.
　　父系（ファルケンシュタイン家系）Patto — Herrand — Rudolf — Siboto Ⅳ.

したがって，ジボトー 4 世は，明らかに，ファルケンシュタイン家系の父親ルードルフとノイブルク家系の母親ゲルトルートの間に生まれた息子である。

　しかし，E・ノイヒルによれば，この系図は，従来の研究によって，ジボトー 4 世の両親と祖父母についてだけ正しいと認められ，曾祖父に関する記載は信頼できないことが証明されているという(124)。その理由として E・ノイヒルは以下の事情を挙げている。つまり，ジボトー 4 世の母方の曾祖父はゲーロルトではなく，やはりジボトー（1 世）という名の人物であり，またその息子ジボトー（2 世）と同様にテガーンゼー Tegernsee 修道院のフォークトだったからである。他方で，E・ノイヒルによれば，『CF 証書集』において父方の曾祖父とされるパットーは，『テガーンゼー修道院譲渡証書』„Tegernseer Traditionen" の 1003-1011 年の証書に現れる „fiscalis advocatus Patto"〔レーエンの保持者フォークト・パットー〕(125)，及びパットー・フォン・ディルヒング Dilching と同定される(126)。したがって，従来の研究において，テガーンゼー修道院のフォークト・パットーはジボトー 4 世の曾祖父として，母方の祖

---

　(123)　E. Noichl (Bearb.), Codex Falkensteinensis, Nr. 181a.
　(124)　E. Noichl (Bearb.), Codex Falkensteinensis, S. 73*.
　(125)　P. Acht, Die Traditionen des Klosters Tegernsee1003-1242, 1952, Nr. 1a.
　(126)　E. Noichl (Bearb.), Codex Falkensteinensis, S. 73* f.

27

第1篇　中世盛期バイエルンの貴族ファルケンシュタイン伯の城塞支配権

先の系列ヴァイアルン＝ノイブルク家系に組み入れられた。その理由として，E・ノイヒルは，ジボトー4世の祖父ジボトー（2世）が1133年にヴァイアルン修道院を建立する際に，この修道院にディルヒングの農場を付与した事情を挙げている[127]。系譜に関する『CF証書集』の上記の記述にもかかわらず，パットーをヴァイアルン＝ノイブルクとファルケンシュタイン＝ヘルンシュタイン両家系の共通の始祖と見なす見解は，すでにE・ノイヒルよりも以前に，18世紀末期にヴァイアルン修道院長代理ルーペルト・ジークル Rupert Sigl の著作 „Genealogia comitum de Neuburg et Falkensteinen“『ノイブルクとファルケンシュタインの伯の系譜』に記されており[128]，その後例えば，G・ウムラウフ[129]，F・アンドレラング[130]等によって主張され，E・ノイヒルの後にはJ・B・フリード[131]によっても主張されている。しかしなお，E・ノイヒルは，「レーエンの保持者フォークト・パットー」を記す上記の1003-1011年の証書のごとく，「11世紀の史料にしばしば見られる出身呼称の欠如は，確実な証明を許さないために，テガーンゼー修道院のフォークト・パットー・フォン・ディルヒングに依拠するこの矛盾解決の試みは仮説であり続けざるをえない」と結論している[132]。W・レーゼナーもまたパットーを共通の始祖とする見解は「証明されていない仮説であり続ける」と述べて慎重な姿勢を取り，それ以上の論及を避けている[133]。

　なお，J・B・フリードは，パットーは両家系の共通の始祖であるのにジボトー4世が『CF証書集』にこれを意図的に記述しなかった理由を，彼の両親ルードルフとゲルトルートの結婚が又いとこの近親婚であり，明らかな教会法への違反であったために，これを隠す必要があったことに求めている[134]。い

---

(127)　E. Noichl (Bearb.), Codex Falkensteinensis, S. 74*. ヴァイアルン修道院の建立が1133年であったことについて，J. B. Freed, The Counts of Falkenstein, S. 19-20；W. Rösener, Beobachtungen zur Grundherrschaft, S. 124f.；Ders., Codex Falkensteinensis, S. 41；Georg Dehio, Handbuch der Deutschen Kunstdenkmäler : Bayern Ⅳ : München und Oberbayern, 2006, S. 1385 を参照。

(128)　E. Noichl (Bearb.), Codex Falkensteinensis, S. 75*.

(129)　G. Umlauf, Grund und Boden, S. 2.

(130)　F. Andrelang (Bearb.), Landgericht Aibling, S. 166.

(131)　J. B. Freed, The Counts of Falkenstein, S. 28.

(132)　E. Noichl (Bearb.), Codex Falkensteinensis, S. 76*.

(133)　W. Rösener, Beobachtungen zur Grundherrschaft, S. 124.

(134)　J. B. Freed, The Counts of Falkenstein, S. 28ff., 35. 1215年まで，教会法上，パレンテール式計算方法 Parentelenordnung（カノン法式＝ゲルマン式）による7親等

第 1 章 序　説

ずれにしても，パットーは両家系の共通の始祖であるかどうかは依然として未解決の問題である。我々は現時点では，フォークト・パットーを両家系の共通の始祖であるという仮説の下で，議論を進めていかざるをえない。なお，ジボトー（2世）には，早世した息子ジボトー（3世）があった。したがって，差当り，両家系の系譜関係は次のようになる。

ジボトー4世は，自身が提示するこの系譜において，父方の先祖と母方の先祖を同等に強調しているのに対して，自分の母親ゲルトルートを例外として，傍系の親族，女系の親族，自身の娘のすべてを無視している。この系譜を見る限り，祖先に関するジボトー4世の知識は極めて限られているが，しかし彼は系譜の中で提示したことよりも多くのことを知っていたことは確実である[135]。なぜなら彼は『CF証書集』の別の箇所で，ファルケンシュタイン家系の世襲財産（ハントゲマール）に関する記述において，上記とは別の祖先の情報を与えているためである[136]。

までの血族間の婚姻が禁止されたことについて，H. Mitteis, Deutsches Privatrecht, ein Studienbuch, neubearb. von H. Lieberich, 3. durchg. und erg. Aufl., 1959, S. 47, 51〔ハインリッヒ・ミッタイス著，世良晃志郎・広中俊雄共訳『ドイツ私法概説』1961年，110頁以下，120頁以下〕; H. E. Feine, Kirchliche Rechtsgeschichte, 5., durchg. Aufl., 1972, S. 432, ハンス・ヴェルナー・ゲッツ著，轡田收・川口洋・山口春樹・桑原ヒサ子訳『中世の日常生活』1989年，55頁，エーディット・エンネン著，阿部謹也・泉眞樹子共訳『西洋中世の女たち』1992年，167頁を参照。パレンテール式計算方法によれば，パットーが両家系の共通の始祖であるとすると，両家系の親等は2親等であり，ルードルフとゲルトルートの結婚は明らかに婚姻障害に該当する。

(135) J. B. Freed, The Counts of Falkenstein, S. 35.
(136) E. Noichl (Bearb.), Codex Falkensteinensis, Nr. 3. この箇所で，ジボトー4世は，自身の家系はガイスルバッハ Geislbach にある世襲財産（ハントゲマール）をハウンスベルク Haunsberg 家及びブルックベルク Bruckberg 家と一緒に所有すると語っている。これに関し，F. Andrelang (Bearb.), Landgericht Aibling, S. 176 ; G. Diepolder, R. van Dülmen, A. Sandberger, ROSENHEIM, S. 242 ; W. Rösener, Codex Falkensteinensis, S. 43 も参照。

第 1 篇　中世盛期バイエルンの貴族ファルケンシュタイン伯の城塞支配権

　ここで，もう一点考慮すべきことがある。すなわち，E・ノイヒルはフォークト・パットーをヘラント・フォン・ファルケンシュタインの父親とするには，パットーとヘラントの間の世代間隔が大きすぎると考えるのである[137]。E・ノイヒルは，もしヘラントが 1040 年代に最後に現れるパットーの息子だったとしたならば，ヘラントは 1120 年頃に初めて現れる息子のルードルフの誕生時点でほぼ 65 歳であったと推測し，かくしてこの大きな年齢差の不自然さを解消するために，もう一人のパットーと上述のゲーロルトの二人をフォークト・パットーとヘラントの間に挿入する。換言すれば，E・ノイヒルはパットーとゲーロルトの二人をフォークト・パットーの息子，またそのいずれかをヘラントの父親と想定するのである。この E・ノイヒルによるファルケンシュタイン伯の系譜の再構成に対して，J・B・フリードは正しいのだろうかと疑問を呈する[138]。その理由をフリードは三点挙げている。第一に，父親と息子の間の長期の世代間隔は，少なくとも系譜がより容易に再構成できる 12 世紀と 13 世紀において，貴族とミニステリアーレンの双方において，通常のことであったこと，第二に，息子ルードルフはヘラントが帰還しないで終わった 1101 年の十字軍遠征よりも前に生まれたか，少なくとも懐妊されていたこと，第三に，ヘラントとその息子たちは 1099 年 3 月にローマのラテラノ宮殿に居たことが判明していることである。特にこの第二と第三の理由は，ヘラントがたとえ高齢に達していたとはいえ息子ルードルフが誕生していたことを物語る。したがって，E・ノイヒルのごとくフォークト・パットーとヘラントの間にもう一世代の存在を想定する必要はないものと結論してよいことになる。

　そこで次に，ジボトー 4 世が無視した傍系の親族と女系の親族をも取り入れた形で，ジボトー 4 世に至るまでの主な系譜を示すことにしたい。始祖パットー（1003/11 年と 1034/41 年テガーンゼー修道院のフォークト）には息子ジボトー 1 世とヘラント 1 世があり，このジボトー 1 世の系統がノイブルク家系またはヴァイアルン＝ノイブルク家系，ヘラント 1 世の系統がファルケンシュタイン家系である[139]。以下では，この両家系を区別して説明することにしたい。

　先ずノイブルク家系では，ジボトー 1 世（1067/68 年テガーンゼー修道院のフォークト）には息子ジボトー 2 世（1113/21 年テガーンゼー修道院のフォークト，

---

(137)　E. Noichl（Bearb.）, Codex Falkensteinensis, S. 75*.

(138)　J. B. Freed, The Counts of Falkenstein, S. 23*-27*.

(139)　パットーに関して，G. Diepolder, R. van Dülmen, A. Sandberger, ROSENHEIM, S.243 ; J. B. Freed, The Counts of Falkenstein, S14 f. を参照。

30

第 1 章　序　　説

1136 年死亡）と娘フリデルン Friderun があり．ジボトー 2 世は 1133 年ヴァイアルン修道院の建立者となった（後述）[140]．なおジボトー 1 世とジボトー 2 世のいずれかが 1080/85 年頃に初めて「ヴァイアルンの伯ジボトー Comes Sigiboto de Wiara」として現れた[141]．そのために，ノイブルク家系はヴァイアルン＝ノイブルク家系とも呼ばれるのである．ジボトー 2 世には奥方アーデルハイト Adelheid との間に息子ジボトー 3 世と娘ゲルトルートがあり[142]，さらに非自由人身分の女性との間に非同格出生の息子ベルトルト・フォン・メルモーゼン Berthold von Mörmoosen（生没年不詳）がいた[143]．アーデルハイトはズルツバッハ伯ベレンガール Berengar von Sulzbach の姉妹である[144]．ジボトー 3 世は 1133 年までに死亡し，他方でベルトルトはミニステリアーレ身分であった[145]．そのために娘ゲルトルートが単独でノイブルク家系の女性相続人となり，上述のように，ファルケンシュタイン家系の相続人ルードルフと結婚し，この結婚から生まれたジボトー 4 世にノイブルク家系の遺産をもたらす結果となった．

　上述したヴァイアルン修道院の建立に関して，ジボトー 2 世が 1133 年に自身と妻アーデルハイトの魂のために，またその子どもたち，つまりジボトー 3 世とゲルトルートの魂の救いのために，本拠地ヴァイアルン城塞のなかに修道院を建立することを計画し，この目的のために，ジボトー 2 世は挙示した自身の一部の所領と共に，ヴァイアルン城塞をザルツブルク大司教コンラートに寄進した[146]．その際に，大司教はザルツブルク教会に対するジボトーの友好的な態度に報いて，ジボトー 2 世の娘婿ルードルフ・フォン・ファルケンシュタ

---

(140)　G. Diepolder, R. van Dülmen, A. Sandberger, ROSENHEIM, S. 232, 244 ; J. B. Freed, The Counts of Falkenstein, S. 14f., 19f.

(141)　Th. Bitterauf (Hrsg.), Die Traditionen des Hochstifts Freising, Bd. 2 (926-1283), 1909, Nr. 1648e. F. Andrelang (Bearb.), Landgericht Aibling, S. 167 ; W. Rösener, Beobachtungen zur Grundherrschaft, S. 124 も参照。

(142)　奥方アーデルハイトに関して F. Andrelang (Bearb.), Landgericht Aibling, S. 61 ; J. B. Freed, The Counts of Falkenstein, S. 20 を参照。

(143)　J. B. Freed, The Counts of Falkenstein, S. 20f.

(144)　F. Andrelang (Bearb.), Landgericht Aibling, S. 61 ; J. B. Freed, The Counts of Falkenstein, S. 20. アーデルハイトがズルツバッハ伯家の出身であったことについて，G. Diepolder, R. van Dülmen, A. Sandberger, ROSENHEIM, S. 245 も参照。

(145)　J. B. Freed, The Counts of Falkenstein, S. 20f.

(146)　F. Andrelang (Bearb.), Landgericht Aibling, S. 61 ; J. B. Freed, The Counts of Falkenstein, S. 14 ; W. Rösener, Codex Falkensteinensis, S. 41.

第1篇　中世盛期バイエルンの貴族ファルケンシュタイン伯の城塞支配権

インに，ヴァイアルン修道院に対する世襲フォークタイを譲与した。それ以後，ノイブルク城塞 ── この城塞はマングファル川流域に位置し，ヴァイアルンから下流数マイルの地点に位置する ── が，ヴァイアルン城塞に代わってヴァイアルン＝ノイブルク家系の支配権の中心となった[147]。ノイブルク城塞が中心となる以前の時期について，ヴァイアルン城塞とその所領から構成される支配権がどうであったかという問題の考察は，後述本篇第3章第3節で行われる予定である。系譜関係との関連で，ヴァイアルン修道院の建立に関する証書の中で，以下の記述が注目される。

【史料2】

Hanc traditionem tali conditione consulentibus viris prudentibus feci, ut si quis episcoporum in alium usum quam nos ordinavimus, retorquere presumpserit, proximus nostre consanguinitati super altare sancti Rodberti unum Bizancium exsolvat et ipsam canonicam cum eius utensilibus in proprium ius redigat〔余は賢明な人々の助言を受けたときに，この寄進を次のような条件で行った。すなわち，もし司教のうちの誰であれ我々が定めたのと異なる利用へと敢えて変更したならば，我々の血族に最も近い者が聖ルーペルトの祭壇の上にビザンツ金貨を一枚支払い，かつ同共住聖職者教会並びにその付属物を私有の権利に戻すものとする〕[148].

この記述の趣旨は，もしコンラートの後のザルツブルク大司教の誰かが敢えてヴァイアルン修道院を伯ジボトー2世が意図したのと違った目的のために利用したならば，伯の「血族に最も近い者」が，この修道院とその付属財産を取戻す権利をもつ，ということである。ここで，伯ジボトー2世の血族に近い者とは，娘ゲルトルートの夫，つまり義理の息子ルードルフ，及びこの夫妻の子孫を意味していると解釈せざるをえない。J・B・フリードはこの点について，伯の「血族のなかに明らかにルードルフが含まれた」と述べ，ここからルードルフとゲルトルートは「血統によっても婚姻によっても親戚であった」，換言すればルードルフのファルケンシュタイン＝ヘルンシュタイン家系とゲルトルートのヴァイアルン＝ノイブルク家系は共通の始祖パットーから分岐した同族であったと結論する[149]。しかし，上記の証書の記述は「血族に最も近い

───────────────

(147)　J. B. Freed, The Counts of Falkenstein, S. 21. ヴァイアルン修道院及びノイブルク＝ファルケンシュタイン家系が所有する四つの城塞などの位置について，本節に後出の図1と図2を参照されたい。

(148)　Salzburger Urkundenbuch, Bd. Ⅱ, Nr. 158.

(149)　J. B. Freed, The Counts of Falkenstein, S. 14.

32

者」と語るに止まり，「血族に含まれる者」とは述べていない。つまり，ジボ
トー2世はルードルフを自身の「血族」とは語っていないのである。したがっ
て，我々は両家系が同族であるか否かという上述した問題について，J・B・
フリードと異なり同族であると断定することはできない。

　次に，ファルケンシュタイン家系に関して，ヘラント1世は1101年ヴェル
フェン家のバイエルン大公ヴェルフ4世 Welf Ⅳ. とザルツブルク大司教ティー
モ Thiemo に指導された十字軍に参加したが，その他多くの参加者と同様に，
帰還した形跡がない。そのために，ヘラント1世はこの時に死亡したものと
見なされている[150]。当時ファルケンシュタイン家系が所有する二つの城塞の
一つヘルンシュタイン Hernstein〔「ヘラントの城塞」の意〕は，その名前が示
すように，11世紀後半にヘラント1世によって建設された城塞である[151]。ヘ
ルンシュタイン城塞の建設者をF・アンドレラングは「ヘラント自身か子孫」
[152]，W・レーゼナーは「ヘラント自身ないしその子」[153]と考える。しかし，
この城塞は「ヘラントの城塞」の名前をもつこと，またすでに1100年頃に史
料に現れること[154]，しかもM・A・ベッカーはこの年代をさらに数十年遡ら
せることが可能と述べていることは[155]，1101年に死亡したと推定されるヘラ
ント1世を建設者であるとする見解を強く支持するものである。

　ヘラント1世には，しばしば言及したルードルフ（1099-1133年に登場）のほ
かに，二人の息子レギノルト Reginold（1099-1130年に登場）とヴォルフカー
Wolfker（1099-1158年に登場，ヘレンキームゼー修道院のフォークト），また娘の
アーデルハイト Adelheid があった[156]。これら三人の息子のうち，ファルケ
ンシュタイン家系の相続人となりジボトー4世の父親となったルードルフが最
も重要な人物である。ルードルフは遅くとも1125年までにヴァイアルン＝ノ
イブルク家系の女性相続人ゲルトルートと結婚し，この結婚から1126年にジ

---

(150)　J. B. Freed, The Counts of Falkenstein, S. 26.

(151)　M. A. Becker（Hrsg.）, Hernstein in Niederösterreich, Ⅱ-2, S. 26 ; J. B. Freed,
　　　The Counts of Falkenstein, S. 22.

(152)　F. Andrelang（Bearb.）, Landgericht Aibling, S. 169.

(153)　W. Rösener, Beobachtungen zur Grundherrschaft, S. 125.

(154)　P. Acht, Die Traditionen des Klosters Tegernsee, Nr. 136（1092-1113年）: 証人の
　　　一人として Chono de Herrantisperch〔クーノ・フォン・ヘルンシュタイン〕.

(155)　M. A. Becker（Hrsg.）, Hernstein in Niederösterreich, Ⅱ-2, S. 26.

(156)　J. B. Freed, The Counts of Falkenstein, S.16（Table 1. The Counts of Weyarn-
　　　Falkenstein）, S. 27.

第1篇　中世盛期バイエルンの貴族ファルケンシュタイン伯の城塞支配権

ボトー4世が誕生した[157]。ルードルフはゲルトルートとの結婚を通じてヴァイアルン家系の「伯comes」の称号を獲得すると同時に[158]，1136年ゲルトルートの父親ジボトー2世・フォン・ヴァイアルンの死後，ヴァイアルン＝ノイブルク家系の全遺産をゲルトルートとともに継承することになった[159]。これにより，ヴァイアルン＝ノイブルク家系の膨大な支配権的諸権利と所領は最終的にファルケンシュタイン家系に移行した[160]。ジボトー4世の父親ルードルフ・フォン・ファルケンシュタインはヴァイアルン伯の女性相続人ゲルトルートとの結婚によって両家系の膨大な所領を統合し，かくしてファルケンシュタイン伯はキームゼー湖とテガーンゼー湖の間の地域で最も強力な貴族家系へと台頭した[161]。二つの主要城塞ヴァイアルンとノイブルクを具えたヴァイアルン伯の財産は，主にマングファル川の上流に位置した[162]。さらに，それに，ハルトマンスベルク城塞の周囲の西部キームガウ Chiemgau の大規模な所領がヴァイアルン伯に帰属していた[163]。またヴァイアルン伯の権勢的地位は有力なテガーンゼー修道院に対するフォークタイの暫時の保有を通じて少なからず強化された[164]。これに対して，ファルケンシュタイン伯は，その本拠城塞ファルケンシュタインの周囲に集中するインタール Inntal 下流の広大なグルントヘルシャフトと裁判支配権とを保持した[165]。ファルケンシュタイン伯は12世紀初期に，それ以外の支配権的諸権利を近隣のキームガウに保持

---

(157)　F. Andrelang（Bearb.），Landgericht Aibling, S.61 ; E. Noichl（Bearb.），Codex Falkensteinsis, S. 76* ; J. B. Freed, The Counts of Falkenstein, S. 29 ; W. Rösener, Codex Falkensteinsis, S. 43.

(158)　P. Acht, Die Traditionen des Klosters Tegernsee, Nr. 165（1121年3月-1126年）: comes Rodolfus〔伯ルードルフ〕. J. B. Freed, The Counts of Falkenstein, S. 29 も参照。

(159)　F. Andrelang（Bearb.），Landgericht Aibling, S. 168 ; G. Diepolder, R. van Dülmen, A. Sandberger, ROSENHEIM, S. 241 ; W. Rösener, Beobachtungen zur Grundherrschaft, S. 125.

(160)　W. Rösener, Beobachtungen zur Grundherrschaft, S. 125.

(161)　G. Diepolder, R. van Dülmen, A. Sandberger, ROSENHEIM, S. 241 ; F. Andrelang（Bearb.），Landgericht Aibling, S. 169 ; W. Rösener, Beobachtungen zur Grundherrschaft, S. 123.

(162)　F. Andrelang（Bearb.），Landgericht Aibling, S. 61 ; W. Rösener, Beobachtungen zur Grundherrschaft, S. 123f.

(163)　W. Rösener, Beobachtungen zur Grundherrschaft, S. 124.

(164)　F. Andrelang（Bearb.），Landgericht Aibling, S. 166 ; W. Rösener, Beobachtungen zur Grundherrschaft, S. 124.

(165)　F. Andrelang（Bearb.），Landgericht Aibling, S. 61 ; W. Rösener, Beobachtungen zur Grundherrschaft, S. 124.

第 1 章　序　　説

した。ここにこの家系はヘレンキームゼー修道院に対するフォークタイとザル
ツブルク大司教の所領に対するフォークタイを行使した[166]。

2.　ジボトー 4 世とそれ以後の世代

　ルードルフとゲルトルート夫妻の間には，ジボトー 4 世（1126-1200 年）と
ヘラント 2 世（1155 年死亡）の二人の息子があり，ジボトー 4 世の奥方はヒ
ルデガルト・フォン・メードリング Hildegard von Mödling（1196 年死亡）[167]，
ヘラント 2 世の奥方はゾーフィア・フォン・フォーブルク Sophia von
Vohburg（1176 年死亡）である[168]。先ず，ジボトー 4 世の系統に関して，ジ
ボトー 4 世とヒルデガルト夫妻の間には三人の息子，ジボトー 5 世（1231 年
までに死亡），双子の兄弟クーノ 5 世とクーノ 6 世，その他二人の娘がいた[169]。
この双子の兄弟はそれぞれ 1205 年と 1196 年までに相続人を遺さずに死亡し
た。ジボトー 5 世の奥方はアーデルハイト・フォン・ヴァライ Adelheid von
Valley であり，この夫妻の間には二人の息子ジボトー 6 世（1244 年に死亡）と
コンラート（1257/58-1260 年死亡），娘のアーデルハイトがあった[170]。ジボ
トー 6 世とコンラートの兄弟はノイブルク＝ファルケンシュタイン家系の最後
の男系の代表者であり，この兄弟をもってこの家系の男系は断絶した[171]。彼
らの生前に，この家系は急速なまた完全な没落の状態に立ち至ったのである。
娘のアーデルハイトは初婚でオーストリアの自由人貴族ベルトルト・フォン・
ポッテンシュタイン Berthold von Pottenstein と結婚した後，オーストリア
のミニステリアーレ，ハインリッヒ・フォン・キューンリング Heinrich von

---

(166)　F. Andrelang（Bearb.），Landgericht Aibling, S. 175 ; J. B. Freed, The Counts of
　　　Falkenstein, S. 11 ; W. Rösener, Beobachtungen zur Grundherrschaft, S. 124f., 128 ;
　　　Ders., Codex Falkensteinensis, S. 41.

(167)　J. B. Freed, The Counts of Falkenstein, S. 45 ; W. Rösener, Beobachtungen zur
　　　Grundherrschaft, S. 142 ; Ders., Codex Falkensteinensis, S. 35.

(168)　E. Noichl（Bearb.），Codex　Falkensteinensis, S. 60* ; J. B. Freed, The Counts of
　　　Falkenstein, S. 16（Table 1. The Counts of Weyarn-Falkenstein）.

(169)　J. B. Freed, The Counts of Falkenstein, S. 45, 58.

(170)　E. Noichl（Bearb.），Codex Falkensteinensis, S. 80* ; J. B. Freed, The Counts of
　　　Falkenstein, S. 58.

(171)　T. Burkard（Bearb.），Landgericht Wasserburg und Kling（Historischer Atlas
　　　von Bayern. Teil Altbayern, Heft 15），1965, S. 95, 262 f. ; E. Noichl（Bearb.），Codex
　　　Falkensteinensis, S. 79* ; J. B. Freed, The Counts of Falkenstein, S. 58ff. ; W. Rösener,
　　　Beobachtungen zur Grundherrschaft, S. 142.

35

第1篇　中世盛期バイエルンの貴族ファルケンシュタイン伯の城塞支配権

Kuenring と再婚した[172]。この再婚が原因となって，アーデルハイトは自由人貴族の父祖が伝承してきた遺産のすべてを放棄すると同時に[173]，アーデルハイトの子孫の身分はミニステリアーレ身分に降下した[174]。アーデルハイトとハインリッヒ夫妻の間には，娘オイフェーミア Euphemia・フォン・キューンリングがあった[175]。オイフェーミアはオーストリア大公の別のミニステリアーレ，ルードルフ・フォン・ポッテンドルフ Rudolf von Pottendorf と結婚した[176]。オイフェーミアの叔父，つまり上記のジボトー5世の息子コンラートは 1245 年バイエルンとオーストリアにあるファルケンシュタイン伯の全財産をフライジング司教に売却したが[177]，オイフェーミアはコンラートの死亡後ヘルンシュタイン城塞を簒奪し，また裁判官の判決に反して，成功裏に引渡しを拒絶した[178]。この時から，ヘルンシュタインは 1380 年にオーストリア大公に売却されるまで，長期に互りポッテンドル家の手に掌握された[179]。

　次に，ジボトー4世の弟，ヘラント2世の系統に関して。ヘラント2世が 1155 年頃に死亡した時，ジボトー・フォン・アントヴォルト Antwort，ヘラント3世 Herrand Ⅲ，ユーディット Judith の三人の小さな子どもが遺された[180]。ジボトー・フォン・アントヴォルトは 1170 年頃，ヘラント3世は 1176 年頃にそれぞれ嗣子を遺さずに死亡した[181]。娘のユーディットは初婚でレーゲンスブルク司教のミニステリアーレ，ニツォー・フォン・ライテン

---

(172)　E. Noichl (Bearb.), Codex Falkensteinensis, S. 80* und Anhang Ⅰ Vorbemerkung zu Nr. 5 ; J. B. Freed, The Counts of Falkenstein, S. 61.

(173)　E. Noichl (Bearb.), Codex Falkensteinensis, Anhang Ⅰ Vorbemerkung zu Nr. 5 (S. 168) ; J. B. Freed, The Counts of Falkenstein, S. 61.

(174)　E. Noichl (Bearb.), Codex Falkensteinensis, S. 80* ; W. Rösener, Beobachtungen zur Grundherrschaft, S. 142.

(175)　E. Noichl (Bearb.), Codex Falkensteinensis, S. 82* ; J. B. Freed, The Counts of Falkenstein, S. 61.

(176)　J. B. Freed, The Counts of Falkenstein, S. 61 ; W.Rösener, Beobachtungen zur Grundherrschaft, S. 144.

(177)　M. Spindler, Die Anfänge des bayerischen Landesfürstentums, S. 35.

(178)　E. Noichl (Bearb.), Codex Falkensteinensis, S. 82*. 裁判官の判決に関して，M. A. Becker (Hrsg.), Hernstein in Niederösterreich, Ⅱ-2, Beilagen Ⅱ, S. 437ff. を参照。

(179)　E. Noichl (Bearb.), Codex Falkensteinensis, S. 82* ; J. B. Freed, The Counts of Falkenstein, S. 61 ; W. Rösener, Beobachtungen zur Grundherrschaft, S. 144.

(180)　J. B. Freed, The Counts of Falkenstein, S. 46.

(181)　J. B. Freed, The Counts of Falkenstein, S. 17 (Table 1. The Counts of Weyarn-Falkenstein).

ブーフ Nizo von Raitenbuch と結婚し，息子コンラートと娘（名前不詳）を儲
けている[182]。またユーディットはアルベロー4世・フォン・ボックスベルク
Albero Ⅳ. von Bocksberg と再婚し，息子アルベロー・ヴォルフ5世 Albero
Wolf V. を儲けている[183]。

　次に，ジボトー4世の叔父，つまりジボトー4世の父親ルードルフの兄弟の
系統に関して。上述のレギノルトは嗣子を遺していない。同じく上述したヴォ
ルフカーはオットー Otto とラザリウス Lazarius の二人の庶子を儲けてい
る[184]。この二人の息子はミニステリアーレンとなっているので，その母親は
貴族女性ではなかった[185]。レギノルトとヴォルフカーの姉妹アーデルハイト
はポートー・フォン・ポッテンシュタイン Poto von Pottenstein と結婚し，二
人の息子ルードルフとヘラント，娘クニグンデ Kunigunde を儲けた[186]。ク
ニグンデはアドモント Admont 修道院の修道女となった。

---

(182)　E. Noichl (Bearb.), Codex Falkensteinensis, Nr. 151 (Regest und Vorbemerkung),
　　　 Nr. 157 (Regest und Vorbemerkung) ; J. B. Freed, The Counts of Falkenstein, S. 48.
(183)　E. Noichl (Bearb.), Codex Falkensteinensis, Nr. 171 (Regest und Vorbemerkung)
　　　 ; J. B. Freed, The Counts of Falkenstein, S. 48.
(184)　J. B. Freed, The Counts of Falkenstein, S. 16 (Table 1. The Counts of Weyarn-
　　　 Falkenstein).
(15)　 E. Noichl (Bearb.), Codex Falkensteinensis, Nr. 2 (Vorbemerkung) ; J. B. Freed,
　　　 The Counts of Falkenstein, S. 65.
(186)　J. B. Freed, The Counts of Falkenstein, S. 16 (Table 1. The Counts of Weyarn-
　　　 Falkenstein), S. 49, 51.

第1篇　中世盛期バイエルンの貴族ファルケンシュタイン伯の城塞支配権

図1　オーバーバイエルン

J. B. Freed, The Counts of Falkenstein, S.25 を基に作成

第1章　序　説

図2　ニーダーオーストリア

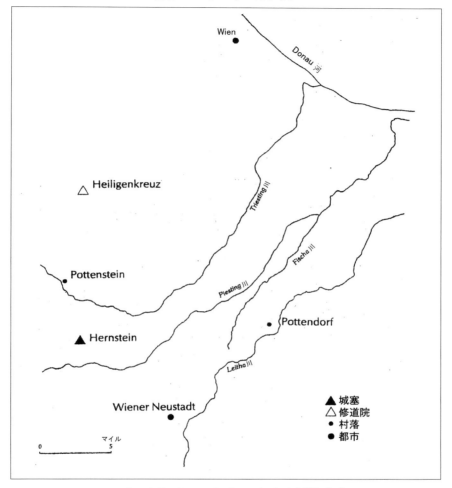

J. B. Freed, The Counts of Falkenstein, S.24 を基に作成

第1篇　中世盛期バイエルンの貴族ファルケンシュタイン伯の城塞支配権

第4節　小　　括

　最後に，これまでの考察により明らかになった事柄を整理し，併せてノイブ
ルク＝ファルケンシュタイン家系の没落に言及して，本章を終えることにした
い。先ず『CF証書集』に関して，これは中世盛期の世俗グルントヘルシャフ
トの歴史と所領の唯一現在にまで伝承された重要な史料であり，特に経済史を
始めとする歴史学の諸分野において考察の対象とされてきた。その作成の機縁
を与えたのはノイブルク＝ファルケンシュタイン家系のジボトー4世，成立年
代は1166年夏であり，成立の場所はジボトー4世自身がそのフォークトを務
めたオーバーバイエルンのヘレンキームゼー修道院であった。この証書集はそ
の後も1196年頃まで書き続けられた。この最初のラテン語写本『CF証書集』
は1190年代の後半期にドイツ語に翻訳され，それ以後ラテン語写本はドイツ
語写本に取って代わられた。今度はこのドイツ語写本が1231年まで書き続け
られていった。ところが，その後ドイツ語写本は17世紀末期に忽然と姿を消
し現在もなお行方不明になっており，現在まで伝承されているのは，ラテン語
写本のみである。『CF証書集』の内容は，多様かつ多面的であり，家系と家
族の記録集の性格をもつ。特に全体のほぼ3分の1と最大の分量を占める徴税
台帳の部分が，ファルケンシュタイン伯の四つの自由所有城塞，つまりノイブ
ルク，ファルケンシュタイン，ハルトマンスベルク，ヘルンシュタインを基準
として編成・記述されており，このことは，城塞支配権の観点から見て死活的
に重要な点として特筆されなければならない。

　前節で明らかになったヴァイアルン＝ノイブルク家系とファルケンシュタイ
ン＝ヘルンシュタイン家系双方の系譜は，図3（42頁）のようになる。

　上述したように，ジボトー4世自身が提示した系譜は，自身の両親，祖父，
曾祖父のみであった[187]。このジボトーによる系譜を，ここに示した系図と対
比するならば，明らかにジボトーによる系譜に省略があることが分かる。この
関連で，J・B・フリードはヴァイアルン＝ノイブルク家系とファルケンシュ
イン＝ヘルンシュタイン家系が始祖パットーから分かれた同族であることを前
提とし，「ジボトー4世の両親 ── 彼らは又いとこであるが ── の結婚は，教
会法への明らかな違反であった。彼らと教皇党との密接な結びつきにもかかわ
らず，ヴァイアルン家系とファルケンシュタイン家系はこのデリケートな問題

───────────

(187)　上述【史料1】及び27頁。

40

についての教会の教えを完全に無視した」と述べて[188]、ジボトー4世による省略の理由を、両親の婚姻が教会法上の婚姻障害に該当することを隠したことに求めている[189]。この見解は魅力的だが、パットーが両家系の共通の始祖であるとする前提が成立して初めて認められる仮説と言わざるをえない。

　両家系の身分に関して、上述のようにヴァイアルン＝ノイブルク家系のジボトー1世とジボトー2世のいずれかが1080/85年頃に「ヴァイアルンの伯」として現れた[190]。これに対して、ファルケンシュタイン＝ヘルンシュタイン家系はルードルフの代に至って初めてヴァイアルン＝ノイブルク家系のゲルトルートとの婚姻を通じて伯の称号を名乗り、身分的上昇を成し遂げるに至った。ルードルフ以前に、その父親も兄弟もかつて伯として確認されたことがなく、またルードルフ自身でさえこの称号を名乗ったのは、時折のことにすぎない。したがって、ヴァイアルン＝ノイブルク家系はファルケンシュイン＝ヘルンシュタイン家系よりも上位のより良い身分をもつ家系であった。同時に、これも上述したように、ルードルフはヴァイアルン＝ノイブルク家系の女性相続人ゲルトルートとの結婚によって両家系の膨大な所領を統合し、かくしてファルケンシュタイン＝ヘルンシュタイン家系は権勢の面でも12世紀中葉以後オーバーバイエルン領域で最も強力な貴族家系の一つへと台頭していった[191]。父親ルードルフからこの権勢と所領、さらに伯の称号をも継承した相続人ジボトー4世が作成させた『CF証書集』は、ファルケンシュタイン＝ヘルンシュタイン家系の絶頂に到達した権勢と富裕を極めて具体的に証言するものなのである[192]。ただし、この家系は13世紀中葉にさしかかる頃に、当時のバイエルンの大部分の豪族と共通の運命を辿り、大公たるヴィッテルスバッハ家の粘り強い領国政策の犠牲となった。

　最後に、ファルケンシュタイン家系の没落について簡単に述べておきたい。ジボトー4世の孫にしてジボトー5世の二人の息子、ジボトー6世とコンラートがこの家系の最後の男系であるが、この兄弟をもって家系の男系が断絶したことはすでに述べた通りである[193]。ジボトー6世とコンラートは、一方で父親ジボトー5世のバイエルン大公に対する友好的な政策を放棄し、他方ではバ

---

(188)　J. B. Freed, The Counts of Falkenstein, S. 28.
(189)　J. B. Freed, The Counts of Falkenstein, S. 14, 35.
(190)　上述31頁。
(191)　上述34頁。
(192)　E. Noichl (Bearb.), Codex Falkensteinensis, S. 82*.
(193)　上述35頁以下を参照。

第1篇　中世盛期バイエルンの貴族ファルケンシュタイン伯の城塞支配権

イエルン大公と敵対するアンデクス＝メラーニエン Andechs-Meranien 大公と同盟するに及んだ[194]。この態度の転換によってジボトー6世はバイエルン大公から敵視され，1245年2月1日よりも前のある時点でバイエルン大公とアンデクス＝メラーニエン大公の戦闘の折に殺害された[195]。他方の残った弟コンラートは1260年10月30日までに死亡した[196]。またファルケンシュタイン家系の支配権と所領は，一部を除き，コンラート死亡の直前頃以後に，結局バイエルン大公によって没収された[197]。こうしてファルケンシュタイン家系の男系が断絶すると同時に，その支配権と所領もまた解体する結果になった。

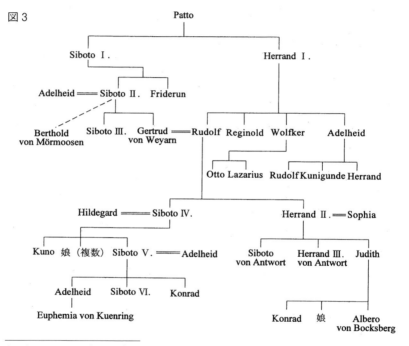

図3

(194) E. Noichl (Bearb.), Codex Falkensteinensis, S. 80*; J. B. Freed, The Counts of Falkenstein, S. 58, 62; W. Rösener, Beobachtungen zur Grundherrschaft, S. 143.
(195) E. Noichl (Bearb.), Codex Falkensteinensis, S. 80*; J. B. Freed, The Counts of Falkenstein, S. 59.
(196) E. Noichl (Bearb.), Codex Falkensteinensis, S. 81*; J. B. Freed, The Counts of Falkenstein, S. 60; W. Rösener, Beobachtungen zur Grundherrschaft, S. 144.
(197) F. Andrelang (Bearb.), Landgericht Aibling, S. 180; E. Noichl (Bearb.), Codex Falkensteinensis, S. 81*; J. B. Freed, The Counts of Falkenstein, S. 60; W. Rösener, Beobachtungen zur Grundherrschaft, S. 144.

42

第1章 序　説

図4　ファルケンシュタイン伯と家族

E. Noichl (Bearb.), Codex Falkensteinensis, Tafel Ⅰを基にして作成

第1篇　中世盛期バイエルンの貴族ファルケンシュタイン伯の城塞支配権

図5　ノイブルグ城塞

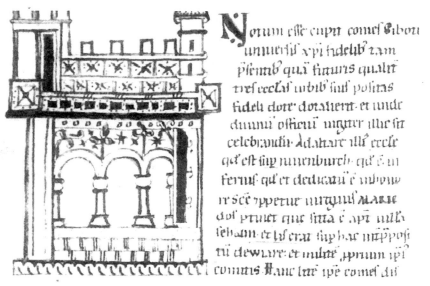

E. Noichl（Bearb.）, Codex Falkensteinensis, Tafel Ⅲを基にして作成

図6　ファルケンシュタイン城塞

E. Noichl（Bearb.）, Codex Falkensteinensis, Tafel Ⅴを基にして作成

第1章　序　説

図7　ハルトマンスベルク城塞

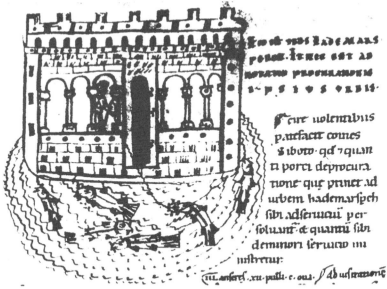

E. Noichl（Bearb.）, Codex Falkensteinensis, Tafel Ⅷを基にして作成

図8　ヘルンシュタイン城塞

E. Noichl（Bearb.）, Codex Falkensteinensis, Tafel ⅩⅠを基にして作成

45

第2章 ファルケンシュタイン伯の支配権的権利

第1節 グラーフシャフト＝アムトの中核としての城塞

1166年にファルケンシュタイン証書集を作成した伯ジボトー4世 Siboto Ⅳ. は，各々周囲の所領複合体の中核をなすノイブルク Neuburg，ファルケンシュタイン Falkenstein，ハルトマンスベルク Hartmannsberg，ヘルンシュタイン Hernstein の四つの城塞を所有した[1]。また疑いなく，これらの城塞が政治，軍事および行政の点でファルケンシュタイン伯の支配構造の中核を構成する[2]。このことは，『ファルケンシュタイン証書集』の中で，テクストの配列の点にも，この証書集に掲載された城塞の細密画の描写の点にも明確に表れている。なぜなら，ファルケンシュタイン，ノイブルク，ハルトマンスベルクとヘルンシュタインの四つの城塞並びにこれらの城塞に関係づけられたアムトofficium が，テクストにおいて明確に際立ち，また各アムトの項目に付加された城塞の細密画を通じて描写されているからである[3]。このことは，重要な支配複合体の中心をなすと同時に[4]，印象的な細密画によって図解されているファルケンシュタイン城塞の場合に，特に明らかになる[5]。ファルケンシュ

---

(1) H. Petz, H, Grauert, J. Mayerhofer (Hrsg.), Drei bayerische Traditionsbücher, S. Ⅺ ; H. G. Gengler, Ein Blick auf das Rechtsleben Bayerns unter Herzog Otto Ⅰ. von Wittelsbach, S. 3 f. ; G. Umlauf, Grund und Boden, S. 40, S. 73 f., S. 77 f. ; T. Burkard (Bearb.), Landgericht Wasserburg und Kling, S. 93 ; G. Diepolder, R. van Dülmen, A. Sandberger, ROSENHEIM, S.15 ; F. Andrelang(Bearb.), Landgericht Aibling, S. 170 ; W. Störmer, Früher Adel. Studien zur politischen Führungsschicht im fränkischen-deutschen Reich vom 8. bis 11. Jahrhundert, Teil Ⅰ-Ⅱ, 1973, S. 148 ; P. Fried, Hochadelige und landesherrlich-wittelbachische Burgenpolitik im hoch-und spätmittelalterlichen Bayern, 1976, S. 344 ; E. Noichl (Bearb.), Codex Falkensteinensis, S. 30* f. ; W. Rösener, Codex Falkensteinensis., 45 f. 第1章第1節14, 第2章第2節18頁も参照。

(2) W. Rösener, Beobachtungen zur Grundherrschaft, S. 135 ; H-M. Maurer, Die Entstehung der hochmittelalterlichen Adelsburg in Südwestdeutschland, S. 295-332.

(3) 『CF 証書集』において ‚officium‘ の語はファルケンシュタイン城塞について E. Noichl (Bearb.), Codex Falkensteinensis, Nr. 30, 34, 43, ハルトマンスベルク城塞について E. Noichl (Bearb.), Codex Falkensteinensis, Nr. 75, 76, 78, 79 に明確に現れる。

(4) E. Noichl (Bearb.), Codex Falkensteinensis, Nr. 24 S. 22 : Hec est urbs Valkensteine 〔これはファルケンシュタイン城塞である〕.

47

第1篇　中世盛期バイエルンの貴族ファルケンシュタイン伯の城塞支配権

タイン城塞は丘陵の上の二つの塔状の建物から成り立っている。左側の塔は聖書台のごとき屋根をもち，右側の塔は鋸壁の花冠を具えている。絵の真ん中で木の上に止まっている二羽の鷹 Falken は，この城塞の名前 Falkenstein（鷹の城塞）を暗示している。ノイブルク城塞はノイブルク伯の古来の中心でありジボトー4世の母方ヴァイアルン＝ノイブルク Weyarn ＝ Neuburg 家系の本拠城塞であるが[6]，見る者にロマネスク様式の正面アーチ，二つの塔と鋸壁の花冠を具えた戦闘能力をもつ城塞として描かれる[7]。ハルトマンスベルク城塞もまたファルケンシュタイン伯のヘルシャフト複合体の中心であり[8]，ロマネスク様式の正面アーチと鋸壁の花冠を具え，周囲を湖に取り囲まれた水城 Wasserburg として描かれる[9]。魚で活気づいた湖に，一人の男が窓から釣り糸を垂らしている。最後に四番目のヘルシャフトの中心は，下オーストリア Niederösterreich のヘルンシュタイン城塞をもって最後となる[10]。つまり，丘陵の上の単純な，鋸壁の冠を戴いた防衛＝居住塔[11]。ここでは右側に，安全上の理由から地面よりも上に位置する入り口が認められる。城塞が建つ斜面は葡萄畑で覆われ，その中で二人の農民が鍬と小刀を使って仕事をしている。

　伯ジボトー4世はこの四つの城塞の所有に基づいて，『CF 証書集』の中で自身を „comes de Niwenburch, item de Walchenstain, itemque de Hademarsperch et de Herrantesteine" すなわち「ノイブルクの伯，同じくファルケンシュタインの伯，また同じくハルトマンスベルクの伯，同時にヘルンシュタインの伯」と呼んでいる[12]。したがって，彼は伯 comes（ラテン語）＝グラーフ Graf（ドイツ語）として　四つのグラーフシャフト Grafschaft〔伯の支

---

(5) Noichl (Bearb.), Codex Falkensteinensis, Tafel V = Abbildung 8（第1章末尾に掲げたファルケンシュタイン城塞の細密画）.

(6) E. Noichl (Bearb.), Codex Falkensteinensis Nr. 5, S. 11. 上掲拙稿 49-56 頁。

(7) E. Noichl (Bearb.), Codex Falkensteinensis, Tafel Ⅲ = Abbildung 4（第1章末尾のノイブルク城塞の細密画）.

(8) E. Noichl (Bearb.), Codex Falkensteinensis, Nr. 44 S.33 : Hec est urbs Hademarsperch〔これはハルトマンスベルク城塞である〕. G. Diepolder, R. van Dülmen, A. Sandberger, ROSENHEIM, S. 93 も参照。

(9) E. Noichl (Bearb.), Codex Falkensteinensis, Tafel Ⅷ = Abbildung 13（第1章末尾のハルトマンスベルク城塞の細密画）.

(10) E. Noichl (Bearb.), Codex Falkensteinensis, Nr.80 S.50f.

(11) E. Noichl (Bearb.), Codex Falkensteinensis, Tafel Ⅺ = Abbildung 17（第1章末尾のヘルンシュタイン城塞の細密画）.

(12) E. Noichl (Bearb.), Codex Falkensteinensis, Nr. 2.

48

第 2 章　ファルケンシュタイン伯の支配権的権利

配区〕，及びこれを構成する所領複合体を保持する支配者であった。またこのように，各城塞が各々のグラーフシャフトの中心をなしたことも確認される。さらに『Codex Falkensteinensis ファルケンシュタイン証書集』とは粗雑かつ不正確に使われている一般的な呼称であり，その完全な表題は Liber continens redditus omnium possessionum et castrorum, que comes Siboto iure proprietatis vel titulo possedit de principibus per omnes provincias〔伯ジボトーが所有権に基づきあるいは諸侯から法的権利により，すべてのグラーフシャフトを通じて所有するすべての所領と城塞との収益を収録する目録〕である[13]。この表題は城塞がグラーフシャフトの収益を集積する場所であり，その意味で経済的中心をなしたことを物語る。

　ところで注目すべきことに，ファルケンシュタイン城塞を中核とするグラーフシャフトとハルトマンスベルク城塞を中核とするグラーフシャフトが，ラテン語で officium（対応するドイツ語は Amt）とも呼ばれているのである。つまりファルケンシュタイン城塞について，ex uno armento, quod pertinet ad ipsum officium〔同アムトに属する一つの家畜飼育場から〕[14]，Ex lino, quod datur ex hoc officio〔このアムトから納められる亜麻から〕[15]，または 他に De hoc officio dantur XL〔このアムトから〔豚〕40 頭が納められる〕と[16]。ハルトマンスベルク城塞について，de arietibus, que ad idem officium pertinent〕〔同アムトに属する雄羊について〕[17]，de armentibus ad idem officium pertinentibus.〔同アムトに属する家畜飼育場について〕と[18]。

　さらに，『CF 証書集』において四つのグラーフシャフトに区分された各支配複合体は同じ行政上の呼称でもって現れるのではない。ノイブルク区域とハルトマンスベルク区域は各々 procuratio [19]，これに対してファルケンシュ

---

(13)　H. G. Gengler, Ein Blick auf das Rechtsleben Bayerns unter Herzog Otto I. von Witteladsbach〔um 1117-1183〕, S. 2 und ebenda Anm. 4.

(14)　E. Noichl（Bearb.）, Codex Falkensteinensis, Nr. 30.

(15)　E. Noichl（Bearb.）, Codex Falkensteinensis, Nr. 34.

(16)　E. Noichl（Bearb.）, Codex Falkensteinensis, Nr. 43.

(17)　E. Noichl（Bearb.）, Codex Falkensteinensis, Nr. 75.

(18)　E. Noichl（Bearb.）, Codex Falkensteinensis, Nr. 76.

(19)　ノイブルク区域について E. Noichl（Bearb.）, Codex Falkensteinensis, Nr. 17, 18, 19, ハルトマンスベルク区域について E. Noichl（Bearb.）, Codex Falkensteinensis, Nr. 44, 73, 75 を参照。さらに T. Burkard（Bearb.）, Landgericht Wasserburg und Kling, S. 94 ; W. Störmer, Früher Adel, S. 148 ; F. Kramer und W. Störmer（Hrsg.）, Hochmittelalterliche Adelsfamilien in Altbayern, Franken und Schwaben, S. 733 も参照。

タイン区域とヘルンシュタイン区域は各々 prepositura として記述されている[20]。これに対応して，各領域の最高の行政官吏はノイブルク区域とハルトマンスベルク区域について procurator として[21]，他方でファルケンシュタイン区域とヘルンシュタイン区域については prepositus[22] として現れる。このようにノイブルク区域・ハルトマンスベルク区域とファルケンシュタイン区域・ヘルンシュタイン区域で，最高の行政官吏の呼称が各々 procurator, prepositus と異なる原因について，『CF 証書集』の中では語られていないために，究極的な確実性をもって解明することは不可能である。しかし経済史家 K・ラムプ Ramp はこの相違の原因を，procurator がグルントヘルシャフト等を始めとする所領を管理する経済的な職権に加えて，さらにフォークタイ Vogtei の運営権，つまりフォークタイ裁判権に代表される法的な職権をも行使した点に求めている[23]。換言すれば，procurator はフォークタイを保持している点で prepositus から区別されるというのである。ラムプのこの見解に我々は基本的に賛成することができる。なぜなら，先ず『CF 証書集』のノイブルク管区 procuratio の収入を記述する節[24]の冒頭ですぐに，「フォークタイ・アイブリング」‚advocatia Aiblingen‘ から定期のフォークタイ裁判所 ‚placitum‘ の際に提供されるべき貢租が列挙されているからである[25]。次に『CF 証書集』のハルトマンスベルク管区 procuratio の収入を記述する節で[26]，ヘレンキームゼー男子修道院の所領とザルツブルク教会の所領におけるフォークタイ裁判所 ‚placitum‘ を開催するために支払われるべき給付が現れる[27]。これに対して，ヘルンシュタイン管区 prepositura の収入を記述す

---

(20) ファルケンシュタイン区域について E. Noichl (Bearb.), Codex Falkensteinensis, Nr. 26, 29, ヘルンシュタイン区域について E. Noichl (Bearb.), Codex Falkensteinensis, Nr. 80 を参照。さらに G. Diepolder, R. van Dülmen, A. Sandberger, ROSENHEIM. S. 246 f. ; W. Störmer, Früher Adel, S. 148 ; F. Kramer und W. Störmer (Hrsg.), Hochmittelalterliche Adelsfamilien in Altbayern, Franken und Schwaben, S. 733 も参照

(21) E. Noichl (Bearb.), Codex Falkensteinensis, Nr. 5, 22 ; E. Noichl (Bearb.), Codex Falkensteinensis, Nr. 72.

(22) E. Noichl (Bearb.), Codex Falkensteinensis, Nr. 26, 27, 28 ; Nr. 85.

(23) K. Ramp, Studien zur Grundherrschaft, S. 26 f.

(24) E. Noichl (Bearb.), Codex Falkensteinensis, Nr. 5-23.

(25) E. Noichl (Bearb.), Codex Falkensteinensis, Nr. 5.

(26) E. Noichl (Bearb.), Codex Falkensteinensis, Nr. 44-79.

(27) E. Noichl (Bearb.), Codex Falkensteinensis, Nr. 72a/b.

る節には，フォークトやフォークタイの存在，ましてやこれらの職権に伴う
収益を思わせる記述は見当たらない[28]。ただし，ファルケンシュタイン管区
prepositura について，フォークタイに関する記述は prepositura の収入を記
述する節とは別の「譲渡証書 Traditionen」の節に記載されている。フリンツ
バッハ Flintsbach の教会に対するフォークタイ，エプス Ebbs のフォークタ
イ，エルル Erl のフォークタイがそれである[29]。これらのフォークタイがファ
ルケンシュタイン管区 prepositura の収入を記述する節に記載されなかった原
因は，財政的収益がそれほど期待されかったことに求められよう。いずれに
しても，ラムプに従って，ノイブルク管区・ハルトマンスベルク管区とファ
ルケンシュタイン管区・ヘルンシュタイン管区で，最高の行政官吏の呼称が
各々 procurator, prepositus と異なると同時に，その管区の呼称も procuratio,
prepositura と異なる原因は，フォークタイ権力の有無にあるものと認めてよ
いと結論される。E・ノイヒルと W・レーゼナーもまた上記のラムプの見解を
支持していることを付言しておきたい[30]。なお，四つの管区は同じ権利をもっ
て並存し，procuratio と prepositura も上下の関係にはない[31]。

　したがって，ノイブルク・ハルトマンスベルクの両区域について
procurator の語は「フォークト」，その管区 procuratio は「フォークタイ管
区」ないし「フォークト管区」，他方でファルケンシュタイン・ヘルンシュタ
インの両区域について，prepositus の語は「伯代理」，その管区 prepositura
は「伯代理管区」と解釈するのが当を得ているように思われる。ファルケン
シュタイン管区 prepositura とハルトマンスベルク管区 procuratio が『CF 証
書集』の中で officium/Amt とも呼ばれていることを，改めて想起したい。と
ころで，prepositura（ファルケンシュタイン管区）と procuratio（ハルトマン
スベルク管区）のいずれもが officium/Amt と呼ばれているのである。した
がって，『CF 証書集』の中で明示的には officium/Amt として現れてこない
ノイブルク管区 procuratio とヘルンシュタイン管区 prepositura をも，それ

---

(28)　E. Noichl（Bearb.），Codex Falkensteinensis, Nr. 80-102.
(29)　フリンツバッハについて，E. Noichl（Bearb.），Codex Falkensteinensis, Nr. 134：
　　　advocatiam super ecclesiam Flinspach〔フリンツバッハの教会に対するフォークタ
　　　イ〕，エプスとエルルについて E. Noichl（Bearb.），Codex Falkensteinensis, Nr. 167：
　　　advocatia …… in Ebisi et in Oerlan〔エプスとエルルのフォークタイ〕.
(30)　E. Noichl（Bearb.），Codex Falkensteinensis, S. 65*f.；W. Rösener, Codex Falken-
　　　steinensis, S. 50.
(31)　E. Noichl（Bearb.），Codex Falkensteinensis, S. 65*.

第1篇　中世盛期バイエルンの貴族ファルケンシュタイン伯の城塞支配権

ぞれ officium/Amt として捉えてもよいことになる。要するに，四つの城塞を中核とする各々の管区，つまりノイブルクの管区 procuratio とハルトマンスベルクの両管区 procuratio とファルケンシュタイン・ヘルンシュタインの両管区 prepositura は，すべて officium/Amt でもあると結論される。H・ペッツ Petz，G・ウムラウフ Umlauf，F・アンドレラング Andrelang，P・フリート Fried，W・レーゼナー Rösener もまた，これら四つの城塞周囲の管区を officium/Amt として把握しているのである[32]。こうして，我々はファルケンシュタイン伯の支配複合体たるグラーフシャフトは最高の行政役人たる procurator/prepositus がアムトマン officiatus/Amtmann として管轄する procuratio/prepositura，つまりアムトであるという結論に到達する[33]。

　最後に，procuratio/prepositura の用語は，同時に，複数のヴィリカツィオーン＝フローンホーフを統合した上級ホーフ Oberhof の意味をも含むために[34]，ここで問題となるファルケンシュタイン伯の procuratio/prepositura は各グラーフシャフト内にある伯の様々なヴィリカツィオーン＝フローンホーフの統合体，またはこの統合体の管理機関を意味することになる。換言すれば，ファルケンシュタイン伯の procuratio/prepositura は確かにグラーフシャフの名をもつが，しかし多分にヴィリカツィオーン＝フローンホーフの統合体つまりグルントヘルシャフトの統合体という性格を具えている。とはいえ，以下の行論の過程で示されるように，ファルケンシュタイン伯の支配権は城塞を中核としグルントヘルシャフトの枠組みを超えて行使された罰令権力の性格をも帯びていたことが確認されなければならない。したがって，伯の代理人たる procuratio/prepositura はもはや伯の単なる荘園管理役人に止まらず，これを超えた罰令権力をも行使する新たな種類の役人，すなわちアムトマンなのであった。なお，このいわば行政アムトの役人として，procurator/prepositus

---

(32)　H. Petz, (Hrsg.), Drei bayerische Traditionsbücher, S. XXIV；G. Umlauf, Grund und Boden, S. 77；F. Andrelang (Bearb.), Landgericht Aibling, S. 170；P. Fried, Hochadelige und landesherrlich-wittelbachische Burgenpolitik, S. 344；W. Rösener, Beobachtungen zur Grundherrschaft, 121, 126；Ders., Codex Falkensteinensis, S. 45, 50.

(33)　procurator/prepositus をアムトマンと見なすことができることについて W. Rösener, Beobachtungen zur Grundherrschaft, S. 132 を参照。

(34)　procuratio/prepositura は procurator/prepositus が管理する上級ホーフであったことに関し，T. Burkard (Bearb.), Landgericht Wasserburg und Kling, S. 94；Haberkern/Wallach, Hilfswörterbuch für Historiker, Bd. 1, Art. „Fronhof", S. 217 を参照。

の他に，これに従属する役人として倉庫役人 Kellner〔cellerarius〕と荘司 Meier〔villicus〕が存在した[35]。

　本節の最後に，上述のごとく城塞を基準として徴税台帳が編成されていることからも予測されるように，『CF 証書集』の中で，城塞を中核とする procuratio/prepositura（グラーフシャフト＝アムト）は，城塞に属する付属物として現れるという注目すべき事実がある。この事実を，四つのアムトの収益に関する各節の冒頭に置かれている記述に基づいて確認しておきたい。

【史料3】ノイブルクの procuratio に関する記述（1166 年夏）

Comes Siboto patefacit omnibus suis et universis scire volentibus, quid vel quantum procurator sue urbis scilicet Niuenburch debeat ad expensas ministrare vel quantum de procuratione ipsa ad urbem pertineant〔伯ジボトー〔4 世〕はすべての配下の者と知ることを望むすべての者に，自身の城塞〔urbs〕すなわちノイブルクの procurator〔フォークト〕が，何をないしどれだけ多くのことを経費に基づいて管理する義務を負うのか，あるいは同 procuratio に関してどれだけ多くのものが城塞に属するのかを，明らかにした〕（下線＝著者）[36]．

【史料4】ハルトマンスベルクの procuratio に関する記述（1166 年夏）

Hec est urbs Hademarsperch；…… Scire volentibus patefacit comes Siboto, quod et quanti porci de procuratione, que pertinet　ad urbem Hademarsperch, sibi ad

---

(35)　K. Ramp, Studien zur Grundherrschaft, S. 27 ff.；F. Andrelang（Bearb.），Landgericht Aibling, S. 170. ファルケンシュタイン，ハルトマンスベルク，ヘルンシュタインの各アムトについて，荘司 villicus の存在を我々は史料上直接に確認することができる。ファルケンシュタインについて E. Noichl（Bearb.），Codex Falkensteinensis, Nr. 36, 40，ハルトマンスベルクについて ebenda, Nr. 58，ヘルンシュタインについて ebenda, Nr. 102 を参照。他方で，アムト・ノイブルクについては，偶々 villicus の語が直接に史料上は見出されないが，しかしその他のアムトについてと同様に，curia villicalia〔荘司農場，荘司ホーフ〕の語が現れるので（E. Noichl（Bearb.），Codex Falkensteinensis, Nr. 20），やはりアムト・ノイブルクにも荘司 villicus は存在したと考えられなければならない。その他のアムトの curia villicalia に関しては本文で後述する。倉庫役人については，各アムトについて史料上直接に確認することができる。つまり，ノイブルクについて Otto cellerarius de Niwenburch〔ノイブルクの倉庫役人〕（E. Noichl（Bearb.），Codex Falkensteinensis, Nr. 147），ヘルンシュタインについて cellerarius colliget….〔倉庫役人は……を徴収するものとする〕（ebenda Nr. 85），ハルトマンスベルクについて Gottfridus Caellerarius …… de Hademaresperch〔ハルトマンスベルクの……倉庫役人ゴットフリート〕（Monumenta Boica Ⅱ, S. 284 Nr. 5）。ハルトマンスベルクの倉庫役人に関し T. Burkard（Bearb.），Landgericht Wasserburg und Kling, S. 94 も参照。

(36)　E. Noichl（Bearb.），Codex Falkensteinensis, Nr. 5.

第1篇　中世盛期バイエルンの貴族ファルケンシュタイン伯の城塞支配権

servicium persolvantur et quantum sibi de minori servicio ministretur〔これはハ
ルトマンスベルク城塞［urbs］である。… 伯ジボトー〔4世〕は知ることを望む
すべての者に，ハルトマンスベルク城塞に属する procuratio から，何がまたどれ
だけ多くの豚が伯に給付として支払われるか，またどれだけ多くのものが伯に下
級の給付（税）から役立てられるべきかを明らかにした〕（下線＝著者）(37).

【史料5】ファルケンシュタインの prepositura に関する記述（1166 年夏）
Comes Siboto patefacit omnibus suis et universis scire volentibus, quid et
quantum sibi debeat amministrari de prepositura, que est super bona sua, que
pertinent ad urbem Ualchenstein, de Urdorf et ceteris ad hec pertinentibus〔伯
ジボトー〔4世〕はすべての配下の者と知ることを望むすべての者に，ファルケ
ンシュタイン城塞［urbs］に属する自身の収益を管轄する prepositura に関して，
アウドルフ Audorf〔Urdorf〕とその他この prepositura への付属物に関して，何
がまたどれだけ多くのものが伯のために行使されなければならないかということ
を明らかにした〕（下線＝著者）(38).

【史料6】ヘルンシュタインの prepositura に関する記述（1166 年夏）
Comes Siboto patefacit omnibus suis et universis scire volentibus,quid vel
quantum ad preposituram, que pertinet ad urbem Herranstein et quantum sibi
inde amministretur ……〔伯ジボトー〔4世〕はすべての配下の者並びに知るこ
とを望むすべての者に，ヘルンシュタイン城塞［urbs］に属する prepositura に関
して，何があるいはどれだけ多くのものが，また伯のためにどれだけ多くのもの
がその城塞から支配されるべきかを明らかにした……〕（下線＝著者）(39)。

　ノイブルクに関する「同 procuratio に関してどれだけ多くのものが城塞に
属するのか」，ハルトマンスベルクに関する「ハルトマンスベルク城塞に属
する procuratio」，ファルケンシュタインに関する「ファルケンシュタイン
城塞に属する自身の収益を管轄する prepositura」及び「アウドルフとその
他この prepositura への付属物」，ヘルンシュタインに関する「ヘルンシュタ
イン城塞に属する prepositura」の文言（下線＝著者）は，城塞を中核とする

---

(37)　E. Noichl（Bearb.), Codex Falkensteinensis, Nr. 44.
(38)　E. Noichl（Bearb.), Codex Falkensteinensis, Nr. 24. ファルケンシュタインの
prepositus〔伯代理〕は，ファルケンシュタイン城塞の近隣のアウドルフ Audorf
〔Urdorf〕にその居所をもっていた。そのために，管区の全体が prepositura ない
し officium Urdorf の名前で現れる。K. Ramp, Studien zur Grundherrschaft ; F.
Andrelang（Bearb.), Landgericht Aibling, S. 171 ; G. Diepolder, R. van Dülmen, A.
Sandberger, ROSENHEIM, S. 247 ; W. Störmer, Früher Adel, S. 149 ; W. Rösener,
Beobachtungen zur Grundherrschaft, S. 128.
(39)　E. Noichl（Bearb.), Codex Falkensteinensis, Nr. 80.

第2章　ファルケンシュタイン伯の支配権的権利

procuratio/prepositura（グラーフシャフト＝アムト）が，当時，城塞の付属物
として，さらに伯の役人による支配の単位ないし支配区として捉えられていた
ことを明瞭に物語っているものと言わなければならない。

　この関連で最後に，城塞を意味する用語 urbs に関して一点指摘しておきた
い。この用語は史料上「都市」の意味で使われることが多いが，しかし『CF
証書集』では，すべてのケースにおいて「城塞」の意味で登場する(40)。とこ
ろで，四つの城塞を中核とする管区の収益を記す徴税台帳の各節の冒頭に，上
述した各城塞 urbs の細密画が描かれ，ファルケンシュタイン伯の支配権の基
礎とその法的保全をより強力に前面に押し出している(41)。こうして各節で四
つの procuratio/prepositura（グラーフシャフト＝アムト）が，これに付属する
所領並びに諸権利と共に言及されているのである。同じく各節の冒頭に描かれ
ているファルケンシュタイン城塞の細密画とハルトマンスベルク城塞の細密画
には，それぞれ同時に Hec est urbs Valchensteine〔これはファルケンシュタ
イン城塞である〕，あるいは Hec est urbs Hademarsperch〔これはハルトマ
ンスベルク城塞である〕という文言が明確に書かれている(42)。このことから，
urbs の語は城塞の意味に加えて，城塞を中心とした城主の所領並びに諸権利
ないし支配権の複合体，換言すれば，上述したドイツの Burgherrschaft ＝フ
ランス語の châtellenie の含意をもつと理解してよい筈である。この点につい
て，帝国におけるシャテルニーの一般的存在を論じた拙稿で，すでに著者は，
史料上「城塞名」が単独で記載されている場合でもシャテルニーを意味するこ
とを明らかにした(43)。ニールマイアー Niermeyer の『中世ラテン語小辞典』
が urbs の語それ自体の意味として Burg ないし château（いずれも城塞）の意

---

(40)　E. Noichl（Bearb.），Codex Falkensteinensis, S. 72Anm. 8. ただし，城塞を示すその
　　他通常のラテン語の用語 castrum と castellum が稀に使われることがある。例えば
　　castellum, quod dicitur Herrantessteine〔ヘルンシュタインと呼ばれる城塞〕（E.Noichl
　　（Bearb.），Codex Falkensteinensis, Nr. 142 S. 143），super castro Herrantessteine
　　et super castro Valchenstaine〔ヘルンシュタイン城塞について，またファルケン
　　シュタイン城塞について〕（ebenda, Nr. 160 S. 139），さらに Datum in obsidione
　　castri Hademarsperch〔〔本証書は〕ハルトマンスベルク城塞の攻囲の際に与えら
　　れた〕（Monumenta Boica Ⅱ, Nr. 10 S. 137,. Vgl. T. Burkard（Bearb.），Landgericht
　　Wasserburg und Kling, S. 93）。

(41)　W. Rösener, Beobachtungen zur Grundherrschaft, S. 121.

(42)　E. Noichl（Bearb.），Codex Falkensteinensis, Tafel Ⅴ und Ⅷ.

(43)　拙稿「神聖ローマ帝国におけるシャテルニー ── 城塞の「付属物」の視角から ──」，
　　70，90-91頁，後述第2篇第4章(C)と「むすび」を参照。

55

第1篇　中世盛期バイエルンの貴族ファルケンシュタイン伯の城塞支配権

味に加えて，châtellenie ないし Burgward（城塞区）の意味を収録しているこ
とも上記の結論を支持するものである[44]。さらに古くは，M・A・ベッカー
Becker もまたすでに 19 世紀に urbs の語について「決して城塞が，またいわ
んや，しばしば … 翻訳されているように，実にこの場合に存在しなかった都
市ではなく，単に支配権 Herrschaft，ないしそれ自体に付属する不動産を具
えた城塞が urbs として理解されなければならない」と述べて[45]，urbs の語を，
城塞と支配権からなる複合的統一体として把握する。要するに，urbs の語は
城塞の意味のほかに，同時に Burgherrschaft ＝ châtellenie の意味をもつので
ある。

第2節　支配権的権利

1. ハントゲマール

　先ずハントゲマール Handgemal の意味に関し，〔1〕個人とその家系の象徴
として役立てられた家章 Hausmarke つまりルーネ文字に類似のモノグラム
Monogram（組み合わせ文字），これを取り付けられた土地，ここから派生して，〔2〕
完全自由人の家系の主要財産と世襲財産，〔3〕証書，〔4〕裁判所〔＝裁判集会〕
Ding の象徴，〔5〕裁判場所が位置する財産等々，19 世紀以来文献において様々
に異なった言語学的見解が提出され，未だに意見の一致を見ていない[46]。こ
の状況は現在でも基本的に変わっていないが，しかし言語学的な解釈とは独
立して，史料から „Stammgut“「世襲財産」というハントゲマールの核心的意
味が明らかにされている[47]。この「世襲財産」の意味でのハントゲマールは，
自由身分を基礎づけるものであると同時に，この自由身分を証明する，領主館
Herrenhaus を具えた土地なのである。この意味との関連で，ファルケンシュ
タイン伯のハントゲマールに関する M・シュピンドラー Spindler の次の指摘
が注目される。

---

(44)　F. Niermeyer, C. van de Kieft（ed.），Mediae Latinitatis lexicon minus, Édition
　　　remaniée par J. W. J. Burgers, M-Z, 2002, S. 1373.

(45)　M. A. Becker（Hrsg.），Hernstein in Niederösterreich, II -2, S. 37 Anm. 64.

(46)　E. Noichl（Bearb.），Codex Falkensteinensis, Vorbemerkung zu Nr. 3 ; W. Weber,
　　　Art. Handgemal, in : HRG, Bd. I , 1071, Sp. 1960；A. Deutsch, Art. Handgemal,
　　　in : HRG, 2., völlig überarb. und erweit. Aufl., hrsg. von A.Cordes, H. Lück, D.
　　　Werkmüller und R. Schmidt-Wiegand, Bd. II , 2012, Sp. 737 ff.

(47)　A. Deutsch, Art. Handgemal,　in : HRG, 2. Aufl., Sp. 739.

第2章　ファルケンシュタイン伯の支配権的権利

　「ハントゲマールとは貴族の家系の象徴の提示によって特徴を示された特別の
土地であり，またこの土地には，家系のすべての構成員にとって貴族の自由身分
の権利が付着し，またそれ故にこの土地は分割不可能であり，譲渡不可能であり，
また男系においてのみ相続可能であった」[(48)]。

　この指摘がファルケンシュタイン伯のハントゲマールを的確に言い表してい
ることは，以下の行論からすぐに明らかになるであろう。『ファルケンシュタ
イン証書集』の作成者伯ジボト─4世は，この証書集において，ハントゲマー
ルに特別の価値を置いている[(49)]。なぜなら，ハントゲマールは自身の高級貴
族身分の出身と貴族の支配者たる地位を証明するものだからである。ジボト─
4世はハントゲマールについて次のように説明する。

【史料7】(1166年夏)
Ne igitur posteros lateat suos, cyrographum, quod Teutonica lingua handgemalehe
vocatur, suum videlicet et nepotum suorum, filiorum scilicet sui fratris, ubi
situm sit, ut hoc omnibus palam sit, hic fecit subscribere : cyrographum illud est
nobilis viri mansus, sittus est apud Giselbach in comitia Morsfuorte ; et hoc idem
cyrographum obtinent cum eis Hunespergere et Pruccchepergere〔ドイツ語で
Handgemal〔ハントゲマール〕と呼ばれる Cyrographum〔＝自由身分を証明する，
家章に書かれた土地〕が彼〔伯ジボト─4世〕のすべての子孫に知られんがために，
彼はここに書き留めさせる。<u>貴族たる男性の世襲財産と見なされなければならな
い</u>そのハントゲマールは，グラーフシャフト［comitia］・モースブルク Moosburg
のガイスルバッハ Geislbach にあり，またこのハントゲマールを彼らはハウンスベ
ルク Haunsberg 家の子孫及びブルックベルク Bruckberg 家の子孫と一緒に保持す
る〕(下線＝著者)[(50)].

文末に現れるブルックベルク，ハウンスベルクの両家系はファルケンシュタイ
ン家系と共通の起源をもち，あるいは相互に親戚関係にさえある家系である[(51)]。
ファルケンシュタイン家の支配者としての地位の観点から見たハントゲマール
の重要性は，ハントゲマールが特に傍線部の「貴族たる男性の世襲財産と見な

---

(48)　M. Spindler (Hrsg.), Handbuch der bayerischen Geschichte, 1. Bd.: Das alte
　　　Bayern. Das Stammesherzogtum bis zum Ausgang des 12. Jahrhunderts, 2. überarb.
　　　Aufl., 1981, S. 412.
(49)　W. Rösener, Beobachtungen zur Grundherrschaft, S. 138 f.
(50)　E. Noichl (Bearb.), Codex Falkensteinensis, Nr. 3. Vgl. ebenda, Tafel II, Abb. 3. こ
　　　の史料は W. Störmer, Früher Adel, S. 99 ; J. B. Freed, The Counts of Falkenstein, S.
　　　36 ; W. Rösener, Codex Falkensteinensis, S. 43 にも収録されている。
(51)　W. Störmer, Früher Adel, S. 101 ; J. B. Freed, The Counts of Falkenstein, S. 40.

57

第1篇　中世盛期バイエルンの貴族ファルケンシュタイン伯の城塞支配権

されなければならない」という記述に，またジボトー 4 世がその合法的な保持
者であることを明示した点に表現されており，さらにこのハントゲマールにつ
いての節が意図的に，ジボトー 4 世の息子たちのための後見人の指定，受動的
レーエンないし主君についての節に続いて三番目という『CF 証書集』全体の
最初の位置に置かれていることにも表れている。彼にとって，支配者としての
地位ないし貴族支配権は，自由人貴族の身分の可視的な象徴たるハントゲマー
ルに基礎を置くものであった[52]。このことは，1168 年ジボトー 4 世が宮中伯
オットー・フォン・ヴィッテルスバッハ Otto von Wittelsbach の面前で，ハ
ントゲマールを判決に基づいて帰属することを認められた次の史料からも窺わ
れる。

【史料 8】（1168 年 8 月 4 日）
De predio libertatis sue notum sit omnibus, qualiter actum sit, quomodo illud
testimonio optinuit coram Ottone palatino situm apud Giselbach possidendum
iure perenni, eo quod senior in generatione illa videatur.〔彼の自由身分のアイゲ
ン〔predium libertatis〕についてすべての者に，以下のことが知られんことを〔欲
する〕。つまり，〔ジボトー 4 世は〕その世代の長老と見なされるという証言に基
づいて，宮中伯オットーの面前で，ガイスルバッハに位置する上記の自由身分の
アイゲンを，継続的な権利によって所有されるべきものとして獲得したことがい
かにして審理されたのかということである〕[53]。

「ガイスルバッハに位置する上記の自由身分のアイゲン」とは，やはり「ガ
イスルバッハにあ」るハントゲマールを指すが，「自由身分のアイゲン」の文
言はこの世襲財産がファルケンシュタイン家系の完全な自由身分と貴族の資
格を証明するものなのである[54]。ハントゲマールが象徴的な性格をもつもの
であることは，その財産（土地）としての規模が一つのアイゲン praedium と
小規模な農業用財産にすぎないことにも表れている[55]。このように，ファル

---

(52)　「中世の貴族支配権はその名誉と力を強化しようと努める自由人貴族の人格的
　　　身分に基礎を置いていた」（D. Willoweit, Reich und Staat. Eine kleine deutsche
　　　Verfassungsgeschichte, 2013, S. 52）。
(53)　E. Noichl（Bearb.）, Codex Falkensteinensis, Nr. 131. この史料は W. Störmer, Frü-
　　　her Adel, S. 100 ; J. B. Freed, The Counts of Falkenstein, S. 36 ; W. Rösener, Codex
　　　Falkensteinensis, S. 41 Anm. 42 にも収録されている。
(54)　F. Andrelang（Bearb.）, Landgericht Aibling, S.176f. ; W. Störmer, Früher
　　　Adel, S. 99 ; J. B. Freed, The Counts of Falkenstein, S. 40 ; W. Rösener, Codex
　　　Falkensteinensis, S. 41 ; W. Rösener, Beobachtungen zur Grundherrschaft, S. 138.
(55)　このハントゲマールの規模は極めて小さく，「取るに足りない財産であること」に

58

第2章　ファルケンシュタイン伯の支配権的権利

ケンシュタイン伯の貴族支配権に対してハントゲマールがもつ重要性は，さらにジボトー4世がその合法的な保持者と見なされることを重要視したことにも表れている。彼にとって，支配者としての地位の核心は，ハントゲマールをその可視的な象徴とする貴族支配権 Herrengewalt に基礎を置くものであった。この貴族支配権はなお12世紀半ばにおいて，明らかに，レーエン制的支配権，裁判支配権，グルントヘルシャフト，教会支配権等，ファルケンシュタイン家の支配権を構成する様々な種類の要素を，城塞を中核とする統一体へと纏め上げていた(56)。この貴族支配権の財産的基礎を構成したのが，四つの主要城塞の近隣領域に集中し主に『CF証書集』の徴税台帳に記載されたアロート Allod 財産（自由財産 Eigengut）と並んで，『CF証書集』のレーエン目録に記載された膨大なレーエン財産 Lehnsgut である。『CF証書集』の中で，徴税台帳に記載されているのは主にアロート財産であり，レーエン財産は徴税台帳とは別の箇所に記載されると同時に，アロート財産に対置されている(57)。次に，このレーエン財産を考察することにしたい。

2．レーエン法上の権利

(1)　封臣としての諸権利

ファルケンシュタイン伯が封建主君から保有するレーエンが記載されているレーエン目録はドイツ最古のレーエン目録であるために，関連する文献において絶えず大きな注目を惹いてきた(58)。このレーエン目録（Nr. 2）は『CF

ついて，W. Störmer, Früher Adel, S. 100, 102 を参照。また J. B. Freed はやはりこのハントゲマールの規模が「単一の貴族フーフェ a single noble hide」，と小さなものだったことを述べている。J. B. Freed, The Counts of Falkenstein, S. 37.

(56) F. Andrelang (Bearb.), Landgericht Aibling, S. 176；W. Rösener, Beobachtungen zur Grundherrschaft, S. 138 f.；W. Rösener, Codex Falkensteinensis, S. 51.

(57) F. Andrelang (Bearb.), Landgericht Aibling, S. 174；W. Rösener, Beobachtungen zur Grundherrschaft, S. 128.

(58) 従来，1194-98 年の成立とされるボランデン家のレーエン帳簿が『CF証書集』と並ぶ最古のレーエン目録と考えられてきた。これに関して，W. Sauer (Hrsg.), Die ältesten Lehenbücher der Herrschaft Bolanden, 1882, S. 8；W. Metz, Staufische Güterverzeichnisse. Untersuchungen zur Verfassungs- und Wirtschaftsgeschichte des 12. und 13. Jahrhunderts, 1964, S. 52 ff.；K. Bosl, Die Reichsministerialität der Salier und Staufer. Ein Beitrag zur Geschichte des hochmittelalterlichen deutschen Volkes, Staates und Reiches, Teil 1, Nachdr. der Ausg. von 1950, 1979, S. 261；E. Noichl (Bearb.), Codex Falkensteinensis, S. 71 und ebenda Anm. 2 を参照。しかし，その後の研究によれば，ボランデン家のレーエン帳簿は13世紀中葉の成立と修正さ

第1篇　中世盛期バイエルンの貴族ファルケンシュタイン伯の城塞支配権

証書集』が成立した当初，1166年夏に記録され，『CF証書集』の先頭の規定，つまりジボトー4世の未成年の息子のための後見人の指定に関する規定（Nr. 1）の次に置かれている。また „Incipit adnotatio. Summa prediorum atque beneficiorum domini comitis Sibotonis"〔記載が始まる。ヘル伯ジボトーのすべてのアイゲン財産とレーエン財産〕というこの目録の表題は[59]，この目録が所領の全般的な記述を視野に収めながら，ジボトーが主君から保有する受動的レーエンを列挙していることを示している。この冒頭の記述に続くレーエン目録のほぼ全文を，長文を厭わず引用するならば以下の通りである。

【史料9】（1166年夏）

Siboto comes de Niwenburch, item de Ualchenstain itemque de Hademarsberch et de Herrantesteine, filius Rudolfi comitis, consilium dat rogatque proprios et amicos cognatosque, quomodo vel qualiter agant post mortem suam de aquirendis beneficiis suis, que possidet a diversis dominis suis. 〔1〕Primum itaque et precipue rogat et monet agere pro beneficio illo, quod habuit primum a Patauiensi episcopo, videlicet Husluten, Gememannestorf, Tiufenbach et alia ad hec pertinentia, que non possunt describi, propter urgentem causam eamque, quia, si ministeriales ducis Orientalis provincie venerint et inbeneficiati fuerint, de eo nullomodo filii sui possunt eis eripere, et sic perdetur, et huius beneficii sunt plus quam quadringenti mansus. 〔2〕Ad hec monet hortaturque ut omni adnisu idem agant pro beneficio, quod possidet a filiis comitis Gebehardi de Burchhusen, quod .... sita est in Orientis partibus ; et proter predictam causam, videlicet ne ministeriales ducis Orientalis illud inbeneficiare anticipent, pro eodem beneficio agendum est, ne predicti ministeriales sibi illud in aneuel concedi obtineant ; huius sunt plus quam quadringenti mansus. 〔3〕Post hoc simili modo rogat, ut idem agant pro beneficio, quod habet a comite Gebehardo de Sulzbach, cuius sunt fere quadringenti mansus. 〔4〕A palatino comite Ottone scilicet iuniore habet centum mansus, in quo beneficio tanta utilitas est, quod nullomodo debet pretermitti, qui ab eo obtineatur. Itaque universis sibi fidelibus diligentissime commendat, ut primitus agant et elaborent nec rebus laboribusque suis parcant, quin hec quatuor beneficia suis filiis obtineant, si ipse prius vita excesserit, quam hec illis ipse obtineat. 〔5〕Post hoc primum rogat, ut agant idem pro beneficio, quod possidet ab episcopo Tridentino, ne suis filiis alienetur,

---

　　れるに至った。このことに関し，K. A. Eckhardt, Das älteste Bolander Lehnbuch, in : Archiv für Diplomatik 22, 1976, S. 317-344 ; W. Rösener, Beobachtungen zur Grundherrschaft, S. 141 Anm. 116 を参照。

(59)　E. Noichl (Bearb.), Codex Falkensteinensis, Nr. 2, S. 5.

60

第2章　ファルケンシュタイン伯の支配権的権利

cuius sunt fere quadrigenti mansus. 〔6〕A marchione de Chreiburch habet beneficium, cuius sunt fere trecenti mansus. 〔7〕A comite Halle de Wazzerburch beneficium habet, cuius sunt ducenti quinquaginta mansus. 〔8〕A duce Welfone habet ducentos mansos. 〔9〕A comite de Scalah habet Urdorf et Willingen et alia, que etiam non negligantur, nisi ab eo acquirantur. 〔10〕De comite Chuonrado de Bilistein habet beneficium, de quo habet Sifridus de Moiniche XⅡ talenta et Magenes de Turta Ⅷ talenta, Dietmar de Westerberch V talenta, Hainrcus de Winesfteche curtem unam iuxta Halle. 〔11〕De duce Bawarie habet cometiam in Liuchental. 〔12〕A duce Orientalis provincie de prediis isius comitis in terra ipsa positis habet modios, qui vocantur marchimutte, et iusticiam operum, que in urbibus ducis fieri debent, et ceteras iusticias, que de prediis comitis debentur duci, ab eo ipse habet in beneficium. 〔13〕A marchione de Stire habet beneficium, quod situm est apud Uiscahe et Hartberch. 〔14〕Ab episcopo Ivuauensi habet tres advocatias, unam super preposituram claustri Chiemsee, alteram super ipsius episcopi bona circum ibidem iacentia, terciam super preposituram claustri Wiare. 〔15〕A Ratisponensi episcopo habet beneficium, quod Hainricus de Clamneseine ab eo possidet, et alia. 〔16〕De abbate Tegarense duas villeas curtes et molendinum in proprio usu habet et magnam familiam. 〔17〕De comite Rapotone de Ortenberch duas carradas vini habet in Brixental et alia. 〔18〕Ab episcopo Frisingensi habet advocatiam super montem sancti Petri. 〔19〕De comite Pertoldo de Andehsen habet beneficium apud Ingoltesperch ad duo talenta, quod dominus Lazarius ab eo possidet. Ecce sunt hic perscripta cuncta, que a diversis suis dominis dominus comes Siboto possidet ; de quibus omnibus omnes fideles suos, ut supra diximus, monet, hortatur, rogat, ut maximam curam habeant, omnibus postpositis de quatuor beneficiis inprimis positis filiis suis obtinendis. ── 〔20〕A palatino comite Friderico habet beneficium, de quo habet Adalbero Cranz curtem illam de Anzingen, Osericus duas mansus　Lanchampfen, Otto de Tala tres hobas et aliud usque ad XX mansus〔伯ルードルフの息子，ノイブルクの伯，同じくファルケンシュタインの伯，また同じくハルトマンスベルクの伯，またヘルンシュタインの伯ジボトーは，〔息子たちが〕どのようにしてあるいはいかにしてその死後に，様々な封主から保有するレーエンを獲得することについて処置すべきかを助言し，またミニステリアーレンと友人及び親族に依頼する。〔1〕第一にそこでまた特に，先ずパッサウ司教から保有した彼のレーエン，すなわちハウスロイテン Hausleuten，ガマースドルフ Gamersdorf とウンターティーフェンバッハ Untertiefenbach 及び，彼の差し迫った事情の故に〔ここに〕記述することができないその他これらへの付属物のために処置するよう依頼しかつ告げ知らせる。〔ここに〕記述することができないのは，なぜならば，もしオーストリア大公のミニステリアーレンが将来やって

61

第1篇　中世盛期バイエルンの貴族ファルケンシュタイン伯の城塞支配権

来てレーエンを授封されたならば，伯ジボトーの息子たちはこのレーエンを決して
ミニステリアーレンから奪い取ることができず，要するにこうして〔レーエン
が〕失われると思われるからである。また同パッサウ司教からのレーエンは400
マンスス以上である。──〔2〕その上さらに同人は伯ゲープハルト・フォン・ブ
ルクハウゼンの息子たちから保有するレーエン，ないし……オーストリアの諸地
域に位置するレーエンのために，あらゆる努力をなすよう警告しかつ促す。すな
わちまた上記の事情のために，オーストリア大公のミニステリアーレンが先んじ
てそのレーエンを授封されることがないよう，同ミニステリアーレンが自らに後
見権のためにレーエンを譲与されることを達成することがないよう，同レーエン
のために処置がなされるべきである。同伯ゲープハルトからのレーエンは400マ
ンスス以上である。──〔3〕さらに，同様に，伯ゲープハルト・フォン・ズルツ
バッハから保有するレーエンのために彼らは同じことをなすよう，伯ジボトーは
要請する。この伯ゲープハルトからのレーエンはほぼ400マンススである。──
〔4〕宮中伯オットーすなわち息子〔6世・フォン・ヴィッテルスバッハ〕から100
マンススを保有し，また決して放棄されてはならないそのレーエンには，それど
ころかそこから受領されなければならないだけの収益が存在する。そこで，同伯
ジボトーがこれら四つのレーエンをその息子たちのために獲得するよりも前に生
を終えたならば，彼自身に誠実なすべての者たちは，何よりも先ず，処置しかつ
努力し，また行為と努力を惜しまないこと，これら四つのレーエンをその息子た
ちのために獲得することを，伯ジボトーは，彼自身に誠実なすべての者たちに最
も入念に委ねる。──〔5〕続いて，彼の息子たちから没収されないようトリエン
ト司教から保有するレーエンのために，同じことをなすべきことを，伯ジボトー
は先ず要請する。同司教からのレーエンはほぼ400マンススである。──〔6〕ク
ライブルク Kraiburg 辺境伯からレーエンを保有する。同辺境伯からのレーエンは
ほぼ300マンススである。──〔7〕ヴァッサーブルク伯ハルからレーエンを保有
し，同伯からのレーエンは250マンススである。──〔8〕ヴェルフェン大公から
200マンススを保有する。──〔9〕シャラブルク Schallaburg 伯からウールドル
フ Urdorf とヴィリンゲン Willingen と，その他同人から獲得されている以外の無
視されないレーエン。──〔10〕バイルシュタイン伯コンラートからレーエンを保
有し，ここから〔a〕ジークフリート・フォン・マンクが12タレント，〔b〕マゲ
ネス・フォン・テュルケンが8タレント，〔c〕ディートマー・フォン・ヴェスター
ベルクが5タレント，〔d〕ハインリッヒ・フォン・ヴィネシュテッヘがハル Hall
〔Halle〕の近くの荘園を一つ保有する。──〔11〕バイエルン大公からロイケン
タールのグラーフシャフト cometia を保有する。──〔12〕同伯の同支配領域に位
置する所領のうち，marchimutte〔「軍馬の飼料」，「軍馬のモディウス」と呼ばれ
る穀物〔カラス麦〕〕と，大公の城塞で行われなければならない城塞夫役の免除税
〔iusticia operum〕と，同伯の所領から大公に支払われるべきその他の裁判収入を
同伯はラント・オーストリアの大公からレーエンとして保有する──〔13〕シュタ

62

イアー辺境伯からフィシャウ Fischau〔Uiscahe〕とハルトベルク Hartberg に位置するレーエンを保有する。――〔14〕ザルツブルク大司教から三つのフォークタイ，つまり一つ目の〔ヘレン〕キームゼー修道院の上級ホーフ〔prepositura〕〔＝複数のフローンホーフ団体の統一一体〕に対する一つ目のフォークタイ，同地の近くに位置する同大司教の所領に対する二つ目のフォークタイ，ヴァイアルン修道院の上級ホーフに対する三つ目のフォークタイを保有する。――〔15〕レーゲンスブルク司教からレーエンを保有し，これを〔e〕ハインリッヒ・フォン・クラメンシュタイン Krammenstein が彼〔＝ジボトー〕から保有する。またその他のレーエンを〔レーゲンスブルク司教から保有する〕。――〔16〕テガーンゼー修道院長からフローンホーフ二つと水車一つと従属農民の大きな世帯一つを自家経営で保有する。――〔17〕オルテンブルク Ortenburg 伯ラポトーからブリクセン Brixen 峡谷とその他の場所で葡萄酒２フーダーを保有する。――〔18〕フライジング司教から聖ペーター修道院 mons sancti Petri に対するフォークタイを保有する。――〔19〕――アンデクス伯ベルトルト Berthold からインゲルスベルク Ingelsberg のレーエンを２タレントと引き換えに保有し，このレーエンを〔f〕ヘル・ラツァリウスが彼〔＝ジボトー〕から保有する。―― 見よ，伯ジボトーが様々なその封主から保有するすべてのレーエンが，ここに詳しく記載された。これらのレーエンの中で，上で述べたように，最初に書かれた四つのレーエンからなりジボトーの息子たちに獲得されるべき後述のすべてのレーエンについて，最大限の配慮をするよう，ジボトーはそのすべての家臣たちに戒め，促し，要請する。〔20〕宮中伯フリードリッヒ〔・フォン・ヴィッテルスバッハ〕からレーエンを保有し，ここから〔g〕アダルベロー・クランツ〔・フォン・ファルケンベルク Falkenberg〕がアンツィング Anzing の当地のフローンホーフを，〔h〕オセリクスがラングカムプフェン Langkampfen の２マンススを，〔i〕オットー・フォン・タール Thal が３フーフェとその他のレーエンを 20 マンススまで保有する〕(60).

したがって，レーエン目録において，順番に従って――フォン・ブルクハウゼンの息子たちは，便宜上一名として数えると―― 20 人の封主がレーエン beneficia（sing. beneficium）と一緒に言及されると同時に，個々のレーエンの重要性と規模に従って整理が行われていることが見て取れる。なお身分の内訳は大公三名，宮中伯二名，辺境伯二名，グラーフ（伯）七名，及び大司教一名，司教四名，修道院長一 名である。この封主たち，例えば特にヴェルフェン家，オーストリア大公，バイエルンの宮中伯，パッサウ司教，ザルツブルク大司教，フライジング司教は強力な諸侯である。レーエン財産の面積自体は，大部分の場合に，おおよその面積（マンスス）の記載により概括的に記述されてい

---

(60) E. Noichl（Bearb.），Codex Falkensteinensis, Nr. 2.

第1篇　中世盛期バイエルンの貴族ファルケンシュタイン伯の城塞支配権

るにすぎない。面積が記載されているレーエンの合計は2,600マンススとなり，ファルケンシュタイン伯は膨大なレーエンを保有していたことが確認される(61)。レーエン財産が位置する地名は基本的に，特に数百マンススという大規模なレーエンの場合（〔1〕～〔8〕）には記載されておらず，その他の比較的小規模な所領の場合に記載されている。これらのレーエンは，確かにファルケンシュタイン伯の広範囲に及ぶ所領を示すが，しかし緊密なレーエン制的支配構造に組み入れられていることをも示す。レーエン対象とされているのは，マンススの語で表現される土地や荘園＝フローンホーフ［curtis］と並んで，多種多様な権益，すなわちグラーフシャフト，複数のフォークタイとオーストリア大公の城塞での城塞夫役免除税，水車，タレントの語で表現される貨幣，葡萄酒等である。レーエン目録の間に，特に最初の五つの最も重要なレーエン，つまり〔1〕パッサウ司教，〔2〕伯ゲープハルト・フォン・ブルクハウゼンの息子たち，〔3〕伯ゲープハルト・フォン・ズルツバッハ，〔4〕宮中伯オットー6世・フォン・ヴィッテルスバッハ（息子），〔5〕トリエント司教から与えられたレーエンについて，これを維持すべしとの指令が挿入されている。さらに，〔2〕伯ゲープハルト・フォン・ブルクハウゼンの息子たちから与えられたオーストリアに位置するレーエンについて，ジボトーは自身の息子たちが未成年の故にレーエンの用益権が後見権として封主，つまり伯ゲープハルトに当然に与えられる期間の間，オーストリア大公のミニステリアーレンにこのレーエンが授封されることがないよう，力を込めて警告している。これと関連して，そもそも『CF証書集』を作成した動機は，ジボトーの子供たちの後見人をして，イタリア遠征の途中で父親ジボトー4世の万が一ありうる死亡の後にファルケンシュタイン伯の財産の保全を可能なものとする補助手段とすることにあった(62)。このレーエン目録から，伯ジボトーはありうる自身の死亡の後，家系の運命について抱いていた不安と懸念が改めて感じ取れるものと言わなければならない。

　最後に，ジボトー4世は，ヴェルフェン家，オーストリア大公，バイエルンの宮中伯，パッサウ司教とザルツブルク大司教等の有力な封主から膨大なレー

---

(61) W. Rösener, Codex Falkensteinensis, S. 45. マンスス mansus はドイツ語の Hufe（フーフェ）に対応する面積の単位であり（F. Niermeyer, C. van de Kieft (ed.), Mediae Latinitatis lexicon minus, M-Z, S. 842），したがって20～40モルゲンの面積である。

(62) 上述第1章第2節20頁を参照。

64

エンを授封されて保有していたが，しかしこのレーエンはファルケンシュタイン伯の四つの本拠城塞から遠く離れ，様々な地方に散在していた[63]。これらのレーエンはファルケンシュタイン家が有力な諸侯と広範な関係をもつと同時に，さらにこの家系が複雑なレーエン制的支配構造の中に組み入れられていたことを示している。ジボトー４世のレーエン目録は，上述した『CF証書集』の作成動機をも考慮に入れるならば，富と権力を示すというよりはむしろ，バイエルンの封建的階層制の内部での彼の従属的な地位を示すものであった[64]。

最後に，伯ジボトー４世はズルツバッハ伯，ヴァッサーブルク伯，パイルシュタイン伯，アンデクス伯，ブルクハウゼン伯の同身分者からもレーエンを授封されているが，これは，同身分者からレーエンを受領する場合にレーエン制的階層秩序における順位（シルト Schild＝軍隊の盾）を低下させる所謂ヘールシルト制 Heerschildordnung に対する重大な違反である。しかし法の現実において，再三再四存在したこの原則からの逸脱は，高々「ルール違反」"Regelwidrigkeit" として意識されたにすぎず，しかもこの逸脱の関係に伴う利益の故に無視された[65]。

(2) 封主としての権利

(a) 通常の家臣

伯ジボトーが封主から受領する上記の受動的レーエンの他に，自身が封臣に授封する能動的レーエンがある。受動的レーエンを記述する上記の【史料９】にすでに，ジボトーからレーエンを保有する９名の封臣が現れる。つまり〔a〕ジークフリート・フォン・マンク，〔b〕マグネス・フォン・テュルケン，〔c〕ディートマー・フォン・ヴェスターベルク，〔d〕ハインリッヒ・フォン・ヴィネシュテッヘ，〔e〕ハインリッヒ・フォン・クラメンシュタイン，〔f〕ヘル・ラツァリウス，〔g〕アダルベロー・クランツ・フォン・ファルケンベルク，〔h〕オセリクス，〔i〕オットー・フォン・タールである。先ずこのことを確認

---

(63) W. Rösener, Beobachtungen zur Grundherrschaft, S. 141f.

(64) J. B. Freed, The Counts of Falkenstein S. 63 ; W. Rösener, Beobachtungen zur Grundherrschaft, S. 141.

(65) H. Mitteis, Lehnrecht und Staatsgewalt. Untersuchungen zur mittelalterlichen Verfassungsgeschichte, unveränd. Nachdr. der 1. Aufl. von 1933, 1974, S. 438 ; K-F. Krieger, Die Lehnshoheit der deutschen Könige im Spätmittelalter (ca. 1200- 1437), 1979, S. 121, 128 ; J. B. Freed, The Counts of Falkenstein S. 63 ; K. Heinz-Spieß unter Mitarbeit von Th. Willich, Das Lehenswesen in Deutschland im hohen und späten Mittelalter, 2., verb. und erw. Aufl, 2009, S. 29 f.

第1篇　中世盛期バイエルンの貴族ファルケンシュタイン伯の城塞支配権

しておきたい。このレーエン目録のほかに，従来文献においてはるかに僅かに
しか考慮されなかったが，伯ジボトーの封臣とそのレーエンについて詳細な概
観を与えてくれる史料がある。ジボトーが二人の息子クーノとジボトー5世の
間で分配しようと企てた封臣の目録がそれである。

【史料10】（1189年春より以前）

Comes Sigboto de Niwemburch ponit hic viros suos, qui fecerunt ei hominium
pro beneficiis variis, quos vult dividere inter liberos suos. 〔1〕 Otto de Walde
habet ab eodem comite decimationem apud Tunsteten, Cholpuhel, Puhperch,
villicationes duas apud Haldingen et Frimannen apud Scarmez, dimidium
mansum apud Sewalehen. 〔2〕 Heinricus de Walde habet mansum apud Glane.
〔3〕 Chonradus de Froscheim habet decimationem apud Haldingen et mansum
apud Glane et apud Ruhenpuhel unum. 〔4〕 Liupoldus de Froscheim habet apud
Sconstat mansum I et apud Glane. 〔5〕 Perhtoldus de Froscheim habet in eodem
loco decimationem et beneficium unum et apud Strazze decimam et decimam
apud Antscheringen, cuius sunt fere XX domus. 〔6〕 Ekehardus de Tanne habet
ab eodem comite curiam apud Sewalhen ; 〔7〕 Heinricus de Rute tres mansus
; 〔8〕 Megingoz de Surberch mansum unum ; 〔9〕 Rodolfus de Uzelingen
mansum unum apud Schegelingen ; 〔10〕 Witigo de Hunesperch mansum et
pratum ; 〔11＋α〕 filii domini Wernhardi de Schierolfingen Ⅳ mansus ; 〔12〕
Gotfridus de Swannes Ⅲ mansus ; 〔13〕 Arnoldus de Innerbuche LⅩ mancipia
; 〔14〕 Heinricus de Ellingen Ⅷ mansus ; 〔15〕 Magnus et 〔16〕 Otto frater eius
apud Halle X talenta et Ⅷ mansus ; 〔17〕 Liupoldus de Walde Ⅲ mansus ;
〔18〕 Willehalmus de Wagingareberc Ⅱ mansus ; 〔19〕 Sigboto de Merinmos
X mansus ; 〔20〕 Heinricus de Torringen XXV mansus ; 〔21〕 Hartmannus
de Nuztorf decimationem et curiam apud Priene et villam apud Anningen et
mansum apud Tusendorf et mansum apud Turenhusen ; 〔22〕 Engilrammus
de Egirdach apud Holzhusen iuxta Moringen Ⅱ mansus et dimidium apud
Turenhusen ; 〔23〕 Bruno de Chreiburch ad duos mansus et ius advocatie
; 〔24〕 Waltherus Ⅲ mansus ; 〔25〕 Dietmarus de Westerberc apud Halle ad
Ⅲ talenta ; 〔26〕 Chono de Sneitse XV mansus. 〔27〕 Chonradus de Aschowe
habet a comite Vberse et Hittenkirchen et decimationem apud Rimstingen et
Grimhartingen et mansum apud Azingen et dimidium mansum apud Arbingen
et decimationem apud Haluingen, apud Giselratesheim mansum unum et
beneficium domini Rodigeri de Cella et mansum unum apud Wisheim〔伯ジボ
トー・フォン・ノイブルクは，自身が自身の息子たちの間に分割することを望む
様々なレーエンのためにすでに自身に誠実宣誓を行った自身の家臣たち〔viri sui〕
を，ここに指名する。〔1〕 オットー・フォン・ヴァルトは同伯からトゥンシュ

66

第2章　ファルケンシュタイン伯の支配権的権利

テッテン，コールビヒル，ブーフベルクの十分の一税徴収権，ハリングとシャルメスの近くのフライマンとにおけるフローンホーフ二つ，ゼーヴァルヘンで2分の1マンススを保有する。〔2〕ハインリッヒ・フォン・ヴァルトはグロンの1マンススを保有する。〔3〕コンラート・フォン・フロシュハムはハリングの十分の一税徴収権，グロンとラウヘンビューヘルンで各1マンススを保有する。〔4〕レーオポルト・フォン・フロシュハムはショーンシュテットとグロンで各1マンススを保有する。〔5〕ベルトルト・フォン・フロシュハムは同村落〔＝フロシュハム〕で十分の一税徴収権と一つのレーエン，及びシュトラスで十分の一税，ほぼ20世帯からなるアンシェリングでも十分の一税を保有する。〔6〕エケハルト・フォン・タンは同伯からゼーヴァルヘンのフローンホーフを保有する。また〔7〕ハインリッヒ・フォン・フォークタロイトは3マンスス，〔8〕メギンゴス・フォン・ズールベルクは1マンスス，〔9〕ルードルフ・フォン・イツリングはシェドリングで1マンスス，〔10〕ヴィティゴー・フォン・ハウンスベルクは1マンススと牧場一つ，〔11＋α〕ヘル・ヴェルンハルト・フォン・シェルフリングの息子たちは4マンスス，〔12〕ゴットフリート・フォン・シュヴァネンシュタットは3マンスス，〔13〕アーノルト・フォン・インデルンブーフは非自由人60人，〔14〕ハインリッヒ・フォン・エリングは8マンスス，〔15〕マグヌスと〔16〕その兄弟オットーはライヘンハルで10タレンタと8マンスス，〔17〕レーオポルト・フォン・ヴァルトは3マンスス，〔18〕ヴィルヘルム・フォン・ヴォネベルクは2マンスス，〔19〕ジボトー・フォン・メルモーゼンは10マンスス，〔20〕ハインリッヒ・フォン・テリングは25マンスス，〔21〕ハルトマン・フォン・ヌースドルフはプリーンの十分の一税徴収権とフローンホーフ，アニングの村落，タイゼンドルフの1マンスス，及びタウエルンハウゼンの1マンスス，〔22〕エンギルラムス・フォン・エゲルンダッハはメーリングの近くのホルツハウゼンで2マンススとタウエルンハウゼンで2分の1マンスス，〔23〕ブルーノ・フォン・クライブルクは2マンススのほかにフォークタイの権利，〔24〕ヴァルターは3マンスス，〔25〕ディートマル・フォン・ヴェスターベルクはライヘンハルで3タレント，〔26〕クーノ・フォン・シュナイトゼーは15マンスス，〔27〕コンラート・フォン・アシャウは伯からイーバーゼー湖 Übersee とヒテンキルヘン，及びリムスティングと グライムハルティンとの十分の一税徴収権，アツィングで1マンススとアルビングで2分の1マンスス，ハルフィングの十分の一税徴収権，ガラーツハムで1マンスス及びヘル・ロディゲルス・フォン・ツェルのレーエンとヴァイスハムで1マンススを〔レーエンとして保有する〕（下線＝著者）[66]。

　この一覧表は名指しで少くとも27名の封臣に言及すると同時に，レーエンの内容と位置を比較的厳密に記述している点で，上記の受動的レーエンの目録

---

(66)　E. Noichl（Bearb.），Codex Falkensteinensis, Nr. 106.

第1篇　中世盛期バイエルンの貴族ファルケンシュタイン伯の城塞支配権

と興味深い対照を示している。この封臣の目録は，上述のように，二人の息子
の間に封臣を分配することを目的とするが，ことによるとジボトーは一連の封
臣を自身のために留保した可能性があるために，この目録をジボトーのすべて
の家臣を記載した網羅的なものと見なすことはできない[67]。いずれにしても，
ジボトーは多数の封臣を抱える封主であることが確認され，封臣は授封された
下級レーエンの反対給付として代表的な人格的勤務，つまり軍事的勤務（軍役）
Heerfahrt と主邸参向 Hoffahrt の義務を果たしたことは疑いない[68]。ジボトー
の支配権の外的な力は，正に封臣が軍事的勤務の義務に基づいて構成したレー
エン制的軍隊を拠り所としたものと言わなければならない。このように，封臣
に与えられたレーエン財産はジボトーのための財政的な収入源を意味しなかっ
たために，グルントヘルシャフトの収入を記述することに主眼を置いた『CF
証書集』において，ジボトーのすべての家臣を記載するのではないという現象
を促進したであろう。

(b)　城塞守備封臣

　城塞守備封臣＝城臣 Burgmann とは，城塞守備 Burghut を主な勤務義務
とし，これに伴い城塞の中または城塞の近くへの居住をも義務（居住義務
Residenzpflicht）として負う類型の封臣である[69]。通常のレーエン制的家臣は
軍役と主邸参向を主要な勤務義務として負うのと異なり，城臣はこれらの義務
を負わないのである。12 世紀と 13 世紀のドイツ・レーエン法は，レーエンの
相続可能性，授封強制，勤務義務の限定，重畳的な家士関係等に基づいて，一
方的に親封臣的なまた遠心的傾向を示していたために，11 世紀後半期以後活
発に建設された貴族城塞の管理と防衛，さらに 12 世紀以後形成され濃密化す
る城塞ネットワーク，城塞がもつ支配権の中核たる機能に適合的な手段では
なかった[70]。城塞守備レーエン法 Burglehenrecht は通常のレーエン法の欠陥

---

(67)　G. Umlauf, Grund und Boden, S. 37 f.；E. Noichl（Bearb.）, Codex Falkensteinensis,
　　　S. 71*；W. Rösener, Beobachtungen zur Grundherrschaft, S. 140；W. Rösener, Codex
　　　Falkensteinensis, S. 47.

(68)　H. Mitteis, Lehnrecht und Staatsgewalt, S. 591ff., 623；H. Mitteis=H. Liberich,
　　　Deutsche Rechtsgeschichte, 19. Aufl., S. 185〔11. Aufl., 1971 の邦訳，275 頁〕；K. Heinz-
　　　Spieß unter Mitarbeit von Th. Willich, Das Lehenswesen in Deutschland, S. 33.

(69)　H-M. Maurer, Rechtsverhältnisse der hochmittelalterlichen Adelsburg
　　　vornehmlich in Südwestdeutschland, in：Die Burgen im deutschen Sprachraum Ⅱ
　　　（VF, Bd. 19, Teil Ⅱ）, 1976, S. 144；G. Theurkauf, Burglehen, in：HRG, 2. Aufl., Bd.Ⅰ,
　　　Sp. 768.

68

第 2 章　ファルケンシュタイン伯の支配権的権利

を補う一特殊形式なのであり[71]，早くも 12 世紀 30 年代には存在したことが
H-M・マウラー Maurer によって確認されている[72]。各城塞の城臣の人数は
ほとんどの場合に確実には伝承されておらず，ましてや城臣の名前は，証書の
証人欄，城塞守備レーエンの授封状，徴税台帳等の目録から偶然に知りうるに
止まる。特に城臣の人数について，例外的に 1 名を抱えるにすぎない城塞も存
在するが，H-M・マウラーは諸侯や伯の比較的大きな城塞では，13 世紀に 5
〜 10 人の城臣が存在したと見積る必要があると述べている[73]。城塞守備レー
エン法上城臣の勤務の物的基礎となるのは，封主（城主）が与える城塞守備レー
エン Burglehen であり，次のような財産がレーエン対象として登場する[74]。

　1）封主が与える一定の資本額と引き換えに城臣が寄進する財産，あるいは
　　城臣が寄進する収入，2）貨幣レンテまたは現物収入，3）定期金，4）封主が
　　与える不動産や城塞上の住居，5）城塞それ自体

これらのうち，4）は例外的ケースである。また 5）のケースは極めて稀な現
象であった。なぜなら，城塞を授封された城臣は城塞を力の源泉として掌握し，
こうして封主（城主）の命令権力を著しく削減し，あまつさえ城塞を根城とし
て封主（城主）に対抗する事態が起こることも稀ではないからである[75]。

　ドイツの城塞守備レーエン法は，城塞守備を主要な勤務とすること，継続的
な城塞居住義務，勤務の排他性（contra omnes homines〔すべての者に対抗して〕
かつ in perpetuum〔一生間〕勤務を提供する義務），レーエンの再下封と譲与の
禁止を主な特徴とするが，これらの特徴は，フランスの城塞守備 stagium の
通常的形式をなす無条件的封臣制（ligeitas=lat, ligesse=fr.）と共通するもので
ある[76]。換言すれば，ドイツの城塞守備レーエン法はフランスの無条件的封
臣制を継受して生まれたのである[77]。

　『CF 証書集』の中で，城塞守備レーエンと城臣はノイブルクとファルケン

---

(70)　H-M.Maurer, Rechtsverhältnisse der hochmittelalterlichen Adelsburg, S. 135, 190 ;
　　　G.Theurkauf, Burglehen, Sp. 768 ; K. Heinz-Spieß, Das Lehenswesen in Deutschland,
　　　S. 40.

(71)　H-M. Maurer, Rechtsverhältnisse der hochmittelalterlichen Adelsburg, S. 171f.

(72)　H-M. Maurer, Rechtsverhältnisse der hochmittelalterlichen Adelsburg, S. 187.

(73)　H-M. Maurer, Rechtsverhältnisse der hochmittelalterlichen Adelsburg, S. 153 ff.

(74)　H-M. Maurer, Rechtsverhältnisse der hochmittelalterlichen Adelsburg, S. 157 ff.

(75)　H-M. Maurer, Rechtsverhältnisse der hochmittelalterlichen Adelsburg, S. 135.

(76)　H-M. Maurer, Rechtsverhältnisse der hochmittelalterlichen Adelsburg, S. 135, 159.

(77)　H-M. Maurer, Rechtsverhältnisse der hochmittelalterlichen Adelsburg, S. 175, 190.

第1篇　中世盛期バイエルンの貴族ファルケンシュタイン伯の城塞支配権

シュタインの両城塞に関するものだけが伝承されており，ハルトマンスベルク
とヘルンシュタインの両城塞に関してはその他の史料において伝承されている。
先ず，ファルケンシュタイン城塞については，人文主義者アヴェンティンによ
るラテン語原文からのドイツ語訳で，ウルリッヒ Ulrich という名前の城臣1
名のみが辛うじて伝承されている(78)。この伝承は次の通りである。

【史料11】（1200年頃）
Her Vlrih zi Vlinsbah ain magirhof, ein halbe huebi, ein muli zi burclehin〔ヘル・
ウルリッヒはフリンツバッハで荘司農場〔＝マイアーホーフ〕1つ，2分の1フー
フェ，水車一つを城塞守備レーエンとして〔保有する〕〕(79)。

これに対して，ノイブルク城塞の城塞守備レーエンと城臣については『CF
証書集』に比較的詳細な記事が伝承されている。その全文は以下の通りである。

【史料12】（1180年頃－1195年頃）
Hec sunt suburbana, que pertinent ad Nivvenpurc : ad Vagina curia, quam habet
〔1〕Hoholdus ; ad Heckingen curia, quam habet〔2〕Sigifridus ; ad alterum
Heckingen curia, quam habet〔3〕Ekkehardus ; ad Niderntal curia, quam habet〔4〕
Truhtherus, et de duobus prediis, que sunt Nursenperch, censum, quem habet〔5〕
Volfchmarus, et I mansum Sconsteten.〔以下はノイブルクに属する城塞守備レー
エンである。すなわち，ファーゲンでヴィリカツィオー〔＝フローンホーフ，単
位荘園〕を〔1〕ホホルドゥスが保有する。ヘッキンゲンでヴィリカツィオーを〔2〕
ジークフリートが，別のヘガーでヴィリカツィオーを〔3〕エッケハルドルスが保
有する。ニーデルンタールでヴィリカツィオーを〔4〕トゥルートヘルスが保有し，
またイルシェンベルクにある二つの自由財産〔＝アイゲン〕から〔5〕フォルマル
スが地代を，またションステットで1マンススを保有する〕(80)。

したがって，この史料から，ノイブルク城塞で5名の城臣が守備勤務を果
たしたこと，ヴィリカツィオー（＝フローンホーフ），地代，1マンススの土地
が城塞守備レーエンとして授封されたことが確認される。そのほかに，伯ジ
ボトーが自身とその息子クーノとジボトー（5世）の間で所領（自由財産）の
分割を行った証書にも，ノイブルク城塞の城臣に関する記述が付随的に現れる。
その記述は以下の通りである。

───────────────

(78)　アヴェンティンに関し，上述第1章21頁以下を参照。

(79)　E. Noichl（Bearb.）, Codex Falkensteinensis, Anhang I, Nr. 2, S. 166.

(80)　E. Noichl（Bearb.）, Codex Falkensteinensis, Nr. 109.

70

第 2 章　ファルケンシュタイン伯の支配権的権利

【史料 13】（1185 年頃－ 1189 年）

Hec sunt bona, que ego Niwinburgensis comes Siboto filio meo Sibotoni
in hereditatis〔allodium〕participatione...... tradidi : ...... medietatem urbis
Niwinburgensis cum omnibus urbanis et universis attinentiis...... Otto de Kogili,
Heinricus de Ofheim, inferiorem domum domini Werigandi, postquam discesserit
comes, Engilbertum cocum, Sibotonem Ulmannum, Ezilonem de Kirihtorf...... Hec
autem filio meo Kunoni in eadem participatione tradidi : ...... medietatem urbis
Niuuinburgensis cum omnibus urbanis et universis attinentiis excepta domo sua,
sicut ratione diffinitum est, Ottonem de Brandinburc, Rudigerum de Hesilinwanc,
Gerungum, Heinricum Sveuum, Reinoldum de Willingi, ...〔以下のものが，余
ノイブルクの伯ジボトー〔4 世〕が余の息子ジボトー〔5 世〕に，自由財産の分割
により，……譲渡した財産である。すなわち……ノイブルク城塞の 2 分の 1 並び
にすべての城臣とすべての付属物（ただし城塞の居館は除く），ないし〔1〕オッ
トー・フォン・コクル，〔2〕ハインリッヒ・フォン・アウフハム，ヘル・ヴェリ
ガンドゥスの比較的麓の住居，伯が死亡した後に，〔3〕料理人エンゲルベルトゥ
ス，〔4〕ジボトー・ウルマン，及び〔5〕エリツォー・フォン・キルヒドルフ……。
……以下の財産を余は余の息子クーノに同分割によってすでに譲渡した。すなわ
ち……ノイブルク城塞の 2 分の 1 並びにすべての城臣とすべての付属物（ただし
城塞の居館は除く），ないし〔1〕オットー・フォン・ブラネンブルク，〔2〕ルディ
ゲルス・フォン・ヘスルヴァング，〔3〕ゲルングス，〔4〕ヘインリクス・スヴェ
ウウス，〔5〕レイノルドゥス・フォン・ヴィリンゲン……〕[81]。

　この史料から 2 名の息子にそれぞれ 5 名の城臣が分配されたことが分かる。
したがって，この所領分割の時点でノイブルク城塞には少なくとも 10 名の
城臣が存在したことになる。同時期の上記の【史料 12】から他に 5 名の城臣
が検出されるために，ノイブルク城塞には合計 15 名の城臣がいたことになる。
またこの 5 名をジボトー 4 世は息子たちに分割せず，自身に留保したものと考
えて大過ないであろう。父と 2 人の息子の間で城臣を 5 名ずつ均等に分割した
ことが，自然に推定されるからである。この 15 名の数値は，上記の H-M・マ
ウラーが見積もった諸侯や伯の比較的大きな城塞における城臣の数の平均値 5
～ 10 人を大幅に上回るために，ノイブルク城塞は相当に大きな規模の城塞で
あったと推定される。

　次に，ハルトマンスベルク城塞の城臣と関連する記事は『バイエルン史料集
成』に伝承されている。この伝承は 1130 年頃のある寄進文書の証人欄におい
て次のような人名を伝えている。

(81)　E. Noichl（Bearb.），Codex Falkensteinensis, Nr. 167.

第1篇　中世盛期バイエルンの貴族ファルケンシュタイン伯の城塞支配権

【史料14】（1130年頃）

Siboto advocatus loci ipsius. Heinricus de Pernheim & filius eius. Wolfkerus de Hademaresperch & Wernherus filius eius. Helmoldus de Hademaresperch & filius eius Otto. Deginhardus de Haluingen & filius eius Heinricus. Gottfridus Cellerarius & Hartwicus dispensator de Hademaresperch. Meginhart de Halvingen. Pabo & Heinricus de Esknowe[82].

　先頭の「同地のフォークト［advocatus loci ipsius］・ジボトー」とはヘレンキームゼー修道院のフォークトであり，他ならぬ『CF 証書集』の作成者ジボトー4世の祖父ジボトー2世のことである[83]。末尾近くに書かれているゴットフリート［Gottfridus］とハルトヴィッヒ［Hartwicus］はそれぞれハルトマンスベルク城塞の倉庫役人［Cellerarius］と執事［dispensator］である。その他の証人については身分呼称が書かれていないために，城臣であるかどうかを断定することは不可能である。ただし，3人目のヴォルフカー・フォン・ハルトマンスベルク［Wolfkerus de Hademaresperch］と4人目のヘルムボルト・フォン・ハルトマンスベルク［Helmoldus de Hademaresperch］は，城臣であると推定して大過ないであろう。その理由として，第一に，1150年頃の伯ジボトー4世のミニステリアーレ・テギンハルドゥス Teginhardus の寄進証書の証人の1人として Wolferus Castellanus de Hademarsperch〔ハルトマンスベルクの城臣ヴォルフカー〕が現れるからである[84]。このヴォルフカーが上記の【史料14】に現れるヴォルフカーと同一人物であるかどうかは判定できない。あるいは両者は親子の可能性もあるが，ともかくフォン・ハルトマンスベルクの姓が示すように，いずれもハルトマンスベルク城塞に係わる家系，換言すればこの城塞の守備勤務の義務を負う城臣の家系と考えられるのである。第二に，【史料14】の伝承に関して，G・ディーポルダー Diepolder は，「すでに1130年頃に彼〔＝ヴァイアルン伯ジボトー〕につき随って城塞守備隊 Burgleute もまた現れる」と述べ，この伝承に記された人々のなかに城臣が含まれていることを示唆しているからである。念のために言えば，城塞守備隊は城臣とその他の徴募兵から構成される[85]。第三に，城臣はしばしば自身が城

---

(82) Monumenta Boica Ⅱ, S. 284, Nr. 5.

(83) ジボトー2世に関し，第1章の各所を参照。またジボトー2世がヘレンキームゼー修道院のフォークトであったことに関して T. Burkard（Bearb.），Landgericht Wasserburg und Kling, S. 92 も参照。

(84) Monumenta Boica Ⅱ, S. 325, Nr. 139. T. Burkard（Bearb.），Landgericht Wasserburg und Kling, S. 94 も参照。

塞守備の義務を果たすべき主君（城主）の城塞の名前を姓としているからである[86]。【史料14】に現れるヴォルフカーとヘルムボルトの2人，1150年頃の上記の寄進証書に現れる2人目のヴォルフカーの3人がフォン・ハルトマンスベルクと，ハルトマンスベルク城塞に因んだ姓を名乗っているのが，正しくその好例であるといえよう。したがって，ハルトマンスベルク城塞にも城臣が存在したと結論してよい筈である。

　最後に，ヘルンシュタイン城塞の城臣について，ジボトー4世の時代の記事は伝承されていない。この城臣に関する伝承は，ファルケンシュタイン伯の最後の男系ジボトー6世とコンラート5世が13世紀中葉に死亡した後，この兄弟の姉妹アーデルハイトのそのまた娘のオイフェーミア・フォン・ポッテンドルフの時代の史料に登場する[87]。すなわち，ヘルシャフト・ヘルンシュタインをめぐるオイフェーミア・フォン・ポッテンドルフとフライジング司教コンラートの間の争いに関する裁判記録がそれである。この記録の中で関係する部分は以下の通りである。

【史料15】（1267年3月21日）

...... item quod dictus dominus Ch. episcopus de bona voluntate dicti comitis in signum possessionis adepte in castro et prediis Herrantstain quosdam homines existentes de familia castri predicti iuramento astrictos ipsi domino episcopo tamquam suos castellanos et nomino suo prefecit castro Herrantstein, qui nomine ipsius domini Ch. episcopi et ecclesie Frisingensis tenerent castrum et custodirent tamquam sui castellani, ... ……同じく，同司教閣下コンラートは同伯〔上記のコンラート5世〕の良き意思により，ヘルンシュタインの城塞と所領で獲得した財産の象徴として，城塞のファミリア〔＝伯の従属民〕から身を起こし同司教閣下に宣誓によって拘束された家臣を，さながら自己の城臣として自己の名においてヘルンシュタイン城塞の長に任じ，また城臣は同司教閣下コンラートとフライジング教会の名において，さながらその城臣として城塞に居住しかつ防衛するものとされたこと，……」[88]。

---

(85)　Haberkern/Wallach, Hilfswörterbuch für Historiker, Bd. 1, Art. Burgleute, S. 92.

(86)　H. Ebner, Die Burg als Forschungsproblem mittelalterlicher Verfassungsgeschichte, in : Die Burgen im deutschen Sprachraum I (VF, Bd. 19, Teil 1), hrsg. von H. Patze, 1976, S. 41 ; H-M. Maurer, Rechtsverhältnisse der hochmittelalterlichen Adelsburg, S. 156.

(87)　ファルケンシュタイン伯の没落とオイフェーミアについて上述第1章第3節35頁以下を参照。

(88)　M. A. Becker（Hrsg.）, Hernstein in Niederösterreich, II-2, Beilagen, Nr. Ⅶ, S. 444.

第1篇　中世盛期バイエルンの貴族ファルケンシュタイン伯の城塞支配権

　この史料では，亡きファルケンシュタイン伯コンラート5世からヘルシャフト・ヘルンシュタインを購入したフライジング司教コンラートが新たな城主として，ファミリア familia の地位から台頭した家臣の中から複数の城臣[castellani] を任命し，同時に城塞の長，換言すれば城塞指揮官にも任命したことが語られている。ファミリアの地位から台頭した家臣とはミニステリアーレンであったと推定して大過ないであろう。この史料から，城主はヘルシャフト・ヘルンシュタインを獲得した象徴として，換言すれば城塞支配権の保持者であることを明示するために，城塞に居住しかつこれを防衛する城臣の存在を必要としたことが明らかとなる。このように城臣の存在を必要としたことは，フライジング司教に先立つヘルンシュタイン城塞の以前の城主ファルケンシュタイン伯についても同様であったといわなければならない。

　したがって，城臣に関するこれまでの検討により，ファルケンシュタインの四つの城塞において，いずれも城臣が存在したものと結論して良い筈である。城臣の数については，ノイブルク以外の城塞の城臣の数は史料の伝承の不十分・不完全の故に，突き止めるのは不可能であった。しかし，少なくとも15名の城臣が存在したノイブルク以外の城塞においては，上述したH-M・マウラーの推定に従って，5〜10人程度の城臣が存在したと推定する必要があろう。なぜなら，もし城臣が存在しなかったとしたならば，そもそも城塞の管理と防衛，城塞ネットワークの維持，城塞がもつ支配権の中核たる機能という上記の機能を支える者がおらず，延いては城塞の存在意義さえ危殆に瀕することにならざるをえなかったと推定されるからである。

　(c)　ミニステリアーレン

　注目すべきことに，『CF証書集』の中に，明確にジボトー4世のミニステリアーレン ministeriales（家人 Dienstmann）と呼ばれる人間は現れないために，ミニステリアーレ身分の集団を精密に浮き彫りにするのは困難である[89]。しかしジボトー4世のミニステリアーレンを検出するための手掛かりは残されている。先ず，伯ジボトー4世が自身の死亡の暁に，クーノ4世・フォン・メードリング Mödling を自身の息子たちの後見人に任命すると同時に，息子たちを支援するよう5人のミニステリアーレンに命令した史料，つまり『CF証書集』の冒頭に置かれた記述を見てみたい。

────────────

(89)　E. Noichl（Bearb.）, Codex Falkensteinensis, S. 72* ; W. Rösener, Beobachtungen zur Grundherrschaft, S. 140.

第2章　ファルケンシュタイン伯の支配権的権利

【史料16】（1166年夏）

Domnus comes Siboto monet et hortatur cunctos fideles suos, presertim proprios viros, de consilio et auxilio filiorun suorum post mortem suam disponendarum rerum, videlicet per quos velit regere et quibus etiam velit committere. Proinde ergo prescribi iubet V viros, Pabonem videlicet de Niuenburch, Sifriden de Ollingen et fratrem eius Hoholden, Ottonem de Herranstain, filium patrui sui, Helmbolden de Endorf；……〔ヘル伯ジボトーはそのすべての家臣，特に非自由人〔proprii viri〕に，自身の息子たちの助言と援助に従い，自身の死後に管理されるべき財産のことを，すなわち伯ジボトーは誰の助力で生計を配慮することを望むのか，またさらに誰に信用して委ねるのを望むのかを告げ知らせ，かつ注意を促す。したがって，5名の者〔viri〕，すなわちパーボ・フォン・ノイブルク，ジークフリート・フォン・オリンゲンと同人の兄弟ホホルト，ジボトーの父方の叔父の息子オットー・フォン・ヘルンシュタイン，ヘルムボルドゥス・フォン・エンドルフが先に書かれることを伯ジボトーは命令する……〕（下線＝著者）[90]。

したがって，下線部の proprii viri または viri で表現されるフォン・ノイブルク，フォン・オリンゲン兄弟，フォン・ヘルンシュタイン，フォン・エンドルフの5名は非自由人であり，明らかにミニステリアーレンであると言わなければならない[91]。次に，上記の【史料10】の中で，伯ジボトーの封臣が〔viri sui〕と表現されている。この事実を考慮するならば，『CF証書集』において，通常の封臣もミニステリアーレンもともに viri の語で表現され，この両者は必ずしも区別されていないことになる。また【史料10】で言及された27名の封臣はすべてとは言わないまでも，相当数がミニステリアーレンであったと推定される。E・ノイヒルもまた，【史料10】に「現れる集団は，少なくとも主に一種の家人団であると推測される」と述べている[92]。W・レーゼナーもまた「伯の一連のミニステリアーレンは，伯ジボトー4世が1189年までに作成させた封臣のリスト〔＝【史料10】のリスト，以下同様〕に含まれているであろう。このリストは，伯がその子供たちの間で分割する25名の封臣〔正確には，上述のように27名だが〕並びにその厳密に記載されたレーエンの名を挙げる。またこの集団の中核は，明らかに伯のミニステリアーレンから構成されていた」と述べて，ノイヒルの見解を肯定している[93]。伯はラント法上の

---

(90)　E. Noichl (Bearb.), Codex Falkensteinensis, Nr. 1.
(91)　H. Petz (Hrsg.), Drei bayerische Traditionsbücher, S. XIX もまた伯ジボトーの「ミニステリアーレは非自由人〔proprius〕と呼ばれている」と述べている。
(92)　E. Noichl (Bearb.), Codex Falkensteinensis, S. 72*.
(93)　W. Rösener, Beobachtungen zur Grundherrschaft, S. 140.

第1篇　中世盛期バイエルンの貴族ファルケンシュタイン伯の城塞支配権

自由人としてレーエン制的位階秩序（ヘールシルト制）の中で第4順位（シルト）を占め，第五順位以下に位置するミニステリアーレンの上位に立つ者としてその封主となるのが原則であったことは，E・ノイヒルやW・レーゼナーの見解を支持する[94]。なおT・ブルカルトBurkardは，ハルトマンスベルク城塞の影響圏の中で，ファルケンシュタイン伯のいくつかの根拠地にミニステリアーレンが点々と居住していたことを指摘している[95]。

　さらに，城臣に関してペッツは「家人の義務の重点は軍役と宮廷勤務にある。家人は自由人たる家臣と並んで主人の従者を構成し，城臣（urbani）として城主（城代）Castellanないし „maister" の下で主人の城塞を防衛し，宮廷官職を帯び，主人の親族会議に参加し，腹心となり，法律行為の場合に常に繰り返し現れる」と述べて，封主に寄与するミニステリアーレンの軍事的政治的法的に重要な機能に言及する[96]。したがって，特に上記の【史料12】に現れるノイブルク城塞のほとんどすべての城臣もまたミニステリアーレンであったと解釈して差し支えない。「恐らく，城塞守備レーエン法は家人法からも影響を受けたであろう。実に多数のミニステリアーレンが城塞勤務を行っただけになおのことそうである」[97]，あるいは城塞守備レーエン法上城臣に要求された封主（城主）への継続的なまた密接な拘束は，「実質的に家人法と近い関係に立ち，また恐らくは家人法の影響を受けたものであった」とするH-M・マウラーの指摘もその証左となろう[98]。要するに，ファルケンシュタイン伯の支配権の外面的な力や政治的権勢は，武装した封臣とミニステリアーレンからなる戦士の一団に基礎を置き[99]，また特に12世紀にファルケンシュタイン伯のファミリアの集団の中で形成され際立つと同時に，伯を多種多様な形で支えたミニステリアーレンが，伯の支配権を構築する際の援助者として活動したのである[100]。

---

(94)　ヘールシルト制に関してH. Mitteis, Lehnrecht und Staatsgewalt, 437 ff. ; H. Mitteis = H. Liberich, Deutsche Rechtsgeschichte, 19. Aufl., S. 182 f. 〔11. Aufl. の邦訳＝上掲世良訳『ドイツ法制史概説』，270頁以下〕；K-F. Krieger, Die Lehnshoheit der deutschen Könige, S. 117ff., 174ff. ; K. Heinz-Spieß, Das Lehenswesen in Deutschland, S. 29f. を参照。

(95)　T. Burkard (Bearb.), Landgericht Wasserburg und Kling, S. 94f.

(96)　H. Petz usw. (Hrsg.), Drei bayerische Traditionsbücher, S. XIX; W. Rösener, Beobachtungen zur Grundherrschaft, S. 140 もまた基本的にこのペッツの見解に従っている。

(97)　H-M. Maurer, Rechtsverhältnisse der hochmittelalterlichen Adelsburg, S. 175.

(98)　H-M. Maurer, Rechtsverhältnisse der hochmittelalterlichen Adelsburg, S. 188.

(99)　H. Petz (Hrsg.), Drei bayerische Traditionsbücher, S. XX.

例えば上述のように，ハルトマンスベルク城塞の場合に，城塞とそのすぐ近く，及び周囲にミニステリアーレンが居住したことが知られており，このことは正にミニステリアーレンが伯の支配権の支柱であったことを鮮明に示すものである。なお，この城塞周囲の居住地とはエンドルフ Endorf，オービング Obing，ヨッリング Jolling，シュテーファンスキルヘン Stephenskirchen，グンタースベルク Gunthersberg，ヴォルフスベルク Wolfsberg，アルバータイヒ Albertaich，エッガーダッハ Eggerdach 等である[101]。

第3節　小　　括

　支配権的権利に関し，先ずファルケンシュタイン伯がガイスルバッハに保持するハントゲマールが，この家系の支配者としての地位の核心たる貴族支配権の可視的な象徴であり，また貴族支配権はレーエン制的支配権，裁判支配権，グルントヘルシャフト，教会支配権等，この家系の支配権の多様な種類の要素を，城塞を中核とする統一体として纏め上げる基礎を構成していた。さらに，ノイブルクを始めとする四つの主要城塞の周囲に集中して存在し主に『CF 証書集』の徴税台帳に記載されたアロート財産と，『CF 証書集』のレーエン目録に記載された膨大なレーエン財産が，この貴族支配権の財産的基礎を構成した。

　レーエン財産のうち，先ず受動的レーエンに関し，ファルケンシュタイン伯はヴェルフェン家，オーストリア大公，バイエルンの宮中伯，パッサウ・ザルツブルク・フライジングの各司教等 20 名の封主から，面積が判明するものだけに限っても合計 2,600 マンススという膨大なレーエン財産を保有していた。このレーエン財産は確かにファルケンシュタイン伯の支配権の基礎をなしたが，しかし，そもそも『CF 証書集』の作成動機が，作成者伯ジボトー 4 世がイタリア遠征軍に参加した際のありうる死亡の暁に家系の財産の保全を可能なものとするための補助手段とすることにあるという事情をも考慮するならば，富と権力を示すというよりはむしろ，バイエルンの封建的階層制の内部でのこの家系の従属的な地位を示している。

　次いで，能動的レーエンに関し，第一に，伯ジボトー 4 世は封臣の目録から

---

(100)　W. Rösener, Beobachtungen zur Grundherrschaft, S. 139.
(101)　T. Burkard (Bearb.), Landgericht Wasserburg und Kling, S. 94 Anm. 159, S. 95.

第1篇　中世盛期バイエルンの貴族ファルケンシュタイン伯の城塞支配権

判明する者だけに限っても，少なくとも 27 名という多数の封臣にレーエンを
授封し，彼らから軍役と主邸参向の代表的な人格的な勤務を受取り，また彼ら
が構成するレーエン制的軍隊がジボトー 4 世の軍事力の基礎をなした。第二に，
ノイブルク城塞に 15 名の城臣が，ファルケンシュタイン城塞に城臣の不完全
なリストから一名の城臣がいたと認められるが，ハルトマンスベルク城塞とヘ
ルンシュタイン城塞についてはそもそも城臣の完全なリストが伝承されていな
いために城臣の存在が確認できない。しかし，ファルケンシュタイン，ハルト
マンスベルクとヘルンシュタインの各城塞についても各々 5 〜 10 名の平均的
人数の城臣の存在が推定される。また，城臣に妥当する城塞守備レーエン法は
家人法の影響も受けて発展した事情とも相俟って，これら城臣の多くのものが
ミニステリアーレンであったと推定される。この武装した封臣と城臣からなる
一団がファルケンシュタイン伯の支配権と政治的権勢を支える軍事力を構成し
たのである。また特に伯を多種多様な形で支えたミニステリアーレンが，伯の
支配権を構築する際の援助者であった。

第3章　ノイブルクの城塞支配権

第1節　はじめに

　先ず位置に関し，ノイブルク城塞はミュンヘンから南東へ約40kmの地点，マングファル川の上流で左岸に位置するゲマインデ・フェルトキルヘン＝ヴェスターハム Feldkirchen-Westerham のファーゲン Vagen 地区に建っていた[1]。この城塞は1560年頃にすでに崩壊し，現在は完全に消滅した。城塞の正確な建設年代は史料上突き止められていない。しかし，この問題を解く手掛りは残されている。第1章で述べたように，ジボトー4世の父親ルードルフは1125年までにヴァイアルン＝ノイブルク家系の女性相続人ゲルトルートと結婚し，この奥方を通じてこの家系の「伯」の称号とともに全遺産を継承した。この遺産の中には当然にノイブルク城塞も含まれていたと推定される。したがって，ノイブルク城塞は遅くともこの1125年までに建設され，存在していたと考えられる[2]。次節では，ファルケンシュタイン伯がノイブルク城塞を中核とするグラーフシャフト＝アムトにおいて保持したその他の支配権的権利として，グルントヘルシャフト，フォークタイ（フォークトとしての諸権利），伯として保持する裁判権を順次取り上げて考察することにしたい。特に裁判権とフォークタイは典型的な罰令権力であることは，すでにしばしば述べた通りである。

第2節　グルントヘルシャフト

　グルントヘルシャフト Grundherrschaft の概念は，初期中世と盛期中世の史料の中に対応する言葉が存在しない近代の歴史学＝法律学の整理概念であるが[3]，本稿ではこの概念を O・ブルンナー Brunner の意味，つまり「土地と

---

(1)　E. Noichl（Bearb.）, Codex Falkensteinensis, S. 30* Anm. 5 ; H. Petz, H, Grauert, J. Mayerhofer（Hrsg.）, Drei bayerische Traditionsbücher, S. XI ; G. Umlauf, Grund und Boden, S. 40 ; C. Tillmann, Lexikon der deutschen Burgen und Schlösser, Bd. II, 1959, S. 701 ; Der Große ADAC AutoAtlas Deutschland/Europa 2012/2013, S. 260 und S. 261F5.

(2)　上述第1章34頁以下を参照。

(3)　O. Brunner, Land und Herrschaft. Grundfragen der territorialen Verfassungs-

第1篇　中世盛期バイエルンの貴族ファルケンシュタイン伯の城塞支配権

農民に対する支配権」，すなわち土地に居住しまたこの土地を耕作する人間に対する支配権」の意味で使うことにしたい[4]。

　ファルケンシュタイン伯ジボトー4世は四つの城塞を中核とする四つの支配複合体をグラーフシャフト＝アムト（procuratio/prepositura）として保持するとともに，この各管区の最高の行政官吏（procurator/prepositus）がグルントヘルシャフト等を始めとする所領を管理する職権を行使したこと[5]，また『CF

---

geschichte Österreichs im Mittelalter, 5. Aufl., 1965, S. 240 f. ; F. Lütge, Deutsche Sozial-und Wirtschaftsgeschichte, 3. Aufl., 1966, S. 56 ; Ders., Geschichte der deutschen Agrarverafssung vom frühen Mittelalter bis zum 19. Jahrhundert, 2. Aufl., 1967, S. 40 ; W. Schlesinger, Herrschaft und Gefolgschaft in der germanisch-deutschen Verfassungsgeschichte, HZ, Bd. 176, 1953, S. 39；H. K. Schulze , HRG, Bd. I , Art. „Grundherrschaft", Sp. 1824 ; W. Rösener, Grundherrschaft, in : LM, IV（1989), Sp. 1739 ; Ders., Grundherrschaft, in : HRG, 2. Aufl., Sp. 581 ; Ders., Die Grundherrschaft als Forschungskonzept. Strukturen und Wandel der Grundherrschaft im deutschen Reich（10-13. Jahrhundert), in : ZRG. GA. 129. Bd., 2012, S. 41. 最近2004年にL・クーヘンブーフ Kuchenbuch はグルントヘルシャフトの概念を放棄し，しばしば史料に現れる従属民を意味する mancipium と familia の言葉には，他方で dominium, potestas, auctoritas という支配権を表現する言葉の寄せ集めが混ざり合っており，「必然的に，当時のこれらの寄せ集めの意味の内実を跡付ける課題」を設定した（L. Kuchenbuch, Abschied von der „Grundherrschaft", Ein Prüfgang durch das ostfränkischdeutsche Reich 950-1050, in : ZRG. GA. 121（2004), S. 98 f.）。これに対してW・レーゼナーはグルントヘルシャフトに関する最近の研究を批判的に検討した上で，「グルントヘルシャフトが引き続き農村領域における中世史の基本的な諸現象の研究のために使える研究上の概念であることを明らかにし」（W. Rösener, Die Grundherrschaft als Forschungskonzept. Strukturen und Wandel der Grundherrschaft im deutschen Reich（10-13. Jahrhundert), in : ZRG. GA. 129. Bd., 2012, S. 72 f.），「グルントヘルシャフトの概念と訣別するルードルフ・クーヘンブーフの見解には追随しないのが望ましい」（ebenda, S. 73.）との結論を下している。

(4)　O. Brunner, Land und Herrschaft, S. 242, 249f. 類似の概念規定は F. Lütge, Geschichte der deutschen Agrarverafssung, S. 46, und Ders., Deutsche Sozial-und Wirtschaftsgeschichte, S. 55, 61. さらに H. K. Schulze, Grundherrschaft, in : HRG 1, 1971, Sp. 1824ff. ; W. Rösener, Grundherrschaften des Hochadels in Südwestdeutschland, S. 88 ; W. Rösener, Grundherrschaft, in : LM, IV（1989), Sp. 1739f. ; W. Rösener, Grundherrschaft, in : HRG, 2. Aufl., Sp. 581 f. ; K. Kroeschell. Deutsche Rchtsgeschichte, Bd. 1 : Bis 1250, 12. Aufl., 2005, S. 114 にも見られる。また類似の定義をすでに G. Seeliger, Die soziale und politische Bedeutung der Grundherrschaft im früheren Mittlealter. Untersuchungen über Hofrecht, Immunität und Landleihen（des XXII. Bds. der Abhandlungen der philosophisch-historischen Klasse der Königl. Sächsischen Gesellschaft der Wissenschaften Nr. I), 1903, S. 9 ; G. Seeliger, Staat und Grundherrschaft in der älteren deutschen Geschichte, 1906, S. 2 が提出していた。

80

証書集』はグルントヘルシャフトの徴税台帳を含むことは，すでに述べた通りである[6]。これらのことからも推測されるように，グラーフシャフト＝アムトとはジボトー4世のグルントヘルシャフトを始めとする所領を管理するための機構なのであり，したがってこのグラーフシャフト＝アムトはしばしばグルントヘルシャフトと一致していた[7]。またこのグラーフシャフトの機構に関して言えば，procurator（ノイブルクとハルトマンスベルクの両管区）/prepositus（ファルケンシュタインとヘルンシュタインの両管区）の下に，従属する官吏として倉庫役人 Kellner〔cellerarius〕と 荘司 Meier〔villicus〕がいた[8]。上述したように，管区の最高の行政官吏（アムトマン）たる procurator と prepositus の権限・任務に相違があるが[9]，しかしこの両官吏は上下の関係にはなく，同格である[10]。両官吏に共通する任務は，荘司を監督し[11]，収入を勘定書に記入し[12]，荘司から引き渡された現物貢租を貯蔵庫に集め[13]，経営の余剰を伯の宮廷に納めることである[14]。倉庫役人の管理上の任務について，『CF 証書集』ではヘルンシュタインのアムトの節で一度言及されるだけである[15]。この場合に，倉庫役人は，prepositus が徴集してグルントヘルに引き渡す義務を負った葡萄酒貢租について，これを徴集する形で prepositus の補助を行って

---

(5)　上述第2章第1節51-53頁を参照。

(6)　上掲拙稿30頁。

(7)　G. Umlauf, Grund und Boden, S. 40, S. 42f.

(8)　K. Ramp, Studien zur Grundherrschaft, S. 27.

(9)　上述51頁を参照。

(10)　K. Ramp, Studien zur Grundherrschaft, S. 26.

(11)　K. Ramp, Studien zur Grundherrschaft, S. 25 ; W. Störmer, Früher Adel, S. 151.

(12)　E. Noichl（Bearb.）, Codex Falkensteinensis, Nr. 22 : procurator ipsius hoc retinet 〔= multum alii servitii〕satis in sua computatione〔同人の procurator はこれ〔その他多くの税〕を適切にその勘宅書によって管理する〕. Ramp, Studien zur Grundherrschaft, S. 26f. ; W. Rösener, Beobachtungen zur Grundherrschaft, S. 132 も参照。

(13)　E. Noichl（Bearb.）, Codex Falkensteinensis, Nr. 30. S. 26 : Colligitur vinum et oleum suum aput Pausanum et in unum locum ponitur〔ボーツェンにおいて彼〔prepositus〕の葡萄酒が集められ，あるフローンホーフに引き渡される〕.

(14)　E. Noichl（Bearb.）, Codex Falkensteinensis, Nr. 28, S. 27 : Itaque prepositus comitis ……. etiam vino, quod sibi ultra Wibetwaldes debetur de venetis et de curtis suis, conducere comiti debet〔したがって，そのすべての所領を管理する伯の prepositus は，……さらにヴィーベトの森の向こうの葡萄畑とフローンホーフから自身に納められるべき葡萄酒を，伯の下に運び込む義務を負う〕.

(15)　E. Noichl（Bearb.）, Codex Falkensteinensis, Nr. 85 : Hec percreht cellerarius colliget〔倉庫役人はこの葡萄酒貢租を集めるものとする〕.

第1篇　中世盛期バイエルンの貴族ファルケンシュタイン伯の城塞支配権

いる。この事態はヘルンシュタイン以外のアムトの倉庫役人にも当てはまると推定して大過ないであろう。『CF 証書集』ではその他倉庫役人に関する記述は乏しいのであるが，しかし疑いなくアムトの経営経済上の中心たる Kelnhof（倉庫役人の館）が存在すると同時に[16]，倉庫役人がしばしば証人として登場するために[17]，重要な意義をもち声望ある存在だった。荘司の任務に関して，procurator/prepositus たるアムトマンが，以前の時代に部分的に荘司がグルントヘル（荘園領主＝伯）の代理人として行使した上記の任務を継承したのである[18]。この新たな類型のアムトマンがグルントヘルシャフトの経営の点で大きな意義を獲得したのに対して，荘司の意義は大幅に後退していった[19]。要するに，グラーフシャフト＝アムト（procuratio/prepositura = officium）は荘司ホーフ等個々のフローンホーフを管理する上級ホーフ Oberhof なのである[20]。

　したがって，グルントヘルシャフトの観点から見るならば，ファルケンシュタイン伯のグルントヘルシャフトは，『CF 証書集』が作成された1166年頃の時期に，新しい所領管理の形式を示しているのである。つまり，この伯のグルントヘルシャフトは，従来の荘司の任務・権限を吸収すると同時に，これを，procurator/prepositus を最高の行政官吏＝アムトマンを長とする四つのアムトに割り当て，その中心に各城塞を支配＝行政の中心として据えるに至ったからである。換言すれば，1166年の時点ですでに，初期中世以来その時まで行われてきたグルントヘルシャフトの組織形式に大きな構造転換があったことが歴然たるものとなるのである[21]。ところで，グルントヘルシャフトがアムト（officium, procuratio/prepositura）の形で再編成される事態は，ファルケンシュタイン伯の場合にだけ見られるのではなく，12世紀と13世紀にドイツのグルントヘルシャフトで一般的に見られる現象であった[22]。グルントヘルシャフ

---

(16)　K. Ramp, Studien zur Grundherrschaft, S. 27.

(17)　E. Noichl（Bearb.), Codex Falkensteinensis, Nr. 85, 147, 155a, 162, 166, 178.

(18)　W. Rösener, Beobachtungen zur Grundherrschaft, S. 132. 荘司の任務に関して，H. K. Schlze, Meier, in : HRG, Bd. Ⅲ, Sp. 439f. を参照。

(19)　G. Umlauf, Grund und Boden S. 79 ; W. Rösener, Beobachtungen zur Grundherrschaft, S. 131.

(20)　T. Burkard（Bearb.), Landgericht Wasserburg und Kling, S. 94.

(21)　W. Rösener, Beobachtungen zur Grundherrschaft, S. 159

(22)　「大グルントヘルシャフトは多くのフローンホーフを算し，またそれらの若干は事情によりそれぞれ下級ホーフ（Nebenhöfe, Untersadelhöfe, curua minores）としてより大きな単位（Fronhofverbände, Propsteien, Urbarämter, praepositurae, 修道

第3章　ノイブルクの城塞支配権

トの組織構造の再編成は，言うまでもなく，グルントヘルシャフトそれ自体の構造転換と深く関連していたのである。次にこの問題を考察することにしたい。

　初期中世から盛期中世まで行われたグルントヘルシャフトの支配的な組織形式は，ヴィリカツィオーン制 Villikationsverfassung，フローンホーフ制 Fronhofssystem ないし経営グルントヘルシャフト Betriebsgrundherrscaft と呼ばれているものである[23]。この機構においては，領主館 Herrenhof（Fronhof）がグルントヘルシャフトの中心をなし，これに自家経営で維持された領主直営地 Salland（terra salica, terra indominicata）が付属し，またこの土地は従属農民の夫役労働と同時に領主館の僕婢の労働力を利用して耕作された。他方で，独立的な経営を営む従属農民の保有地 Hufenland もまた，フローンホーフ団体 Fronhofsverband に属した。グルントヘルシャフトの構成員は通例，概括的に従属民 Hintersassen，または南ドイツの用語で Grundholde〔農奴〕と呼ばれ，荘園法 Hofrecht に服するゲノッセンシャフトを構成した。このゲノッセンシャフトは，史料上多くの場合に，familia〔ファミリア〕と呼ばれた。荘司

　　　院に属するならば，Klosterpropsteien）に纏められた。これらの単位は上級ホーフ（Amtshof, Haupt [-hof], Oberfronhof, Oberhaupt, oberster Dinghof, o. Hof, Überhof, curia maior, curtis maior, c. principalis, c. superior, officium, palatium）から管理された」（Haberkern/Wallach,Hilfswörterbuch für Historiker, Bd. 1, Art. „Fronhof", S. 217）。さらに W. Rösener, Grundherrschaften des Hochadels in Südwestdeutschland, S. 137 ; W. Rösener, Beobachtungen zur Grundherrschaft, S. 159 ; A. G. Ott, Die Arbeitsverfassung der bayerischen Grundherrschaft vom 10. bis zum 14. Jahrhundert, Diss. Berlin, Humboldt-Univ. 1996, 1997, S. 145 も参照。

（23）　このグルントヘルシャフトの構造転換に関し，差当たり G. von Below, Geschichte der deutschen Landwirtschaft des Mittelalters in ihren Grundzügen, aus dem hinterlassen Manuskript, hrsg. von Dr. habil. Friedrich Lütge, 1937, S. 66-80〔堀米庸三訳『ドイツ農業史』，1985 年，83-102 頁〕，さらに J. Kulischer, Allgemeine Wirtschaftsgeschichte des Mittelalters und der Neuzeit, Bd.1 : Das Mittelalter, 1928, S. 109-114〔増田四郎監修，伊藤栄／諸田實訳『ヨーロッパ中世経済史』，1974 年，179-186 頁〕；F. Lütge, Geschichte der deutschen Agrarverfassung, S. 71ff. ; Ders., Deutsche Sozial- und Wirtschaftsgeschichte, S. 126ff.; H. Mottek, Wirtschaftsgeschichte Deutschlands, Bd., 5. Aufl., 1976, S. 123-127 ; H. K. Schulze, Grundherrschaft, in : HRG, Bd. Ⅰ, Sp. 1830 ; W. Rösener, Agrarwirtschaft, Agrarverfassung und ländliche Gesellschaft im Mittelalter, 1992, 81ff. ; R. Sprandel, Verfassung und Gesellschaft im Mittelalter, 1991, S.196 ff. ; E. Schubert, Einführung in die Grundprobleme der deutschen Geschichte im Spätmittelalter, 1992, S. 69ff. さらに伊藤栄「ドイツ中世村落史の研究 （一）」，『国学院経済学』，18 巻 2 号，1970 年，5-29 頁，同『ヨーロッパの荘園制』，1972 年，92-115 頁，特に 149-233 頁を参照。

83

第1篇　中世盛期バイエルンの貴族ファルケンシュタイン伯の城塞支配権

が荘園領主の代理人として単位荘園（ヴィリカティオー villicatio）を管理した[24]。しかし，11世紀以後，人口の著しい増大，気候の温暖化，農業生産力の増大，商業と貨幣流通の拡大，都市の繁栄，また一般に分業による流通経済の発展は，中世盛期ドイツのグルントヘルシャフトに様々な影響を与え，また次第に初期中世のヴィリカツィオーン制の衰退を引き起こし，他方で新たな組織形式たる地代グルントヘルシャフト Rentengrundherrschaft（純粋荘園制 reine Grundherrschaft とも呼ばれる）が優勢となっていった[25]。ヴィリカツィオーン制の解体過程はその後12世紀に一層進展し，地域的偏差を伴いながらも14世紀のうちに終焉を見た。地代グルントヘルシャフトにおいては，領主直営地の自家経営は著しく縮小化されると同時に，これを耕作する従属農民の夫役労働は消滅し，現物ないし貨幣による地代の給付に転換された[26]。もっとも，領主による自家経営は全面的に放棄されたのではない[27]。ヴィリカツィオーン制から地代グルントヘルシャフトへの転換の背景にあったのは，上記の11世紀以後に現れた諸事情のほかに，さらに管理役人たる荘司がヴィリカツィオーン＝フローンホーフそのものを簒奪しあるいはグルントヘルに引き渡されるべき農民からの給付を横領するという事態に，グルントヘルの側が対処する挙に出たことである[28]。その際に，グルントヘルは一方で従来の荘司の世襲的地位を，可能な限り時間的に限定された賃貸借関係に切り換えてフローンホーフそれ自体を荘司ホーフ Meierhof へと転換させ，他方では領主直営地を解体して従属農民に地代と引き換えに貸与する方策を講じた[29]。さらに，夫役労働を提供することに対して農民の嫌悪感が高まったという事情も加わった[30]。

---

(24)　G. Theuerkauf, Fronhof, in : HRG, Bd. Ⅰ, Sp. 1310, Ders., Villikation, in : HRG, Bd. Ⅴ, Sp. 919f.

(25)　H. K. Schulze, Art. Grundherrschaft, in : HRG, Bd. Ⅱ, Sp. 1834-1838 ; H. K. Schulze, Grundstrukturen der Verfassung im Mittelalter, Bd. Ⅰ, S. 117ff.〔千葉徳夫・浅野啓子他訳『西欧中世史事典 —— 国制と社会組織 ——』，1997年，96頁以下〕; W. Rösener, Grundherrschaft, LM, Bd. Ⅳ, Sp. 1746 ; Ders., Grundherrschaft, in : HRG, 2. Aufl., Bd. Ⅱ, Sp. 584ff. ; Ders., Die Grundherrschaft als Forschungskonzept, S. 62f.

(26)　G. Theuerkauf, Villikation, in : HRG, Bd. Ⅴ, Sp. 919.

(27)　H. K. Schulze, Art. Grundherrschaft, in : HRG, Bd. Ⅰ, Sp. 1830 ; W. Rösener, Grundherrschaft, in : LM, Bd. Ⅳ, Sp. 1747.

(28)　W. Rösener, Die Grundherrschaft als Forschungskonzept, S. 64 ; G. Theuerkauf, Villikation, in : HRG, Bd. Ⅴ, Sp. 921f.

(29)　G. Theuerkauf, Villikation, in : HRG, Bd. Ⅴ, Sp. 922 ; H. K. Schulze, Grundherrschaft, in : HRG, Bd. Ⅰ, Sp. 1835 ; W. Rösener, Grundherrschaft, in : LM, Bd. Ⅳ, Sp. 1746.

第3章　ノイブルクの城塞支配権

　最後に，複雑な法的経済的な構造を具えたフローンホーフ団体の管理には相対的に多くの経費を要しただけでなく，高度の組織化の知識も必要であったが，領主直営地の解体と地代グルントヘルシャフトへの移行により，輸送費用を始めとする多額の管理費用が著しく削減されるという事情も加わった[31]。

　ヴィリカツィオーン制から地代グルントヘルシャフトへの転換はファルケンシュタイン伯のグルントヘルシャフトにおいても認められる。この伯の支配権は四つの城塞を中核とする四つの所領複合体（グラーフシャフト＝アムト）に編成されていたことは，しばしば述べた。そのうちのヘルンシュタイン城塞の所領複合体に関する徴税台帳において，地代グルントヘルシャフトへの転換が行われたことを窺わせる記述が見られるのである。つまり，Nunc igitur notum facimus, quid vel quantum sibi de curtis, quas in hac terra possidet, sibi deserviatur〔したがって，今や以下のことを余〔＝伯ジボトー４世〕は知らしめる。すなわち，彼〔＝ルードルフ Rudolf〕がこの領域において有するフローンホーフから，何がどれだけ多く支払われるべきかということである」と[32]。さらに，ヘルンシュタインの個々の 'curtes'「フローンホーフ」の列挙が続き[33]，その最後に Summa porcorum hec est : LIV〔豚の合計，それは 54 頭である〕と，ヘルンシュタインにおける豚税の合計が記される[34]。これに続いて直ぐに，a mansis suis dantur porci XLI〔彼らのマンスス〔＝農民保有地〕から 41 頭の豚が納められる〕と。したがって，グルントヘル（伯ジボトー４世）に納められるべき給付について，ルードルフのフローンホーフつまり荘司ホーフから納められるべき給付と，「彼らのマンスス」つまり荘司ホーフに属する農民保有地から納められるべき給付の間で区別がつけられていることになる[35]。

　類似の現象は，本章で考察されるノイブルク城塞を中核とする所領複合体においても観察される。この所領複合体にはノイブルク城塞の周囲の所領のほかにさらに，かなり遠隔地の所領パイセンベルク Peißenberg とヴィッシング Wissing の各所領複合体が算入されている[36]。先ずヴィッシングに関して，

---

(30)　W. Rösener, Agrarwirtschaft, Agrarverfassung und ländliche Gesellschaft, S. 23f. ; Ders., Die Grundherrschaft als Forschungskonzept, S. 71.

(31)　W. Rösener, Die Grundherrschaft als Forschungskonzept, S. 63.

(32)　E. Noichl（Bearb.), Codex Falkensteinensis, Nr. 89.

(33)　E. Noichl（Bearb.), Codex Falkensteinensis, Nr. 90-97.

(34)　E. Noichl（Bearb.), Codex Falkensteinensis, Nr. 98.

(35)　Vgl. auch K. Ramp, Studien zur Grundherrschaft, S. 29.

第1篇　中世盛期バイエルンの貴族ファルケンシュタイン伯の城塞支配権

curtes Ulrici ibidem....〔当地のウールリッヒのフローンホーフ〔＝荘司ホーフ〕……(37)，またこれに続いてすぐに mansus Ulrici ibidem....〔当地のウールリッヒのマンスス〔＝農民保有地〕……〕(38)。次にパイセンベルクに関して，先に VII porci de villicalibus curtis absque his, qui de mansionibus dantur〔部分マンススより納められるもの以外に，フローンホーフ〔＝荘司ホーフ〕から豚7頭〕とその他の貢租が列挙され(39)，これとは別に個々のフーフェ〔農民保有地〕の貢租が列挙される(40)。ここに引用した三つの例から，一方で，荘司自身が居住するフローンホーフの経営は，荘司にこの者自身の計算で委ねられたが，ただし荘司はこのホーフから貢租 —— その金額は彼に厳格に指令されたが —— を支払う義務を負ったこと，他方で，荘司はこの荘司ホーフと並んで，マンスス（農民保有地）の地代 —— これもまた確固と固定化されていたが —— を徴収し，またこの地代を自身のホーフから支払われるべき給付と一緒にグルントヘルに転送する任務を負ったことが明らかとなる。

　地代グルントヘルシャフトへの転換を示す事柄としてさらに，『CF 証書集』の中で，グルントヘルによる自家経営に関する言及が極めて乏しく，わずか二箇所に現れるにすぎないという事実がある。一つは，伯ジボトー4世の封主に関する上述の【史料9】〔16〕でテガーンゼー修道院長から受領したレーエンを in proprio usu〔自家経営で〕保有することを記した記述である(41)。もう一箇所は，ファルケンシュタイン（アウドルフ Audorf）のアムトにある家畜飼育農場 armentum から地代としてグルントヘルに納められるチーズに関する節であり(42)，ここで VIII armenta in proprio usu〔八つの家畜飼育農場が自家経営で〕と記されている(43)。この節ではその他に，貸与された七つの家畜飼育農場が記されているので，ファルケンシュタイン（アウドルフ）のアムトには合計 15 の家畜飼育農場が存在したことになる。貸与された家畜飼育農場は

---

(36)　E. Noichl（Bearb.), Codex Falkensteinensis, S. 64.

(37)　E. Noichl（Bearb.), Codex Falkensteinensis, Nr. 23.

(38)　E. Noichl（Bearb.), Codex Falkensteinensis, Nr. 23.

(39)　E. Noichl（Bearb.), Codex Falkensteinensis, Nr. 20.

(40)　E. Noichl（Bearb.), Codex Falkensteinensis, Nr. 20 und 21.

(41)　上述 63 頁を参照。

(42)　ファルケンシュタインの prepositus は隣接のアウドルフに居所をもつので，この管区は「prepositura アウドルフ」の呼称でも現れることがある。F. Andrelang（Bearb.), Landgericht Aibling, S. 171；W. Rösener, Beobachtungen zur Grundherrschaft, S. 128.

(43)　E. Noichl（Bearb.), Codex Falkensteinensis, Nr. 29.

第3章　ノイブルクの城塞支配権

その他の管区，つまりノイブルク管区で 8 箇所，ハルトマンスベルク管区で 4 箇所に存在したので，伯ジボトーは合計 27 箇所の家畜飼育農場を保持したことになる。したがって，家畜飼育農場の自家経営の比率は約 30 ％となる[44]。なおヘルンシュタイン管区には家畜飼育農場が存在しなかった[45]。ともかく，家畜飼育農場の自家経営が維持された理由として，K・ラムプはファルケンシュタイン伯が家畜飼育農場を肉，チーズ，ミルクという正に最も重要な食料品の主な供給源と見なしたことに求め[46]，W・レーゼナーは家畜飼育農場が城塞と伯の宮廷を給養するために不可欠であり，あるいはこの農場を自家経営するのに適した土地＝生産状況が存在したことに求めている[47]。これに対して，その他の耕地ないしヘレンホーフ（領主農場）について，K・ラムプは全く微々たる僅かな規模で自家経営されたと述べ[48]，また W・レーゼナーはその他のヘレンホーフの大部分は荘司により独自の責任において耕作されたものと推定する[49]。したがって，すべてのフローンホーフ団体において，荘司は一般にそのかつての機能を喪失し，また荘司ホーフ自体は農民の地代所領システムの制度の中に編入されたのである。要するに，ヘレンホーフにおける領主直営地はほとんど解体すると同時に領主の自家経営はもはやわずかなものにすぎなくなり，従属農民の夫役は現物または貨幣による地代の支払いに転換し，こうしてグルントヘルシャフトはヴィリカツィオーン制から地代グルントヘルシャフトへと移行したのである[50]。この転換の過程の中で，荘司の比重もまた後退すると同時に，procurator/prepositus の形で荘司に代わるアムトマンがファルケンシュタイン伯のグラーフシャフト＝アムトの最高官吏として登場したのである。

　またしたがって，ファルケンシュタイン伯のグルントヘルシャフトの管理者が従来の荘司から最高官吏たる procurator/prepositus に転換させられるとともに，その管轄区もまた荘司のヴィリカツィオーンからこの最高官吏のアム

---

(44)　ノイブルクの管区について，E. Noichl (Bearb.), Codex Falkensteinensis, Nr. 18-19, ハルトマンスベルクの管区について E. Noichl (Bearb.), Codex Falkensteinensis, Nr. 76 を参照。

(45)　これについて K. Ramp, Studien zur Grundherrschaft, S. 19 も参照。

(46)　K. Ramp, Studien zur Grundherrschaft, S. 19.

(47)　W. Rösener, Beobachtungen zur Grundherrschaft, S. 131.

(48)　K. Ramp, Studien zur Grundherrschaft, S. 21.

(49)　W. Rösener, Beobachtungen zur Grundherrschaft, S. 131.

(50)　A. G. Ott , Die Arbeitsverfassung, S. 132 も参照。

87

第1篇　中世盛期バイエルンの貴族ファルケンシュタイン伯の城塞支配権

ト（officium）として新たに再編成されたことは，ヴィリカツィオーン制から
地代グルントヘルシャフトへの移行というグルントヘルシャフトの組織形式の
重大な転換に対処するために伯によって実行された措置なのであった。これに
関連して，W・レーゼナーもまた「グルントヘルシャフトのアムト制はヴィリ
カツィオーン制の解体及び所領組織の新たな形式への移行と関連する」と述べ
ている[51]。さらに付随的に，このヴィリカツィオーン制から地代グルントヘ
ルシャフトへの構造転換との関連で登場した支配組織とも言うべきアムト制は，
上述のように，ファルケンシュタイン伯の場合にだけ見られるのではなく，12
世紀以後ヴィリカツィオーン制の解体に伴いバイエルンで一般的に見られる現
象であり[52]，さらに12世紀後半期に南ドイツの多くのグルントヘルシャフト
で見られる現象である[53]。そもそもこの現象は12世紀以後ドイツで一般的に
見られる現象であったことはすでに述べた通りである。このことにも注目して
おきたい。いずれにしても，ヴィリカツィオーン制から地代グルントヘルシャ
フトへの構造転換に伴い，グルントヘルシャフトの管理の中心もまたヴィリカ
ツィオーン制における ── グルントヘルまたは荘司の居所たる ──領主館（フ
ローンホーフ）から，ここから離れて多くの場合に丘陵の上に位置しグラーフ
シャフト＝アムト制の中核をなす城塞に転換したことが重要な事実として確
認されなければならない[54]。この点に，中世盛期の支配構造の中で城塞が果
たした重要な政冶上行政上の機能が明確に見て取れる[55]。ただし，念のため
に付言すれば，これまですでに示唆してきたように，この転換の中で，グルン
トヘルの自家経営が消滅したのではなく，領主直営地の一部は領主の手元に残
された。これに関連してW・レーゼナーは一般的に，多くの場合にグルント
ヘルは，荘司の手に移行したフローンホーフ Meierhof（荘司のホーフ）と従来
の裁判集会の開催場所たるホーフ Dinghof を，引き続き地代グルントヘルシャ

---

(51)　W. Rösener, Beobachtungen zur Grundherrschaft, S. 133f.

(52)　A. G. Ott, Die Arbeitsverfassung, S. 145.

(53)　W. Rösener, Beobachtungen zur Grundherrschaft, S. 133. 一般的に Haberkern/
　　　 Wallach, Hilfswörterbuch für Historiker, Bd. 1, Art. Fronhof, S. 217 を参照。

(54)　領主館がヴィリカツィオーン＝フローンホーフの中心をなしたことについて，例え
　　　 ば G. Theuerkauf, Fronhof, in : HRG, Bd. Ⅰ, Sp. 1309 を参照。

(55)　W. Rösener, Beobachtungen zur Grundherrschaft des Adels, S. 135 ; H-M. Maurer,
　　　 Die Entstehung der hochmittelalterlichen Adelsburg in Südwestdeutschland, in：
　　　 Zeitschrift für die Geschichte des Oberrheins, 117, 1969, S. 295-332. Vgl. H. Patze
　　　 (Hg.), Die Burgen im deutschen Sprachraum Ⅰ-Ⅱ (VF, Bd. 19), 1976 も参照。

第3章　ノイブルクの城塞支配権

フトの枠内で農民からの現物貢租と貨幣貢租のための集積所としてあるいはまたグルントヘルの荘園裁判所，つまり下級裁判所の開催場所として利用したと指摘する[56]。この点に関して，K・ランプもまた「荘司がグルントヘルの荘園裁判所の議長としてグルントヘルを代理して公的な＝法的な権限を行使したとは，〔ファルケン〕証書集は語っていない。しかし疑いなくこれはそうであった」と述べて[57]，グルントヘルの荘園裁判所が引き続き存在したことを肯定している。したがって，我々はヴィリカツィオーン制から地代グルントヘルシャフトへの構造転換後にも，荘園裁判所は下級裁判所として存続し，下級裁判権を行使したものと考えたい。

　次に，ノイブルクのグラーフシャフト＝アムトにおいて，収益をもたらす村落を示すことにしたい。なお上述のように，この管区はノイブルク城塞の周囲の領域，パイセンベルク，ヴィッシングの三つの要素から構成されていた。『CF証書集』もまた，徴税台帳の部分において，明らかにこの構成に従った編成を取っている[58]。そこで，この順番で各管区の村落を見てみたい。

I．ノイブルク城塞の周囲の領域の所領

（1）　フローンホーフ＝ヴィリカツィオーン（curia, curtis）が存在した村落
レンゲンドルフ Längendorf（curia）[59]，アスト Ast（curia 2箇所）[60]，エ

---

(56)　W. Rösener, Die Grundherrschaft als Forschungskonzept, S. 64.

(57)　K. Ramp, Studien zur Grundherrschaft, S. 28f.

(58)　E. Noichl（Bearb.），Codex Falkensteinensis の中で，ノイブルク城塞の周囲，パイセンベルク，ヴィッシングの各領域は基本的にそれぞれ Nr. 6-18，Nr. 19-20，Nr. 22-23 で記述されている。

(59)　E. Noichl（Bearb.），Codex Falkensteinensis, Nr. 6. この節ではレンゲンドルフについて curtis や curia その他所領形態を示す記載はない。しかし一方では，キルヒドルフに関する ebenda Nr. 11. において，先ず第1節で De Chirchtorf II porci ……〔キルヒドルフから2頭の豚が……〕と記述され，第2節で De alia curte, que in eadem villa iacet, simili modo dantur II porci〔同村落に位置する別のフローンホーフから，同様に2頭の豚が納められる〕と記述されていることから（下線＝著者），第1節の〔キルヒドルフから……〕の記述は，「キルヒドルフのフローンホーフから」を意味することが分かる。K. Ramp, Studien zur Grundherrschaft, Anlage I Prokuratie „Neuburg" もまたキルヒドルフには二つのフローンホーフがあったことを記している。また他方では，レンゲンドルフで徴収される貢租は，豚（porci），鵞鳥（anseres），鶏（pulli,），卵（ova），インゲン（fabas），小麦（tritici），野菜（olerum）であり，その他のフローンホーフで徴収される貢租と類似している。例えば上述したキルヒドルフの第一のフローンホーフで徴収される貢租は，豚，豆，インゲン，豌豆，蕪類，野菜，鵞鳥，鶏，牛皮である（E. Noichl（Bearb.），Codex Falkensteinensis, Nr.

第1篇　中世盛期バイエルンの貴族ファルケンシュタイン伯の城塞支配権

ブラッハ Ebrach (curia)[61]，ライト Reith (curia)[62]，シェフライテン Schöffleiten (curia)[63]，キルヒドルフ Kirchdorf (curtis 2箇所)[64]，ヴィッリング Willing (curtis)[65]，ロイダーディング Loiderding (curia)[66]，ミッテンキルヘン Mittenkirchen (curia)[67]，イナータン Innerthann (curia)[68]。

　したがって，以上10の村落に，12のフローンホーフが存在したことになる。なお，この史料に見えるように，領主直営地の解体を通じてヴィリカツィオーン制が地代グルントヘルシャフトに移行した後にも，かつての領主直営地は依然として curia，curtis，villicatio 等の名称をそのまま残しているのである[69]。これらの名称から逆推して，かつての「直営地」の存在を指摘することが可能である。また因みに，これらの村落にある伯のグルントヘルシャフトでは，以下のような貢租が徴収された[70]。

　豚 (porci)，鵞鳥 (anseres)，鶏 (pulli, gallinas)，卵 (ova)，豆 (legumenes)，インゲン (fabas)，豌豆 (pisae)，蕪類 (rapulae)，野菜 (holeres)，芥子 (papaver) と麻の実 (Hanfsamen)，亜麻 (linum, har)，雄羊 (arietes)，羊 (oves)，油 (olei)，カラス麦 (avene)，小麦 (tritici)，ライ麦 (siguli)，蜂蜜 (mellis)，

　11）。最後に，伯ジボト4世が自身とクーノ及びジボトー（5世）の二人の息子の間で行なった所領の分割に関する証書（1185 年頃 – 1189 年）において，curiam in Lengindorf〔レンゲンドルフのフローンホーフを〕の記述が現れる（E. Noichl (Bearb.), Codex Falkensteinensis, Nr. 167, S. 146）。以上三つの理由から，レンゲンドルフにもフローンホーフが存在したと結論される。

(60)　E. Noichl (Bearb.), Codex Falkensteinensis, Nr. 7.
(61)　E. Noichl (Bearb.), Codex Falkensteinensis, Nr. 8.
(62)　E. Noichl (Bearb.), Codex Falkensteinensis, Nr. 9.
(63)　E. Noichl (Bearb.), Codex Falkensteinensis, Nr. 10.
(64)　E. Noichl (Bearb.), Codex Falkensteinensis, Nr. 11. 伯はこのキルヒドルフとその他の村落で同時に十分の一税徴収権 decimatio を保持した（ebenda）。ただし，十分の一税は純粋に義務的貢租の性格をもち，そのために十分の一税の場合に本来の支配権としての性格は完全に背景に退いている（F. Lütge, Geschichte der deutschen Agrarverafssung vom frühen Mittelalter bis zum 19. Jahrhundert, S. 50）。したがって，以下の本論では十分の一税徴収権を取り上げて論じることはしない。
(65)　E. Noichl (Bearb.), Codex Falkensteinensis, Nr. 12.
(66)　E. Noichl (Bearb.), Codex Falkensteinensis, Nr. 15.
(67)　E. Noichl (Bearb.), Codex Falkensteinensis, Nr. 16 : curia ＝ 伯のアロート propria comitis.
(68)　E. Noichl (Bearb.), Codex Falkensteinensis, Nr. 13 curia – Nr. 14 curia, silva.
(69)　伊藤栄『ドイツ封建社会発達史研究』，昭和38年，120-121頁。
(70)　E. Noichl (Bearb.), Codex Falkensteinensis, Nr. 6-16.

蜜酒（medonis），葡萄酒（vini），チーズ（casei），雌牛（vacca），牛皮（cutes）。

(2) その他何らかの所領が存在した村落

また以下の村落ではいずれも雄羊 arietes が地代として徴収された[71]。
トンビヒル Thonbichl，タッテンハウゼン Tattenhausen，ミートラヒング Mietraching，イェンコーフェン Jenkofen，ロイダーディング，ミッテンキルヘン，ヴィーヒス Wiechs，シュタウトハウゼン Staudhausen，ヘークリング Hoegling。

なお，『CF 証書集』の中で，これらの雄羊はすべて家畜飼育農場の場合と同様，de arietibus de eandem procuratione pertinentibus〔同 procuratio に属する雄羊として〕（下線＝著者）と語られているので[72]，ファルケンシュタイン伯の自家経営による生産物であったと考えてよい。K・ラムプもまたこのように理解している[73]。

(3) 森林が存在した村落

イナータンについて De curia illa de Tannen de silva dantur II porci....〔イナータンのそのフローンホーフの森林から豚 2 頭が納められる……〕と記述されており，フローンホーフに森林が付属していることを確認しておきたい[74]。

(4) 家畜飼育農場が存在した村落

以下の村落には家畜飼育農場 armentum が存在し，ここから等しくチーズが貢租として徴収された[75]。
ライト，トンビヒル，タッテンハウゼン，ミートラヒング，アウ Au。これらの家畜飼育農場に関して，『CF 証書集』の中で，de armentis, que item pertinent ad eandem procurationem〔同じく，同 procuratio に属する家畜飼育農場として〕（下線＝著者）と記述されているので，ファルケンシュタイン伯の自家経営で運営されたものと考えてよい筈である[76]。K・ラムプもまたこ

---

(71) 以下のすべての村落について E. Noichl (Bearb.), Codex Falkensteinensis, Nr. 18 を参照。

(72) E. Noichl (Bearb.), Codex Falkensteinensis, Nr. 18.

(73) K. Ramp, Studien zur Grundherrschaft, Anlage I Prokuratie „Neuburg" を参照。

(74) E. Noichl (Bearb.), Codex Falkensteinensis, Nr. 14. 森林からの貢租は，豚と蜜蜂の餌場として利用することについての貢租である。K. Ramp, Studien zur Grundherrschaft, Anlage I Prokuratie „Neuburg", Anm. 9.

(75) 以下の村落について E. Noichl (Bearb.), Codex Falkensteinensis, Nr. 19 を参照。

(76) E. Noichl (Bearb.), Codex Falkensteinensis, Nr. 19.

第1篇　中世盛期バイエルンの貴族ファルケンシュタイン伯の城塞支配権

のように解釈している[77]。

Ⅱ．パイセンベルク領域
（1）　複数のフローンホーフ villicales curtes[78]
（2）　7人の農民が保有する部分マンスス mansiones[79]
（3）　家畜飼育農場三箇所[80]

　この領域では，家畜飼育農場からチーズ，その他のフローンホーフと部分マンススからは豚，蕪類，野菜，小麦，鷲鳥，鶏，インゲン豆，豌豆，野菜，カラス麦，ライ麦等の貢租が納められた。

Ⅲ．ヴィッシング領域[81]
（1）　フローンホーフ curtis 七箇所以上
（2）　マンスス mansus と呼ばれる農民保有地三箇所
（3）　水車三台
（4）　湖沼 piscina 等

　ヴィッシング領域の貢租はすべて talentum〔タレント〕，solidus〔シリング〕，denarius〔プフェニッヒ〕で表記される貨幣で徴収された。その原因に関し，G・ウムラウフはヴィッシング領域がノイブルク城塞から遙かに遠隔の中部フランケン地方に位置するために貨幣貢租のほうが有利であったためと推測する[82]。これを敷衍すれば，間違いなく現物貢租よりも貨幣のほうが遠距離を運搬するのが容易であるとウムラウフは見ているのだが，第6章で論じるやはり遠隔地に位置するヘルンシュタイン管区からの貢租の場合にも貨幣の占める割合が多いことを考慮するならば，我々はウムラウフの見解に賛成することができる[83]。

　したがって，ノイブルクのグラーフシャフト＝アムトには，合計13の村落に，少なくとも21以上のフローンホーフないしグルントヘルシャフト，mansus あるいは mansio と呼ばれる農民保有地，新開墾地，家畜飼育農場，

---

(77)　K. Ramp, Studien zur Grundherrschaft, Anlage Ⅰ Prokuratie „Neuburg" を参照。
(78)　E. Noichl (Bearb.), Codex Falkensteinensis, Nr. 20.
(79)　E. Noichl (Bearb.), Codex Falkensteinensis, Nr. 21.
(80)　E. Noichl (Bearb.), Codex Falkensteinensis, Nr. 21.
(81)　E. Noichl (Bearb.), Codex Falkensteinensis, Nr. 22, 23.
(82)　G. Umlauf, Grund und Boden, S. 47.
(83)　後述第6章178頁を参照。

第3章　ノイブルクの城塞支配権

水車，湖沼，森林等が存在したと結論される。なお水車については，グルント
ヘルの使用強制権の形でバン権力が行使される対象となり，湖沼と森林はグル
ントヘルによるアルメンデ利用権の対象となることを確認しておきたい。

　またこの関連で注目しておくべきことは，10・11世紀にグルントヘルが
水車，製パン所等の使用強制権（バナリテ＝罰令権）を通じて収益の増加を
図ると同時に，特に裁判罰令権 Gerichtsbann に基づいてグルントヘルシャ
フトの罰令区に定住しているすべての人間をグルントヘルの裁判所に出頭す
るよう強制するに至ったことである。その際に，裁判罰令権が在地の支配権
を形成する決め手になった。G・ゼーリガー Seeliger は，グルントヘルシャ
フトのこの転換をグルントヘルシャフトからバン・グルントヘルシャフト
Banngrundherrschaft への移行と呼んでいる[84]。この罰令権的性格をもつグ
ルントヘルシャフトを単に土地領主権として把握するのは充分ではなく，バン
領主権的なものとして捉え，かくして城塞支配権の一構成要素と見なすのが当
を得ているように思われる。

第3節　フォークタイないしフォークトとして保持する諸権利

　先ず，ファルケンシュタイン伯がノイブルク管区でフォークタイを保持
した場所を特定する必要がある。『CF 証書集』の中で最も注目されるフォー
クタイは，ノイブルク管区の徴税台帳の先頭で記述される „advocatia ad
Aibilingen"〔アイブリング Aibling のフォークタイ〕である[85]。『CF 証書
集』の中で，他にノイブルク管区のフォークタイに関する記述は，伯ジボ
トー4世が自身と二人の息子，クーノ及びジボトー（5世）の間で行なわれ
た所領の分割に関する証書（1185年頃－89年）に現れる。この証書において，
アイブリングのフォークタイ以外に，advocatia in Uuiaeri〔ヴァイアルン
Weyarn のフォークタイ〕，karitativa advocatia penes Niwinburch〔ノイブル
ク〔城塞〕の権力下の慈悲深いフォークタイ〕，advocatia in Bisinberch super
barrochiam〔パイセンベルク Peißenberg の聖堂区教会に対するフォークタ

---

(84)　G. Seeliger, Staat und Grundherrschaft, S.3. バン・グルントヘルシャフトに関
　　し，さらに H. K. Schulze, Grundherrschaft, in : HRG, Bd. Ⅰ, Sp. 1835 ; W. Rösener,
　　Agrarwirtschaft, Agrarverfassung und ländliche Gesellschaft, S. 13 ; Ders.,
　　Grundherrschaft, in : HRG, 2. Aufl., Bd. Ⅰ, Sp. 584 ; Ders., Die Grundherrschaft als
　　Forschungskonzept, S. 60f. を参照。

(85)　E. Noichl (Bearb.), Codex Falkensteinensis, Nr. 5.

93

第1篇　中世盛期バイエルンの貴族ファルケンシュタイン伯の城塞支配権

イ〕，advocatia in Kirihtorf〔キルヒドルフ Kirchdorf のフォークタイ〕が登
場する[86]。『CF 証書集』の中で，「ノイブルク城塞の権力下の慈悲深いフォー
クタイ」（傍点＝著者）に関する記述はこの証書で言及されるにすぎず，また
フォークタイの対象等内容についての言及も見当たらない。ただし少なくとも，
このフォークタイは，中世におけるフォークタイの一般的な意味，つまり支配
権の権能と収入を媒介する保護関係として理解することは可能である[87]。「パ
イセンベルクの聖堂区教会に対するフォークタイ」と「キルヒドルフのフォー
クタイ」についても，その内容を示す記述は『CF 証書集』の中に見当たらな
い。とはいえ，いずれのフォークタイも当地の教会領に対するフォークタイ支
配権であることは疑いない。差当たり，このことを確認することに止めたい。
ここでは，比較的伝承が残されている「ヴァイアルンのフォークタイ」，つま
りヴァイアルン修道院に対するフォークタイと「アイブリングのフォークタ
イ」を取り上げて考察することにしたい。

　a）ヴァイアルン修道院に対するフォークタイ
　ヴァイアルン修道院に属する村落を知るために，この修道院の建立証書を見
てみたい。なおヴァイアルン修道院は，ヴァイアルン＝ノイブルク家系が建
設したヴァイアルン城塞を1133年に修道院に転換することによって建立され
たのである[88]。この修道院建立者はファルケンシュタイン伯ジボトー4世の
母方の祖父ジボトー2世であり，1133年の建立時に修道院をザルツブルク大
司教に寄進譲渡した。同時に大司教はヴァイアルン修道院に対する世襲フォー
クタイをジボトー2世の娘婿ルードルフ（ジボトー4世の父親）に授封した[89]。
ヴァイアルン修道院に対するフォークタイはこの時以来ファルケンシュタイ
ン伯の家系に伝えられた。その建立証書の概略は以下の通りである。なおヴァ
イアルン＝ノイブルク家系の本拠地は，元来アルテンブルク Altenburg 城塞
（「古い城塞」の意）であったが[90]，すでに建設されていた城塞，つまりノイブ

(86) E. Noichl (Bearb.), Codex Falkensteinensis, Nr. 167. ヴァイアルンのフォークタイ
　　は ebenda, Nr. 2, S. 7 にも現れる。上述【史料9】〔14〕（第2章第2節61, 63頁）も参照。
(87) フォークタイの一般的な意味について D. Willoweit, Vogt, Vogtei, in : HRG, Bd. V,
　　Sp. 932 を参照。
(88) F. Andrelang (Bearb.), Landgericht Aibling, S. 61 ; W. Rösener, Beobachtungen
　　zur Grundherrschaft, S. 124 ; W. Rösener, Codex Falkensteinensis, S. 41.
(89) G. Umlauf, Grund und Boden, S. 47 ; W. Rösener, Codex Falkensteinensis, S. 41.
(90) W. Scherbaum, Die Grafen Valley, in : F. Kramer und W.Störmer (Hrsg.),
　　Hochmittelalterliche Adelsfamilien in Altbayern, Franken und Schwaben, 2005, S.

94

第3章　ノイブルクの城塞支配権

ルク Neuburg（「新たな城塞」の意）に移っていた[91]。

【史料17】（1133年7月9日）

In nomine sancte et individue trinitatis. Notum sit omnibus Christi fidelibus tam futuris quam presentibus, quod ego Sigeboto dei dei gratia aliquando comes in honorem domini nostri Iesv Christi eiusque perpetue virginis matris Marie necnon omnium sanctorum pro remedio anime mee et quandoque coniugis mee Adelheit nostrorumque filiorum Sigebotonis et Gertrudis omniumque parentum nostrorum partem hereditatis nostre concedentibus nostris propinquis ad construendam in honorem principum apostrorum Petri et Pauli Uiuarium cellam contradidi, in qua deo opitulante canonicos sub regula beati Augustini commune vitam profitentibus locare disposui. Sunt autem hec que deo largiente et aspirante ipsi famulatura predictis canonicis concessi : Uiuaria tres villicanas curtes in novalibus Ⅳ mansos, Ⅳ molendina ; Tullihingen curtim unam, Prumare curtim unam, Stockaren curtim unam, Uffingen duas curtes et mansum unum cum molendino, …………. Haec autem omnia me petente predictus archiepiscopus Conradus domno Rodolfo in advocaciam interposita conditione commendavit, ut si in aliquo notabili excessu ter deliquerit et quarto non correxerit, canonici habeant libertatem eligendi alium advocatum. Preterea supradictus venerabilis archiepiscopus Salzpurgensis delegavit supra idem altare multis astantibus clerici videlicet ac laicis dimidium mansum pertinentem ad ecclesiam Burtine dictam, redimens alio dimidio manso ; decimam quoque omnem novalium videlicet in possessionibus sancti Emmerammi, necnon et aream cuiusdam Wolchrimi Halle, quinquaginta quoque carratas salis de sartagine Odalrici delegavit. ………………〔神聖にして不可分の三位一体の名において。現在並びに将来のすべてのキリスト教徒に以下のことが知られることを欲する。すなわち，神の恩寵によるかつての伯，余ジボトーは余らの主イエス・キリストと同人の母親なる永遠の処女マリア及びすべての聖人の名誉のために，余と余の亡き妻アーデルハイト及び余らの子どもたるジボトー〔3世〕とゲルトルート及び余らのすべての祖先の魂の救いのために，余らの遺産の一部を，我々の親戚が承認した時に，最高の権威をもつ使徒ペトロとパウロの名誉のために，ヴァイアルン修道院を建立する目的で贈与した。またこの修道院において修道士を助ける神のために，福者アウグスティヌスの会則に従って，修道誓願を行う人々に共同の生活を用意するよう命令した。……。さらに，以下のものが，惜しみなく与えまた恩恵を与える神のために，同人に役立つものとして，上述した

292.

(91) F. Andrelang (Bearb.), Landgericht Aibling, S. 167；W. Rösener, Beobachtungen zur Grundherrschaft, S. 124.

第1篇　中世盛期バイエルンの貴族ファルケンシュタイン伯の城塞支配権

修道士たちに余が譲渡したところのものである。すなわち、〔1〕ヴァイアルンにおいて新開墾地の三つのフローンホーフで4マンスス、水車四台。〔2〕ディルヒング Dilching〔Tullihingen〕においてフローンホーフ、〔3〕ピュルテン Pürten〔Prumare〕においてフローンホーフ、〔4〕シュトックハム Stockham〔Stockaren〕においてフローンホーフ、〔5〕アウフィング Aufing〔Uffingen〕においてフローンホーフ2分の1マンスス並びに水車一台、……。その上、余が請い求めたときに、上記の〔ザルツブルク〕大司教コンラートは以上のすべてを、ヘル・ルードルフにフォークタイとして、取り決めた次の条件で委ねた。すなわち、もしヘル・ルードルフが何らかの顕著な犯罪を三度犯し、四度目に是正しなかったならば、修道士たちは別のフォークトを選ぶ自由をもつという条件である。さらに、上述の尊貴なるザルツブルク大司教は祭壇の向こう側で立ち会っている多数の者、すなわち俗人と聖職者に、ブルティネ Burtine と呼ばれる教会に属する2分の1マンススを贈与した。別の2分の1マンススによって補償しつつ。大司教は新開墾地すなわち聖エメラム修道院の所領上のすべての十分の一税、及び同時に（ライヘン）ハルのヴォルフクリムス〔Wolfchrimus〕なる者の農場、オダルリッヒの塩釜から50フーダーの塩を〔ヴァイアルン修道院に〕贈与した。……〕[92]。

　この建立証書によれば、ジボトー2世は、本拠地ヴァイアルン城塞を転換する方法で修道院を建設しようと望み、この城塞及び名指しで挙示した所領をザルツブルク大司教に寄進した[93]。大司教はザルツブルク教会に友好的なジボトー2世の要請に応じて、ジボトーの娘婿ルードルフ・フォン・ファルケンシュタインにヴァイアルン修道院に対する世襲フォークタイをレーエンとして授封した。またジボトー2世が修道院に寄進した所領（フローンホーフ、フローンホーフのマンスス、水車）が位置する村落は、〔1〕ヴァイアルン、つまりヴァイアルン城塞の近くの村落、〔2〕ディルヒング、〔3〕ピュルテン、〔4〕シュトックハム、〔5〕アウフィングであることが確認される。また大司教がジボトー2世とは別に修道院に寄進した財産は、ピュルテンの教会から請戻した2分の1フーフェ、聖エメラム修道院の所領における新開墾地十分の一税、ライヘンハル Reichenhall〔Halle〕の農場等である。したがって、以後ヴァイアル

---

(92)　W, Hauthaler und F. Martin (gesamm. und bearb.), Salzburger Urkundenbuch, Bd. Ⅱ：Urkunden von 790-119, Nr. 158. ディルフィングは Hohen-oder Sonderdilching Gem.Valley LK Miesbach に比定され、ピュルテンは Gem.Waldkraiburg (a. Inn LK Mühldorf)〔ADAC 261-K2, Mühldorf と Wasserburg の間、アシャウの西2km 地点〕に、シュトックハムは Gem. Endorf i. OB LK Rosenheim)〔ADAC 261-J5, Prien の北〕に、アウフィングは Gem.Rettenschöß GB Kufstein/Tirol = Noichl, Orts- und Personenverzeichnis, S. 248)〔ADAC 280-C1, Prien の北〕に位置する。

(93)　W. Rösener, Beobachtungen zur Grundherrschaft, S. 124 f.

第3章　ノイブルクの城塞支配権

ン修道院のフォークトは，自身が修道院に寄進した財産であれ，他の者から修道院に寄進された財産であれ，修道院領さらにその上に居住する従属民に対してフォークタイ裁判権を始めとして，フォークタイ権力を行使することになる筈である。その際にこのフォークタイ権力はヴァイアルン＝ノイブルク家系の本拠地たるノイブルク城塞を中核として行使された。結論を先取りして言えば，ノイブルク城塞から行使されたこのような支配権を，すでに城塞支配権と捉えることができる。この点について，F・アンドレラングもまた「修道院はヴァイアルン……の場合に，城塞支配権の一部と見なされた」と述べている[94]。

b）フォークタイ・アイブリング

　アイブリングにはカロリング時代以来国王ホーフ fiscus publicus が存在すると同時に，皇帝の仲裁裁判所（国王の裁判所 mallum publicum）の開催場所でもあり，周囲の国庫領区の中心であった。さらに，アイブリングの国王ホーフは南部バイエルンにおける帝国行政の中心をなした[95]。アギロルフィング家 Agilolfinger のバイエルン大公タシロ3世 Tassilo III. の失脚（787年）後国王の所有に移行したバイエルン大公領は，11世紀まで大部分国王の所有に留まった[96]。しかし，ザクセン朝の国王ハインリッヒ2世 Heinrich II.（在位1002-24年）はバイエルンの大規模な王領を，1002年に自ら創建したバムベルク Bamberg 教会への寄進のために利用した。バムベルク教会はこの所領をさらにその教会フォークトに再下封したために，かつての王領はまもなく貴族家系，特にズルツバッハ伯，さらにその下級フォークトたるファルケンシュタイン伯のフォークタイ権力に服するに至った。バイエルンの王領の大部分とともに，アイブリングもまたバムベルク司教教会に帰属した[97]。ズルツバッハ伯は1050年よりもはるか以前に，国王ハインリッヒ2世によるバムベルク教会への王領の譲与の直後に，バムベルク教会からフォークタイ・アイブリングを受領し，さらにこれを1050年の直後に，親戚関係にあるヴァイアルン＝ノイブルク家に再下封した[98]。ヴァイアルン＝ノイブルク家のジボトー2世の奥

---

(94)　F. Andrelang（Bearb.），Landgericht Aibling, S. 62.

(95)　F. Andrelang（Bearb.），Landgericht Aibling, S. 33ff.

(96)　F. Andrelang（Bearb.），Landgericht Aibling, S. 55f.

(97)　F. Andrelang（Bearb.），Landgericht Aibling, S. 56.

(98)　この点に関し，G・ディーポルダー Diepolder は次のように述べている。「アイブリングのフォークタイがズルツバッハ伯のバムベルク司教教会からのレーエン，さらにシュタウフェン家からのレーエンであったことを知るならば，またバルバロッサが

97

第1篇　中世盛期バイエルンの貴族ファルケンシュタイン伯の城塞支配権

方アーデルハイトがズルツバッハ伯ベレンガールの姉妹であったことは，すでに第1章第3節で述べた通りである⁽⁹⁹⁾。ヴァイアルン＝ノイブルク伯の権利継承者ファルケンシュタイン伯は，フォークタイ・アイブリングがヴィッテルスバッハ家の手に移行する時まで，皇帝の確認を得てフォークタイ・アイブリングを保有し続けた。上述した伯ジボトー4世のレーエン目録【史料9】〔3〕に現れるズルツバッハ伯からの400フーフェのレーエンとは，正にこのフォークタイ・アイブリング所領なのであった。次に，このフォークタイ・アイブリングに属する村落を究明することにしたい。手始めに，幸いにも『CF証書集』の徴税台帳において，ノイブルク管区の収益に関する記述の先頭に，フォークタイ・アイブリングの収益が記載されているので，これを見てみたい。

【史料18】（1166年夏）

Comes Siboto patefacit omnibus suis et universis scire volentibus, quid vel quantum procurator sue urbis scilicet Niuenburch debeat ad expensas ministrare vel quantum de procuratione ipsa ad urbem pertineant. Inprimis dicendum est, quid advocatia ad Aibilingen ministret, cum placitum suum more solite ibi habuerit duabus vicibus, videlicet pernoctans et ad prandium in die. Hoc sunt : V porci, duo maturi et tres minores, et XXX modii avene ad pabulum et decem modii ad brazium et duo modii tritici et tres modii siguli et urna mellis vel sagmam Medonis et unam sagmam vini, X anseres, XXX galline, centum casei et vacca una, trecenta ova, Hec ad servicium suum pertinent, quando legitimum placitum in advocatia habuerit〔伯ジボトー〔4世〕はすべての配下の者と知ることを望むすべての者に，自身の城塞すなわちノイブルクの procurator が，何をまたはどれだけ多くのことを経費に基づいて行使する義務を負うのか，あるいは同 procuratio に関して，どれだけ多くのものが城塞に属するのかを，明らかにした。第一に，以下のことが定められなければならない。すなわち，〔procurator が〕procurator の裁判集会［placitum sum］を通常の慣習に従ってアイブリングで二度開催した時に，宿泊権を行使しつつかつ昼の遅い朝食のために，すなわちアイブリングのフォークタイ〔管区〕は何を援助すべきかということである。以下のものがそれである。豚5頭，うち2頭は成獣，3頭は幼獣，及び飼料用カラス麦30モディウスとビール醸造用〔麦芽〕10モディウス，小麦2モディウス，ラ

　1182年伯ジボトーに，「この者がズルツバッハ伯ゲープハルトから保有したその（一つの？）レーエンを確認した」ことを知るならば，ズルツバッハ伯がアイブリングに対するフォークタイをファルケンシュタイン伯に再下封したという以外のことを考えることはできないといってよい」（G. Diepolder, Das Landgericht Auerburg, in : T. Burkard (Bearb.), Landgericht Wasserburg und Kling, S. 256.）。

(99)　上述31頁を参照。

第3章　ノイブルクの城塞支配権

イ麦2モディウス，蜂蜜1 urna〔甕〕ないし蜜酒1 sagma〔枡〕，葡萄酒1 sagma〔枡〕，鶩鳥10羽，鶏30羽，チーズ100個，雌牛1頭，卵300個。以上のものが，彼〔procurator〕がフォークタイにより適法な裁判集会を開催した時に，彼への〔フォークタイ〕税に属する〕[100]。

　この史料から，先ずprocuratorは一年に二度アイブリングで裁判集会〔placitum sum〕を開催することが通常の慣習であること，その際に宿泊権を行使しうること，また食事のために様々な援助つまり貢租を徴収する権利を保持したことが分かる。経済的な側面として，フォークタイ・アイブリングの記述がノイブルク管区の収益の節の先頭に置かれていることは，このフォークタイからの収益はこの管区の収益に加算されることを意味する[101]。同時に，ノイブルク管区の収益に関する節の先頭という位置は，『CF証書集』における収益全体に関する記述の冒頭に位置することを意味するために，フォークタイ・アイブリングはファルケンシュタイン伯から見て経済的に多額の収益をもたらす重要な収入源と捉えられていたと推定される。G・ウムラウフもまた上記の史料に現れる貢租を「極めて莫大な貢租である」と評価していることがその証左となろう[102]。他方で，この莫大な貢租はファルケンシュタイン伯の代理人たるprocuratorが行使するアイブリングのフォークタイ裁判権に対して代償として納められる貢租（フォークタイ税）なのであり[103]，グルントヘルシャフトに基づく貢租ではない。かくして，この貢租は裁判権の視角から見て興味深いものである。そこで次に，フォークタイ裁判権の内容に関して考察することにしたい。

　フォークタイ裁判権に関して『CF証書集』には，上の記述のほかに内容を窺わせるような記述は見当たらない。上記の史料では，主にアイブリングのフォークタイからの財政的収益が物質的な観点から記録されるに止まっているからである[104]。しかしこの問題を考える手掛りは残されているように思われる。先ずH・ヒルシュ Hirschは一般的にフォークタイ，高級裁判権，伯の地位（グラーフシャフト）の三者の関係について，「力の第三の源泉として，フォークタイが付け加わる。この場合に，伯の地位との同格性は高級裁判権に

---

(100)　E. Noichl（Bearb.）, Codex Falkensteinensis, Nr. 5.
(101)　G. Umlauf, Grund und Boden, S. 74.
(102)　G. Umlauf, Grund und Boden, S. 49.
(103)　G. Umlauf, Grund und Boden, S. 48.
(104)　G. Umlauf, Grund und Boden, S. 48 も参照。

第1篇　中世盛期バイエルンの貴族ファルケンシュタイン伯の城塞支配権

基づいて成し遂げられた」ことを指摘する[105]。ジボトー4世の家系に関して言えば，上述のように，母親ゲルトルートのヴァイアルン＝ノイブルク家系が1050年の直後に親戚のズルツバッハ伯からフォークタイ・アイブリングをバムベルク教会の下級レーエンとして授封された。さらに，ジボトー4世の母親の祖父ジボトー1世または父親ジボトー2世のいずれかが1080/85年頃に初めて「ヴァイアルンの伯ジボトー Comes Sigiboto de Wiara」として史料に登場している[106]。このように，ヴァイアルン＝ノイブルク家系において，11世紀後半に，フォークタイの獲得と伯の地位の獲得が，時期の点で継起的に行われており，ここから，伯の地位の獲得に先立ってフォークタイに加えて高級裁判権の行使ないし獲得も行われていたと推定せざるをえない。E・ヴァードレ Wadle もまた高級裁判権の行使を「伯の最も重要な機能」と捉えていることも，その証左となろう[107]。またV・エルンスト Ernst は「高級貴族はその生命力を高級裁判権から吸収する」と述べて[108]，「高級裁判権を他ならぬ高級貴族身分の本質的標識として捉えていること」も[109]，無視することができない重要な指摘である。もっとも，ヴァイアルン＝ノイブルク家系が行使したフォークタイ裁判権は未だ犯罪を現実に処罰する流血裁判権 Blutgerichtsbarkeit ではなかったろう。なぜなら，11世紀まで，フォークトの高級裁判権は一般に贖罪金システムに立脚する高級贖罪裁判権だったからである[110]。

　ヴァイアルン＝ノイブルク家の伯たる地位に伴うアイブリングの高級裁判権としてのフォークタイ裁判権が，この家系のゲルトルートとファルケンシュタイン＝ヘルンシュタイン家系のルードルフとの婚姻を通じて息子のジボトー4

---

(105)　H. Hirsch, Die hohe Gerichtsbarkeit im deutschen Mittelalter, 2., unveränd. Aufl. mit einem Nachwort von Theodor Mayer, 1958, S. 143〔若曽根健治訳，第二部（二），『熊本法学』106号，2004年，68頁上段，ただし訳文は筆者による〕.

(106)　Th. Bitterauf (Hrsg.), Die Traditionen des Hochstifts Freising, Bd. 2 (926-1283), Nr. 1648e. F. Andrelang (Bearb.), Landgericht Aibling, S. 167 ; W. Rösener, Beobachtungen zur Grundherrschaft, S. 124, さらに上掲拙稿53, 68頁も参照。

(107)　E. Wadle, Graf , Grafschaft V, in : HRG, Bd. I , Sp. 1787.

(108)　V. Ernst, Mittelfreie. Ein Beitrag zur schwäbischen Standesgeschichte, 1920, S. S. 13ff., S. 59.

(109)　H. Hirsch, Die hohe Gerichtsbarkeit, S. 144〔上掲若曽根訳，第二部（二），『熊本法学』106号，2004年，69頁下段〕はそのようにV・エルンストの見解を理解し，基本的に賛成している。

(110)　H. Hirsch, Die hohe Gerichtsbarkeit, S. 120, 123, 129, 133〔上掲若曽根訳，第二部（一），『熊本法学』105号，2004年，58頁上段，61頁下段，67頁，72頁上段〕.

第 3 章　ノイブルクの城塞支配権

世に伝えられたのである。ジボトー 4 世が『CF 証書集』を作成した 1166 年，つまり 12 世紀後半期当時，高級裁判権はすでに変容を被りつつあった。後期ザーリアー朝時代からシュタウフェン朝時代にかけて起きたラント平和運動 Landfriedensbewegung を通じて，刑事裁判権の目的と目標とに関する新しい考え方が熟し，高級裁判権は古来の贖罪金支払いによる事件の処理から，実刑による事件の処理（流血裁判権）へと変化した[111]。

　ところで，H・ヒルシュが解明したところによれば，バイエルン＝オーストリア法領域で流血裁判事件が処理されるのは，臨時に開催される裁判集会においてであり，定期裁判集会で取り上げられたのは，相続，自由財産，金銭債務という民事的な事項のほかに，贖罪可能な事件であった[112]。伯ジボトーの【史料 18】のアイブリングで年二回開催される裁判所は明らかに定期裁判集会であり，ここでは民事と贖罪事件に関する高級裁判権が行使され，これ以外の機会にその都度開催される臨時裁判集会において流血裁判権が行使されたことになる[113]。したがって，アイブリングにおける伯ジボトーのフォークタイ裁判権は流血裁判権と贖罪裁判権の二元主義的性格を内容とするものであると結論される。またこのフォークトの高級裁判所の裁判権に服したのは，自由人であれ非自由人であれフォークタイ・アイブリングの上級封主たるバムベルク教会のファミリア，当教会のイムニテート領域の中に位置する所領，身分の如何に係わりなくこの所領に居住する全住民である[114]。なお，フォークトの刑事裁判権の基礎をなしたのは，教会のイムニテート支配に服する非自由人に対する刑法，換言すれば教会領主が保持する体僕領主としての権力であり，これは膚髪刑 Strafe zu Haut und Haar に表現される懲戒権力であった[115]。フォー

---

(111)　H. Hirsch, Die hohe Gerichtsbarkeit, S. 167, 171〔上掲若曽根訳，第二部（三），『熊本法学』，107 号，2005 年，279 頁下段，285 頁上段〕；K. Kroeschell, Deutsche Rechtsgeschichte, Bd.1, S.186 ff. ; D. Willoweit, Deutsche Verfassungsgeschichte, 6. Aufl., 2009, S. 49 f..

(112)　H. Hirsch, Die hohe Gerichtsbarkeit, S.69〔上掲若曽根訳，第一部（四・完），40 頁上段〕.

(113)　D・ヴィッロヴァイトもまた，「12 世紀の史料が実刑裁判権の事件におけるフォークトの管轄権を強調する」と指摘し，フォークトの流血裁判権に言及すると同時に，フォークトによる贖罪金の受領にも言及する。Vgl. D. Willoweit, Vogt, Vogtei, in : HRG, Bd. V, Sp. 938.

(114)　H. Hirsch, Die hohe Gerichtsbarkeit, S.125,131〔上掲若曽根訳，第二部（一），『熊本法学』，105 号，63，69 頁〕；R. Schröder und Eberhard Frh. von Künsberg, 7. Aufl., 1932, S. 615f.

第1篇　中世盛期バイエルンの貴族ファルケンシュタイン伯の城塞支配権

クトはすでに 10 世紀と 11 世紀にファミリアに対する膚髪刑と贖罪金を科す形で高級裁判権を行使していたが[116]，この贖罪高級裁判権が 12 世紀以降にラント平和運動に伴う刑罰観念の浸透を通じて実刑裁判権，流血裁判権に変化していったのである[117]。伯ジボトーの裁判権については，後に伯としての裁判権の関連で，改めてより詳細に言及することにしたい。

　もう一つの重要な問題は，ファルケンシュタイン伯のアイブリングに対するフォークタイ裁判権が行使される対象となった村落，換言すれば，フォークタイ・アイブリングに属する村落の問題である。これについて上記の【史料18】には，フォークタイ税が記載されるに止まり，税を負担する村落について全く言及がない。また『CF 証書集』の中で，徴税台帳以外の部分にもこの村落について全く言及がない。要するに，今日まで乏しい史料状況がアイブリングのフォークタイ所領の全体的規模を明らかにする試みを，困難なものとしてきた。しかし，F・アンドレラングによれば，ファルケンシュタイン伯がアイブリングのフォークタイの枠組の中でズルツバッハ伯からレーエンとして保有した上記の 400 マンススが，問題の唯一の解決策となるという[118]。アイブリングのフォークタイは 1230 年頃よりも前に，ランデスヘルとして興隆しつつあるヴィッテルスバッハ家の所有に帰したが，ヴィッテルスバッハ家は早速 1230 年頃にバイエルン大公として最初の台帳を作成し，その中の「アイブリングのアムト」„ampt ze Eibelingen“ の項目で，ほぼ 50 の村落におけるアムトとしての収入を列挙している。つまり「ヴィッテルスバッハ家は最初の台帳の作成（1230 年代前半期）よりも前に，アイブリングのフォークタイ所領におけるファルケンシュタイン伯に取って代わった」のである[119]。「アイブリングのアムト」に記述されたこれら約 50 の村落が，規模の点で，ファルケンシュタイン伯のレーエン財産と関連させられうるというのである[120]。これに関し，G・

---

(115) 上掲若曽根訳第二部（一）63 頁下段 -64 頁上段，69 頁 71 頁下段 -72 頁上段，上掲若曽根訳第二部（二）70 頁下段。

(116) 上掲若曽根訳第二部（一）61 頁下段。

(117) 上掲若曽根訳第二部（一）69 頁上段，72 頁上段，上掲若曽根訳第二部（二）73 頁下段，79 頁 -87 頁等。

(118) F. Andrelang (Bearb.), Landgericht Aibling, S. 57. ズルツバッハ伯に関して，またこの伯からファルケンシュタイン伯がアイブリングのフォークタイをレーエンとして保有したことに関して，J. Dendorfer, Die Grafen von Sulzbach, in : F. Kramer und W. Störmer (Hrsg.), Hochmittelalterliche Adelsfamilien, S. 196 ff. を参照。

(119) F. Andrelang (Bearb.), Landgericht Aibling, S. 58.

(120) F. Andrelang (Bearb.), Landgericht Aibling, S. 57f.

第3章　ノイブルクの城塞支配権

ディーポルダーは一層積極的に「ヴィッテルスバッハ家は1200年頃に、いかなる手段によるのであれ、またいかなる動機によるのであれ、ファルケンシュタイン家からアイブリングの所領を奪い取ったという点で、これまで研究者の見解は一致している。このことは疑う余地がないように思われる」と述べている[121]。したがって、我々はアイブリングにおけるファルケンシュタイン伯のフォークタイ所領はヴィッテルスバッハ家のアムト・アイブリングとして継承されていったという前提で議論を進めていくことにしたい。

　上述のように、皇帝がバムベルク教会に付与し、この教会はさらに教会フォークタイとしてズルツバッハ伯に付与し、この伯からさらにファルケンシュタイン伯に再下封されたこの大規模なレーエンは、規模の点で、かつての王領という性質の点で、またフォークタイとしての性格の点で、バイエルン大公の上記の台帳の中のアムト・アイブリングの項目で現れる大公の所領と目だって一致する[122]。F・アンドレラングの研究によれば、バイエルン大公の台帳のアムト・アイブリングの項目に現れる所領は、ファルケンシュタイン伯がフォークトとして支配した所領と大よそ重なり合うことになろう。バイエルン大公のアムト・アイブリングに属する所領に関する史料は次の通りである。

【史料19】（1231年と同34年の間の時期）

961. Daz ampt ze Eibelingen.

962. a. Tatenhvsen ain hof der giltit nivn mvtt waitzn, dri vnde drizic mvtt habern vnde sehs scaf.

　　　b. Vmbe daz geleite des winis git man zwæne vnde sibenzic pfenninge.

963. Hohenmorgen giltit ain halben mvtt waitzn, drie mvtt habern vnde ain schaf, vmbe geleite sehs pfenninge.

964. Greben giltit dri mvtt waitzn, æilf mvtt habern, zwai scaf vnde vier vnde zwainzic pfenninge vmbe daz geleite.

965. Pvhiln giltit æin mvtt waitzn, sehstenhalben mvtte habern, ain scaf, zwælf pfenninge vmbe daz geleite.

966. a. In deme walde git man ain mvtt waizn vnde ain bvterich honegis, der fvnfzic pfenninge wert ist.

　　　b. In dem selben walde git man ain mvtt waitzn vnde dri mvtt rocken.

967. Olmos ain hvbæ div giltit zehen mvtte rocken, zehn mvtt habern, ain swin,

(121) G. Diepolder, Das Landgericht Auerburg, in : T. Burkard (Bearb.), Landgericht Wasserburg und Kling, S. 256.

(122) Ebenda.

103

第1篇　中世盛期バイエルンの貴族ファルケンシュタイン伯の城塞支配権

daz ahzehn pfenninge wert si.

968. Smidhvsen giltit zwæne mvtte rocken, ahte mvtt habern, zwai scaf vnde vier vnde zwainzic pfenninge vmbe daz geleite.

969. Holzthvsen ain hvbe div giltit sehs mvtte rocken, zwæne vnde zwainzic mvtt habern, vier scaf vnde ahte vnde vierzic pfenninge vmbe daz geleite.

970. Haimoltsperge giltit sehs mvtt rocken.

971. Harthvsen vnde Celle die geltint drizic [mvtte] rocken, zehen mvtt habern, nivnzehn swin frischinge, zwai scaf vnde nivnzehn wage flahsis vnde ain pfvnt vnde zwelf pfenninge.

972. *a.* Aibelingen von drin mvln git man zwæne mvtt waitzn, siben vnde zwainzic mvtt rocken, driv swin halpgilt vnde sehs vnde zwainzic hvnre vnde driv hvndert aier.

b. In deme selben dorf von dem markete git man vierzehendenhalben mvtte rocken vnde sehzic mvtt habern vnde ainen frischinc vnde zwælf scaf vnde æine wage flahsis vnde fvnf schillinge ane sehs pfenninge vmbe daz geleite.

c. Man git och da von ahte watscarn fvnf schillinge vnde zehn pfenninge.

d. Von der watscar des lithvses git fvnfzehn pfenninge.

e. Von den hovesteten git man fvnf vnde fvnfzic pfenninge.

f. Von dem zolle git man zwai pfvnt.

973. Perhaim giltit sehstenhalben mvtt rocken, vierzehn mvtt habern, zwai swin halpgilt, dri wage flahsis, zwelf hvnre vnde zwælf pfenninge vmbe daz geleite.

974. Götingen giltit anderhalben mvtt waitzn, ahte mvtt habern vnde ain schaf.

975. Haivelt ain mvl div giltit nivn mvtt rocken, ain swin halpgilt, zwælf hvnre, hvndert aier.

976. Willingen zwa mvln die geltint zwæne mvtt waitzn, ahzehen mvtt rocken, zwai halpgilt, zwai hvndert aier, vier vnde zwainzic hvnre.

977. In dem selben dorf vnde ze Miterhalm git man ain vnde vierzic mvtte waitzn vnde fvnf vnde sehzic mvtt habern, sehzehn frischinge, drizehn schaf, drizehn gense, sehzehn wage flahsis, zwelf schillinge an zwelf pfenninge.

978. *a.* Talhaim giltit zwæne mvtte waitzn, drizic mvtt habern vnde sehs vnde drizic pfenninge.

b. Man git och da zwæne vnde sibenzic pfenninge.

979. Svnderwihse giitit drittenhalben mvtt waitzn, fvnf mvtt habern, ain frischinc, ain scaf, aine wage flahsiz vnde vier vnde zwainzic pfenninge vmbe daz geleite.

第3章　ノイブルクの城塞支配権

980. Norderwihse giltit zwælf mvtt habern vnde drizic pfenninge.

981. Vnchoven giltit dri mvtte waitzen vnde zwæne frischin- gen vnde zwa wage flahsis, vier vnde zwainzic pfenninge vmbe geleite.

982. Hegelingen giltit sehs mvtt waitzn, vier frischingen, vier wage flahsis, ahte vnde vierzic pfenninge vmbe geleite.

983. Svnderhaim giltit vier mvtt waitzn, ahte vnde zwainzic mvtte habern, zwai scaf, vier vnde zwainzic pfenninge vmbe geleite.

984. Legendorf giltit ain halben mvtt waitzn, zehn mvtt habern, zwai scaf, aine wage flahsis, vier vnde zwainzic pfenninge.

985. Oweltal giltit dri mvtte waitzn, fvnfzehn mvtt habern, vier scaf, zwa wage flahsis, ahte vnde vierzic pfenninge.

986. In dem Mose git man ain halben mvtte waitzn, fvnf mvtte habern.

987. Wilhartingen git man aine lageln nvsse.

988. Vuztal giltit ain mvtte waitzn, vier mvtte habern, ain scaf.

989. Steinperc giltit ain halben mvtt waitzn, nivn mvtte habern, ain scaf.

990. *a.* Grabenowe giltit ailf mvtt habern.

    b. Vmbe vaz in deme selben dorf git man ahzehn mvtt habern.

991. Ze Gitowe git man dri mvtt rocken vnde drizehn mvtt habern.

992. Rvdingen giltit dri mvtte waitzn, sehzehn mvtte habern, vier vnde zwainzic pfenninge.

993. *a.* Maintze giltit ahte mvtt habern vnde zwelf pfenninge.

    b. Man git och da ain savm salzis vnde scaf vnde zwælf pfenninge.

994. Totendorf giltit zwælftenhalben mvtte rocken vnde nivnzehn mvtt habern, zwai halpgilt, vier gense, zwelf hvnre, zwai hvndert aier vnde ain vnde zwainzic pfenninge.

995. Von der vogetaie ze Hohstet git man vierzihn mvtte habern.

996. Vier swaige die geltint tvsent vnde fvnf hvndert kaese.

997. Svnderhaim giltit zwænevnvierzic pfenninge vnde aine wage flahsis.

998. *a.* Irein ain halbiv hvbe div giltit zwæne mvtt waitzn, vier mvtt habern.

    b. In deme selben dorf ain hvbæ giltit ain mvtt waitzn, sehs mvtt habern, ain scaf, zwelf pfenninge vmbe daz geleite.

999. Von zwain hoven ze Perge git man sehszehn mvtt rocken, zwainzic mvtt habern, zwai swin, div ainis halben pfvndis wert sin, vier gense, zwainzic hvnre, zwai hvndert aier.

1000. Vierstet ain hof der giltit ain mvtt waitzn, zehn mvtte rocken, zwælf mvtt habern, ain swin, daz sehszic pfenninge wert si, zwa gense, zehn hvnre, hvndert aier.

1001. Pfrvmdorf giltit zwæne mvtt rocken.

105

第1篇　中世盛期バイエルンの貴族ファルケンシュタイン伯の城塞支配権

1002. Hachenhoven giltit vier mvtt rocken, sehs mvtt habern, ain halpgilt, aine gans, fvnf hvnre, fvnzic aier.

1003. Hochstraze giltit zwæne mvtt rocken, zwaene mvtt habern, ainen frischinc, aine gans, fvnf hvnre, fvnzic aier.

1004. Pratenberc giltit zwælf mvtt rocken, zwainzic mvtt habern vnde zwainzic pfenninge.

1005. Mvttehingen ain hof der giltit ahtenhalben mvtte rocken vnde zehn mvtt habern vnde anderhalben mvtt gersten, ain swin, daz sehzic pfenninge wert si, zwa gense, sehs hvnre, hvndert aier.

1006. *a.* Spazinger der git zehn pfenninge.

　　　b. Von der cameræn von den cinslivten git man zwai pfvnt.

1007. Puheln giltit zwæne mvtt waitzen, siben mvtt habern vnde vier vnde zwainzic pfenninge.

1008. Westerndorf giltit zwæne mvtt rocken, ailf mvtt habern, zwai scaf vnde vier vnde zwainzic pfenninge vmbe daz geleite des winis.

1009. Singrampuhel giltit ain mvtte waitzen, ahte mvtt habern, ain scaf.

1010. Amfartesperge ain æeigen daz giltit ain mvtte rocken vnde ainen mvtt habern.

1011. Amilgersprvcke ain mvl div giltit dri mvtte rocken, drie mvtt habern, ainen frischinc, ain gans, fvnf hvnre, fvnfzic aeier.

1012. Innoderwiese git man ain mvtt waitsen, zehen mvtte rocken, zwælf mvtt habern, ainen mvtt arwaiz, ain swin, daz sehzic pfenninge wert si, zwa gense, sehs hvnre, zwai hvndert aier.

1013. Gern giltit ain mvtte waitzn, fvnf mvtt habern, sehszehen pfenninge.

1014. Pfenninchgelt.

1015. *a.* Von dem markete ze Aeibelingen git man zwai pfvnt.

　　　b. Von der cameræ zwai pfvnt.

　　　c. Von der watschar fvnf pfvnt.

　　　d. Fvr flahs zwæne vnde sibenzic pfenninge.

1016. Talhaim ain halp pfvnt ahte pfenninge minner.

1017. Norderwise drizic pfenninge.

1018. Praitenberc zwainzic pfenninge.

1019. Willingen von der mvln fvnfzehen pfenninge.

1020. Rvdingen vierzehen pfenninge.

1021. Maize zwælf pfenninge[123].

---

(123) I. Heeg-Engelhart, Das älteste Herzogsurbar. Analyse und Edition, 1990, S. 117-125. アムト・アイブリングのフォークタイ所領はその他に Monumenta Boica, Bd. 36, 1, S. 57ff. にも印刷されているが，Ⅰ・ヘーク＝エンゲルハルトの刊本が最新かつ

第 3 章　ノイブルクの城塞支配権

　したがって，二度以上現れるゾネンハム，ノダーヴィーヒス，アイブリング，
タールハム，ブライテンベルク，ヴィッリング，リーディング，マインツを便
宜上一度の登場として数えると，次の 51 か所にバイエルン大公のフォークタ
イ所領が存在したことになる。

　〔1〕タッテンハウゼン Tattenhausen〔Tatenhvsen〕，〔2〕シュヴァイク
Schwaig〔Hohenmorgen〕[124]，〔3〕グレーベン Gröben〔Greben〕，〔4〕ホ
ルツビヒル Holzbichl〔Pvhiln〕，〔5〕アメーツビヒル Ametsbichl〔In deme
walde〕[125]，〔6〕エルモーゼン Ellmosen〔Olmos〕，〔7〕シュミットハウゼン
Schmidhausen〔Smidhvsen〕，〔8〕ホルツハウゼン Holzhausen〔Holzthvsen〕，
〔9〕ハイマーツベルク Heimathsberg〔Haimoltsperge〕，〔10〕ハルトハウ
ゼン Harthausen〔Harthvsen〕と〔11〕ツェル Zell〔〔Celle〕，〔12〕バー
ト・アイブリング Bad Aibling〔Aibelingen〕，〔13〕ベルクハム Bergham
〔Perhaim〕，〔14〕ゲッティング Götting〔Götingen〕，〔15〕ホイフェルト
Heufeld〔Haivelt〕，〔16〕ヴィッリング Willing〔Willingen〕，〔17〕ミッター
ハム Mitterham〔Miterhalm〕，〔18〕タールハム Thalham〔Talhaim〕，〔19〕
ソネンヴィーヒス Sonnenwiechs〔Svnderwihse〕，〔20〕ノダーヴィーヒス
Noderwiechs〔Norderwihse〕，〔21〕イェンコーフェン Jenkofen〔Vnchoven〕，
〔22〕ヘークリング Högling〔Hegelingen〕，〔23〕ゾネンハム Sonnenham
〔Svnderhaim〕，〔24〕レンゲンドルフ Längendorf〔Legendorf〕，〔25〕オイレ
ンタール Eulental〔Oweltal〕，〔26〕モース Moos〔Mose〕[126]，〔27〕ヴィリ
ハルティング Willharting〔Wilhartingen〕，〔28〕フースシュタール Fußstall
〔Vuztal〕，〔29〕シュタインベルク Steinberg〔Steinperc〕，〔30〕グラーベナウ
Grabenau〔Grabenowe〕，〔31〕ガイタウ Geitau〔Gitowe〕，〔32〕リーディン
グ Rieding〔Rvdingen〕，〔33〕マインツ Mainz〔Maintze〕，〔34〕デッテンド

　　　　初めての批判的校訂による刊本であるために（I. Heeg-Engelhart, a. a. O., S. 11*, 15*），
　　　　以下の引用はこれによる。なお，この『大公の最古の収入台帳』の成立年代は 1231
　　　　年と同 34 年の間の時期である（I. Heeg-Engelhart, a. a. O., S. 128*）。
　(124)　Hohenmorgen はあるいはシュヴァイクである可能性がある。シュヴァイクはゲマ
　　　　インデ・グロースカロリーネンフェルト Großkarolinenfeld の一地区である。I. Heeg-
　　　　Engelhart, Das älteste Herzogsurbar, S. 118Anm. 963.
　(125)　この walde〔森〕はことによるとアメーツビヒルである可能性がある。アメー
　　　　ツビヒルはゲマインデ・グロースカロリーネンフェルトの一地区である。I. Heeg-
　　　　Engelhart, Das älteste Herzogsurbar, S. 118Anm. 966.
　(126)　Mose（「湿原」の意）はバート・ファイルンバッハ Bad Feilnbach の一地区，モー
　　　　スの可能性がある。I. Heeg-Engelhart, Das älteste Herzogsurbar, S. 121Anm. 986.

107

第1篇　中世盛期バイエルンの貴族ファルケンシュタイン伯の城塞支配権

ルフ Dettendorf ［Totendorf］，〔35〕ホーホシュテット Hochstätt ［Hohstet］，
〔36〕（ホーホシュテットの）四つの家畜飼育農場[127]，〔37〕アイライン Eyrain
［Irein］，〔38〕ヤーコプスベルク Jakobsberg ［Perge〕[128]，〔39〕ヒュールシュ
テート Fürstät ［Vierstet］，〔40〕プフラウンドルフ Pfraundorf ［Pfrvmdorf］，
〔41〕ホーエンオーフェン Hohenofen ［Hachenhoven][129]，〔42〕ホーホシュ
トラース Hochstraß ［Hochstraze］，〔43〕ブライテンベルク Breitenberg
［Pratenberc］，〔44〕ミートラヒング Mietraching ［Mvttehingen][130]，〔45〕
シュパツィンガー牧場 ［Spazinger][131]，〔46〕ビヒル Bichl ［Puheln][132]，〔47〕
ヴェステルンドルフ Westerndorf ［Westerndorf][133]，〔48〕ザイメツビヒル
Seimetsbichl（廃村）ないしジネツビヒル Sinnetsbichl［Singrampuhel][134]，〔49〕
アム・フェントベルク Am Fentberg ［Amfartesperge][135]，〔50〕アンゲルス

---

(127)　I. Heeg-Engelhart, Das älteste Herzogsurbar, S. 122 は „Vier swaige" の位置を「特
　　　定不可能」とするが，しかし „Vier swaige" は地名を意味するのではなく，先のホー
　　　ホシュテットに所在する「4つの家畜飼育農場」を意味するものと解釈されるべきで
　　　ある。

(128)　I. Heeg-Engelhart, Das älteste Herzogsurbar, S. 123 は Perge をローゼンハイム
　　　Rosenheim のかなり近くの周辺地の村落とするにとどまり，具体的な地名の比定を不
　　　可能と述べるが，しかし F. Andrelang (Bearb.), Landgericht Aibling, S. 35 は同じく
　　　ローゼンハイムの北西部，さらにバート・アイブリングの北部のいずれも周辺地に位
　　　置するゲマインデ・トゥンテンハウゼン Tuntenhausen の一地区たるヤーコプスベル
　　　ク Jakobsberg に比定する。筆者は具体的な比定を行っている F・アンドレラングの
　　　見解を採ることにしたい。

(129)　現在ローゼンハイムの都市区の一つである。I. Heeg-Engelhart, Das älteste
　　　Herzogsurbar, S. 123.

(130)　ミートラヒングは，現在バート・アイブリングの一地区である。I. Heeg-
　　　Engelhart, Das älteste Herzogsurbar, S. 123Anm. 1005.

(131)　この牧場は，現在バート・アイブリングに属する。I. Heeg-Engelhart, Das älteste
　　　Herzogsurbar, S. 124 Anm. 1006.

(132)　ビヒル Puheln はことによると，現在ゲマインデ・バート・ファイルンバッハ
　　　の一地区ビヒルの可能性がある。I. Heeg-Engelhart, Das älteste Herzogsurbar, S.
　　　124Anm.1007.

(133)　現在ローゼンハイムの一都市区である。I. Heeg-Engelhart, Das älteste
　　　Herzogsurbar, S. 124.

(134)　いずれの場所も現在のイルシェンベルク Irschenberg に属する。I. Heeg-
　　　Engelhart, Das älteste Herzogsurbar, S. 124 を参照。

(135)　Amfartesperge はあるいはゲマインデ・フェントベルク Fentberg の一地区アム・
　　　フェントベルクの可能性がある。I. Heeg-Engelhart, Das älteste Herzogsurbar, S. 124
　　　Anm. 1010.

第3章　ノイブルクの城塞支配権

ブルック Angelsbruck［Amilgersprvcke］，〔51〕ゲルン Gern。

　したがって，バイエルン大公のアムト・アイブリングにはこれら51箇所に
散在するフォークタイ所領が帰属していたことになる。またこれらのフォーク
タイ所領がバイエルン大公に帰属する以前には，ファルケンシュタイン伯がこ
のフォークタイ所領をアイブリングのフォークトとして支配していたのである。
これら51箇所に散在するフォークタイ所領が位置する村落のうち，先に述べ
たノイブルク管区のグルントヘルシャフトが位置する村落と同じ村落は，タッ
テンハウゼン，レンゲンドルフ，ヴィッリング，ミートラヒング，ヘークリン
グ，イェンコーフェンの六つである(136)。この点に関し，中世のフローンホー
フは散在所有であり，複数の村落に分散して存在し，換言すれば同一村落に複
数のグルントヘルのフローンホーフが混在していたというのが通説的な見解で
ある(137)。ファルケンシュタイン伯のグルントヘルシャフトもまた，この一般
的傾向に合致して，散在所有であった(138)。

　その結果，ファルケンシュタイン伯はこれら六つの村落において，グルン
トヘルシャフトのほかに，自身がフォークタイを行使する所領（元来バムベル
ク教会領）を保持し，それらの各々に対してグルントヘルとしての支配権と
フォークトとしての支配権を行使したことになる。残り45の村落のフォーク
タイ所領に対しては，ファルケンシュタイン伯はグルントヘルとしての支配権
ではなく，これとは区別されるべきフォークタイ権力，つまりグルントヘル
シャフトの領域を越える権力を行使したと結論されることになる。なお，バイ

---

(136)　ノイブルク管区のグルントヘルシャフトに関する上述本章第2節を参照。

(137)　G. von Below, Geschichte der deutschen Landwirtschaft, S. 36, 44, 51〔上掲堀米訳
　　　『ドイツ農業史』，46-47，56，64頁〕；J. Kulischer, Allgemeine Wirtschaftsgeschichte
　　　des Mittelalters und der Neuzeit, Bd. 1 : Das Mittelalter, 1928, S. 55〔上掲伊藤
　　　/諸田訳『ヨーロッパ中世経済史』，97頁以下〕；F. Lütge, Deutsche Sozial-und
　　　Wirtschaftsgeschichte, S. 110；H. K. Schulze, Grundherrschaft, in : HRG, Bd. I, Sp.
　　　1830, 1833f.；W. Rösener, Grundherrschaft, in : HRG, 2. Aufl., Bd. I, Sp. 583f.；Ders.,
　　　Die Grundherrschaft als Forschungskonzept, S. 58 f., 67；さらに伊藤栄『ドイツ村落
　　　共同体の研究』，1959年，12-13，96，176頁，同「中世ドイツの村落形態と荘園支
　　　配（四）―― 中世前期ウェストファリアを中心に ――」，『国学院経済学』17巻1号，
　　　1969年，77-78，85-86，90頁，同「村落共同体とは何か」，『国学院経済学』18巻2号，
　　　1970年，3-8，36頁，同「ドイツ中世村落史の研究（一）」40-45頁，同『ヨーロッパ
　　　の荘園制』6頁以下を参照。

(138)　K. Ramp, Studien zur Grundherrschaft, S. 24；G. Umlauf, Grund und Boden,
　　　S. 52；W. Rösener, Codex Falkensteinensis, S. 48；Ders., Beobachtungen zur
　　　Grundherrschaft, S. 139.

第1篇　中世盛期バイエルンの貴族ファルケンシュタイン伯の城塞支配権

エルン大公のアムト・アイブリングに属する上記 51 の所領から大公に納められた貢租は，以下の通りである。

　　小麦（waitzn）98 モディウス［mvtt］，カラス麦（habern）679.5 モディウス，ライ麦（rocken）208 モディウス，大麦（gersten）15 モディウス，羊（scaf）45 頭，豚と猪の子（swin, frischingen）62 頭，蜂蜜（honec）1 桶，鶏（hvnre）156 羽，鵞鳥（gense）30 羽，亜麻（flahs）51 台分，塩（salz）1 枡，豌豆（arwaiz）1 モディウス，卵（aeaer）1,550 個，貨幣（pfenninge）4,118 プフェニッヒ以上，護送税（geleite）372 プフェニッヒ，貨幣（pfenninge, pfvnt）4,118 プフェニッヒ以上，チーズ 1,500 個，胡桃（nvsse）1 桶

　これらの貢租のうち，小麦，カラス麦，ライ麦，豚，蜂蜜，鵞鳥，鶏，卵，チーズは，ファルケンシュタイン伯がフォークタイ・アイブリングで徴収した貢租と共通する[139]。そのうち，【史料18】に見えるファルケンシュタイン伯の貢租と比較すると，小麦は 49 倍，カラス麦は 14 倍以上，ライ麦は約 70 倍，豚は（猪の子も含めて計算すると）約 6 倍，鵞鳥は 3 倍，鶏は約 5 倍，卵は約 5 倍，チーズは 15 倍という桁外れに大きな分量に達している。またフォークタイ・アイブリングの貢租には見られない大麦，羊，亜麻の分量と貨幣の金額の多さも顕著に目立つといえよう[140]。さらに貢租の種類を比較すると，ファルケンシュタイン伯のフォークタイ・アイブリングの場合は 12 種類であるのに対して，バイエルン大公のアムト・アイブリングの貢租は 18 種類と 1.5 倍である。このような事情から，バイエルン大公がアムト・アイブリングにおいて受領した貢租は，ファルケンシュタイン伯がフォークタイ・アイブリングにおいて受領した貢租とは，一見しただけで同じものではないことが分かる。この相違は，ファルケンシュタイン伯とバイエルン大公の貢租徴収の基礎となる権限の相違に起因するものである。つまり，ファルケンシュタイン伯の貢租徴収権限は明らかにアイブリングのフォークタイであるのに対して，バイエルン大公の貢租徴収権限は，前節「グルントヘルシャフト」で見たグルントヘルとしてのファルケンシュタイン伯が徴収する貢租の種類の多さも示唆するように，グルントヘルシャフトなのである[141]。*972. a.* アイブリング［Aibelingen］の

---

(139)　上述【史料18】，98-99 頁を参照。

(140)　金額はフランク王国時代以来の換算率，1 プフント＝ 20 シリング＝ 240 プフェニッヒに従って計算した。この換算率について J. Kulischer, Allgemeine Wirtschaftsgeschichte, S. 95, 318〔上掲伊藤／諸田訳，154，503 頁を参照〕。

(141)　G. Diepolder, Das Landgericht Auerburg, in : T. Burkard（Bearb.）, Landgericht Wasserburg und Kling, S. 257.

第 3 章　ノイブルクの城塞支配権

三台の水車，*1011.* アンゲルスブルック Angelsbruck［Amilgersprvcke］の一
台の水車からも貢租が提供されており，このことはこの両村落でグルントヘル
の経済的罰令権（フランス史の所謂経済的バン権）の一つ，水車利用強制権が行
使されていたこともその証左となろう。

　しかし特に上記の史料に散見される護送税ないし護送権はランデスヘルに
認められたレガーリエン Regalien（元来は国王の専属的権利）である[142]。護
送権は 1231 年皇帝フリードリッヒ 2 世の諸侯法，「諸侯の利益のための取決
め Statutum in favorem principum」を通じてランデスヘルに対して一般的に
承認され，さらにその直後バイエルンではランデスヘルの独占的な権利とし
て要求された[143]。護送権は遠い区間を通じて他人の支配領域を通り抜けてい
き，これによってランデスヘルの行動範囲を拡大し，守護し保護する能力を公
然と示威することができる権利，換言すれば，グルントヘルシャフトと裁判区
双方の境界線を超えて行使される権利である[144]。したがって，バイエルン大
公のアムト・アイブリングに対する支配権はグルントヘルシャフトの域を超え
て，すでにランデスヘルシャフトへの発展段階に入り込みつつある支配権であ
り，ファルケンシュタイン伯の支配権よりも一層発展した権力であり，時代の
推移を感じさせるものである。

　最後に，これまでの考察の結果，ファルケンシュタイン伯がフォークタイ・
アイブリングにおいてフォークトとして行使した権限はフォークタイ権力のみ
であり，グルントヘルシャフトを行使してはいなかったことが明らかとなる。
ファルケンシュタイン伯が「皇帝の確認を得てフォークタイ・アイブリングを
保有し続けた」ことは，すでに本節で述べた通りである。このことも示すよう
に，フォークタイ・アイブリングにおいてグルントヘルシャフトを行使したの
は，本来の封主たる皇帝（シュタウフェン家）か伯の直接の封主・上級フォー
クトたるズルツバッハ伯であった[145]。したがって，ファルケンシュタイン伯

----

(142)　D. Willoweit, Die Entwicklung und Verwaltung der spätmittelalterlichen
　　　Landesherrschaft, in : K. G. Jeserich / H. Pohl / G.- Ch. von Unruh (Hrsg.), Deutsche
　　　Verwaltungsgeschichte, Bd. 1, 1983, S. 70f ; B. Koehler, Geleit, in : HRG, Bd. Ⅰ, Sp.
　　　1483.
(143)　B. Koehler, Geleit, in : HRG, Bd. Ⅰ, Sp. 1483 ; G. Lingelbach, Geleit, in : HRG,
　　　Bd. Ⅱ, Sp. 39.
(144)　護送権を始めとするレガーリエンが，グルントヘルシャフトと裁判区双方の境界線
　　　を超えて行使されることについて，D. Willoweit, Die Entwicklung und Verwaltung,
　　　S. 70 を参照。
(145)　G. Diepolder, Das Landgericht Auerburg, S. 257.

第1篇　中世盛期バイエルンの貴族ファルケンシュタイン伯の城塞支配権

はノイブルク城塞を基点として自身のグルントヘルとしての所領を越えてバム
ベルク教会の所領アイブリングに属する 51 の村落に対してフォークタイ権力
を行使したことが明らかとなった。

第 4 節　伯として保持する裁判権

　ジボトー 4 世が伯として保持する裁判権を主要な問題として記述する証書
は『CF 証書集』の中に見当たらないが，しかしこの裁判権に関して間接的
な示唆を与えてくれる証書が存在する。エーベルハルト・フォン・マイザッ
ハ Eberhard von Maisach とその息子たちがジボトー 4 世とその二人の息子
クーノ及びジボトー 5 世に，50 タレントの金額で，フリンツバッハとミルビ
ング Milbing の所領並びに付属物，さらにゲルング・フォン・フリンツバッハ
Gerung von Flintsbach の妻とその息子並びにその財産，及びフリンツバッハ
の教会に対するフォークタイを質入した証書がそれである。

【史料 20】（1168 年 8 月 4 日から 1169 年までの間の時期）

a）Notum sit cunctis Christi fidelibus, qualiter quidam Eberhardus nobilis
homo de Maisah cum manu filiorum suorum statuit comiti Sibotoni et filiis
suis de Neunburch tale predium, quale habuit in Flinspach et in alia superiori
Flinspach cultum et inquisitum vel incultum et in Molewenge et omnia ad
hec pertinentia, uxorem etiam Gerungi de predicta villa cum filiis suis et cum
prediolo suo in generali concilio〔1〕, quod idem comes tunc habuit in loco,
qui dicitur Laimtelren, advocatiam super ecclesiam Flinspach coram nobilibus
videlicet et comprovincialibus suis pro quinquaginta talentis, in quibus erant Ⅳ
marce examinati argenti. Tali igitur confirmation facta est hec confirmatio vel
constitutio a comite Sibotone cum predicto Eberhardo, quod ipse potens non
sit, illud predicto redimere nisi ex propriis pecuniis et insimul L talenta dari
ex Ratisponensibus denariis, qui sunt donandi tunc et acceptabiles per totam
provinciam. Huius rei testes sunt : Alber de Hohenburch, ……. et legales iudices
et precones, qui in eadem cometia positi sunt, ……〔貴族たるエーベルハル
ト・フォン・マイザッハ〔Eberhardus nobilis homo de Maisah〕はその息子た
ちの誓約とともに，伯ジボトー・フォン・ノイブルクとその息子たち〔クーノ
とジボトー 5 世〕に，以下のような自由財産〔predium〕，つまりフリンツバッ
ハ Flintsbach〔Flinspach〕とその他のオーバーフリンツバッハ及びミルビング
〔Molewenge〕で，既耕地と誓約者たちによって確認された土地ないし未耕地と
して保持した自由財産，及びこれらへのすべての付属物，またさらに同村落〔=

112

第 3 章　ノイブルクの城塞支配権

フリンツバッハ〕のゲルング［Gerungus］の妻並びにその息子たち，並びにその小規模な自由財産，フリンツバッハ教会に対するフォークタイを，その時同伯がラインダーン Laindern［Laimtelren］と呼ばれる村落で開催した<u>ラント裁判所［generale concilium］</u>において，すなわち貴族たちとその<u>同ラント裁判区住民［comprovinciales］</u>の面前で，4 マルク銀貨で計算して 50 タレントの金額と引き換えに質入したことが，すべてのキリスト教徒に知られんことを欲する。したがって，同エーベルハルトとのこの確認証書ないし契約は伯ジボトーにより，以下のような確認，つまり自身の金銭でかつ 50 タレントの全額が，その時提供されるべきでありかつ<u>全ラント裁判区［provincia］</u>を通じて受け入れられるレーゲンスブルク・プフェニッヒ貨で支払われるのでなければ，同エーベルハルトは同伯からその自由財産を請け戻すことができないという確認に基づいて作成された。以上の事柄の証人は以下である。すなわち，アルベロー・フォン・ホーエンブルク，……及び同<u>グラーフシャフト裁判所［comitia］</u>で任命された適法な<u>審判人たち［iudices］</u>と<u>廷吏たち［precones］</u>……〕（下線＝著者）[146]．

この史料によれば，伯ジボトーが村落ラインダーンで開催したラント裁判所において，貴族エーベルハルト・フォン・マイザッハがフリンツバッハ，オーバーフリンツバッハ及びミルビングに位置する自由所有地，同村落フリンツバッハのゲルングの妻とその息子たち並びにその小規模な自由財産，さらにフリンツバッハ教会に対するフォークタイを 50 タレントの金額と引き換えに，伯ジボトー 4 世とその息子クーノ及びジボトー 5 世に質入したことが明らかとなる。この場合に predium の語が自由財産を意味することは，人文主義者アヴェンティンがこの語をドイツ語で „aigen" と表記していることから，また generale concilium の語がラント裁判所を意味することは，やはりアヴェンティンがこの語をドイツ語で „lantagidingi" と表記していることからすでに明白である[147]。ここで注目されるべきことは，ラント裁判所とはグラーフシャ

---

(146)　E. Noichl（Bearb.）, Codex Falkensteinensis, Nr. 134 a. エーデルフライエ・フォン・マイザッハ家系に関して，差当たり W. Liebhart, Die Edelfreie von Maisach im 12. Jahrhundert. Pankraz Fried zum 50. Geburtstag, in : Heimatkundliche Vierteljahresschrift „Amperland" für die Kreise Dachau, Freising und Fürstenfeldbruck, Jg. 17, 1981, bes. S.194ff. ; P. Fried und W. Liebhart, Die Edelfreie von Maisach, Zur Geschichte der Edelfreien von Maisach, in : F. Kramer und W. Störmer（Hrsg.）, Hochmittelalterliche Adelsfamilien, S. 373ff. を参照。

(147)　アヴェンティンによるドイツ語訳に関し，E. Noichl（Bearb.）, Codex Falkensteinensis, Nr. 134 の Vorbemerkung を参照。さらに predium の語が自由財産（Allod）を，generale concilium の語がラント裁判所を意味することについて，それぞれ F. Niermeyer, C. van de Kieft（ed.）, Mediae Latinitatis lexicon minus, M-Z, S. 1081;

第1篇　中世盛期バイエルンの貴族ファルケンシュタイン伯の城塞支配権

フトについて管轄権をもつ伯の高級裁判所であること，またこれに対応して貴族エーベルハルト・フォン・マイザッハが伯ジボトーに質入した自由財産をめぐる事件は高級裁判権が管轄する事項だったことである[148]。換言すれば，伯ジボトーはラント裁判所で行使される高級裁判権の保持者なのであった。したがって人的管轄権の面で，彼はラント裁判区［generale concilium］，つまり上記の史料に現れる別の言葉で言えば provincia あるいはグラーフシャフト cometia の区域において，貴族であれ農民であれ，要するに自由人に対する高級裁判権を行使したのである[149]。当時農村住民の比率が約 90% を占めていたことを考慮するならば，ラント裁判所の高級裁判権は支配権の組織化と行使の点で巨大な意義をもつことになった[150]。事項的管轄権の面で，ラント裁判所は上記の自由財産 Eigen 並びに相続財産 Erbe に関する訴訟のほかに，自由身分 Freiheit に関する訴訟，重大な刑事事件 Ungericht（生命刑や身体刑を科せられる事件）に関する訴訟を管轄した[151]。なおこの史料で語られるのは訴訟ではなく質入という法律行為であるが，質入を行うには相続人の同意を得た上で，公示のためにかつ後日起こりうる訴訟の場合に証人による証明の利益を確保するために[152]，裁判所での質権設定契約を必要としたのである[153]。この史料における質入は裁判所での質権設定契約の顕著な例なのである[154]。

　　ラント裁判所の開催地ラインダーンとノイブルク城塞の位置関係に関し，この城塞はラインダーンから西の方向へ約 13.5 km の地点に位置する[155]。バイエルンに位置するその他二つの城塞とノイブルク城塞の位置関係について，

　　　　Haberkern/Wallach, Hilfswörterbuch für Historiker, Bd. 1, S. 149 を参照。

(148)　F. Merzbacher, Landgericht, in : HRG, Bd. Ⅱ, Sp. 1495 ; H. Lück, Landgericht, in : HRG, 2., völlig überarb. und erweit. Aufl., hrsg. von A.Cordes, H. Lück, D. Werkmüller und Christa Bertelsmeier-Kierst, 19. Lieferung, 2014, Sp. 519.

(149)　F. Merzbacher, Landgericht, in : HRG, Bd. Ⅱ, S. 1495f. ; F. Merzbacher/H. Lück, Landgericht, in : HRG, 2. Aufl., 19. Lieferung, Sp. 519.

(150)　F. Merzbacher/H. Lück, Landgericht, in : HRG, 2. Aufl., 19. Lieferung, Sp. 519.

(151)　K. Kroeschell. Deutsche Rchtsgeschichte, Band 1, S. 283 ; F. Merzbacher/H. Lück, Landgericht, in : HRG, 2. Aufl., 19. Lieferung, Sp. 519.

(152)　H. Planitz, Das deutsche Grundpfandrecht, 1936, S. 61ff.

(153)　R. Schröder und E. Frh. von Künsberg, Lehrkuch der deutschen Rechtsgeschichte, S. 793f.; H.-R.Hagemann, Pfandrecht, in : HRG, Ⅲ. Bd., 1984, Sp. 1686.

(154)　H. Planitz, Das deutsche Grundpfandrecht, S. 65.

(155)　Der große ADAC AutoAtlas Deutschland Europa 2012/2013, S. 260D5/6 und S. 261F5（Vagen）. ノイブルク城塞がファーゲンの近くに位置することに関し本章冒頭を参照。

第 3 章　ノイブルクの城塞支配権

ファルケンシュタイン城塞はノイブルク城塞からさらに南東の方向へ約 24
km 地点に[156]，ハルトマンスベルク城塞はノイブルク城塞から東の方向へ約
33 km 地点に位置する[157]。このようにラインダーンはファルケンシュタイン
伯が所有するバイエルンの三つの城塞のうち，ノイブルク城塞から最も近くに
位置する。したがって，ラインダーンはノイブルク城塞を支配の中心とするグ
ラーフシャフト・ノイブルクのラント裁判所の開催地なのである。この点に関
して F・アンドレラングはラインダーンをこの近隣地フェヒング Föching と
ともに，「ファルケンシュタイン家によるフォークタイ支配権の下で，マング
ファル川の屈曲部の西に位置するフォークト所領の裁判上の中心と見てよい」
と述べて[158]，フォークタイつまりアイブリングのフォークタイとの関連にお
いて，延いてはこのフォークタイが所属するグラーフシャフト・ノイブルクと
の関連において考察していることも，その証左となろう。ただし，なお【史料
20】に記されているように，ラインダーンはラント裁判所の開催地であり，し
たがってこれをフォークタイ裁判所の開催地と見なすアンドレラングの見解は
正しくないと言わざるをえない。

　なおエーベルハルトが質入した自由財産が位置するフリンツバッハ，オー
バーフリンツバッハ及びミルビングはいずれもファルケンシュタイン城塞の
近くの村落であり，ファルケンシュタインのグラーフシャフトに属する財産
である[159]。村落ミルビングもまた，ファルケンシュタイン城塞が位置する村
落フリンツバッハから北西約 3 km 地点に位置し，この城塞の近くの村落であ
る[160]。したがって，エーベルハルトによるこれらの財産の質入は，グラーフ

---

(156)　Der große ADAC AutoAtlas Deutschland Europa 2012/2013, S. 261H7. ファルケ
　　　ンシュタイン城塞はフリンツバッハ Flintsbach am Inn の近くに位置する。E. Noichl
　　　(Bearb.), Codex Falkensteinensis, S. 30Anm. 7 を参照。
(157)　ハルトマンスベルク城塞はキーム湖 Chiemsee の北西部，シュロス湖 Schloßsee
　　　とラングビュルガー湖 Langbürgersee の間，ゲマインデ・ヘムホーフ Gemeinde
　　　Hemhof に 位 置 す る（E. Noichl (Bearb.), Codex Falkensteinensis, S. 30 Anm.
　　　9）。また位置を示す地図に関し Der Große ADAC AutoAtlas Deutschland/Europa
　　　2012/2013, S. 261 J5 ; Dumon Bildatlas 56 : Chiemgau. Berchtesgadener Land, 1. Aufl.
　　　2010, S. 35, 51, 69 を参照。
(158)　F. Andrelang (Bearb.), Landgericht Aibling, S. 57.
(159)　フリンツバッハについて本節註(156)を参照。オーバーフリンツバッハもフリンツ
　　　バッハの近くの村落，つまりファルケンシュタイン城塞の近くの村落と見なして差し
　　　支えない。
(160)　Der große ADAC AutoAtlas Deutschland Europa 2012/2013, S. 261 G7.

115

第1篇　中世盛期バイエルンの貴族ファルケンシュタイン伯の城塞支配権

シャフト・ファルケンシュタインのラント裁判所で処理されて然るべきなのに，【史料20】に見えるように，グラーフシャフト・ノイブルクのラント裁判所で処理されているのである。この理由について史料は何も語らないが，我々はエーベルハルトの本拠地マイザッハからグラーフシャフト・ノイブルクのラント裁判所開催地ラインダーンまでの距離が南東へ約 48 km，グラーフシャフト・ファルケンシュタインはここからさらに遠方の南東に位置するために，マイザッハからより近いラインダーンのラント裁判所が選択されたのがその理由であったと考えたい[161]。

　次に，重大な刑事事件に関する高級裁判権の性格を一般的な刑事法史の発展との関連で考察する必要がある。フォークタイ裁判権との関連でもすでに述べたように，カロリング時代の末期以来，高級裁判権は財源化され，高額の贖罪金や身体刑免除のための身請金が取れる見込みのある事件を管轄し，多くの利益をもたらす裁判権となっていた[162]。一切の実刑は死刑をも含めて贖罪可能となり，犯罪の訴追と処罰という刑法の本来の目的から逸脱してしまっていた。高級裁判権は贖罪裁判権と化していたのである[163]。しかし，ザーリアー朝時代後期 1082 年のドイツ王国における最初の神の平和 Gottesfriede（ケルン大司教管区のための神の平和），これに続く国王平和 Königsfriede とラント平和 Landfriede が高級裁判権の贖罪裁判権から流血裁判権（実刑裁判権）への転換をもたらした[164]。贖罪裁判権から流血裁判権へのこの変化を証書史料に基づいて追究した H・ヒルシュは 1922 年に，正当にも，この変化が重大な国制史的意義をもつことを指摘した[165]。なぜなら，贖罪金に代わり生命・身体刑

―――――――――――――――――――――――――――――――

(161)　マイザッハ，ラインダーン，ファルケンシュタイン城塞が位置するフリンツバッハの位置関係に関し，Der große ADAC AutoAtlas Deutschland Europa 2012/2013, S. 260A2, S. 260D5/6, S. 261 H7 を参照。

(162)　H. Mitteis-H. Liberich, Deutsche Rechtsgeschichte, 19. Aufl., S. 80, 100, 194〔11. Aufl. の邦訳＝上掲世良訳『ドイツ法制史概説』122, 156-157, 288 頁〕。

(163)　K. Kroeschell. Deutsche Rechtsgeschichte, Bd. 1, S. 186.

(164)　K. Kroeschell. Deutsche Rechtsgeschichte, Bd. 1, S. 186. ディートマー・ヴィッロヴァイト著，神宝秀夫・西川洋一訳「ケルンの神の平和（1083）における平和侵害に対する制裁――ドイツ初期平和運動における刑罰の意味に関する一考察――」，『東北学院大学論集 歴史学・地理学』23 号，1991 年，所収，59 頁。

(165)　H. Hirsch, Die hohe Gerichtsbarkeit im deutschen Mittelalter, 2., unveränd. Aufl. mit einem Nachwort von Theodor Mayer, 1958, bes. S. 198ff.〔上掲若曽根訳，第二部（四），『熊本法学』108 号，2005 年，206 頁下段 -208 頁下段〕。ヴィッロヴァイト著，上掲神宝・西川訳「ケルンの神の平和（1083）における平和侵害に対する制裁」58 頁以下。

116

が科されるに至ったことは，公的な刑事法の成立を意味するからである。最早被害者を贖罪金により金銭的に満足させることではなく，法に対する侵害つまり犯罪を，現実に処罰することが問題となったのである[166]。ただし他方で，H・ヒルシュはヴァイステューマー（法判告）Weistümer の分析に基づき，重大な犯罪の贖罪可能性という古来の観念が依然として中世後期の全体を通じて生き続けたことも指摘する[167]。この点に関し H・ヒルシュは次のように述べる。

> 「流血裁判所は現行犯の事件と臨時裁判集会から生まれ，贖罪裁判権は主に定期裁判所で行使される」[168]，あるいは「しかしこの証書〔＝ゴーグラーフ Gograf の流血裁判所に明確かつ明瞭に言及する最古の証書〕において，〔流血〕裁判官の二元性という結果を生むことがある高級裁判権の二元主義，つまり定期裁判集会における贖罪裁判と，臨時裁判集会における現行犯の場合の流血裁判という二元主義が，依然として相当あからさまに我々の眼前に現れてくる」[169]。

したがって H・ヒルシュは高級裁判権が定期裁判集会における贖罪裁判と臨時裁判集会における流血裁判の二元主義に立脚していたことを明言しているのである。12 世紀にラント平和運動の進展に伴い刑罰の観念がダイナミックに広がりえたとしても[170]，しかし高級裁判権は依然として流血裁判権のほかに旧来の贖罪裁判権の性格を保持し続けたのである。このことについて，ごく最近 H・リュック Lück もまた次のように明言している。「中世盛期に高級裁判権は，何よりも先ず，実刑によって処罰された重大犯罪（ザクセンシュピーゲルの Ungerichte）についての裁判管轄権を含む。違法行為の圧倒的に大きな部分に対しては，贖罪金と和解をもって対処された。これにより高級裁判権はあらゆる裁判権と同様に，安定した財政的収入源として現れる」と[171]。この点について，さらに E・ヴァードレはグラーフ（伯）の裁判権に関し「刑事法の点では，先ず第一に贖罪高級裁判権，さらに同時に流血裁判所〔を含む〕」[172]，

---

(166) K. Kroeschell. Deutsche Rechtsgeschichte, Bd. 1, S. 186.

(167) H. Hirsch, Die hohe Gerichtsbarkeit, S. 171〔上掲若曽根訳，第二部（三），『熊本法学』107 号，2005 年，285 頁上段〕。

(168) H. Hirsch, Die hohe Gerichtsbarkeit, S. 72〔上掲若曽根訳，第一部（四・完），『熊本法学』93 号，1998 年，42 頁下段，ただし訳文は筆者による〕。

(169) H. Hirsch, Die hohe Gerichtsbarkeit, S. 194〔上掲若曽根訳，第二部（四），『熊本法学』108 号，202 頁下段，ただし訳文は筆者による〕。

(170) ヴィッロヴァイト著，上掲神宝・西川訳，58 頁。

(171) H. Lück, Hochgerichtsbarkeit, in : HRG, 2. Aufl., Bd. Ⅱ, Sp. 1055f.

第1篇　中世盛期バイエルンの貴族ファルケンシュタイン伯の城塞支配権

またM・ボルゴルテ Borgolte は「中世後期においても，グラーフとしての権利の核心——高級贖罪裁判権と流血裁判権，レガーリエン，帝国領に由来する土地 —— が支配者による授封の対象であり続け」[173]と述べて，いずれの論者も高級裁判権が贖罪裁判権と流血裁判権の二元主義的性格を内容とすることを明言している。したがって，諸家は一致して刑事法史の一般的な推移の中で，高級裁判権がこのような二元主義的性格を帯びていたとする見解を採っていると結論してよいことになる。要するに，12世紀と13世紀は，H・ヒルシュが言うように，高級裁判権が贖罪裁判権という古い形態から流血裁判権という新たな形態へと移行する過渡期なのである[174]。

　次にファルケンシュタイン伯のノイブルク城塞が位置するバイエルン地方において，12世紀当時，高級裁判権はいかなる内容のものであったかを考察することにしたい。この問題に関して，P・フリート Fried は次のような注目すべき発言を行っている。

　「高級裁判所と下級裁判所の間の境界線が，バイエルンでは広い領域にわたって，72プフェニッヒという贖罪金 —— その背後には，「窃盗と犯罪 Dieb und Frevel」というシュヴァーベンの定式文言に基づく境界線が隠されているが —— の境界線に基づいて引かれたという我々の説明が当たっているとするならば，以下のことも証明されえなければならないであろう。つまり，バイエルンのラント裁判所は贖罪高級裁判所でもあるということである。H・ヒルシュは当時，シュヴァーベンの高級裁判定式文言は全高級裁判権を，すなわちラント平和運動から成長した新たな流血裁判権と同時に，古来の贖罪裁判権をも含むことを証明した。このことは，今や実際にバイエルンのラント裁判所についても証明することができる。バイエルン大公たちの厳格なラント平和立法を通じて13世紀後半期に，殺人，重窃盗，強姦は常に実刑を科せられた，すなわち死刑をもって処罰されたも同然であったにもかかわらず，〔バイエルン大公でもある〕皇帝ルートヴィッヒ・デア・バイアー Ludwig der Bayer のラント法はその他のあらゆる重大な犯罪 —— 軽窃盗，重い傷害等々 —— は，実刑による処罰 —— これはたいてい同害報復の原理に従って行われるが —— の前に，常に事件の贖罪〔＝和解〕による処理を許している。このことは，皇帝ルートヴィッヒ・デア・バイアーのバイエルン・ラント法 —— この法はこの点で評価されなかったも同然であるが —— から一義的に明らかになる。したがって，ヴォールハウプター Wohlhaupter が主張したのと異なって，

---

(172)　E. Wadle, Graf , Grafschaft V, in : HRG, Bd. Ⅰ, 1971, Sp. 1790.

(173)　M. Borgolte, Grafschaft, Grafschaftsverfassung, in : LM, Bd. Ⅳ, 1989, Sp. 1636.

(174)　H. Hirsch, Die hohe Gerichtsbarkeit, S. 49〔上掲若曽根訳，第一部（二），『熊本法学』90号，1997年，106頁上段〕。

事態は刑法の新たな刑事的観念によって犯罪の贖罪可能性が最小限に抑制されたというようなことではない」[175]。

このように，P・フリートは高級裁判権が贖罪裁判権と流血裁判権の二元主義的性格を内容とすると見なすH・ヒルシュの見解は，バイエルンのラント裁判所についても当てはまることを明確に述べている。のみならずP・フリートはここからさらに歩を進め，ファルケンシュタイン伯の裁判権の内容に関しても次のように言及する。

「E・クレーベル Klebel と彼に基づいて関連する地図本の編集者は，ファルケンシュタイン伯は所領とフォークタイに対して所謂贖罪＝シュラネン Schrannen 裁判権を行使したにすぎないと仮定するが，しかしファルケンシュタイン家は，もはや正確には突き止められない境界の中で，伯としての高級裁判権をも行使したことは確実と見なされるべきである」[176]。

ここでは，高級裁判権の用語は贖罪＝シュラネン裁判権に対立する概念として用いられているので，流血裁判権を意味することは疑いない。いずれにしても，上記の【史料20】に現れるファルケンシュタイン伯の高級裁判所 generale concilium は，ドイツ及びバイエルンの高級裁判所の一般的な発展傾向と合致して，流血裁判権と贖罪裁判権の二元主義的性格を内容とするものであると結論してよいことになる。

---

(175) P. Fried, Vortrag über das Thema : „Von der Grafschaft zur Landesherrschaft und Landeshoheit in（Alt）Bayern", Protokoll über die Arbeitssitzung vom 12. Januar 1963, Konsanzer Arbeitskreis für mittelalterliche Geschichte e. V., S. 12. 同じ趣旨の見解を P. Fried, Grafschaft, Vogtei und Grundherrschaft als Grundlagen der wittelsbachischen Landesherrschaft in Bayern. Zu den Anfängen der unteren Gerichts-und Verwaltungsorganisation* in Bayern, in : Zeitschrift für bayerische Landesgeschichte, Bd. 26, 1963, S. 129f. もまた述べている。すなわち，「今総括的に確実な研究成果として言いうる事柄は，以下の事実である。つまり，死刑を必然的に伴う三つの事件についてのバイエルンの高級裁判権定式文言は，13世紀末期までバイエルン領域において高級裁判所と下級裁判所の間の支配的な境界設定では決してなかったという事実である。むしろ高級裁判所と下級裁判所との管轄権は，多くの場合に，慣習法的な贖罪金刑法に由来する，72プフェニッヒ以上かそれ以下の贖罪金を科すことができる裁判権限によって境界設定された。シュヴァーベン地方の高級裁判権定式文言「窃盗と犯罪 Dieb und Frevel」によって言い表されているのは，同じ境界設定である。これによって，たいてい「流血裁判所」としてのみ特徴づけられているバイエルンのラント裁判所は「贖罪裁判所」としても現れる」と。

(176) P. Fried, Hochadelige und landesherrlich-wittelbachische Burgenpolitik, S. 344.

第1篇　中世盛期バイエルンの貴族ファルケンシュタイン伯の城塞支配権

　次に，H・ヒルシュが述べた上記の定期裁判集会における贖罪裁判と，臨時裁判集会における流血裁判との関連で，【史料20】に記述されている高級裁判所 generale concilium は定期裁判集会と臨時裁判集会のいずれなのかを考察したい。バイエルン＝オーストリア法領域のヴァイステューマーが年に二回（5月集会と秋の集会 Maien-undHerbstding）ないし三回の定期裁判集会で審理された事項として伝えているのは，常に，相続財産，自由財産，金銭債務，要するに民事的な事項である(177)。【史料20】の高級裁判所 generale concilium で審理されているのは，貴族エーベルハルト・フォン・マイザッハの自由財産の質入であり民事的な事項であるから，この高級裁判所は明らかに定期裁判集会である。したがって，この定期裁判集会としての高級裁判所では民事的な事項と贖罪事件が審理されたことになる。他方で，臨時裁判集会としての高級裁判所では流血裁判事件が審理された。臨時裁判集会は，定期裁判集会に続いて1－2日の期日として事件に応じて設定され，あるいは14日毎に開催され，あるいは重大な刑事事件の場合に緊急裁判所 Notgericht として開催された(178)。またバイエルンでは，窃盗，強姦，殺人が，伯の高級裁判所が管轄する流血裁判権事件であった(179)。なおH・ヒルシュは12世紀と13世紀にドイツについて一般的にも，窃盗，強姦，殺人が実刑によって処罰される流血裁判権事件として捉えられていたことを明らかにしている(180)。

　さらに人的管轄権について，流血裁判所としての高級裁判所は原則として，グラーフシャフトのすべての階層と身分の者に対して管轄権を有した(181)。このことは，自由人の犯罪も非自由人の犯罪もひとしなみに処罰されること，すなわちグラーフシャフトの中に位置する聖俗のグルントヘルシャフトの従属民の犯罪に対しても，グラーフシャフトに所属する自由人の犯罪と同様に流血裁判権が行使されることを意味する(182)。このような流血裁判権はファルケン

---

(177)　H. Hirsch, Die hohe Gerichtsbarkeit, S.69〔上掲若曽根訳，第一部（四・完），『熊本法学』93号，40頁上段－下段，ただし訳文は筆者による〕.

(178)　H. Hirsch, Die hohe Gerichtsbarkeit, S. 70〔上掲若曽根訳，第一部（四・完），『熊本法学』93号，41頁上段〕.

(179)　H. Lück, Hochgerichtsbarkeit, in : HRG, 2. Aufl., Bd. Ⅱ, Sp. 1057.

(180)　H. Hirsch, Die hohe Gerichtsbarkeit, S. 49〔上掲若曽根訳，第一部（二），『熊本法学』90号，1997年，105頁下段－106頁上段〕.

(181)　K. Kroeschell. Deutsche Rechtsgeschichte, Bd. 1, S. 187.

(182)　H. Hirsch, Die hohe Gerichtsbarkeit, S.151〔上掲若曽根訳，第二部（二），『熊本法学』106号，80頁下段〕.

第3章　ノイブルクの城塞支配権

シュタイン伯のグルントヘルシャフトを超えてこれに服さないその他のグルントヘルシャフトの従属民や自由人に対しても及ばされる裁判権であり，したがって優れて罰令権力なのであり，この意味において文字通り政治権力，政治的支配権であるということができる。このような特質を帯びた流血裁判権は，ノイブルク城塞の城主たるファルケンシュタイン伯の支配権をそのグルントヘルシャフトの境界線の前で止まらずにこれを越えて拡大してゆくための梃子として著しく重要な意義をもつことになった筈である。次に，【史料20】に現れる用語を手掛りとして，グラーフシャフトの性格について検討を試みることにしたい。

　本節で検討したファルケンシュタイン伯の高級裁判権（流血裁判権と高級贖罪裁判権）が行使される領域が，言うまでもなくグラーフシャフト＝ラント裁判区である。したがって，このグラーフシャフトは同時に高級裁判区なのである。【史料20】に現れる generale concilium（ラント裁判区），provincia（ラント裁判区），cometia（グラーフシャフト）の用語はいずれも高級裁判区，ないし高級裁判区としてのグラーフシャフトを意味していることになる。また，このグラーフシャフトは，ここまでの検討から明らかになったところによれば，貴族支配権の象徴としてのハントゲマール，封主から授封された膨大なレーエン財産，伯から授封されたレーエン財産を基礎とする封臣の軍事力，グルントヘルシャフト，フォークタイ等の様々な支配権的権利から構成される複合体を構成していた。しかも，このような支配権の複合体としてのグラーフシャフトは，伯が所有するノイブルク城塞の付属物であると同時に，この城塞を中心とする支配＝行政単位として編成されていた[183]。このことを E・ヴァードレもまた次のように述べている。「……一定の定住領域において種類と由来に関係なく大抵中心たる城塞を基礎として整理されたグラーフの支配権的諸権利のすべてを包括する新たなグラーフシャフト概念が成立した……」と[184]。したがって，我々はこのようなグラーフシャフトないし【史料20】に言う cometia は，古来の伯の官職区（伯管区 comitatus）としての性格が希薄化した伯の支配領域・支配区または裁判区の意味に理解するのが当を得ているように思われる。cometia の語はグラーフシャフトが元来の伯の官職，職権，官職区域としての性格を一層喪失して行き，遂には貴族家系の付属物ないし家産と見なされる事態が進行していたことを表現する[185]。グラーフシャフトのこの家

(183)　このことについて，上述 51 頁以下を参照。
(184)　E. Wadle, Graf, Grafschaft V, in : HRG, Bd. Ⅰ, Sp. 1775 ff., hier Sp. 1788.

121

第1篇　中世盛期バイエルンの貴族ファルケンシュタイン伯の城塞支配権

産化の現象は，ジボトー4世の父親ルードルフが1120年代にヴァイアルン＝ノイブルク家系の女性相続人ゲルトルートとの結婚を通じてこの家系の「伯comes」の称号を獲得したこと[186]，さらに伯ジボトーのみが伯の称号の保持者だったにもかかわらず，同時にジボトーの息子ジボトー5世もまたcomes iunior〔伯2世〕と呼ばれていることにも[187]，明確に表れている。要するに，cometia はもはや官職としての性格が後退した新たなグラーフシャフト概念を示し，伯の支配区（支配権），裁判区（裁判権）を意味するものと理解されなければならない[188]。このようなグラーフシャフトは所謂自生的グラーフシャフト autogene Grafschaft であり[189]，伯（グラーフ）の称号の官職的性格は後退し，貴族家系の社会的地位を示す標識となっていった[190]。さらに言えば，このような支配区と裁判区の形成と発展の過程は，ファルケンシュタイン家系による上述した伯の称号を帯びる過程，換言すればこの家系が自由人貴族の身分から伯の身分へと上昇する過程でもあった筈である[191]。

　さらに，ノイブルク城塞以外の伯の三つの城塞支配領域に関して，『CF証書集』の中にcometia の名称は現れないが，しかしこれらの城塞支配領域に

---

(185)　グラーフシャフトの家産化に関し G. Umlauf, Grund und Boden, S. 40 を参照。

(186)　上述 34, 41, 79 頁を参照。

(187)　E. Noichl（Bearb.）, Codex Falkensteinensis, Nr. 171, S. 152.

(188)　J. B. Freed, The Counts of Falkenstein, S. 37 Anm. 15 においても，cometia の語は12世紀と13世紀のバイエルンでは，グラーフシャフトというよりもむしろ裁判区の意味で使われたことが指摘されている。また新たなグラーフシャフト概念の成立について，E. Wadle, Graf , Grafschaft V, Sp. 1788；M. Borgolte, Grafschaft, Grafschaftsverfassung, 1634；H. Hechberger, Grafschaft, Graf, in : HRG, 2. Aufl., Bd. Ⅱ, Sp. 517 を参照。

(189)　H. Mitteis-H.Liberich, Deutsche Rechtsgeschichte, 19. Aufl., S. 74, 87f.〔11. Aufl., 1971 の邦訳＝上掲世良訳『ドイツ法制史概説』，113 頁，136 頁以下〕。

(190)　K. Kroeschell. Deutsche Rechtsgeschichte, Bd. 1, S. 83；H. Hechberger, Grafschaft, Graf, in : HRG, 2. Aufl., Bd. Ⅱ, Sp. 517. さらに，バイエルンの貴族に関する研究においてR・ロイプル Loibl もまた「……12世紀中葉頃に貴族家系のすべての男系構成員は伯として現れ，その奥方でさえ今や伯夫人（女伯）comitissa の称号を添えられた。伯の称号は身分標識と化したのである。この称号を通じて，伯の家系は平貴族 die gemeinen nobiles から区別された」と指摘している（R. Loibl, Zwischen Edelfreiheit und Grafenstand : Die Herren von Kamm-Hals. Eine Fallstudie zur Differenzierung edelfreier und gräflicher Geschlechter im 12. und 13. Jahrhundert, in : F. Kramer und W. Störmer（Hrsg.）, Hochmittelalterliche Adelsfamilien, 2005, S. 396）。

(191)　自由人貴族から伯への身分的上昇に関して，H. Hirsch, Die hohe Gerichtsbarkeit, S. 207〔上掲若曽根訳，第二部（四），220 頁上段〕を参照。

122

第3章　ノイブルクの城塞支配権

ついても，ファルケンシュタイン家の伯comesとしての支配領域である以
上，cometiaの名称で呼ばれていたと考えてよいはず筈である。現実にも，ヘ
ルンシュタイン城塞とその支配領域が『CF証書集』とは別の史料の中で，
castrum et comicia Herrantstein〔城塞並びにグラーフシャフトたるヘルン
シュタイン〕と呼ばれているのである(192)。残りの二つの城塞ファルケンシュ
タインとハルトマンスベルクの支配領域もまた，cometiaないし類似の用語で
呼ばれていたと結論して差し支えない。したがって，ファルケンシュタイン，
ハルトマンスベルク，ヘルンシュタインの城塞管区もまた，ノイブルクの城塞
管区と同様に，伯の高級裁判権（流血裁判権と高級贖罪裁判権）が行使される高
級裁判区＝ラント裁判区として把握される。最後に，次節では，これまでの検
討により明らかとなった事柄を整理し，併せて若干の展望を述べてみることに
したい。

第5節　小　　括

　先ずグルントヘルシャフトの機構に関して，procurator＝アムトマン
が最高の行政官吏であり，倉庫役人と荘司がこれに従属する官吏である。
procuratorの任務は，荘司の監督，収入の勘定書への記入，荘司から引渡さ
れた現物貢租を貯蔵庫に納めること，経営の余剰をグルントヘルたる伯の宮廷
に納めることである。倉庫役人の任務は，procuratorが伯に引渡す義務を負
う葡萄酒税を徴集する形で補助を行ったこと以外，史料から必ずしも明確に
ならないが，しかし声望ある重みのある存在であった。かつて荘司が果たして
いた任務は，今やprocurator＝アムトマンに継承され，荘司の任務は現物貢
租の徴収とprocurator＝アムトマンへの引渡し等へと大幅に縮小された。こ
うして，新たな類型のprocurator＝アムトマンがグルントヘルシャフトの経
営の面で大きな意義を獲得し，他方で荘司の意義は大幅に後退した。ファルケ
ンシュタイン伯のすべてのグルントヘルシャフトにおいて，領主直営地はほと
んど解体すると同時に領主の自家経営ももはや小規模なものとなり，従属農民
の夫役は現物や貨幣による地代の支払いに転換し，かくしてグルントヘルシャ
フトはヴィリカツィオーン制から地代グルントヘルシャフトへと移行した。こ
の転換過程の中で，荘司はかつて果たしていた機能を喪失すると同時に，その

───────────
(192)　M. A. Becker (Hrsg.), Hernstein in Niederösterreich, II -2, Beilagen VII, S. 444.

123

第1篇　中世盛期バイエルンの貴族ファルケンシュタイン伯の城塞支配権

比重も後退し，これに代わり procurator ＝アムトマンがファルケンシュタイン伯のグラーフシャフト＝アムトの最高官吏として登場した。このグルントヘルシャフトの管理者の転換と同時に，管轄区が荘司のヴィリカツィオーンから procurator ＝アムトマンのアムト（officium）に再編成されるという転換は，ヴィリカツィオーン制から地代グルントヘルシャフトへの移行というグルントヘルシャフトの組織形式の重大な転換に対処するために伯が実行した措置なのであった。またこのグルントヘルシャフトのアムト制は，12世紀以後ヴィリカツィオーン制の解体の過程で，バイエルンを始めとする南ドイツで，さらにドイツ全体で一般的に見られる現象であった。この過程と同時並行的に，グルントヘルシャフトの管理の中心もまた，ヴィリカツィオーン制の場合の領主館から離れて，多くの場合に丘陵の上に位置する城塞の上に移動したことが重要な事実である。城塞を中核とするグラーフシャフト＝アムト制とは，一つには，このヴィリカツィオーン制から地代グルントヘルシャフトへの転換という経済史的過程の動きに伴って成立したものと理解される。

　なお，グルントヘルシャフトの管理の中心が領主館から城塞に移動したことに関し，W・シュテルマーもまた「家」をヘルシャフトの核心とするO・ブルンナーの見解に拠りつつ，城塞とこれに付属する「グルントヘルシャフト的所領」からなるジボトー4世の所領複合体を，初期中世における領主館 curtis とその付属物からなる所領複合体に対応するものと捉えると同時に，中世盛期の貴族の家たる城塞を初期中世の貴族の領主館に対応するものと考えている(193)。シュテルマーのこの見解は，期せずして，領主館を中心とするグルントヘルシャフトから城塞を中核とする城塞支配権＝シャテルニーへの構造転換を示唆していると解釈して差し支えない。

　またノイブルクのグラーフシャフト＝アムトでは，ノイブルク城塞の周囲，パイセンベルク，ヴィッシングの三つの領域の合計13の村落に，少なくとも21以上のフローンホーフないしグルントヘルシャフト，その他の農民保有地，新開墾地，家畜飼育農場，水車，湖沼，森林等が存在した。水車については，グルントヘルの使用強制権の形でバン権力が行使され，湖沼と森林はグルントヘルによるアルメンデ利用権の対象となる。

　フォークタイ権力に関し，伯は五つのフォークタイ，つまりアイブリングのフォークタイ，ヴァイアルン修道院に対するフォークタイ，ノイブルク城塞の

───────────

(193)　W. Störmer, Früher Adel, S. 152. O. Brunner, Land und Herrschaft, 254ff., 259 も
　　　参照。

第 3 章　ノイブルクの城塞支配権

権力下の慈悲深いフォークタイ，パイセンベルクの聖堂区教会に対するフォー
クタイ，キルヒドルフのフォークタイを保持したことが確認された。比較的
伝承が残されているヴァイアルン修道院に対するフォークタイとアイブリング
のフォークタイが特に問題となる。先ずヴァイアルン修道院について，ヴァ
イアルン＝ノイブルク家系は自身が寄進した五つの村落その他の修道院領に対
してフォークタイ裁判権を始めとするフォークタイ権力を行使した。ノイブル
ク城塞を中核として行使されたこのフォークタイ権力は城塞支配権として把握
される。次に，アイブリングのフォークタイに関し，フォークトたるファルケ
ンシュタイン伯はその代理人 procurator を通じて，上級封主たるバムベルク
司教教会から与えられた 51 の村落に散在する所領に対するフォークタイ権力
を保持した。アイブリングのフォークタイから，フォークタイ裁判権に基づく
税を受領した。またこのフォークタイ裁判権は流血裁判権と贖罪裁判権の二元
主義的性格を内容とするものであると理解される。管轄権に関し，自由人と非
自由人の双方を含むフォークタイ・アイブリングの上級封主たるバムベルク教
会のファミリア，当教会のイムニテート領域の中に位置する所領，身分の如
何に係わりなくこの所領に居住する全住民がフォークトの高級裁判所の裁判権
に服した。また念のために確認しておくならば，ヴァイアルン修道院に対する
フォークタイ裁判権とフォークタイ・アイブリングに対する流血裁判権はいず
れも，ファルケンシュタイン伯のグルントヘルシャフトに対する裁判権ではな
く，その他の教会修道院領に対する裁判権であり，この意味において罰令権力
である。

　ファルケンシュタイン家が伯たる地位に基づいて行使した裁判権はラント裁
判権であり，また贖罪裁判権と流血裁判権の二元主義的性格をもつ高級裁判権
であった。この高級裁判権は史料上 „generale concilium“ あるいは „provincia“
と呼ばれるラント裁判区，または „cometia“ と呼ばれるグラーフシャフトにお
いて行使された。換言すれば，これら三つの用語はいずれもが伯の高級裁判権
（流血裁判権と高級贖罪裁判権）が行使される高級裁判区＝ラント裁判区を意味
する同義語である。この高級裁判所の人的管轄権について，流血裁判権として
の高級裁判権は原則として，グラーフシャフトのすべての階層と身分の者に対
して行使されたが，このような流血裁判権は，流血裁判権を保持するその他の
領主のグルントヘルシャフトを除いて，ファルケンシュタイン伯のグルントヘ
ルシャフトを超えてこれに服さないその他のグルントヘルシャフトの従属民や
自由人に対しても行使される裁判権，つまり罰令権力である。なお，上記のア

125

第1篇　中世盛期バイエルンの貴族ファルケンシュタイン伯の城塞支配権

イブリングにおけるフォークタイ裁判権はやはり流血裁判権の性格をもつために，ラント裁判権と同格のものとして把握される。しかも同じファルケンシュタイン伯がラント裁判権とフォークタイ裁判権の双方の裁判領主であるという事情はこの同格性を一層促進したものと推測される[194]。

　このような裁判区としてのグラーフシャフトは，ここまでの検討により判明したように，同時に貴族支配権の象徴としてのハントゲマール，多数の封主から授封された膨大なレーエン財産，封臣に授封したレーエン財産を基礎とする軍事力，グルントヘルシャフト，フォークタイ所領ないしフォークタイ裁判権等の様々な支配権的権利から構成される複合体である。これらの権利のうちフォークタイ裁判権は明らかに伯のグルントヘルシャフトの境界を超えて行使される罰令権力である。しかも，このようなグラーフシャフトは，伯が所有するノイブルク城塞の付属物であると同時に，この城塞を中心とする支配＝行政単位として編成されていた。つまり，ファルケンシュタイン伯のラント裁判権ないし高級裁判権（とりわけ流血裁判権）やフォークタイ裁判権もまた，明らかにノイブルク城塞の付属物である。城主たるファルケンシュタイン伯の高級裁判権やフォークタイ裁判権に代表される罰令権力が行使される支配領域（グラーフシャフト，ラント裁判区）は，この伯の城塞を示す urbs の用語が同時に Burgherrschaft ＝ châtellenie の意味をもつ事態とも相俟って，もはや城主支配領域ないしシャテルニーとして捉えられるべきものであると言わなければならない。最後に，シャテルニーとしてのノイブルク城塞の周囲の領域は，管区の最高の行政官吏 procurator により管理される procuratio〔フォークト管区，フォークタイ管区〕，generale concilium〔ラント裁判区〕，provincia〔ラント裁判区〕，cometia〔グラーフシャフト〕と呼ばれたが，その他に officium/Amt〔アムト〕とも呼ばれた。

　最後に，【史料20】で言及したエーベルハルト・フォン・マイザッハ父子による伯ジボトー４世父子へのフリンツバッハの所領と同地の教会に対するフォークタイ及びミルビングの所領の質入は，後に本篇第４章第３節(a)でも述べるように，ファルケンシュタイン城塞の周囲に位置するその他の貴族支配権の除去を通じて伯ジボトー４世にとっての危険要因を除去することをも目的としていた。換言すれば，この質入は伯ジボトー４世がファルケンシュタイン城

---

(194)　フォークトが高級裁判権の獲得を通じてグラーフシャフトと同格の地位を取得したことについて，H. Hirsch, Die hohe Gerichtsbarkeit, S. 143〔上掲若曽根訳，第二部（二），『熊本法学』106 号，68 頁上段〕を参照。

第3章　ノイブルクの城塞支配権

塞を中核とする城塞支配権の濃密化，強化を意図して実行した施策であったと
言わなければならない。これに関して G・ディーポルダーもまた「城塞支配権
ファルケンシュタインの纏まりは，50 タレントの極めて高額な金額でマイザッ
ハ家の所領を購入してフリンツバッハから追い出した伯ジボトーの下で初めて
実現した」と述べて，城塞支配権ファルケンシュタインの濃密化・強化という
視点から見たエーベルハルト・フォン・マイザッハ父子による質入がもつ重要
性に着目している(195)。城塞支配権の強化・濃密化ないし完結性の実現を目的
とする伯の政策は，このようにファルケンシュタインの城塞支配権にだけ見ら
れるのではなく，後述するように，伯のその他三つの城塞支配権についても見
られるのである。

　ここでは，ノイブルクの城塞支配権について，ピンツガウ Pinzgau の伯ハ
インリッヒのミニステリアーレたるヴァルター Walther とその娘婿アダルラ
ム Adalram による伯ジボトー 4 世への質入の事例を見ることにしたい。これ
に関する史料は以下の通りである。

【史料 21】（1145 年頃－1150 年頃）
Notum facimus cunctis fidelibus, quod Waltherus, ministerialis comitis Hainrici
de Pinzgwe, et Adalramammus, Odalrici frater de Rutheringe, [qui] habet filiam
ipsius Waltheri, dedit et statuit curtem aput Hakkin iuxta Niunburch Comiti
Sibotoni pro octo talentis ; horum trium talenta data sunt, V adhuc danda sunt
〔余伯ジボトーはすべての家臣に以下のことを知らしめる。すなわち，ピンツガウ
の伯ハインリッヒのミニステリアーレ・ヴァルター及び，その娘を妻とするアダ
ルラム，つまりウルリッヒ・フォン・リードリング Ulrich von Riedring の兄弟が，
ノイブルク城塞の近くのハクリング Hackling [Hakkin] のフローンホーフを伯ジ
ボトー〔4 世〕に 8 タレントの金額と引き換えに引渡しかつ質入した。そのうち
3 タレントは支払われたが，これに加えて 5 タレントがなお支払われなければなら
ない〕（下線＝著者）(196).

　この史料では，「ノイブルク城塞の近くのハクリングのフローンホーフ」と
いう質入の対象物件の記述は明らかに，意図的に伯ジボトー 4 世が危険要因と
なるその他の貴族支配権を城塞の直近の周囲から除去し，これにより同時に
ノイブルクの城塞支配権の強化ないし完結性の増大を狙っていることを物語
るといわなければならない。なおハクリングはノイブルク城塞から南南東へ約

---

(195)　G. Diepolder, Das Landgericht Auerburg, S. 254.
(196)　E. Noichl (Bearb.), Codex Falkensteinensis, Nr. 112.

127

第1篇　中世盛期バイエルンの貴族ファルケンシュタイン伯の城塞支配権

2.5 km の距離に位置する[197]。

　その約 15－20 年後に，上記のアダルラムの息子，つまりミニステリアー
レ・ヴァルターの孫はハクリングのフローンホーフの所有権と返還請求権を全
部伯ジボトー4世に譲渡し放棄している。これに関する史料は以下の通りであ
る。

【史料22】（ほぼ 1165 年－1166 年夏）
Notum facimus scire volentibus, quod comes Siboto super curtim Hakking dedit
Walthero, ministeriali comitis Hainrici de Pinzgue, tria talenta ; quinque talenta,
que danda erant, dedit nepoti suo, filio Adalrammi fratris Odalrici de Rutheringe,
et ipse idem filius Adalrammi dedit et statuit idem predium, sicut attavus suus
sibi tradiderat, pro X talentis et abnegavit ulterius omne ius proprietatis et
requisitonis ab eodem comite super eadem curte〔余ジボトーは欲する者に以下
のことを知らしめる。すなわち，伯ジボトーはハクリングのフローンホーフにつ
いてピンツガウの伯ハインリッヒのミニステリアーレ・ヴァルターに3タレント
をすでに支払い，また〔余から〕支払われるべきであった残りの5タレントをヴァ
ルターの孫，つまりウルリッヒ・フォン・リードリングの兄弟たるアダルラムの
息子にすでに支払い，またアダルラムの同息子もまた，彼の先祖が彼に譲渡した
ごとくに，10 タレントと引き換えに同所領をすでに引き渡しかつ質入し，またさ
らに同フローンホーフについて同伯に対して所有及び返還請求に関するすべての
権利を放棄した〕[198].

　この史料によれば，債権者たる伯ジボトー4世はすでに分割で債務者に貸し
た合計 8 タレントの債権を放棄する形で，さらに新たに 10 タレントを債務者
に支払う形で，結局合計 18 タレントの金額で，従来の質物たるハクリングの
フローンホーフをヴァルターの孫（アダルラムの息子）から完全に買収したこ
とになる。この事例は，城主たる伯ジボトーが 15 ～ 20 年という長期的展望の
下で，ノイブルク城塞の周囲から他の貴族のフローンホーフつまり貴族支配権
を，貨幣を使って追い出すことを通して除去し，ノイブルクの城塞支配権を強
化し，またその完結性を高めることに努めたことを明確に示すものだというこ
とができる。

────────────

(197)　UK50-53 Mangfallgebirge. Rosenheim・Bayerischzell・Inntal・Tegernsee・
　　　Schliersee の地図による。
(198)　E. Noichl（Bearb.）, Codex Falkensteinensis, Nr. 126.

128

第3章　ノイブルクの城塞支配権

図9　ノイブルクの城塞支配権（シャテルニー）

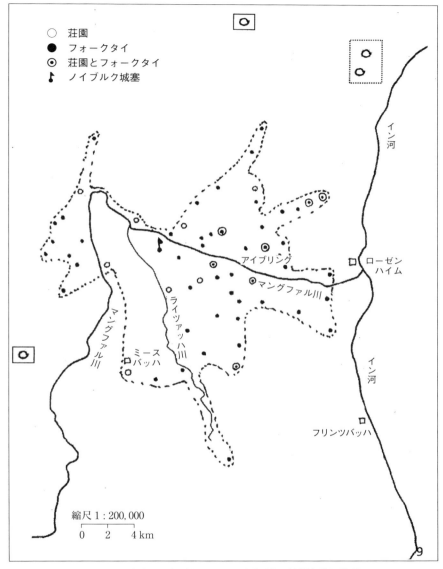

Dumon, Bildatlas 6 : Oberbayum 6, S. 34 の地図を基に作成

第4章　ファルケンシュタインの城塞支配権

第1節　はじめに

　位置に関し，ファルケンシュタイン城塞はイン河左岸のゲマインデ・フリンツバッハの近く，マドロン Madron（聖ペーター St. Peter）山麓のラヘルヴァント Rachelwand と呼ばれる断崖の上に位置した[1]。しかし，ファルケンシュタイン伯が建設した城塞の遺跡は現在全く残されていない。1296年に破壊されたからである[2]。城塞の正確な建設年代に関し，これを史料から突き止めることはできないが，1120年代（1121 - 1126年）にファルケンシュタイン城塞に因む姓を名乗るジボトー4世の父親ルードルフが史料に登場することから[3]，遅くともこの頃までにこの城塞が建設されていたと推定して大過ないであろう[4]。以下早速支配権的権利の問題の検討に入って行きたい。

第2節　グルントヘルシャフト

　最初に，前節までに明らかとなった事柄のうち，付随的にファルケンシュタインの城塞区に関しても明らかとなった事柄ないし当てはまる事柄を想起しておきたい。ファルケンシュタインの城塞区，ないしこの城塞を中核とする伯の支配区は史料上 officium/Amt〔アムト〕，prepositura〔伯代理管区〕，urbs〔シャテルニー＝城主支配領域〕，cometia（comicia）〔グラーフシャフト〕等の

---

(1)　E. Noichl（Bearb.），Codex Falkensteinensis, S. 30Anm. 7 ; K. Ramp, Studien zur Grundherrschaft, S. 3.

(2)　E. Noichl（Bearb.），Codex Falkensteinensis, S. 30Anm. 7.

(3)　P. Acht（Bearb.），Die Traditionen des Klosters Tegernsee 1003-1242, 1952, Nr. 165, 130：comes Rodolfus〔伯ルードルフ〕.

(4)　ファルケンシュタイン＝ヘルンシュタイン家系のルードルフは1125年ヴァイアルン＝ノイブルク家系のゲルトルートとの結婚を通じて，両家系を統合するノイブルク＝ファルケンシュタイン家系を創設した。F. R. Böck, Falkenstein（Neuburg-F.），in : LM, Bd. Ⅳ, 1989, Sp. 240-241。なお C. Tillmann, Lexikon der deutschen Burgen und Schlösser, Bd. Ⅰ, 1958, S. 229 ; F. W. Krahe, Burgen des deutschen Mittelalters. Grundrißlexikon, 1994, S. 181 はファルケンシュタイン城塞の建設年代を1150年頃とするが，この建設年代は少し遅いように思われる。

用語で呼ばれると同時に[5]，この支配区は伯の高級裁判権（流血裁判権と高級贖罪裁判権）が行使されるラント裁判区であった[6]。またこの支配区の管理者，つまり伯の役人は prepositus〔伯代理〕と呼ばれた[7]。

　次に，ファルケンシュタインの城塞支配区において，ファルケンシュタイン伯のフローンホーフ＝ヴィリカツィオーン，その他の所領，家畜飼育農場，所領の種類が明らかでない村落を順番に見ていくことにしたい。

（1）　フローンホーフ＝ヴィリカツィオーン（curia, curtis）が存在する村落
　フリンツバッハで，curia[8]，curia superior[9]，curtis[10]，デギンハルドゥス Deginhardus が保持する curia[11] とヘル・エーベルハルドゥス dominus Eberhardus に属する curia[12] の合計五箇所。オーバーアウドルフ Oberaudorf [Urdorf] に villicalis curtis[13] 一箇所。デガーンドルフ Degerndorf [Tegerndorf] に curia superior[14] と curia inferior[15] の二箇所。フォムプ Vomp に curia 一箇所[16]。したがって，この管区では，四つの村落に合計九つのフローンホーフが存在したのである。これらのフローンホーフから，以下の貢租が徴収された[17]。

豚（porci），鵞鳥（anseres），鶏（pulli, gallinas），卵（ova），豆（legumenes），インゲン（fabas），豌豆（pisae），蕪類（rapulae），野菜（holeres），亜麻（linum），カラス麦（avene），小麦（tritici），ライ麦（siguli），蜂蜜（mellis），葡萄酒（vini），牛皮（cutes），黍（milium），ビール（cervisia）。

（5）　上述第2章第2節26，50-52，112，121-125頁。
（6）　上述第2章第2節125-126頁。
（7）　上述第2章第2節50-52頁。
（8）　E. Noichl (Bearb.), Codex Falkensteinensis, Nr. 38.
（9）　E. Noichl (Bearb.), Codex Falkensteinensis, Nr. 38
（10）　E. Noichl (Bearb.), Codex Falkensteinensis, Nr. 39.
（11）　E. Noichl (Bearb.), Codex Falkensteinensis, Nr. 41.
（12）　E. Noichl (Bearb.), Codex Falkensteinensis, Nr. 41.
（13）　E. Noichl (Bearb.), Codex Falkensteinensis, Nr. 36.
（14）　E. Noichl (Bearb.), Codex Falkensteinensis, Nr. 40.
（15）　E. Noichl (Bearb.), Codex Falkensteinensis, Nr. 40.
（16）　E. Noichl (Bearb.), Codex Falkensteinensis, Nr. 24.
（17）　E. Noichl (Bearb.), Codex Falkensteinensis, Nr. 24, 36, 38, 39, 40, 41.

(2) その他の所領が存在する村落

貸与地 beneficium がブリクセンタール Brixental [Prixental][18]にあり，さらに自由財産 predium がノイハウゼン Neuhausen [Niunhusen][19]，イーバーフィルツェン Überfilzen [Ubervilchin][20]，ヴィンデン Winden [Winden][21]，シュヴァーツ Schwaz [Swaths][22]，カムピル Kampill [Campillen][23]，ケラー Keller [Kellare][24]，マイス Mais [Mais][25]，アウ Au [Ouve][26]，アルテンブルク Altenburg [Altenburg][27]にあり，これら 10 箇所の所領からは主に葡萄酒が貢租として徴収された。

(3) 家畜飼育農場 armentum が存在する村落

カプルン Kaprun [Catprunnen] に二箇所[28]，ヨッホベルク Jochberg [Jochberg][29]，ブリクセンタール[30]，オーバーアウドルフに 10 箇所[31]，ツィラータール Zillertal [Zillertal][32]にあり，合計で 25 箇所あった。家畜飼育農場は自家経営で運営され，ここからはチーズと雄羊が貢租として徴収された。

(4) 所領の種類の記載を欠く所領が存在する村落

アインエーデン Einöden [Solitudine][33]，カプルン[34]，ハーフナーハ Hafnach [Havenaren][35]，イミング Imming [Immingen][36]，クントゥル

---

(18) E. Noichl (Bearb.), Codex Falkensteinensis, Nr. 24.
(19) E. Noichl (Bearb.), Codex Falkensteinensis, Nr. 24.
(20) E. Noichl (Bearb.), Codex Falkensteinensis, Nr. 25.
(21) E. Noichl (Bearb.), Codex Falkensteinensis, Nr. 25.
(22) E. Noichl (Bearb.), Codex Falkensteinensis, Nr. 31.
(23) E. Noichl (Bearb.), Codex Falkensteinensis, Nr. 28.
(24) E. Noichl (Bearb.), Codex Falkensteinensis, Nr. 28.
(25) E. Noichl (Bearb.), Codex Falkensteinensis, Nr. 28.
(26) E. Noichl (Bearb.), Codex Falkensteinensis, Nr. 28.
(27) E. Noichl (Bearb.), Codex Falkensteinensis, Nr. 24.
(28) E. Noichl (Bearb.), Codex Falkensteinensis, Nr. 29.
(29) E. Noichl (Bearb.), Codex Falkensteinensis, Nr. 29.
(30) E. Noichl (Bearb.), Codex Falkensteinensis, Nr. 29.
(31) E. Noichl (Bearb.), Codex Falkensteinensis, Nr. 29.
(32) E. Noichl (Bearb.), Codex Falkensteinensis, Nr. 29.
(33) E. Noichl (Bearb.), Codex Falkensteinensis, Nr. 42.
(34) E. Noichl (Bearb.), Codex Falkensteinensis, Nr. 35.
(35) E. Noichl (Bearb.), Codex Falkensteinensis, Nr. 37.
(36) E. Noichl (Bearb.), Codex Falkensteinensis, Nr. 24.

第1篇　中世盛期バイエルンの貴族ファルケンシュタイン伯の城塞支配権

Kundl［Chontele］[37]，ヨッホベルク[38]，アシャウ Aschau［Aschaha］[39]，グルー
プ Grub［Gruobe］[40]，アウフィング Aufing［Uuingin］[41]，オーバーアウド
ルフ[42]，アック Agg［Oge］[43]，「アツェマンヌスの村」locus Azemanni[44]，
アントリット Antritt［Antrete］[45]，シュヴァインシュタイク Schweinsteig
［Swinstic］[46]，ファーレンベルク Fahrenberg［Phearinperch］[47]，フリンツ
バッハの丘［collis］[48]，グリーセンバッハ Grießenbach［Grizzenbach］[49]，
ノイハウゼン[50]，ライテン Leiten［Liten］[51]，ツィラタール[52]，ウルン
ス Vrns［Uderns］[53]，トゥルムビヒル Thurmbichl［Turrenbuhlen］[54]，シェー
ナウ Schönau［Sconnowe］[55]，ヴァル Wall［Walde］[56]，クーフシュタイ
ン Kufstein［Coufinstein］[57]，イーバーフィルツェン[58]，レンチュ Rentsch
［Runsche］[59]，ギルラン Girlan［Gurlan］[60]，ポンガウ Pongau［Bongve］[61]。
これら29箇所の所領からは，主に葡萄酒が貢租として徴収された。

---

(37) E. Noichl（Bearb.），Codex Falkensteinensis, Nr. 24.
(38) E. Noichl（Bearb.），Codex Falkensteinensis, Nr. 24.
(39) E. Noichl（Bearb.），Codex Falkensteinensis, Nr. 24.
(40) E. Noichl（Bearb.），Codex Falkensteinensis, Nr. 24.
(41) E. Noichl（Bearb.），Codex Falkensteinensis, Nr. 24.
(42) E. Noichl（Bearb.），Codex Falkensteinensis, Nr. 24, 26, 27.
(43) E. Noichl（Bearb.），Codex Falkensteinensis, Nr. 24.
(44) E. Noichl（Bearb.），Codex Falkensteinensis, Nr. 24.
(45) E. Noichl（Bearb），Codex Falkensteinensis, Nr. 24.
(46) E. Noichl（Bearb.），Codex Falkensteinensis, Nr. 24.
(47) E. Noichl（Bearb.），Codex Falkensteinensis, Nr. 24.
(48) E. Noichl（Bearb.），Codex Falkensteinensis, Nr. 24.
(49) E. Noichl（Bearb.），Codex Falkensteinensis, Nr. 24.
(50) E. Noichl（Bearb.），Codex Falkensteinensis, Nr. 24.
(51) E. Noichl（Bearb.），Codex Falkensteinensis, Nr. 24.
(52) E. Noichl（Bearb.），Codex Falkensteinensis, Nr. 24.
(53) E. Noichl（Bearb.），Codex Falkensteinensis, Nr. 24.
(54) E. Noichl（Bearb.），Codex Falkensteinensis, Nr. 24.
(55) E. Noichl（Bearb.），Codex Falkensteinensis, Nr. 25.
(56) E. Noichl（Bearb.），Codex Falkensteinensis, Nr. 25.
(57) E. Noichl（Bearb.），Codex Falkensteinensis, Nr. 25.
(58) E. Choichl（Bearb.），Codex Falkensteinensis, Nr. 25.
(59) E. Noichl（Bearb.），Codex Falkensteinensis, Nr. 28.
(60) E. Noichl（Bearb.），Codex Falkensteinensis, Nr. 28.
(61) E. Noichl（Bearb.），Codex Falkensteinensis, Nr. 34.

第3節　フォークタイないしフォークトとして保持する諸権利

すでに第2章で明らかにしたように，伯ジボトーのフォークタイ裁判権は流血裁判権と贖罪裁判権の二元主義的性格を内容とする高級裁判権ないし高級贖罪裁判権であったことを先ず確認しておきたい。ファルケンシュタイン伯はファルケンシュタイン城塞のグラーフシャフト＝アムト管区において，史料上判明する限りで四つの教会フォークタイを保持した。フリンツバッハの教会に対するフォークタイ，フリンツバッハの聖ペーター修道院に対するフォークタイ，エプスのフォークタイ，エルルのフォークタイがそれである。次にこれらのフォークタイについて順次考察してゆくことにしたい。

(a)　フリンツバッハの教会に対するフォークタイ

この教会フォークタイに関する史料は，上述第3章で言及したエーベルハルトとその息子たちによる伯ジボトー4世とその二人の息子たちへの所領の質入証書【史料20】(1168-1169年) である。フォークタイに関係する部分のみを摘記すれば，以下の通りである。

【史料20】(1168年8月4日から−1169年までの間の時期)

「エーベルハルト・フォン・マイザッハはその息子たちの誓約とともに，伯ジボトー・フォン・ノイブルクとその息子たち〔クーノとジボトー5世〕に，以下のような自由財産，つまりフリンツバッハとその他のオーバーフリンツバッハ及びミルビングで，既耕地と誓約者たちによって確認された土地ないし未耕地として保持した自由財産，及びこれらへのすべての付属物，またさらに同村落〔＝フリンツバッハ〕のゲルングの妻並びにその息子たち，並びにその小規模な自由財産，フリンツバッハ教会に対するフォークタイを……50タレントの金額と引き換えに質入した……」[62]。

フリンツバッハに存在する教会は唯一聖堂区教会たる聖マルティン教会 St. Martin であるから[63]，この史料に見えるフリンツバッハ教会とは，明らかにこの聖マルティン教会である。当教会の所領がいかなる村落に位置したのは，史料に記載がないので不明と言わざるをえない。ただし，少なくとも当教会が

---

(62)　E. Noichl (Bearb.), Codex Falkensteinensis, Nr. 134 a. 上述第3章第4節冒頭を参照。

(63)　Georg Dehio, Handbuch der deutschen Kunstdenkmäler, Bayern Ⅳ : München und Oberbayern, bearb. von H. Götz, H. Habel, K. Hemmeter, F. Kobler, M. Kühlenthal, K. Kratzsch, S. Lampl, M. Meier, W. Neu, G. Paula, A. Rauch, R. Schmid und F. Trenner, 3. aktual. Aufl., 2006, S. 313f.

第1篇　中世盛期バイエルンの貴族ファルケンシュタイン伯の城塞支配権

位置する村落フリンツバッハに当教会の所領が存在したことは間違いない。と
すると，この史料に言うフォークタイとは，少なくとも村落フリンツバッハの
当教会領とその教会従属民に対する権利ということになろう。この質入を通じ
てファルケンシュタイン伯は当教会と教会領に対するフォークタイ権力を固有
権に基づいて取得したことになる。

　この史料において付随的に注目されるのは，エーベルハルトがこのフォーク
タイ以外に，フリンツバッハ，オーバーフリンツバッハ及びミルビングの各地
に存在する自由財産たる土地，フリンツバッハの従属民一人とその自由財産を
も伯ジボトーに質入したことである。ファルケンシュタイン城塞は上述したよ
うに，村落フリンツバッハに位置するので，フリンツバッハとオーバーフリン
ツバッハに位置するエーベルハルトの財産は，言うまでもなくファルケンシュ
タイン城塞の至近距離に位置する。ミルビングもまたファルケンシュタイン城
塞から約2 kmと至近距離に位置する[64]。したがって，ファルケンシュタイ
ン伯は以後，自身の城塞の周囲に位置するエーベルハルトのフォークタイと自
由財産を質権に基づき固有権として支配運営することになったのである。この
ような質入は単に私法上の財産移転の意味をもつのに止まらず，質権が存続す
る限りで時限的にであるとはいえ，他の貴族の支配権の排除を意味する政治的
行為としても解釈される必要がある。エーベルハルトによる質入の対象が偶然
に城塞の周囲に位置したのではなく，ジボトー4世は明らかに，城塞の周囲に
位置するその他の貴族勢力の所領という自身にとっての危険要因を排除する目
的で，エーベルハルトとの間に質権設定契約を結んだものと解釈するのが当を
得ているように思われる。このような事例は「他の荘園領主の「所領を購入し
て追い出す」伯ジボトー1世〔＝4世〕の成功裏の努力を示している」とする
F・アンドレラングの指摘は，正に的を突いているものと評価されなくてはな
らない[65]。そもそも『ファルケンシュタイン証書集』を作成した動機は，ジ
ボトー4世がイタリア遠征の途次万が一ありうる自分の死後に全所領が未成年
の息子たちに無傷でそのまま継承されることを念願したことにあることも，そ
の証左となろう[66]。

---

(64)　Dumon Bildatlas Oberbayern zwischen Lech und Inn, 1. Aufl., 2010, S. 33 の地図を
　　　参照。
(65)　F. Andrelang (Bearb.), Landgericht Aibling , S. 172.
(66)　上述20，64頁。

136

第 4 章　ファルケンシュタインの城塞支配権

（b）　フリンツバッハの聖ペーター修道院に対するフォークタイ

　このフォークタイをファルケンシュタイン伯はフライジング司教からレーエンとして保有した。これに関する史料は，すでに第 2 章で示した伯のレーエン目録【史料 9】（1166 年夏）に見える「〔18〕フライジング司教から聖ペーター修道院に対するフォークタイを保有する」という記述である[67]。聖ペーター修道院は 1130 年頃に，ファルケンシュタイン伯によりファルケンシュタイン領域，アウアーブルク Auerburg 領域つまりオーバーアウドルフ領域，ブランンブルク Brannenburg 領域のこの伯の影響圏内にある所領による基本財産の寄進を通じて建立された[68]。聖ペーター修道院は上述したヴァイアルン修道院と同様，ノイブルク＝ファルケンシュタイン家系が建立者として世襲フォークタイを行使する家修道院（私有修道院）であった[69]。1130 年頃という建立年代は，1099-1133 年に生存したことが判明しているルードルフが建立者であることを推定させる。建設後，この建立者の息子ジボトー 4 世は 1163 年に，世襲フォークタイを自らがレーエンとして保有することを留保条件として，この修道院をフライジング司教に譲与しかつこれを改めて同司教からレーエンとして授封された[70]。フライジング司教によるこの世襲フォークタイの授封に関する史料の記述は次の通りである。

【史料 23】（1163 年）

In nomine sanctae & individue Trinitatis. Albertus Dei gratia Frisingensis Ecclesiae Episcopus. ……. Inde est quod nos quoque eam quae circa cellam sancti Petri in monte Maderano sitam, a nobili viro Sigebotone Comite facta est, traditionem & mutuam pactionem, praesenti scripto curauimus annotare. Praefatus siquidem Comes pro remedio animae suae omniumque parentum suorum, quicquid proprietatis seu iuris in eodem monte vel in praefata cella habere videbatur, ………., delegauit, cum omnibus ad eundem locum rite pertinentibus, ac prediis quae sua propria familia praenominatae cellae iam tradidit. …… Porro ……. Comes Sigiboto quod vixerit seu de manu nostra seu

---

(67)　Noichl（Bearb.）, Codex Falkensteinensis, Nr. 2. 上述第 2 章第 4 節(1)を参照。

(68)　HHSD Bd. Ⅶ, S. 657. ファルケンシュタイン領域が伯の支配領域に属することは言うまでもなく，アウアーブルク＝オーバーアウドルフが伯の支配領域に属することについて HHSD, Bd. Ⅶ : Bayern, hrsg. von K. Bosl, 3. Aufl., 1961, S. 42, ブランンブルクがファルケンシュタイン伯の影響圏に属することについて ebenda, S. 105 を参照。

(69)　W. Rösener, Codex Falkensteinensis, S. 50.

(70)　HHSD, Bd. Ⅶ, S. 657 ; E. Noichl（Bearb.）, Codex Falkensteinensis, Vorbemerkung zu Nr. 2, S. 5.

137

第 1 篇　中世盛期バイエルンの貴族ファルケンシュタイン伯の城塞支配権

nostrorum successorum susceptam ……. ministret idemque in prole sua quae
per masculinum sexum ab illo recta linea descenderit, obseruandum decernimus,
videlicet vt iure successionis eandem teneant aduocatiam ita tamen vt iuxta
officium suum ita bonis prouideant, malos coherceant, ne in extremo examine
aeterni iudicij poenas luant ………〔神聖にして不可分の三位一体の名におい
て。神の恩寵によるフライジング教会の司教アルバート。……それ故に朕がマド
ロン山に所在する聖ペーター修道院に関して貴族たる伯ジボトーによってなされ
た譲渡と相互の契約を本証書により承認するよう意を用いたのは，根拠があるこ
とである。さらに，上記の伯は彼と彼のすべての祖先の魂の救いのために，その
山または上記の修道院において所有すると見なされたあらゆる所有物ないし権利
を，……当該の場所に適法に属するすべてのものとともに，また彼自身の家族が
上記の修道院にすでに譲渡した自由財産とともに譲与した。他方で……伯ジボトー
は生きている限り，あるいは朕の手からあるいは朕の継承者の手から受取った
〔フォークタイ〕を……司るものとし，また同時に男系を通じて同人から適法な家
系から生まれたその子孫の中で維持されるべきことを朕は定める。すなわち，〔彼
らは〕相続権に基づいて同フォークタイを保有するが，しかし最後の審判で永遠
の懲罰の罪を受けることがないよう，職務に従って〔聖ペーター修道院の〕所領を
保護する手段を講じ，悪を懲らしめるという条件によってである〕(下線＝著者)[71].

この史料の下線部から，伯ジボトー4世は従来自分の系系の家修道院（私有
修道院）であった聖ペーター修道院並びに，この修道院とマドロン山において
所有するすべての所有物と権利，さらにこの修道院とマドロン山のすべての付
属物，延いては修道院の所領をフライジング教会に寄進譲渡したこと，その上
でこの修道院に対する伯ジボトー4世の家系の世襲フォークタイのみをフライ
ジング司教からレーエンとして再び授封されたことが明らかとなる。これ以後，
聖ペーター修道院に対するジボトーの権利は，この修道院と修道院領に対する
フォークタイ権力のみとなるが，しかしこれは特にフォークタイ裁判権という
罰令権力を含むという意味で無視しえない権力なのである。また，上記のよう
に，この修道院領は元来，建立時にジボトー4世の父親により自身の支配領域
や影響圏に属する寄進財産から構成されていた。これら上記の寄進財産が位置
した，アウアーブルク＝オーバーアウドルフ領域，ブラネンブルク領域，ファ
ルケンシュタイン領域からファルケンシュタイン城塞までの距離は，それぞれ
北西へ約 8 km，北西へ約 4 km と至近距離である[72]。したがって，元来，聖

---

(71) Wiguläus Hund, Metropolis Saliburgensis, S. 97.

(72) Dumon Bildatlas Oberbayern zwischen Lech und Inn, S. 33 の地図を参照。ファル
　　ケンシュタイン領域はファルケンシュタイン城塞の至近距離に位置すると判断してよ

138

第 4 章　ファルケンシュタインの城塞支配権

ペーター修道院領はファルケンシュタイン城塞の周囲に位置し城主の支配権が
行使される城塞付属物であったといわなければならない。「修道院はヴァイア
ルンとマドロン山の聖ペーターの場合に，城塞支配権の一部と見なされた」と
いう F・アンドレラングの指摘もその証左となろう[73]。1163 年フライジング
教会への聖ペーター修道院の寄進後は，ジボトー 4 世はファルケンシュタイン
城塞を根拠地としつつ，このような修道院領とその従属民に対しフォークタイ
裁判権を始めとするフォークタイ権力を行使し，これがまたジボトー 4 世の城
塞支配権の一部を構成したのである。

（c）エプスのフォークタイ，エルルのフォークタイ

この両フォークタイは，第 2 章で言及した伯ジボトー，2 人の息子クー
ノとジボトー 5 世の三者の間で行われたファルケンシュタイン伯家の自由
財産の分割に関する証書（1185 年頃 -1189 年）に，Hec sunt bona, que Ego
Niwinburgensis comes Siboto filio meo Sibotoni in hereditatis participatione
…. tradidi : …… advocatia …… in Ebisi et in Oerlan〔以下のものが，余ノイ
ブルクの伯ジボトー〔4 世〕が余の息子ジボトー〔5 世〕に，自由財産の分
割により，……譲渡した財産である。すなわち，……エプスとエルルのフォー
クタイである〕（下線＝著者）と記述されているにすぎず，その詳細は不明であ
る[74]。そのために，ファルケンシュタイン伯はエプスとエルルの教会とその
所領に対して，少なくともフォークタイ裁判権その他のフォークタイ権力を行
使したと言いうるに止まる。とはいえ，位置関係に関して，エルルとエプスは
各々ファルケンシュタイン城塞から南東へ約 6 km，南東へ約 10.5 km と比較
的近い地点に位置し，しかもファルケンシュタイン伯の自由財産であるだけに
なおのこと，ファルケンシュタインの城塞支配権の一部を構成したと推測して
差支えない筈である[75]。

───────────────

　　い筈である。

(73)　F. Andrelang (Bearb.), Landgericht Aibling, S. 62.

(74)　E. Noichl (Bearb.), Codex Falkensteinensis, Nr. 167. 上述第 2 章第 1 節 51 頁及び同
　　所註(29)も参照。

(75)　エルル，エプスとファルケンシュタイン城塞の位置関係に関して，Der Große
　　ADAC AutoAtlas Deutschland/Europa 2012/2013, S. 280 C1 を参照。

139

第1篇　中世盛期バイエルンの貴族ファルケンシュタイン伯の城塞支配権

第4節　伯として保持する裁判権

　最初に，ファルケンシュタインの城塞区，ないしこの城塞を中核とする伯の支配区は officium〔アムト〕，prepositurae〔伯代理管区〕，urbs〔シャテルニー＝城主支配領域〕，cometia（comicia）〔グラーフシャフト〕等の用語で呼ばれ，伯の高級裁判権（流血裁判権と高級贖罪裁判権）が行使されるラント裁判区であったことを再度確認しておきたい。しかし，この裁判区の裁判組織を史料に即して明らかにすることはできず，裁判の開催場所も判明していない[76]。

　ファルケンシュタインの城塞区の裁判権に関する上記の確認を前提として，ここでは，ロイケンタール Leukental のグラーフシャフトに対する裁判権を考察することとするが，このグラーフシャフトは領域的にファルケンシュタイン城塞を中核とするグラーフシャフト・ファルケンシュタインの中に位置するのではなく，歴史的由来を異にするこれとは別個のグラーフシャフトである。位置に関して言えば，ファルケンシュタイン城塞とそのグラーフシャフトはイン河左岸領域に位置するのに対して，ロイケンタールのグラーフシャフトは，後述するように，ファルケンシュタイン城塞から程遠からぬイン河右岸領域に位置する。それにもかかわらずファルケンシュタインの城塞支配権に属するのは，グラーフシャフト・ファルケンシュタインのアムトマン＝伯代理 prepositus がイン河右岸領域の所領をも管轄下に置いていたためである。これに関して，F・アンドレラングは「城塞支配圏 Burgherrschaft ファルケンシュタイン以外に，イン河の右岸流域の所領とイン河下流峡谷の散在所領もまた，アウドルフの役所の管轄下に置かれた」と述べている[77]。なおグラーフシャフト・ファルケンシュタインのアムトマンの役所はファルケンシュタイン城塞そのものにではなく，ここから南南東へ約 8 km 地点のイン河左岸アウドルフに置かれていた[78]。歴史的由来に関して，ロイケンタールのグラーフシャフトはすでに第2章で言及したファルケンシュタイン伯のレーエン目録，【史料9】（1166 年夏）に，「〔11〕バイエルン大公からロイケンタールのグラーフシャフト cometia を保有する」[79]と記述されている。

---

(76)　Historischer Atlas von Bayern. Teil Altbayern, Heft 38 : Rosenheim, bearb. von G. Diepolder, R. van Dülmen, A. Sandberger, 1978, S. 246f.

(77)　F. Andrelang (Bearb.), Landgericht Aibling, S. 172.

(78)　F. Andrelang (Bearb.), Landgericht Aibling, S. 171. G. Umlauf, Grund und Boden, S. 74f. もまたロイケンタールの多数の所領がグラーフシャフト・ファルケンシュタインに割り当てられていたことを指摘する。

140

第 4 章　ファルケンシュタインの城塞支配権

　このように，このグラーフシャフトはバイエルン大公から与えられたレーエンなのであった。恐らくこの理由により，ロイケンタールのグラーフシャフトはグラーフシャフト・ファルケンシュタインの外部に位置したのであろう。次に，cometia の語は，同じく本篇第 2 章ですでに述べたように，ラント裁判権ないし伯の高級裁判権（流血裁判権と高級贖罪裁判権）が行使される高級裁判区＝ラント裁判区を意味することを改めて確認しておきたい。

　本篇の関心から見て重要なことは，このロイケンタールのグラーフシャフトに属する村落である。このグラーフシャフトに関する言及は『CF 証書集』の中では，他に，伯ジボトー，二人の息子クーノとジボトー 5 世の三者間で行われた伯家系の自由財産の分割に関する上述した証書（1185 年頃 – 1189 年）において，ジボトー 5 世に comitiam in Livchintal〔ロイケンタールのグラーフシャフトを〕譲渡した旨の記述として現れるにすぎず[80]，これに属する村落に関する記述は見当たらない。しかし，この問題に関し『CF 証書集』の編集者E・ノイヒルによれば，「ロイケンタールはおおよそ後代のラント裁判区キッツビューエル Kitzbühel の領域を包括する」という[81]。そこで次に，この後代のラント裁判区キッツビューエルを構成する村落を見てみるならば，それはアーヘ Ache 川の両岸に位置する次の 11 の村落である[82]。

アウラッハ・バイ・キッツビューエル Aurach bei Kitzbühel，ゴーイング・アム・ヴィルデン・カイザー Going am Wilden Kaiser，ザンクト・ヨーハン St Johann，ヨッホベルク Jochberg，キルヒベルク・イン・ティロール Kirchberg in Tirol，キッツビューエル，ケッセン Kössen，オーベルンドルフ Oberndorf・イン・ティロール，ライト Reith・バイ・キッツビューエル，シュヴェント Schwendt，ヴァルトリング Waldring[83]。

---

(79)　E. Noichl（Bearb.），Codex Falkensteinensis, Nr. 2. 上述第 1 章第 2 節の冒頭を参照。

(80)　E. Noichl（Bearb.），Codex Falkensteinensis, Nr. 167. 上述 139 頁も参照

(81)　E. Noichl（Bearb.），Codex Falkensteinensis, Vorbemerkung zu Nr. 133, S. 100. さらに，「ロイケンタールはほぼ後の時代のラント裁判区キッツビューエル/ティロール Kitzbühel/Tirol の領域に」〔ある〕（Dies., a. a. O., Orts-und Personenverzeichnis, S. 227）。

(82)　これらの村落がアーヘ川の両岸に位置することに関し，K. H. Ritter von Lang, Bayerns alte Grafschaften und Gebiete als Fortsetzung von Bayerns Gauen, S. 49 を参照。

(83)　W. Beimrohr, Die Gemeinden und Ortschaften Tirols und ihre Einwohnerzahlen 1817, Tiroler Landesarchiv 2010, S. 17 ; Österreichische Akademie der Wissenschaften: Historisches Ortslexikon. Statistische Dokumentation zur Bevölkerungs-und Siedlungsgeschichte. Tirol. Datenbestand. 30. Juni 2011, S. 8.

141

第1篇　中世盛期バイエルンの貴族ファルケンシュタイン伯の城塞支配権

したがって，ファルケンシュタイン伯はファルケンシュタイン城塞を中心と
して，自身のグルントヘルシャフトならぬロイケンタールのグラーフシャフトの
上記11の諸村落に対しても，伯として特に高級裁判権（流血裁判権と高級贖罪
裁判権）を行使したことは疑いないものと結論される。

第5節　小　　括

　ファルケンシュタインの城塞支配権に関するこれまでの検討から得られた事
柄を整理することにしたい。先ず，ファルケンシュタイン城塞の周囲に点在
する四つの村落に合計九つのフローンホーフが存在し，これらの村落に対し
てファルケンシュタイン伯はグルントヘルシャフト（荘園支配権）を行使した。
また beneficium と呼ばれる貸与地1，predium と呼ばれる自由財産が九つの
村落に9，家畜飼育農場が五つの村落に25，その他所領の種類の記載を伴わ
ない所領が29の村落に29箇所存在した。したがって，ファルケンシュタイン
伯は九つのフローンホーフ以外に，貢租を徴収する所領を44の村落に64箇所
所有したという結果が得られた。

　次に，ファルケンシュタイン伯はこれらのグルントヘルシャフトと所領の枠
組を超えて，さらに四つの教会，つまりフリンツバッハの聖堂区教会聖マル
ティン並びに聖ペーター修道院，エプスの教会とエルルの教会とその教会領に
対しフォークタイ権力を行使した。フォークタイ権力，特にフォークタイ裁判
権はグルントヘルシャフトとその従属農民ではなく，その枠組を超えてファル
ケンシュタイン伯のフォークタイ的保護権力に服する従属民（フォークトホル
デ Vogtholde）に行使される権力であり，優れて罰令権権力であると言わなけ
ればならない。ファルケンシュタイン伯のフォークタイ裁判権は高級裁判権
（流血裁判権と高級贖罪裁判権）であった。

　それ以外の裁判権に関し，ファルケンシュタインの城塞区，またはこの城
塞を中核とする伯の支配区（officium〔アムト〕，prepositura〔伯代理管区〕，urbs
〔シャテルニー＝城主支配領域〕，cometia（comicia）〔グラーフシャフト〕，ラント裁
判区）自体において，伯の高級裁判権（流血裁判権と高級贖罪裁判権）が行使さ
れたが，他方で，ファルケンシュタインの城塞区には領域的に一応別個の，歴
史的由来を異にはするがしかしこの城塞から程遠からぬ位置に，ロイケンター
ルのグラーフシャフト cometia が付属し，ファルケンシュタイン城塞から近傍
のアウドルフに所在するグラーフシャフト・ファルケンシュタインのアムトマ

142

第4章　ファルケンシュタインの城塞支配権

ン＝伯代理（prepositus）の管轄下に置かれた。ロイケンタールのグラーフシャフトには合計11の村落が付属し，これらの村落に対しファルケンシュタイン家は伯として特に高級裁判権（流血裁判権と高級贖罪裁判権）を行使した。このグラーフシャフトもまたグラーフシャフト・ファルケンシュタインの一部，ないしファルケンシュタインの城塞支配権の一部を構成したものと理解されると言わなければならない。この章の結論として，以上検討したグルントヘルシャフト，四つの教会と教会領に対するフォークタイ権力ないしフォークタイ裁判権，グラーフシャフト・ファルケンシュタイン自体において行使された伯として保持する高級裁判権（流血裁判権と高級贖罪裁判権）はファルケンシュタイン城塞を中心としつつ，ここから行使された。したがって，これらの支配的権利は全体として相俟って，ファルケンシュタインの城塞支配権，換言すればファルケンシュタイン城塞のシャテルニーを構成していたのである。また，エーベルハルト・フォン・マイザッハからの質入によるフォークタイとその他の自由財産たる土地の取得の例が示すように，ファルケンシュタイン伯は城塞の周囲に位置して危険要因となる虞があるその他の貴族を追い出し，またこれに基づいて城塞支配権＝シャテルニー内部の一体的纏まりをも創り出すことに努めていたことは，特筆に値する重要性をもつと言ってよい。最後に，ファルケンシュタインによるこの努力を示すもう一つの例を取り上げて，本章の締め括りとすることにしたい。1170年代中葉にジボトー4世の兄弟ヘラント2世の寡婦ゾフィーア・フォン・フォーブルクが，ジボトー4世に行った質入がそれである。夫ヘラント2世が三人の子どもを遺し1155年に死亡した後，ゾフィーアが亡き夫の家系の長となり，法律行為の当事者として現れることになったのである。この質入に関する史料は次の通りである。

【史料24】（1175年頃−1176年3月12日）

Domina Sophya impignoravit comiti Sibotoni curtem in superiori Phlinspach pro Ⅲ talentis Ratiponensis monete et X talentis Munechare et XXX denariis〔女主人ゾフィーアは伯ジボトー〔4世〕にオーバーフリンツバッハのフローンホーフをレーゲンスブルクのプフェニッヒ貨幣で3タレントとミュンヘンのプフェニッヒ貨幣で10タレント，及び10プフェニッヒと引き換えで質入した〕[84]．

この史料もまた，たとえその他の貴族支配権が弟のヘラントの家系のものであるとはいえ，オーバーフリンツバッハというファルケンシュタイン城塞周囲

_____

(84)　E. Noichl (Bearb.), Codex Falkensteinensis, Nr. 149.

143

第1篇　中世盛期バイエルンの貴族ファルケンシュタイン伯の城塞支配権

の土地に位置する他家の貴族支配権を可能な限り自身の家系のために除去しようとする伯ジボトーの目論見を示しているのである。

図10　ファルケンシュタインの城塞支配権（シャテルニー）Ⅰ

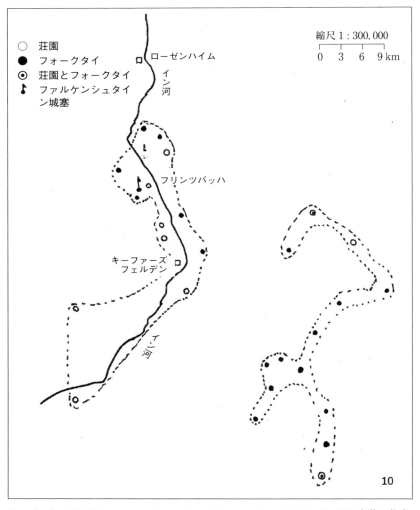

Der Große ADAC AutoAtlas Deutschland/Europa, 2012/2013, S. 267-268 を基に作成

144

第 4 章　ファルケンシュタインの城塞支配権

図 11　ファルケンシュタインの城塞支配権（シャテルニー）Ⅱ

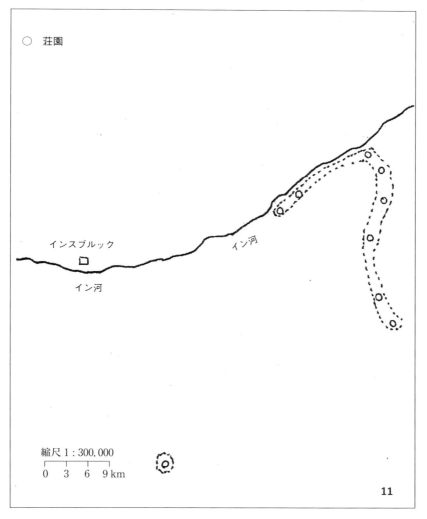

Der Große ADAC AutoAtlas Deutschland/Europa, 2012/2013, S. 279 を基に作成

第5章　ハルトマンスベルクの城塞支配権

第1節　はじめに

　ハルトマンスベルク城塞は，すでに述べたように，キーム湖の北西部，ゲマインデ・ヘムホーフに位置した[1]。またこの城塞はシュロス湖とラングビュルガー湖の二つの湖の間に位置する水城であった[2]。

　建設の事情と年代について詳細な事柄は分かっていないが，少なくとも伯ジボトー4世の母方の祖父，つまり1133年ヴァイアルン修道院を建立したヴァイアルン＝ノイブルク家系のジボトー2世がこの城塞を取得したことが明らかにされている[3]。このジボトー2世は1113/21年にテガーンゼー修道院のフォークトであり，1136年に死亡したことも判明しているので[4]，ハルトマンスベルク城塞を取得または建設した時代は1136年よりも前の時期であったと推定してよい筈である。西部キームガウ Chiemgau でこの城塞の周囲に散在する大規模な所領がヴァイアルン＝ノイブルク家系に帰属していた[5]。この城塞とその周囲の所領がジボトー2世の女性相続人ゲルトルートと＝ヘルンシュタイン家系のルードルフとの婚姻を通じて，この夫妻の息子たち，特にジボトー4世に伝えられたのである[6]。

第2節　グルントヘルシャフト

　最初に，ここでも，第2章第1節で明らかとなった事柄のうち，ハルトマンスベルクの城塞区に関して明らかとなった基本的な事柄を改めて確認して

---

(1)　第3章第4節115頁及び同所註(157)を参照。

(2)　K. Ramp, Studien zur Grundherrschaft；E. Noichl（Bearb.）, Codex Falkensteinensis, S. 30*. また前註を参照。

(3)　F. Andrelang（Bearb.）, Landgericht Aibling, S. 168. さらにヴァイアルン修道院の建立に関し，上述第1章第3節31頁以下，94-97頁，第3章第3節(a)を参照。

(4)　上述第1章第2節30-31頁。

(5)　W. Rösener, Beobachtungen zur Grundherrschaft, S. 123 f.

(6)　ゲルトルートとルードルフ夫妻の間に，ジボトー4世とヘラント2世（1155年死亡）の2人の息子がいたことに関し，上述第1章第3節2の冒頭を参照。

第1篇　中世盛期バイエルンの貴族ファルケンシュタイン伯の城塞支配権

おきたい。つまり，ハルトマンスベルクの城塞区あるいはこの城塞を中核とする伯の支配区は史料上 officium/Amt〔アムト〕，procuratio〔フォークタイ管区またはフォークト管区〕，urbs〔シャテルニー＝城主支配領域〕，cometia（comicia）〔グラーフシャフト〕等の用語で呼ばれると同時に[(7)]，この支配区は伯の高級裁判権（流血裁判権と高級贖罪裁判権）が行使されるラント裁判区であった[(8)]。またこの支配区における管理人，つまり伯の役人は procurator〔フォークト〕と呼ばれた[(9)]。

　次に，ハルトマンスベルクのグラーフシャフト＝アムト＝城塞区において，貢租を提供した村落をフローンホーフ（curia, curtis, villa）が存在した村落，その他何らかの耕地が存在した村落，水車が存在した村落，森林が存在した村落，家畜飼育農場が存在した村落，その他の所領が存在した村落に区別して示すことにしたい。

　（1）　フローンホーフ＝ヴィリカツィオーンが存在した村落

　オービング Obing［Obingen］で curia Odalrici〔オダルリッヒのフローンホーフ〕[(10)]と secunda curia〔第二のフローンホーフ〕[(11)]の二箇所，ショーンステット Schonstett［Sconstetten］で curia[(12)]，シュトックハム Stockham［Stochaim］で curia[(13)]，ヴァインガルテン Weingarten［Wingart］で curtis[(14)]，ロイトハム Roitham［Riutheim］で villa〔フローンホーフ〕と alia villa〔他方のフローンホーフ〕の二箇所[(15)]，シュテーファンスキルヘン Stephanskirchen［Stephenskirchen］[(16)]で curia，ショーンステット Schonstett［Sconstetten］で duae curiae〔二つのフローンホーフ〕[(17)]。したがって，ファルケンシュタイン伯のフローンホーフは六つの村落に合計10箇所存在したことになる。

---

(7)　上述第2章第1節を参照。
(8)　上述第3章第4節を参照。
(9)　上述第3章第3節(a)を参照。
(10)　E. Noichl (Bearb.), Codex Falkensteinensis, Nr. 65.
(11)　E. Noichl (Bearb.), Codex Falkensteinensis, Nr. 66.
(12)　E. Noichl (Bearb.), Codex Falkensteinensis, Nr. 58.
(13)　E. Noichl (Bearb.), Codex Falkensteinensis, Nr. 59.
(14)　E. Noichl (Bearb.), Codex Falkensteinensis, Nr. 62.
(15)　E. Noichl (Bearb.), Codex Falkensteinensis, Nr. 67.
(16)　E. Noichl (bearb.), Codex Falkensteinensis, Nr. 68.
(17)　E. Noichl (Bearb.), Codex Falkensteinensis, Nr. 78.

(2) その他何らかの耕地が存在した村落

『ファルケンシュタイン証書集』の中で，これらの耕地について財産形態が
記されていない。ケステンドルフ Köstendorf [Chessendorf][18]，ゼーヴァルヘ
ン Seewalchen[Sewalhen][19]，アカースドルフ Ackersdorf[Oeckerstorf][20]，
アインリング Ainring [Einheringen][21]，タウエルンハウゼン Thauernhau-
sen [Turnhusen][22]，ヘムホーフ Hemhof [Hemmenhofen][23]，オービン
グ[24]，イルルハム Irlham [Herleheim][25]，シュテーファンスキルヘン[26]，
フェムバッハ Fembach[Uendenbach][27]，キツィング Kitzing[Chizzingen][28]，
エクシュテット Eggstätt [Ekksteten][29]，ラウターバッハ Lauterbach [Liu-
terenbach][30]，ラツェンベルク Razenberge [Razenberge][31]，ショーン
ステット(beneficium 貸与地)[32]，アカースドルフ [Otkersdorf][33]，コルビン
グ Kolbing [Chulbingen][34]，フープ Hub [Hoube][35]，ツィルハム Zillham
[Cillenheim][36]，バイアーバッハ Baierbach [Biberbach][37]，ヴォルケリン
グ Wolkering [Wolflkering][38]，イルルハム[39]，ゼーヴァルヘン（1/2 マンス
ス）[40]，タウエルンハウゼン[41]，コルビング[42]，オービング[43]。

---

(18) E. Noichl (Bearb.), Codex Falkensteinensis, Nr. 44.
(19) E. Noichl (Bearb.), Codex Falkensteinensis, Nr. 45.
(20) E. Noichl (Bearb.), Codex Falkensteinensis, Nr. 46.
(21) E. Noichl (Bearb.), Codex Falkensteinensis, Nr. 47.
(22) E. Noichl (Bearb.), Codex Falkensteinensis, Nr. 48.
(23) E. Noichl (Bearb.), Codex Falkensteinensis, Nr. 49.
(24) E. Noichl (Bearb.), Codex Falkensteinensis, Nr. 50.
(25) E. Noichl (Bearb.), Codex Falkensteinensis, Nr. 51.
(26) E. Noichl (Bearb.), Codex Falkensteinensis, Nr. 52.
(27) E. Noichl (Bearb.), Codex Falkensteinensis, Nr. 53.
(28) E. Noichl (Bearb.), Codex Falkensteinensis, Nr. 54.
(29) E. Noichl (Bearb.), Codex Falkensteinensis, Nr. 56.
(30) E. Noichl (Bearb.), Codex Falkensteinensis, Nr. 57.
(31) E. Noichl (Bearb.), Codex Falkensteinensis, Nr. 61.
(32) E. Noichl (Bearb.), Codex Falkensteinensis, Nr. 64.
(33) E. Noichl (Bearb.), Codex Falkensteinensis, Nr. 69.
(34) E. Noichl (Bearb.), Codex Falkensteinensis, Nr. 70.
(35) E. Noichl (Bearb.), Codex Falkensteinensis, Nr. 71.
(36) E. Noichl (Bearb.), Codex Falkensteinensis, Nr. 78.
(37) E. Noichl (Bearb.), Codex Falkensteinensis, Nr. 78.
(38) E. Noichl (Bearb.), Codex Falkensteinensis, Nr. 78.
(39) E. Noichl (Bearb.), Codex Falkensteinensis, Nr. 78.
(40) E. Noichl (Bearb.), Codex Falkensteinensis, Nr. 78.

第1篇　中世盛期バイエルンの貴族ファルケンシュタイン伯の城塞支配権

以上 21 の村落に 26 の所領が存在したことになる。

(3)　水車が存在した村落

ショーンステット[44]，アントヴォルト Antwort［Antwort］[45]，アカースドルフ[46]，フープ[47]，ショーンステット[48]。したがって，水車は四つの村落に五台あったことになる。

(4)　森林が存在した村落

タウエルンハウゼン[49]。

(5)　家畜飼育農場が存在した村落

ゼーヴァルヘン，フェムバッハ，ゾネリング Sonnering［Sundheringen］，シュリヒト Schlicht［Slihte］[50]の四つの村落。

(6)　その他の所領が存在した村落

ハルトマンスベルク城塞の下［sub urbe Hademarsperch］（釣り場 piscaria ＝漁業権）[51]，エクシュテット[52]（釣り場 piscaria ＝漁業権），ロイトハム（葡萄畑）[53]，ヴァヘンドルフ（葡萄畑）Vachendorf［Uohendorf］[54]。

　したがって，ファルケンシュタイン伯はハルトマンスベルクのグラーフシャフト＝アムト＝城塞区において，フローンホーフ 10，その他何らかの耕地 26，水車 5，森林 1，家畜飼育農場 4，その他の所領 4 を領有したことになる。これらのうち，特に水車は周辺の農民に対する使用強制権，森林は伯の森林罰令権，釣り場は同じく伯の漁業独占権の形で，いずれもグルントヘルたる伯の罰

---

(41)　E. Noichl (Bearb.), Codex Falkensteinensis, Nr. 78.

(42)　E. Noichl (Bearb.), Codex Falkensteinensis, Nr. 78.

(43)　E. Noichl (Bearb.), Codex Falkensteinensis, Nr. 162.

(44)　E. Noichl (Bearb.), Codex Falkensteinensis, Nr. 58.

(45)　E. Noichl (Bearb.), Codex Falkensteinensis, Nr. 60.

(46)　E. Noichl (Bearb.), Codex Falkensteinensis, Nr. 69.

(47)　E. Noichl (Bearb.), Codex Falkensteinensis, Nr. 71.

(48)　E. Noichl (Bearb.), Codex Falkensteinensis, Nr. 78 .

(49)　E. Noichl (Bearb.), Codex Falkensteinensis, Nr. 48.

(50)　以上すべての村落に関し E. Noichl (Bearb.), Codex Falkensteinensis, Nr. 76 を参照。

(51)　E. Noichl (Bearb.), Codex Falkensteinensis, Nr. 77.

(52)　E. Noichl (Bearb.), Codex Falkensteinensis, Nr. 77.

(53)　E. Noichl (Bearb.), Codex Falkensteinensis, Nr. 79.

(54)　E. Noichl (Bearb.), Codex Falkensteinensis, Nr. 79.

第5章　ハルトマンスベルクの城塞支配権

令権（バン権）行使の対象となる筈である。この罰令権を，すでに第三章第二
節末尾で言及したバン・グルントヘルシャフトとして捉えることができると言
わなければならない[55]。以上の所領から提供された貢租は以下の通りである。

　豚，鷲鳥，鶏，小麦，ライ麦，大麦，カラス麦，インゲン豆，豌豆，蕪類，
青物，豆果，卵，雄羊，黍，皮，チーズ，亜麻，塩，葡萄酒，貨幣[56]。

　なお注目すべきことは，上記(1)と(2)に合計三度現れるオービングが12世紀
に市場に昇格していたと推定されることである[57]。オービングが市場の地位
を占めたことは，伯ジボトー4世が de denariis ex hoc officio pertinentibus
〔この〔＝ハルトマンスベルクの〕アムトに関して，付属するプフェニッヒ
について〕記述する証書（1166年夏）のなかで，De foro ad Obingen ⅩⅩⅩ
denarios〔オービングの市場から30プフェニッヒを〕受領したという文言よ
り明らかになる[58]。オービングの市場から伯の市場開設権に基づく税（市場
税）がハルトマンスベルクのアムトに収益として納められたのである。この
オービングの市場はグルントヘルたるファルケンシュタイン伯の市場であっ
た。つまりこの市場はグルントヘルが必要とする物品の調達に役立てられた
だけでなく，市場で余剰生産物もまた売りに出されたのである[59]。ファルケ
ンシュタイン伯のグルントヘルシャフトは経済的有機体（封鎖的家経済）では
なく，その生産物は多様であったにもかかわらず，すべての要求を満たすのに
十分ではなかった。物品は外部から購入せざるをえなかった。特に欠如してい
た物品は，照明や典礼の儀式のために必要な油であった。亜麻，麻，芥子を搾
る方法で独自に油を得ることも可能であったが，需要の全体を充足するのに十
分ではなかった。そのために必要な原材料（亜麻の種等）の生産量が十分では
なかったためである。不足分の油の補充は市場で，チーズや牛皮と交換で行わ
れた。チーズと牛皮はグルントヘルシャフト＝フローンホーフの従属民により，
特に油の購入を目的にグルントヘルに納められた。次に，グルントヘルシャフ
ト内部の従属民相互間で，さらにグルントヘルと外部の者との一般的取引の

(55)　バン・グルントヘルシャフトに関し，第3章第2節93頁を参照。

(56)　E. Noichl（Bearb.），Codex Falkensteinensis, Nr. 44-79, Nr. 162.

(57)　Historischer Atlas von Bayern. Teil Altbayern, Heft 15 : Landgericht Wasserburg
　　und Kling, bearb. von T. Burkard, 1965, S. 94.

(58)　E. Noichl（Bearb.），Codex Falkensteinensis, Nr.78. T・ブルカルトもまた本文の
　　史料に基づき，オービングの市場への昇格を推論している。T. Burkard（Bearb.），
　　Landgericht Wasserburg und Kling S. 94.

(59)　K. Ramp, Studien zur Grundherrschaft, S. 47f.

151

第1篇　中世盛期バイエルンの貴族ファルケンシュタイン伯の城塞支配権

側面で，度量衡の統一性は保たれていなかった(60)。この混乱した状況の中で，市場領主は公的な度量衡に従った測定がなされ，また見積もりが行われることに配慮しかつこれに重きを置かなくてはならなかった。要するに，ファルケンシュタイン伯は市場領主として度量衡を監督する権利義務をもったのである。したがって，ファルケンシュタイン伯はオービングの市場領主として市場開設権と度量衡監督権を保持したと推定される。またこれらの権利は改めて言うまでもなく，ファルケンシュタイン伯がグルントヘルとして有する権利ではない。市場開設権はレガーリエン，度量衡監督権はポリツァイ権力であり，いずれもファルケンシュタイン伯のグルントヘルシャフト＝フローンホーフの従属農民だけでなく，それ以外の人々（とりわけ商人）にも行使された権利である。

第3節　フォークタイないしフォークトとして保持する諸権利

　ハルトマンスベルク領域においてファルケンシュタイン伯が保持したフォークタイはザルツブルク大司教から授封されたレーエンである。このフォークタイに関する史料は，第2章第2節2(1)で掲げたファルケンシュタイン伯が保有するレーエンの目録【史料9】（1166年夏）である。フォークタイに関する部分を再現するならば，次の通りである。

【史料9】（1166年夏）
〔14〕Ab episcopo Ivuauensi habet tres advocatias, unam super preposituram claustri Chiemsee, alteram super ipsius episcopi bona circum ibidem iacentia, terciam super preposituram claustri Wiare〔ザルツブルク大司教から三つのフォークタイ，つまり〔ヘレン〕キームゼー修道院の上級ホーフ［prepositura］に対する一つ目のフォークタイ，同地の近くに位置する同大司教の所領に対する二つ目のフォークタイ，ヴァイアルン修道院の上級ホーフ［prepositura］に対する三つ目のフォークタイを保有する〕(61).

　この記述によれば，ファルケンシュタイン伯はザルツブルク大司教からヘレンキームゼー修道院の上級ホーフ〔＝複数のフローンホーフ団体の統一体〕に対するフォークタイ，この修道院の近くに所在する大司教の所領に対する

---

(60)　K. Ramp, Studien zur Grundherrschaft, S. 48ff.
(61)　E. Noichl（Bearb.）, Codex Falkensteinensis, Nr. 2, S. 7. さらに，この史料に見えるキームゼー修道院とは，ヘレンキームゼーの男子修道院 Herrenstift であることについて，G. Umlauf, Grund und Boden, S. 41 を参照。

152

第5章　ハルトマンスベルクの城塞支配権

フォークタイ，ヴァイアルン修道院の上級ホーフに対するフォークタイという三つのフォークタイをレーエンとして保有したことが分かる。そのうちヴァイアルン修道院に対するフォークタイにはすでに第3章第3節(a)で比較的詳しく言及したので，ここでは最初の二つ，ヘレンキームゼー修道院に対するフォークタイと，この修道院の近くに所在するザルツブルク大司教の所領に対するフォークタイに関して考察することにしたい。この二つのフォークタイに関して，『CF証書集』は同時に記述を行っている。その全文は，以下の通りである。

【史料25】（1166年夏）

(a) Nunc subnotandum est, que ministratio debeat sibi inpendi de duabus advocatiis, quas habet a Iuuauensi episcopo, scilicet super bona ipsius episcopi et super preposituram claustri clericorum Chiemsee. De bonis episcopi dantur duabus vicibus pernoctans et in die prandens due lagene vini, porcus XL nummos valens, anseres Ⅲ, pulli Ⅵ, XXX casei, C ova, Ⅲ modii avene, unus modii tritici et singuli〔今や次のことが記されなければならない。つまり，ザルツブルク〔大〕司教から，すなわち同〔大〕司教の所領に対して，また〔ヘレン〕キームゼーの修道士たちの修道院の上級ホーフ[prepositura]に対して保有する二つのフォークタイ〔裁判所〕のためにいかなる食事[ministratio]が提供されなければならないかである。〔大〕司教の所領から〔年に〕二度，一日のうちに夜を徹しかつ朝食を摂る者〔＝ジボトー4世〕は，葡萄酒2甕，40デナリウスの価値がある豚1頭，鷲鳥3羽，鶏4羽，卵100個，チーズ30個，カラス麦3モディウス，小麦とライ麦各1モディウスが与えられる〕（下線＝著者）[62].

【史料26】（1166年夏）

(b) De prepositura clericorum, cum placitum suum ibi habuerit, tres lagene vini et quinque cervisie, Ⅱ porci, quorum uterque XXX nummos valeat, Ⅵ anseres, Ⅻ pulli, sexaginta casei, CC ova. Insuper de bonis, que iacent aput Stumma, in iusticiam advocatie integra carrada vini, Ⅵ modii avene, et unus modii tritici et siguli〔同地〔ヘレンキームゼー〕で彼〔＝ジボトー4世の代理procurator〕の裁判集会を主宰した時に，聖職者たちの長〔＝修道院長〕から，3甕の葡萄酒とビール5桶，両方とも30デナリウスの価値を持つ豚2頭，鷲鳥6羽，鶏12羽，チーズ60個，卵200個。さらに，シュトゥムStumm[Stumma]に位置する所領から，フォークタイ裁判のために，丸々1フーダーの葡萄酒，カラス麦6モディウス，及び小麦とライ麦各1モディウス〕[63].

----

(62) E. Noichl（Bearb.), Codex Falkensteinensis, Nr. 72a.
(63) E. Noichl（Bearb.), Codex Falkensteinensis, Nr. 72b.

153

第1篇　中世盛期バイエルンの貴族ファルケンシュタイン伯の城塞支配権

　先ず【史料25】は，ザルツブルク大司教とヘレンキームゼー修道院は各自の所領に対するフォークト，ジボトー4世のフォークタイのために，年に二度食事を提供する義務を負うことを記述し，同時に，差当たり大司教のみについて提供すべき食事の内容を具体的に述べている。次いで，【史料26】は，ヘレンキームゼーにおいてフォークト，ジボトー4世が裁判集会つまりフォークタイ裁判所を開催した折に，当地の修道院長がジボトー4世に提供すべき食事の内容を具体的に記述すると同時に，当修道院のシュトゥムの所領に対するジボトー4世のフォークタイ裁判所の開催のために提供すべき食事の内容についても語っている。【史料25】はザルツブルク大司教がフォークトたるジボトー4世に提供すべき食事はフォークタイ裁判所が開催された折のことであるとは記述していないが，しかし「年に二度」の記述(64)，及び【史料25】と【史料26】に記された食事の内容が酷似していること，さらに【史料26】がヘレンキームゼー修道院がヘレンキームゼーとシュトゥムの両地の所領からジボトー4世に提供すべき食事はフォークタイ裁判所が開催される折のことと記述していることから，ザルツブルク大司教が提供すべき食事も大司教の所領に係わるフォークタイ裁判所が開催される折のことと考えてよい筈である。したがって，ザルツブルク大司教のフォークタイ所領においても，ジボトー4世はフォークタイ裁判所を開催し，フォークタイ裁判権を行使していたものと結論される。なお，ザルツブルク〔大〕司教領とヘレンキームゼー修道院領の各フォークタイ裁判所を主宰したのは，第3章第3節(b)で取り上げたノイブルク城塞管区のフォークタイ・アイブリングの裁判所の主宰者と同様に，ジボトー4世の代理人procuratorであったものと解釈される必要がある。次に，ザルツブルク大司教とヘレンキームゼー修道院の各々のフォークタイ所領にいかなる村落が属したのかを見てみたい。

　(a)　ザルツブルク大司教の所領に属する村落

　上記の【史料25】にはファルケンシュタイン伯のフォークタイに服するザルツブルク大司教の所領に属する村落についての記述は全く見られないが，他に大司教のフォークトが受領すべき貢租の目録が『CF証書集』の中に伝承されている。この目録の中に，貢租を提供すべき村落が記されているのである。そこでこの目録の全文を掲げるならば，以下の通りである。

―――――――――
(64)　アイブリングのフォークタイ裁判所もまた年二回の頻度で開催されたことについて，第3章第3節(b)【史料18】を参照。

第5章　ハルトマンスベルクの城塞支配権

【史料27】（ほぼ1180年－ほぼ1195年）

Notum facit comes Siboto de atvocatia domini episcopi Salzpurh, quantos modios sibi dant de atvocatia sua : de Pimzwage de villico Ⅰ modium, de eodem loco X Ⅵ metretas ; de duobus locis de Hennenperch Ⅰ dimidium modium ; de Sebruke de piscationibus dimidium modium ; de Prine, qui est comitis Diterici, Ⅰ modium ; de Widah Ⅷ metretas ; de Ellenboldingen Ⅷ metretas ; de Monichpuc Ⅰ dimidium modium ; de Gottinisperch Ⅰ modium ; de Gehaie Ⅰ modium ; de Steten Ⅷ metretas ; de Prandiperc Ⅷ metretas ; de interiori Gehaie Ⅰ modium ; de Hagindorf Ⅰ modium ; de Aswe prope ecclesiam Ⅰ modium de vilco ; prope Aswe de duobus locis Ⅰ modium, iterum prope loco Ⅷ metretas ; in monte Langenwise dimidium modium ; de Ufhaim Ⅰ modium ; in Saheranc de tribus locis Ⅲ modios ; de Litenperc Ⅰ modium ; de Crimhiltiperc Ⅰ modium ; de novo loco, cum modo proxime debet servire, quot iustum est, dabit ; de molendino Ⅷ metretas. De atvocatia illa XⅧ modii apsque illos tres modios pertinent, in colloquo suo debent dare at pabulum〔伯ジボトー〔4世〕はザルツブルク〔大〕司教閣下のフォークタイに関して，このフォークタイからどれだけ多くの量のカラス麦が自分に納められるのかを知らしめる。すなわち，ピンツヴァング Pinzwang［Pimzwage］から荘司より1モディウス，同村落から16メトレータ，ヘムベルク Hemberg［Hennenperch］の二つの村落から1/2モディウス，ゼーブルック Seebruck［Sebruke］から釣り場より1/2モディウス，伯ディートリッヒ〔・フォン・ヴァッサーブルク〕に属するプリーン Prien［Prin］から1モディウス，ヴァイダッハ Weidach［Widah］から8メトレータ，エルパーティング Elperting［Ellenboldingen］から8メトレータ，メニブーフ Mönibuch［Monichpuc］から1/2モディウス，ゲタースベルク Göttersberg［Gottinisperch］から1シェッフェル，アウサーコーイ Koy［Gehaie］から1モディウス，シュテッテン Stetten［Stetten］から8メトレータ，ブランデンベルク Brandenberg［Prandiperc］から8メトレータ，イナーコーイから1モディウス，ハインドルフ Haindorf［Hagindorf］から1モディウス，教会の近くのアシャウ Aschau から荘司より1モディウス，アシャウ Aschau［Aswe］の近くの二つの村落から1モディウス，同じく近くの村落から8メトレータ，ランゲンヴィーゼ山［monte Langenwise］で1/2モディウス，アウフハム Aufham［Ufhaim］から1モディウス，ザハラング Sachrang［Saheranc］の三つの村落から3モディウス，ライテンベルク Leitenberg［Litenperc］から1モディウス，グライメルベルク Greimelberg［Crimhiltiperc］から1モディウス，〔25〕新しい村落から，今後最も迅速に納める義務を負うために，正当である限りのものを与えるものとし，水車から8メトレータ。そのフォークタイの故に，18モディウス〔のカラス麦〕，さらにあの3モディウスが帰属し，フォークタイの裁判集会の際に糧秣として提供されなければならない〕(65).

この史料では，伯のフォークタイに服する名前を挙示された大司教領の多くの

155

第1篇　中世盛期バイエルンの貴族ファルケンシュタイン伯の城塞支配権

村落は，フォークトたる伯にフォークタイ税として，カラス麦を支払うべきことが記されている。なお付随的に述べれば，末尾の文章では「そのフォークタイの故に，18 モディウスのカラス麦が，さらにあの3モディウスのカラス麦が〔フォークトに〕帰属し，フォークタイの裁判集会の際に提供されなければならない」と記述されている。この記述は，上述の【史料25】でザルツブルク大司教が提供すべき食事はフォークトたる伯（ないしその代理人 procurator）が開催するフォークタイ裁判所の折のことであるという結論が正しいことを証明するものである。さらに複数の釣り場 piscatio，水車 molendinum はフォークトによる経済的罰令権（経済的バン権）行使の対象であったということができる。次に，この史料から浮かび上がってくる問題の村落を整理すると，以下のようになる。

ピンツヴァング，ヘムベルク（2村落），ゼーブルック，プリーン，ヴァイダッハ，エルパーティング，メニブーフ，ゲタースベルク，〔アウサー〕コーイ，イナーコーイ，シュテーテン，ブランデンベルク，ハインドルフ，アシャウ（4村落），ランゲンヴィーゼ（山），アウフハム，ザッハラング（3村落），ライテンベルク，グライメルベルク，新しい村落（村名不詳）

したがって，以上26の村落に，ファルケンシュタイン伯のフォークタイに服するザルツブルク教会の所領があったと結論される。

(b)　ヘレンキームゼー修道院の所領に属する村落

最初に，ザルツブルク大司教エーベルハルト Eberhard 1 世からファルケンシュタイン伯に与えられたヘレンキームゼー修道院所領に対するフォークタイ授封状（1158 年）を見ることにしたい。

【史料28】（1158 年）
……………… Inde est, quod tibi, dilecte in Christo fili Odalrice Chiemensis preposite, tuisque successoribus memoriale per calamum et attramentum edimus, per quod deo oppitulante cunctis retro generationibus super verbo unde tecum et cum fratribus tuis pro vestra nimirum quiete convenimus, omne contradictionis ambiguum aboleri posse confidimus. Cum enim advocatia ecclesie vestre vacaret et ad arbitrium nostrum advocati sustitutio pro tua quidem et fratrum tuorum peticione penderet, advocatiam loci rogatu vestro comiti Sigebotoni de Niwenburch ea lege concessimus, ut remoto omni gravamine, quod advocatorum

---

(65)　E. Noichl (Bearb.), Codex Falkensteinensis, Nr. 108.

第5章　ハルトマンスベルクの城塞支配権

plerique sub nomine patronatus ecclesiis heu damnabiliter inferred consueve-
runt, ipse vobis et vestre familie bonus et fidelis advocatus existat et nec ipse
nec ullus de heredibus suis qui qui sibi ligitime in advocatia succedent, iustitiam
hac in pagina subscriptam et confirmatam suo quoque ipsius assensu probatam
quolibet ausu qualibet surreptionis astutia prsumat irrumpere. Que talis est : in
insula monasterii placitum nisi a preposito et fratribus evocatus nuquam teneat,
a singulis monasterii mansis, qui vulgo appelantur hobe, preter modium avene
nullo genere exactionis aliquid umquam accipiat. Placitum universale cum fa-
milia ecclesie in anno semel habeat et quoniam nos circumiacentia bona nostra
eidem comiti nichilominus tuenda comisimus expensam ministerii ad sumptum
mense placiti nimirum tempore sub hac mensura in unum ex nostra simul et
fratrum parte recipiat, modium tritici et dimidium, modium siliginis et dimidium,
Ⅷ modios de pabulo, somas vini duas et tres cervisie, unum porcum saginatum
vel in redemptione LX nummos, unum porcum pascualem vel in redemptione
XXX nummos, LXXX caseos, Ⅷ anseres, XⅢ pullos gallinarum, ova CCC et hec
est summa totius inpense. Possessiones ecclesie in Stummen ea condicione tuen-
das ab omni homine pro suo posse defensandas spetialius accepit, ut nullam per
se, nullam per nuncios suos de ipis bonis exactionem faciat, numquam illuc nisi
vocatus a preposito veniat. Et huius rei gratia carradam vini a fratribus annua-
tim idem advocatus expectet. Bannum sibi de contentionibus et iniustis contrac-
tibus sicut aliis advocatis est premissum nos quoque permittimus sub ea tamen
exceptione, ut quotienscumque mancipia Chiemensis ecclesie cum his, que de
nostro sunt iure, contrahunt, contractus talis nequaquam illicitus et ad bannum
advocati pertinens existimetur. Quem nostre conventionis modum ne vel ipse
comes vel aliquis legitimus heres suus transpire iniusta cuiuslibet novi iuris ex-
actione presumat, nos hanc inde paginam conscribe et sigilli nostril impressione
muniri iussimus〔 …　それ故に，以下のことには理由がある。つまり，キリスト
の下で息子，親愛なる〔ヘレン〕キームゼー修道院長ウルリッヒよ，汝と汝の継
承者たちに証明証書を籐の杖と黒色のインクによって与え，またこの証明証書に
よって，過去にすべての世代を言葉を通じて助け給うた神のために，汝かつ汝の
修道士と，当然に汝らの静穏のために意見が一致し，謬論のあらゆる矛盾が廃止
されうることを期待するということである。すなわち，汝らの教会のフォークト
職が空席であり，また朕の意向に従ってフォークトの継承者の補充は，確かに汝
と汝の修道士たちとの懇願のために不確定であった故に，汝らが懇願したときに，
朕は当教会のフォークタイを伯ジボトー・フォン・ノイブルク〔＝ファルケンシュ
タイン〕に次のような定めによってすでに譲与した。すなわち，フォークトの極
めて多数の者が保護権〔patronatus〕の名目で，悲しいことに，教会に悪意をもっ
て加えるのが常であったすべての非難すべき損害の面で，同伯ジボトーは，汝ら

157

第1篇　中世盛期バイエルンの貴族ファルケンシュタイン伯の城塞支配権

と汝らのファミリア（＝従属民）に対して良きかつ忠実なフォークトとなり，また同伯と，このフォークタイに関して同伯自身の適法な継承者となる同人の相続人の誰であれ，証書に記されると同時に修道院長及び同伯の合意に基づいて固められかつ認証された法をも，いかなる不遜な言動によっても，いかなる詐取の策略によっても，敢えて破らないものとするという定めである。この法は次のようなものである。つまり，当修道院の島において，修道院長と修道士によって要請された者でなければ，決して裁判集会を開催せず，また一般にフーフェと呼ばれる修道院の個々のマンススからモディウス（シェッフェル）を単位とするカラス麦以外に，いかなる種類の税であれ決して何も徴収しないというものである。〔同伯ジボトーは〕教会のファミリアをも含む全員参加の裁判集会を年に一回開催し，また朕は周囲に横たわる朕の財産を，<u>保護されるべきもの［defensandas］</u>としてやはり同伯ジボトーに委ねたのであるから，確かに裁判集会時に用務の経費として，食事の支出のために，次の量目で一つの場所で，朕の側からと同時に修道士たちの側から受領するものとする。すなわち，小麦1と1/2モディウス，ライ麦1と1/2モディウス，糧秣8モディウス，葡萄酒2枡［sagma］とビール3枡，肥えた豚1頭ないし代償として60デナリウス，復活祭の豚1頭ないし代償として30デナリウス，チーズ80個，鷲鳥8羽，雌の鶏13羽，卵300個，かくして以上がすべての支出の合計である。〔同伯ジボトー4世は〕シュトゥムにある教会の所領を彼の力によって保護されるべきものとして，次の条件で特に受領した。すなわち，そこに修道院長によって要請された者が来るのでなければ，彼によって，彼の使者によって同所領からいかなる税をも徴収しないという条件である。またこのことの恩恵により，同フォークトは1フーダーの葡萄酒を修道士たちから毎年与えられるものとする。その他のフォークトと同様に，彼自身にも訴訟と不法な結婚について罰令権が委ねられており，やはり朕もまた次の条件で認める。つまり，キームゼー教会の非自由人が，正当に朕の非自由人であるところの者と結婚するときはいつでも，決して宗教上禁止されてはいないこの種の結婚〔の解消〕もまた，フォークトの罰令権に属するものと見なされる。同伯もその適法ないずれの相続人も朕の契約の以上の形式に，誰によるのであれ新たな税の不正な徴収によって敢えて違背しないものとし，またそれ故に朕は本証書を作成し，かつ朕の印章の捺印によって確認されるよう命じた〕（下線＝著者）⁽⁶⁶⁾.

　ファルケンシュタイン伯へのこのフォークタイ授封状には，フォークタイに服するヘレンキームゼー修道院所領の村落について，言及は全く見られない。しかし一般にフォークトが負う任務として，教会修道院領の保護ということが明確に語られている ── このことはその裏返しとしてこの任務がしば

---

(66)　W. Hauthaler und F. Martin（gesamm. und bearb.），Salzburger Urkundenbuch, Bd. Ⅱ，Nr. 333.

158

第5章　ハルトマンスベルクの城塞支配権

しば守られなかったことを意味するが ――。それと同時に，フォークトの権利
として「当修道院の島」で裁判集会［placitum］（フォークタイ裁判所）を開催
する権利，その際に食事の提供を受ける権利，モディウスを単位とするカラ
ス麦［avene］をフォークタイ税として徴収する権利，裁判罰令権［bannum
de contentionibus］またはその他の罰令権（フォークトの罰令権［bannum
advocati］）（非自由人同士の婚姻を解消させる罰令権等）が明確に記述されている
ことが注目される。授封状の以上の趣旨は，本論の問題関心から見て極めて重
要なものといわなければならない。またこの授封状により，フォークタイ裁判
所の開催場所が「当修道院の島」，つまりヘレンキームゼー修道院が位置する
キーム湖 Chiemsee のヘレン島 Herreninsel であることも，重要な事実として
確認される。次に，ファルケンシュタイン伯のフォークタイに服したヘレン
キームゼー修道院領の村落の考察に移ることにしたい。

　（1）　1170 年の直前に，フォークトたる伯ジボトー 4 世がグラスザウアータ
ル Grassauertal とロイケンタールのヘレンキームゼー修道院の所領に対する
フォークタイを，辺境伯エンゲルベルト 3 世に委ねた証書がある。しかしこの
証書には ad suum vivere et ut postea ipse reciperet vel sui heredes〔辺境伯
エンゲルベルトの終身で，つまりその後同伯ジボトーまたはその相続人が取り
戻すという条件で〕の記述と証人名が記されるのみで，ヘレンキームゼー修道
院領の村落に関する記述は見られない[67]。しかしこの問題に関して，『CF 証
書集』の編集者ノイヒルはこの証書に付した前文で，「グラスザウアータール
は，キームゼー湖の南の Tiroler Ache （ティロール地方のアーヘ川）の後代の
ラント裁判区マルクヴァルトシュタイン Marquartstein 領域の周囲の地域であ
る。ロイケンタールはほぼ後代のラント裁判区キッツビューエル Kitzbühel の
領域を含む」と述べている[68]。したがって，ここでは，グラスザウアータール
の所領は後代のラント裁判区マルクヴァルトシュタインの周囲に位置し，ロ
イケンタールの所領は後代のラント裁判区キッツビューエルの一画に位置した
ことを確認することに留めざるをえない。なお，言うまでもなく，ここに言う
ロイケンタールの所領は，すでに論じたバイエルン大公のレーエンであったロ
イケンタールのグラーフシャフト cometia とは異なる[69]。

---

(67)　E. Noichl（Bearb.），Codex Falkensteinensis, Nr. 133.
(68)　E. Noichl（Bearb.），Codex Falkensteinensis, Vorbemerkung zu Nr. 133, S. 100.
(69)　バイエルン大公から授封されたレーエンとしてのロイケンタールのグラーフシャフ
　　　トに関し，第 4 章第 4 節を参照。

159

第1篇　中世盛期バイエルンの貴族ファルケンシュタイン伯の城塞支配権

(2)　その他，幸いにも1180頃から95年頃にかけて作成されたヘレンキーム
ゼー修道院領からのフォークタイ貢租の一覧表が『CF証書集』を通じて伝承
されている。この一覧表の全文は以下の通りである。

【史料29】（1158年）

Hic notum sit ius modiorum de advocatia, quam habet comes Siboto de Chimse
: de Crassowe de duobus viris I modium ; de Huntiligen de duobus locis
I modium ; de Vberse Ⅷ metrete ; de Einode Ⅷ metrete ; de Slehingen Ⅷ
metrete ; de Leimingen et de Hennenperch I modium ; de Erbingen I modium
; de Irmgeringen et de ailo loco I modium ; de Otacheringen I modium ;
de Hohenmose I modium ; de Steten dimidium modium ; de Steten et de
Siggenheim dimidium modium; de Aschowe I modium ; de Perge I modium ;
de Vohendorf Ⅷ metrete ; de Grunpach Ⅷ metrete ; de Siggenheim Ⅷ metrete
; de Fridericus Vinche Ⅷ metrete ; de Hohtesten et Hagenah I modium ; de
Stetiham Ⅷ metretas ; de Staldenl Pruno Ⅷ metretas ; de Wolfesperh Rahewin
Ⅵ metretas ; de Licinhaim Ⅷ metretas ; de Pratprunnen I modium ; de
Antersperch Ⅱ modios ; de Wolfesperch I modium ; de Tetelperch Ⅷ metrete
; de Vlzheim X X Ⅱ metrete ; de Rute I modium ; de Preitenloch I modium ;
Wingarten I modium ; de Eigelsheim et de Huncingen I modium ; de Vfheim
et de Swebrichingen I modium ; de Stabwenten I modium ; de Huncingen
I modium ; de Heigingen dimidium modium et Ⅷ metrete ; de Wolfesperch
Ⅷ metrete ; de Neszelpach et de Eigendorf I modium ; de Stethnahe I
modium ; de Piecingen I modium ; de Wisheim I modium ; de Antersperch I
modium ; de Truene I modium et dimidium de eodem loco ; de Sinperch et de
Nustorf I modium ; de Veldlingen I modium ; de Phaffingen Ⅷ metrete ; de
Piecingen I modium ; de Steueningen Ⅷ metrete ; de Pruningestorf I modium
; de Chinde et de Achtale I modium ; de Wolfricheim dimidium modium ; de
Tuwernhusen I modium ; de Lvigingen I modium ; de Argesheim I modium
et I modium de eodem loco ; de Vlzheim I modium ; de Pacheim I modium ;
de Tivmptingen de villico Ⅱ modios ; de Wilansheim et de Orte I modium ; de
Pongarten dimidium modium ; de duobus molendinis dimidium modium ; de Rute
Vdalrici I modium ; de Antwrte I modium ; de Rute Tivmptingen I modium
; de Vorsthuben XXV metrete ; de Talheim Ⅷ metrete ; de Stadeln I modium ;
de Chiccingen I modium ; de Nacingen XX metrete ; de Plecingen I modium
; de Aberstorf dimidium modium ; de Chnosingen I modium ; de Osterheim
Ⅻ metrete ; de Mospach I modium ; de Wessen I modium ; de Rotowe
Ⅵ metrete ; de Egerdach Ⅵ metrete ; de Tivmptingen dimidium modium ;
de Sazowe I modium ; de Nimelperch Ⅷ metrete ; de Stocche Ⅻ metrete ;

160

第5章　ハルトマンスベルクの城塞支配権

Westerhusen Ⅰ modium. Hoc est totum sexaginta sex modii de advocatia in Chimisse apsque Ⅵ modios〔ここに，ジボトーがヘレンキームゼー〔修道院〕から〔レーエンとして〕保有するフォークタイによるカラス麦の権利が知られるべきである。すなわち，グラサウ Grassau〔Crassowe〕から２人の者より１モディウス，ヒンツィング Hinzing〔Huntiligen〕から二つの村落より１モディウス，イーバーゼー Übersee〔Vberse〕から８メトレータ，〔5〕アインエーデ Einöde〔Einode〕から８メトレータ，シュレヒング Schleching から８メトレータ，ライミング Laiming（恐らく Hemberg）とヘムベルク Hemberg〔Hennenperch〕から各１モディウス，アルビング Arbing〔Erbingen〕から１モディウス，〔10〕イルガルティング Irgarting〔Irmgeringen〕とその他の村落から各１モディウス，オタークリング Otterkring〔Otacheringen〕から１モディウス，ヘーエンモース Höhenmoos〔Hohenmose〕から１モディウス，シュテッテン Stetten〔Steten〕から1/2モディウス，〔20〕シュテッテンとジッゲンハム Siggenham〔Siggenheim〕から各1/2モディウスシェッフェル，アシャウ Aschau〔Aschowe〕から１モディウス，バウエルンベルク Bauernberg〔Perge〕から１モディウス，ヴァヘンドルフ Vachendorf〔Vohendorf〕から８メトレータ，〔25〕グラインバッハ Grainbach〔Grunpach〕から８メトレータ，ジゲンハムから８メトレータ，フリードリッヒ・ヴィンヘ〔Fridericus Vinche〕から８メトレータ，ヘヒシュテット Hochstätt〔Hohtesten〕とハーゲナウ Hagenau〔Hagenah〕から各１モディウス，シュテットハム Stöttham〔Stetiham〕から８メトレータ，シュタトゥル Stadl〔Staldenl〕のプルーノから８メトレータ，ヴォルフスベルク Wolfsberg〔Wolfesperh〕のラーエヴィンから６メトレータ，〔30〕リーンツィング Lienzing〔Licinhaim〕から８メトレータ，ブライトブルン Breitbrunn〔Pratprunne〕から１モディウス，アンタースベルク Antersberg〔Antersperch〕から２モディウス，ヴォルフスベルク〔Wolfesperch〕から１モディウス，テーテンベルク Tödtenberg〔Tetelperch〕から８メトレータ，〔35〕ウルスハム Ulsham〔Vlzheim〕から22メトレータ，ロイト Reut〔Rute〕から１モディウス，ブライテンロッホ Breitenloch〔Preitenloch〕から１モディウス，ヴァインガルテン Weingarten〔Wingarten〕から１モディウス，アイクルスハム Aiglsham〔Eigelsheim〕と〔40〕ヒンツィング Hinzing〔Huncingen〕から各１モディウス，アウフハム Aufham〔Vfheim〕とシュヴァーベリング Schwabering〔Swebrichingen〕から各１モディウス，シュトラースヴェント Straßwend〔Stabwenten〕から１モディウス，ヒンツィング Hinzing〔Huncingen〕から１モディウス，〔45〕ハイング Hayng〔Heigingen〕から1/2モディウスと８メトレータ，ヴォルフスベルク Wolfsberg〔Wolfesperch〕から８メトレータ，ネストルバッハ Nöstlbach〔Neszelpach〕とアインドルフ Aindorf〔Eigendorf〕から各１モディウス，ゼヒテナウ Söchtenau〔Stethnahe〕から１モディウス，〔50〕ピーツィング Pietzing〔Piecingen〕から１モディウス，ヴァイスハム Weisham〔Wisheim〕から１モディウス，アンタースベルク Antersberg

161

第1篇　中世盛期バイエルンの貴族ファルケンシュタイン伯の城塞支配権

[Antersperch] から1モディウス，トラウンドルフ Traundorf［Truene］から1モディウス及び同村落から1/2モディウス，ジーデンベルク Siedenberg［Sinperch］とヌースドルフ Nußdorf［Nustorf］から各1モディウス，フェーリング Fehling［Veldlingen］から1モディウス，〔55〕プファフィング Pfaffing［Phaffingen］から8メトレータ，ピーツィング Pietzing［Piecingen］から1モディウス，シュテフリング Stöffling［Steueningen］から8メトレータ，プライナースドルフ Preinersdor［Pruningestorf］から1モディウス，キンテン Kinten［Chinde］と〔60〕アハタール Achtal［Achtale］から各1モディウス，ヴォルファーカム Wolferkam［Wolfricheim］から1/2モディウス，タウエルンハウゼン Thauernhausen［Tuwernhusen］から1モディウス，ルーギング Luging［Lvigingen］から1モディウス，アルクストハム Arxtham［Argesheim］から1モディウス及び〔65〕同村落から1モディウス，ウルスハイム Ulsham［Vlzheim］から1モディウス，バッハハム Bachham［Pacheim］から1モディウス，ダインティング Deinting［Tivmptingen］から二人の荘司より2モディウス，ヴィラーツハム Willertsham［Willertsham］と〔70〕オルト Ort［Orte］から各1モディウス，バウムガルテン Baumgarten［Pongarten］から1/2モディウス，二つの水車から1/2モディウス，ウルリッヒの〔村落〕ロイト Reut［Reut］から各1モディウス，アントヴォルト Antwort［Antwrte］から1モディウス，ロイト Reut［Rute］・ダインティングから1モディウス，〔75〕フォルスト Forst［Vorsthuben］から25メトレータ，タールハム Thalham［Talheim］から8メトレータ，シュタトル Stadl［Stadeln］から1モディウス，キツィング Kitzing［Chiccingen］から1モディウス，ナツィング Natzing［Nacingen］から20メトレータ，〔80〕プレツィング Plötzing から1モディウス，アバースドルフ Abersdorf［Abersdorf］から1/2モディウス，クネージング Knesing［Chnosingen］から1モディウス，オスターハム Osterham［Osterheim］から12メトレータ，〔85〕モースバッハ Moosbach［Mospach］から1モディウス，ヴェッセン Wössen［Wessen］から1モディウス，ロッタウ Rottau［Rotowe］から6メトレータ，エガーンダッハ Egerndach［Egerdach］から6メトレータ，ダインティングから1/2モディウス，〔90〕ザッサウ Sassau［Sazowe］から1モディウス，イメルベルク Immelberg［Nimelperch］から8メトレータ，シュトック Stock［Stocche］から12メトレータ，〔93〕ヴェスターハウゼン Westerhausen［Westerhusen］から1モディウス。ヘレンキームゼー〔修道院〕のフォークタイにより，周知の〔【史料26】で言及された〕6モディウスを除いて，以上〔カラス麦は〕合計で66モディウスとなる〕[70]．

末尾の「周知の6モディウス」とは，上記の【史料26】の末尾で語られたシュトゥムのフォークタイ裁判の際に伯に提供されたカラス麦を指すものと理

---

(70)　E. Noichl（Bearb.）, Codex Falkensteinensis, Nr. 107.

第5章　ハルトマンスベルクの城塞支配権

解される。したがって，ファルケンシュタイン伯のヘレンキームゼー修道院領
に対するフォークタイは，この村落シュトゥムを加えるならば，合計94とい
う膨大な数の村落に及んだという結果が得られたことになる。

　したがって，ここで検討した史料から明らかとなった限りで，ザルツブルク
教会の所領に対する伯のフォークタイに服する村落が26，ヘレンキームゼー
修道院所領に対する伯のフォークタイに服する村落が94，その合計村落は120
という結果となる。ファルケンシュタイン伯はハルトマンスベルク城塞を中核
としつつここから，それ自身の支配に服するグルントヘルシャフトすなわちフ
ローンホーフ＝ヴィリカツィオーンに加えて，さらにこれを超えて，このよう
に膨大な数の教会所領たる村落にフォークタイ権力を行使したのである。この
フォークタイ権力の内容を構成したのは，（フォークタイ的）保護権力，フォー
クタイ裁判権（裁判罰令権），カラス麦に代表されるフォークタイ税，水車や漁
場の利用強制権のような経済的罰令権をも行使したのである。ハルトマンスベ
ルク管区は，このような内容をもつフォークタイ権力がグルントヘルシャフト
の域を超えて押し及ぼされた文字通りの罰令権力であることを極めて鮮明に示
す顕著な例なのである。

第4節　伯として保持する裁判権

　ファルケンシュタイン家系は伯として，officium〔アムト〕，procuratio
〔フォークタイ管区またはフォークト管区〕，urbs〔シャテルニー＝城主支配
領域〕，cometia（comicia）〔グラーフシャフト〕等の用語で呼ばれるハルトマ
ンスベルクの城塞区ないし伯の支配区において，高級裁判権（流血裁判権と高
級贖罪裁判権）を行使したことはすでに本章第2節の冒頭で述べた通りである。
それ以外に，ハルトマンスベルクの城塞区に関する情報を『CF証書集』から
知ることはできないが，しかし本論の目的から見て，ここに述べた情報で差当
たり十分である。

第5節　小　　括

　ハルトマンスベルク城塞の周囲でファルケンシュタイン伯が行使した支配権
的諸権利に関し，ここまでの検討により判明した事柄を整理してみたい。ハル
トマンスベルクの城塞の周囲には，六つの村落に合計10箇所のフローンホー

163

第1篇　中世盛期バイエルンの貴族ファルケンシュタイン伯の城塞支配権

フ＝ヴィリカツィオーン，その他21の村落に26の何らかの所領が散在し，また四つの村落に水車が五台，森林が一箇所，家畜飼育農場が四つの村落に各一箇所，釣り場が二つの村落に各一箇所存在し，これらの所領に対してファルケンシュタイン伯のグルントヘルシャフトが行使された。水車，森林，釣り場に対する伯の権利は単にグルントヘルシャフトに止まらない罰令権（バン権力）の性格をも有し，経済的罰令権（経済的バン権）としても理解されるべきものである。さらに，ファルケンシュタイン伯はオービングの市場領主としてレガーリエンたる市場開設権やポリツァイ権力たる度量衡監督権を保持し，これらの権利をグルントヘルシャフト＝フローンホーフの従属農民以外の人々にも行使した。

　次に，この伯はザルツブルク大司教領に属する26の村落，さらにヘレンキームゼー修道院領に属する94の村落，したがって合計120という夥しく多くの村落に対してフォークタイ権力を保持し，かくしてこれらの村落に対してフォークタイ的保護権力，フォークタイ裁判権，フォークタイ従属民の離婚強制権を行使し，フォークタイ税としてカラス麦を徴収した。また第3章第3節(b)ですでに示したように，フォークタイ裁判権は流血裁判権と高級贖罪裁判権の二元主義的性格を内容とする高級裁判権であった[71]。このようなフォークタイ的保護権力，フォークタイ裁判権，離婚強制権はファルケンシュタイン伯のグルントヘルシャフトに基礎を置いた権利ではなく，これとは別の基礎に基づきこれを超えて行使された権利，つまり罰令権である。

　伯として保持する裁判権は二元主義的性格をもつ高級裁判権（流血裁判権と高級贖罪裁判権）であり，officium, procuratio, urbs, cometia (comicia) 等の用語で呼ばれるハルトマンスベルクの城塞区＝伯の支配区において行使された[72]。

　要するに，ファルケンシュタイン伯はハルトマンスベルクの付属物たる城塞の周囲において，罰令権（バン権力）的性格をも有するグルントヘルシャフト，グルントヘルシャフトに服する村落を超えて及ぼされたフォークタイ権力，高級裁判権を保持したのであり，我々はもはやこのような支配権的権利と罰令権が行使された領域を城塞罰令区，城主支配領域，城主支配圏，つまりシャテルニーとして捉えることに何ら問題はないものといわなければならない。さらにグルントヘルシャフトそれ自体が罰令権的性格をも有し，これに服する村落を

(71)　上述97-102頁を参照。
(72)　上述第3章第4節を参照。

164

第5章　ハルトマンスベルクの城塞支配権

超えてゆく傾向をもつバン・グルントヘルシャフトの性格を帯びていた。最後
に，ハルトマンスベルク城塞についても，城塞の周囲に位置して危険要因とな
る虞があるその他の貴族支配権の排除を通じてシャテルニー内部の一体的纏ま
りを強めようとするファルケンシュタイン伯の努力を示す二つの例を見ること
にしたい。

　第一の例は，伯ジボトー４世が1145年頃，祖父ヘラント１世・フォン・
ファルケンシュタインが過去にハイモー・フォン・アントヴォルト Heimo
von Antwort に質入したアントヴォルトの水車を８タレントの金額で請戻し
た例である。この請戻しに関する証書は二通伝承されており，これらを順番に
示すならば次の通りである。

【史料30】（1145年頃）

Notum esse cupimus universis Christi fidelibus, qualiter dominus Herrandus vir
nobilis de Ualkenstein, avus comitis Sibotonis et sui fratris domini Herrandi de
Ualkenstein, tulit unum molendinum, quod iacet aput Antwrt, quod pertinuit ad
curtim in eadem villa iacentem, quam dominus Wolfkerus tradidit ; ad predictum
molendinum senior Herrandus statuit cuidam Heimoni in eadem villa sedentem
〔余伯ジボトー〔４世〕はすべてのキリスト教徒に以下のことが知られることを
欲する。すなわち，貴族たるヘル・ヘラント〔１世〕・フォン・ファルケンシュ
タイン，つまりジボトー〔４世〕とその兄弟ヘラント〔２世〕・フォン・ファルケ
ンシュタインとの祖父が，アントヴォルトに位置する水車を一台取得したという
ことである。この水車はヘル・ヴォルフカーが譲渡した同村落〔アントヴォルト〕
に位置するフローンホーフに属するものである〕（下線＝著者）(73).

【史料31】（1145年頃）

Notum sit cunctis Christi fidelibus, qualiter quidam liber homo nomine Heimo de
Antwrt tradidit comiti Sibotoni de Ualkenstein molendinum in ipsa villa iacens
pro octo talentis ab eodem comite acceptis〔すべてのキリスト教徒に以下のこと
が知られんことを〔欲する〕。すなわちハイモー・フォン・アントヴォルトという
名前の自由人が伯ジボトー〔４世〕・フォン・ファルケンシュタインに同村落に位
置する水車を，すでに受領した８タレントの金額と引き換えに同伯に譲渡したと
いうことである〕(74)。

　この二つの史料によれば，かつて祖父ヘラント１世が村落アントヴォルトの
水車を取得したが，その後いずれかの時点でこれをハイモーの家系が質として

(73)　E. Noichl (Bearb.), Codex Falkensteinensis, Nr. 111a.
(74)　E. Noichl (Bearb.), Codex Falkensteinensis, Nr. 111b.

第1篇　中世盛期バイエルンの貴族ファルケンシュタイン伯の城塞支配権

入手し，さらに 1145 年頃の時点でヘラント 1 世の孫のジボトー 4 世が，改め
てこの質を 8 タレントの金額でハイモーから請戻したことが分かる。なおすで
に述べたように，ヘラント 1 世は 1101 年バイエルン大公ヴェルフ 4 世とザル
ツブルク大司教ティーモに指導された十字軍に参加したが，帰還することなく
死亡したものと見なされているために，上記の質入はそれ以前になされた筈で
ある(75)。すると，ジボトー 4 世による質の請戻しは，ヘラント 1 世による質
入の時から数えてほぼ半世紀の時を経て行われたことになる。また村落アント
ヴォルトはハルトマンスベルク城塞から南東へ約 5.7 km の地点に位置し，城
塞の周辺地に位置するものといってよい(76)。また【史料 30】に見えるヘル・
ヴォルフカーは，ヘラント 1 世の息子，ジボトー 4 世の父ルードルフの兄弟，
つまりジボトー 4 世の叔父である(77)。このヴォルフカーは水車が位置する村
落アントヴォルトのフローンホーフを譲渡しているが，譲渡の相手方の名前
の記載はこの史料には見当たらない。しかしこの史料の文脈から判断して，フ
ローンホーフの譲渡の相手方は間違いなくジボトー 4 世である。伯ジボトー
が自身とその息子クーノとジボトー 5 世の三人の間で所領の分割を行った上述
の証書（1185 年頃 – 1189 年）に，„curtem in Arhvvti“〔アントヴォルトのフ
ローンホーフを〕ジボトー 5 世に譲与した旨の記述が現れることがその証左と
なる(78)。したがって，ジボトー 4 世は 1145 年頃かそれ以前にアントヴォルト
のフローンホーフをヴォルフカーから取得したことになる。上記二つの史料か
ら，ジボトー 4 世は 1145 年頃かそれ以前にすでに，ヘラント 1 世による村落
アントヴォルトの水車をハイモーへの質入からほぼ半世紀を経て請戻し，また
同時にこの水車が位置する村落アントヴォルトのフローンホーフをも獲得した
ことになる。伯ジボトーによるこの長期的な計画と展望に立って行われたアン
トヴォルトの水車とフローンホーフの獲得は，親戚であるとはいえ自身以外の
家系が城塞周囲に保持する支配権の除去ないし追い出しを通して，ハルトマン
スベルクの城塞支配権を安定化ないし強化しようとするファルケンシュタイン
伯の試みとして評価してよい筈である(79)。

---

(75)　上述第 1 章第 3 節 33 頁を参照。

(76)　Dumon Bildatlas 56 : Chiemgau. Berchtesgadener Land, S. 35 の地図を参照。

(77)　E. Noichl（Bearb.), Codex Falkensteinensis, Vorbemerkung zu Nr. 111, S. 74. さら
　　　に上述第 1 章第 3 節 37 頁も参照。

(78)　E. Noichl（Bearb.), Codex Falkensteinensis, Nr. 167, S. 146. またこの所領分割に関
　　　して，上述第 2 章第二節 65-68，70-71，139 頁及び【史料 15】も参照。

(79)　村落アントヴォルトはハルトマンスベルク領域に位置することについて，E. Noichl

166

第5章　ハルトマンスベルクの城塞支配権

　二つ目の例として，ジボトー・フォン・アントヴォルトが，伯父の伯ジボ
トー4世に，シュリヒト Schlicht の所領を質入した事例を取り上げることに
したい。ジボトー・フォン・アントヴォルトは伯ジボトー4世の兄弟たるヘラ
ント2世の息子，つまりジボトー4世の甥である[80]。これに関する証書は以
下の通りである。

【史料32】（1168 年頃－1170 年頃）

Dominus Sigboto de Antwrte statuit predium Slihiti comiti Sigboto pro Ⅱ modiis
tritici, qui uterque modius reputatur pro Ⅹ nummis et quinque solidis, et pro
modiis quatuor frumenti, qui siguli LX nummis constant, ..., et pro modiis sex
avene, qui siguli XXX nummos constant〔ヘル・ジボトー・フォン・アントヴォ
ルトは〔その伯父〕伯ジボトー〔4世〕に，シュリヒト [Slihiti] の所領を，小麦
2モディウス――その各1モディウスは5プフント及び10プフェニッヒと計算され
るが――と引き換えで，……，またライ麦の60プフェニッヒ分の価値に相当する
穀物4モディウスと引き換えで，またライ麦30プフェニッヒ分の価値に相当する
カラス麦6モディウスと引き換えで質入した〕[81]。

　この史料によれば，1168 年頃－1170 年頃にジボトー・フォン・アントヴォ
ルトはシュリヒトの所領を総額10プフントと110プフェニッヒの金額に相当
する種々の穀物と引き換えに，伯父のジボトー4世に質入している。すでに述
べたように，ジボトー・フォン・アントヴォルトの父親のヘラント2世は早く
も 1155 年頃に死亡し，この時点で息子のジボトーは未だ若年であった[82]。し
かも息子のジボトーは1170年頃に嗣子を遺さずに死亡してしまった[83]。その
直前1169 年頃－1170 年頃に伯父の伯ジボトー4世と甥のジボトー・フォン・
アントヴォルトは，確実にこの事態が起こることを予想して，伯ジボトー4
世とその二人の息子に，si tamen sine hereditalibus filiis vitam finierit〔しか
しもし相続権のある息子を遺さずに生を終えたならば〕，quicquid hereditario
iure a parentibus possederat tunc et in futurum ....〔相続権に基づいて現在及
び将来祖先から所有したすべてのものを……〕譲与している[84]。この事情を
考慮するならば，ジボトー・フォン・アントヴォルトによる質入は，契約の時

────────────

　　　(Bearb.), Codex Falkensteinensis, S. 67* も参照。
（80）　この系譜関係について，上述第1章第3節36頁を参照。
（81）　E. Noichl (Bearb.), Codex Falkensteinensis, Nr. 135.
（82）　上述第1章第3節36頁を参照。
（83）　前註を参照。
（84）　E. Noichl (Bearb.), Codex Falkensteinensis, Nr. 136a.

第1篇　中世盛期バイエルンの貴族ファルケンシュタイン伯の城塞支配権

点で未だ相続人を欠く甥のジボトーが保持する財産処分の一環という意味合い
をも含むものといえよう。ともかく，シュリヒトの所領はエンドルフ Endorf
に位置するが[85]，エンドルフはハルトマンスベルク城塞から西北西の方向約
5.7 km の地点に位置し，間違いなくこの城塞の周辺地に位置する[86]。した
がって，やはりジボトー・フォン・アントヴォルトによるこの質入もまた他家
の支配権を排除しつつハルトマンスベルクの城塞支配権を安定化または強化し
ようとするファルケンシュタイン伯の意図を示す施策であると捉えてよい筈で
ある。

---

(85)　このことについて，E. Noichl (Bearb.), Codex Falkensteinensis, Nr. 136a に編集者
　　　ノイヒルが付した要約 Regest を参照。
(86)　Dumon Bildatlas 56 : Chiemgau. Berchtesgadener Land, S. 35 の地図を参照。

第5章　ハルトマンスベルクの城塞支配権

図12　ハルトマンスベルクの城塞支配権（シャテルニー）

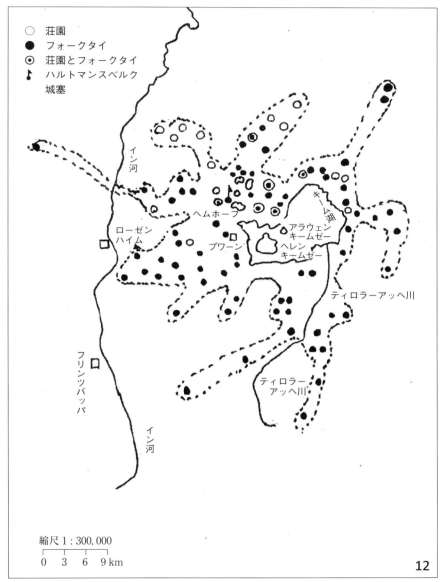

Der Große ADAC AutoAtlas Deutschland/Europa, 2012/2013,
S. 261-262，280-281 を基に作成

169

第6章　ヘルンシュタインの城塞支配権

第1節　は じ め に

　位置に関し，すでに第1章の地図に示したように，この城塞はその他三つの城塞とこれらを中核とするグラーフシャフトから300 km以上も離れた遠隔の地点，つまりニーダーオーストリア，ヴィーン郊外のヴィーナー・ノイシュタット Wiener Neustadt ないしヴィーンの森 Wiener Wald とポッテンシュタインに挟まれた地帯，あるいはトゥリースティング川とピースティング川に挟まれた地帯にあった[(1)]。建設年代は，やはり第1章ですでに述べたように，ジボトー4世の祖父ヘラント1世の時代，11世紀後半期であった[(2)]。またこのことと関連して，ヘルンシュタイン城塞とその周囲の支配権や所領を獲得したのは，ジボトー4世の母親ゲルトルートのヴァイアルン＝ノイブルク家系ではなく，父親ルードルフのファルケンシュタイン＝ヘルンシュタイン家系であった[(3)]。

　ヘルンシュタイン城塞がなぜその他三つの城塞が位置する南東バイエルンからかくも遠隔のオーストリア，ヴィーン郊外に位置するのか，その原因に触れておくことにしたい。先ずオーストリア大公領の成立史に関して簡単に述べるならば，799年フランク王国のカール大王 Karl der Große（在位768-814年）は，異民族に対する王国の防塞及び攻撃戦のための進発基地としてバイエルン大公領のオストマルク Ostmark（東部辺境）を設置していた[(4)]。フランク王国の解体後，976年ドイツの皇帝オットー1世はオストマルクをバーベンベルガー Babenberger 家に譲与し，この家系が以後オストマルクの辺境伯となったが，その直後皇帝オットー3世（在位983-1002年）の時代996年ないし998年に初めて，オストマルクはオーストリア［Ostarrichi］と呼ばれた[(5)]。また

---

(1)　H. Petz, H. Grauert, J. Mayerhofer（Hrsg.），Drei bayerische Traditionsbücher,
　　S. XXIV；K. Ramp, Studien zur Grundherrschaft, S. 11. さらに，Der Große ADAC
　　AutoAtlas Deutschland/Europa, S. 14-15, 上述第1章第3節本文末尾の地図Ⅰと地
　　図Ⅱを比較参照。
(2)　上述第1章第3節33頁を参照。
(3)　M. A. Becker（Hrsg.），Hernstein in Niederösterreich, Ⅱ-2, S. 28.
(4)　ミッタイス＝リーベリッヒ著，上掲世良訳，173頁。

171

第1篇　中世盛期バイエルンの貴族ファルケンシュタイン伯の城塞支配権

この頃に植民と伝道が始まる。その後1156年，皇帝フリードリッヒ1世はオーストリア辺境伯領をバイエルンから切り離し，大公領に昇格させバーベンベルガー家に授封した[6]。バーベンベルガー家の男系が1246年に断絶した後，この家系の女性相続人マルガレーテ Margarete と結婚したベーメン Böhmen 王オットカール2世 Ottokar Ⅱ. がオーストリア大公領を領有したが，結局ハンガリア人と共同でオットカールに勝利を収めたハープスブルク家の国王ルードルフ1世（在位1273-1291年）は，1282年大公領を自身の二人の息子アルブレヒト1世とルードルフ2世にレーエンとして授封した[7]。これ以後，オーストリア大公領はハープスブルク家が支配するところとなった。

　ヘルンシュタイン城塞の問題に立ち帰るならば，955年皇帝オットー1世は南ドイツのアウクスブルクの近郊レッヒフェルト Lechfeld でハンガリア人の強力な軍隊に輝かしい勝利を収めたが，ヴァイアルン＝ノイブルク家系とファルケンシュタイン＝ヘルンシュタイン家系の共通の始祖と目されるパットー（ジボトー4世の曾祖父）が生きた11世紀前半期は，ドイツのハンガリア人に対する最後の闘争の時代であり，パットーの息子の城塞建設者ヘラント1世（ジボトー4世の祖父）が生きた11世紀後半期は，この闘争からまだ遠く隔たってはいない時代であった[8]。このような危機と緊張の最中で，ジボトー4世の祖先ファルケンシュタイン＝ヘルンシュタイン家系は，その他多くのバイエルンの貴族と同様に，皇帝と帝国とオストマルクないしオーストリアの辺境伯を支援し，またその勝利の報酬として帝国領から土地の割当てを受けて取得したことが，ごく簡単に推定される[9]。特にヴィーンの森で，ファルケンシュタイン＝ヘルンシュタイン家系への報酬は，対ハンガリア人との国境が近いために，財産的価値をもつ所領に加え，同時により高い軍事的目的を付与されたものとなった[10]。換言すれば，新たな領主となったこの家系は攻撃と退却の目的を同時に叶える防備を具えた建造物，つまり城塞を建設し，同じく故郷の

---

(5)　Ploetz. Deutshe Geschichte. Epochen und Daten, hrsg. von W. Konze und V. Hentschel, 2. Aufl., 1980, S. 46.

(6)　ミッタイス＝リーベリッヒ著，上掲世良訳，200頁。

(7)　Ploetz. Deutshe Geschichte. Epochen und Daten, hrsg. von W. Konze und V. Hentschel, S. 82. ハープスブルク家の系図に関し，ebenda, S. 81 を参照。

(8)　M. A. Becker（Hrsg.），Hernstein in Niederösterreich, Ⅱ-2, S. 34. パットーとヘラント1世が生存した時期について，それぞれ上述第1章第3節1を参照。

(9)　M. A. Becker（Hrsg.），Hernstein in Niederösterreich, Ⅱ-2, S. 34.

(10)　Ebenda.

バイエルンからの移住者はそこでは言わば守備隊として取り扱われることになった。さらに，ファルケンシュタイン家系とその従属農民と一緒に，ファルケンシュタインから程遠からぬイン河右岸のクーフシュタイン地方出身の自由人もまた誘致に応じて植民者としてヴィーン近郊に到来し，森林の開墾，定住地と農場の建設に従事したものと仮定されている[11]。南東バイエルンから極めて遠隔の地ヴィーン近郊にヘルンシュタイン城塞が建設されると同時にこの遠隔領域にファルケンシュタイン＝ヘルンシュタイン家系の所領が形成されたことに関し，M・A・ベッカー による以上の仮定は，オストマルク＝オーストリアが正に異民族に対峙する辺境伯領であるという特殊の性格をもつことを十分に考慮しており，当を得ているものと評価される。

　次に，ジボトー4世へのヘルンシュタイン城塞における権利の帰属に関して言及しておくことにしたい。その他三つの城塞に比べてヘルンシュタイン城塞における権利がすべてジボトー4世に帰属した時期が遅く，この城塞をめぐり相続争いがあったことが推測されるからである。ジボトー4世へのヘルンシュタイン城塞における権利の帰属に関して伝承する史料は，ジボトー4世が前章で言及した父方の叔父ヴォルフカーから受領した所領と従属民を，伯ゲープハルト・フォン・ブルクハウゼン Gebhard von Burghausen の手に，自身とその息子たちのために保存してもらう目的で譲与した1150年代後半期の証書である。その該当する部分は以下の通りである。

【史料33】（1155年頃と1158年9月12日の間の時期）
Notum sit universis fidelibus tam presentibus quam futuris, quod in manus comitis Gebehardi de Purchusen traditi sunt Dietmar de Tisenheim et uxor eius et Gerloch et filii eius de Okerstorf et predium ad Hauenaren ; hec sunt predia comitis Sibotonis, que a domino Wolfkero, suo patruo, sibi sunt traditi hic in parte Bauuarica, ad hec etiam due partes urbis Herrantesteine, patris videlicet et predicti patrui sui〔現在及び将来のすべてのキリスト教徒に以下のことが知られんことを〔欲する〕。すなわち，ディートマー・フォン・タイゼンハムとその妻及びゲルロッホ・フォン・アッカースドルフとその息子たち，ハーフナッハにおける所領が伯ゲープハルト・フォン・ブルクハウゼンの手に委ねられたということである。これらはその叔父のヴォルフカーから伯ジボトーに，ここバイエルン地方において譲渡された伯ジボトーの所領であり，さらにヘルンシュタイン城塞の3分の2の持分，すなわち伯ジボトーの父親と同叔父との持分もまた〔そうである〕〕（下線＝著者）[12].

――――――――――――――

(11) M. A. Becker（Hrsg.）, Hernstein in Niederösterreich. II -2, S. 152.

第1篇　中世盛期バイエルンの貴族ファルケンシュタイン伯の城塞支配権

　この史料の下線部から，当初ある時点まで伯ジボトー4世の叔父，つまりジボトー4世の父親ルードルフの弟ヴォルフカーが，ヘルンシュタイン城塞における自身の持分とルードルフの持分の合計3分の2を保持し，これをやがて全部ルードルフの相続人たるジボトー4世に譲渡したことが明らかになる[13]。これによりヘルンシュタイン城塞におけるジボトー4世の単独支配権が確立されたのである。前章第5節で述べたように，ルードルフとヴォルフカー兄弟の父親ヘラント1世が1101年に死亡した時点で，恐らくこの二人の息子と，あるいはもう一人の兄弟レギノルトもまたヘラント1世の相続人としてヘルンシュタイン城塞の持分を相続したものと推測される[14]。ただしレギノルトは嗣子を遺さずに死亡したので，仮に父親ヘラント1世からヘルンシュタイン城塞の持分を相続したとしても，この持分は他の二人の兄弟に添加したものと考えて大過ないであろう。なぜなら，上記の史料にこの城塞の持分保持者としてルードルフの相続人ジボトー4世と当の叔父ヴォルフカーのみが記述されているからである。

　ルードルフは，これも上述したように，1099-1133年に登場するので[15]，1133年の直後に死亡したと考えてよい筈である。当時ルードルフの息子ジボトー4世は未だ十歳にも満たない年齢なので，叔父ヴォルフカーがジボトー4世の城塞の持分を保存し守ったのであろう[16]。とすると，叔父ヴォルフカーはこの時から1150年代後半までの長期に互って，ヘルンシュタイン城塞について，自身の持分に加えてジボトー4世のルードルフからの相続分（2分の1の持分）をも保持したことになる。ところで，すでに第1章で述べたように，ヴォルフカーにはオットーとラザリウスという二人の息子がいたが，その母親がミニステリアーレ身分であったために，この二人の息子もまたミニステリアーレ身分に降下した[17]。バイエルン＝オーストリア領域の法慣習上，自由人貴族（高級貴族）のみが城塞を始めとする自由なアイゲンを相続することができたのに対して[18]，ヴォルフカーの非自由身分にある二人の息子はその権

---

(12)　E. Noichl (Bearb.), Codex Falkensteinensis, Ⅱ-2, Nr. 114.

(13)　これについて M. A. Becker (Hrsg.), Hernstein in Niederösterreich, Ⅱ-2, S. 36f. も参照。

(14)　ヘラント1世とこれら三人の息子について，上述第1章33頁を参照。

(15)　上述第1章第3節33頁を参照。

(16)　ジボトー4世の生年が1126年であることについて，上述第1章第3節33頁以下を参照。

(17)　上述第1章第3節37頁を参照。

第6章　ヘルンシュタインの城塞支配権

利をもつことができなかった。一つにはこのような事情がヴォルフカーをして甥のジボトー4世にヘルンシュタイン城塞の持分を自身の持分を含めて譲渡せしめた理由であったと推定される。

第2節　グルントヘルシャフト

最初に，前章までの検討の過程で付随的にヘルンシュタインの城塞区に関して明らかとなった事柄を再度確認しておきたい。ヘルンシュタインの城塞区，ないしこの城塞を中核とする伯の支配区は史料上 officium/Amt〔アムト〕，prepositura〔伯代理管区〕，urbs〔シャテルニー＝城主支配領域〕，cometia (comicia)〔グラーフシャフト〕等の用語で呼ばれると同時に[19]，この支配区は伯の高級裁判権（流血裁判権と高級贖罪裁判権）が行使されるラント裁判区であった[20]。またこの支配区における管理者，つまり伯の役人は prepositus〔伯代理〕の用語で呼ばれた[21]。

次に，ヘルンシュタインのグラーフシャフト＝アムト＝城塞区において，貢租を提供した村落をフローンホーフ＝ヴィリカツィオーン（curia, curtis）が存在した村落，mansus またはその系統の言葉 mansio, mansericium，または beneficium の言葉で呼ばれる土地が存在した村落，水車が存在した村落，森林が存在した村落，葡萄畑が存在した村落，農場 area が存在した村落に区別して示すことにしたい。

(1)　フローンホーフ＝ヴィリカツィオーンが存在した村落

ヘルンシュタイン [Herrantstein] において curtis Rudolfi〔ルードルフのフローンホーフ〕[22]と curtis Timonis〔ティーモのフローンホーフ〕[23]，ピースティング Piesting [Pisnich] で curtis Einwichi〔アインヴィッヒのフローンホーフ〕[24]，ティーフェンバッハ Tiefenbach [Tiuffenbach] で curtis Volkmari〔フォルクマールのフローンホーフ〕[25]，ヴォプフィング Wopfing

---

(18)　バイエルン＝オーストリア領域のこの法慣習について，Haberkern/Wallach, Hilfswörterbuch für Historiker, Bd. 2, S. 402, Art. Ludeigen を参照。

(19)　上述第2章第1節を参照。

(20)　上述第3章第4節を参照。

(21)　上述第2章第1節を参照。

(22)　E. Noichl (Bearb.), Codex Falkensteinensis, Nr. 89.

(23)　E. Noichl (Bearb.), Codex Falkensteinensis, Nr. 92.

(24)　E. Noichl (Bearb.), Codex Falkensteinensis, Nr. 90.

175

第1篇　中世盛期バイエルンの貴族ファルケンシュタイン伯の城塞支配権

[Wophfing] で curtis[26]，クルステッテン Krustetten [Crusteten] で curtis
[27]，ノッペンドルフ Noppendorf [Nopendorf] で curtis[28]，ブーゼンドルフ
Busendorf [Pusendorf] で curtis[29]，ハウスロイテン Hausleuten [Husluten]
で curtis[30]，ゲマースドルフ Gemersdorf [Gebmannesdorf] で villica curtis
〔フローンホーフ〕[31]，山々のかなたで [trans montes] villicales curtes〔複
数のフローンホーフ〕[32]，ヘルンシュタイン [Herrandesteine] のアデーラ
Adela [Adele] で curia villici〔荘司のフローンホーフ〕[33]。

　したがって，ファルケンシュタイン伯のフローンホーフは 11 の村落に合計
12 箇所以上存在したことになる。

(2) mansus またはその系統の言葉 mansio, mansericium, または
beneficium の語で呼ばれる土地が存在した村落

　パンツェンバッハ Panzenbach [Panzenbach]，エチェンベルク Etschen-
berg [Ozenberge]，ヴェラースドルフ Wöllersdorf [Welanesdorf]，アルノル
デストルフ [Arnoldestorph]（廃村），オデラネスドルフ [Odelanestorphf]（廃
村），クロイスヴィーゼン Kreuswiesen [Chraweswiesen]（廃村），ヘルンシュ
タイン [Herrantestein]，ノッペンドルフ [Nopendorf]，エーゼルスハウプト
Eselshaupt [Eselshopten]（廃村），クルステッテン [Cruzzensteten]，ディー
マンスベルク Diemannsberg [Diemarsperge]，ティーフェンバッハ [Tiuffen-
bach]，ブーゼンドルフ，ハウスロイテン[34]，ペルニッツ Pernitz [Pernize]，ミー
ゼンバッハ Miesenbach [Misenbach]，ヴォプフィング [Wopfingen]，ヘル
ンシュタインのアデーラ[35]。

　以上 19 の村落にフローンホーフ以外の所領が存在したことになる。

---

(25)　E. Noichl (Bearb.), Codex Falkensteinensis, Nr. 91.

(26)　E. Noichl (Bearb.), Codex Falkensteinensis, Nr. 93.

(27)　E. Noichl (Bearb.), Codex Falkensteinensis, Nr. 94.

(28)　E. Noichl (Bearb.), Codex Falkensteinensis, Nr. 95.

(29)　E. Noichl (Bearb.), Codex Falkensteinensis, Nr. 87.

(30)　E. Noichl (Bearb.), Codex Falkensteinensis, Nr. 96.

(31)　E. Noichl (Bearb.), Codex Falkensteinensis, Nr. 87.

(32)　E. Noichl (Bearb.), Codex Falkensteinensis, Nr. 100.

(33)　E. Noichl (Bearb.), Codex Falkensteinensis, Nr. 102.

(34)　以上の諸村落について E. Noichl (Bearb.), Codex Falkensteinensis, Nr.86, 97 を参照。

(35)　以上の諸村落について E. Noichl (Bearb.), Codex Falkensteinensis, Nr.87. 102 を参照。

第6章　ヘルンシュタインの城塞支配権

(3)　水車が存在した村落

ヴェラースドルフ[36]，ペルニッツ[37]。

(4)　森林 nemus が存在した村落

不明な村落（村落名の記載なし）[38]。

(5)　葡萄畑 vinea が存在した村落または場所

ピースティング[39]，［Hart］（廃村），ミュールタール Mühltal ［Muhltal，ヴェラースドルフ，ウーフェンシュタイン ［Uvenstein］，クロイスヴィーゼン Kreuswiesen ［Chraweswiesen］，ヘルンシュタイン城塞の隣の村落 ［iuxta castrum Herrantstein］，オデラネスドルフ Odelanesdorf ［Odelanestorf］，オデラネスドルフの山[40]，エチェンベルク[41]。

(6)　農場 area が存在した村落

ヴェラースドルフ4箇所，ペルニッツ2箇所[42]。

『ファルケンシュタイン証書集』の中で，ヘルンシュタインのグラーフシャフトの項目には，家畜飼育農場，釣り場＝漁業権は現れないので，これらをファルケンシュタイン伯はこのグラーフシャフトでは保持しなかったものと考えられる。したがって，ファルケンシュタイン伯がヘルンシュタインのグラーフシャフト＝アムト＝城塞区において保持した所領を整理すると以下のようになる。すなわち，11の村落でフローンホーフ12箇所以上，その他19の村落でフローンホーフ以外に mansus 等の所領19，二つの村落で水車各1，森林1，八つの村落・場所で葡萄畑10，農場を二つの村落で8である。このうち，グルントヘルたる伯は水車に関し使用強制権，森林に関し森林罰令権の形で罰令権（バン権力）行使の対象とすることはすでにしばしば述べた。次に，以上の所領から提供された貢租は以下の通りである。

---

(36)　E. Noichl (Bearb.), Codex Falkensteinensis, Nr. 86, 102.

(37)　E. Noichl (Bearb.), Codex Falkensteinensis, Nr. 85, 102.

(38)　E. Noichl (Bearb.), Codex Falkensteinensis, Nr. 85.

(39)　E. Noichl (Bearb.), Codex Falkensteinensis, Nr. 85.

(40)　［Hart］からオデラネスドルフの山までの村落，場所について E. Noichl (Bearb.), Codex Falkensteinensis, Nr. 99 を参照。

(41)　E. Noichl (Bearb.), Codex Falkensteinensis, Nr. 102.

(42)　この両村落について E. Noichl (Bearb.), Codex Falkensteinensis, Nr. 85 を参照。

第1篇　中世盛期バイエルンの貴族ファルケンシュタイン伯の城塞支配権

豚，鷲鳥，鶏，小麦，ライ麦，大麦，カラス麦，インゲン豆，豌豆，蕪類，野菜，卵，雄羊，黍，芥子，麻の実，葡萄酒，貨幣[43]。

　ところで，ヘルンシュタインのグルントヘルシャフトから納められた貨幣収入は，ファルケンシュタイン伯の全貨幣収入の5/7 = 70％と突出して多くの割合を占めるが，この事態を引き起こした決定的な原因は，ヘルンシュタイン管区の所領がその他三つの城塞管区から極めて遠隔の場所に位置するために，現物貢租は輸送の問題を孕み，貨幣はこの点で相対的に容易に処理できるためであった[44]。また付随的に，ヘルンシュタインでは家畜飼育農場が言及されていない原因について述べるならば，肉，チーズ，ミルクという正に最も重要な食料品の主な供給源として，ファルケンシュタイン伯はいずれも南東バイエルン地方に位置するノイブルク，ファルケンシュタイン，ハルトマンスベルクの三つの管区において大部分の家畜飼育農場を自家経営に基づいて営んだのだが，これに対しヘルンシュタイン管区は自家経営を営むためには，やはりこの伯の本来の本拠地，南東バイエルン地域から余りにも遠隔の地に位置したためである[45]。

　最後に指摘されるべきことは，『CF証書集』において，貢租としての葡萄酒が ad urbem suam Herrantesteine deserviunt〔彼〔＝伯ジボトー〕のヘルンシュタイン城塞まで納められる〕（下線＝著者）と記述されていることである[46]。この記述は城塞がグルントヘルシャフトの中心であることを余すところなく明確に物語っているのである。

第3節　フォークタイないしフォークトとして保持する諸権利

　ヘルンシュタインのグラーフシャフト＝アムト＝城塞区では，フォークタイは史料上検出されない。

第4節　伯として保持する裁判権

　ヘルンシュタイン領域について，伯の裁判権に関する『CF証書集』の記述

---

(43)　E. Noichl (Bearb.), Codex Falkensteinensis, Nr. 80-101.

(44)　K. Ramp, Studien zur Grundherrschaft, S. 53.

(45)　K. Ramp, Studien zur Grundherrschaft, S. 19.

(46)　E. Noichl (Bearb.), Codex Falkensteinensis, Nr. 82.

第 6 章　ヘルンシュタインの城塞支配権

は，すでに第 2 節【史料 9 】（1166 年夏）で言及したファルケンシュタイン伯
の受動的レーエンの目録に含まれている。煩を厭わずその関連する部分を再度
摘記するならば，以下の通りである。

【史料 9 】

〔12〕A duce Orientalis provincie de prediis ipsius comitis in terra ipsa positis
habet modios, qui vocantur marchimutte, et iusticiam operum, que in urbibus
ducis fieri debent, et ceteras iusticias, que de prediis comitis debentur duci, ab eo
ipse habet in beneficium〔同伯の同支配領域〔terra〕に位置する所領のうち，マ
ルヒムッテ marchimutte〔軍馬の飼料（カラス麦）〕〕と呼ばれる穀物と，大公の城
塞で行われなければならない城塞夫役の免除税〔iusticia operum〕と，同伯の所領
から大公に支払われるべきその他諸々の裁判収入を同伯はオーストリア地域の大
公からレーエンとして保有する〕[47].

　この記述は，ファルケンシュタイン伯が自身の支配領域〔terra〕の中の所
領のうち，軍馬の飼料（＝カラス麦）〔marchimutte〕と呼ばれる軍役免除税，
農民によりオーストリア大公の城塞で行われるべき城塞夫役の免除税（＝代償
金），自身の所領に対する諸々の裁判収入を，オーストリア大公からレーエン
として保有したことを物語っている。これらのレーエン対象に関し，軍役免除
税はたいていの場合にカラス麦と貨幣で支払われ，伯については唯一このレー
エンとして現れるにすぎない税である[48]。城塞夫役免除税は城塞の建設と修
理のために城塞周辺の農民が提供すべき賦役に代わる代償金である。最後に言
及された裁判収入は，主に裁判の被告がオーストリア大公に支払う贖罪金から
の収入である。「諸々の裁判収入」の表現は，この収入ないし贖罪金の基礎を
なした裁判権が複数の種類のもの，換言すれば高級裁判権と下級裁判権の両方
であることを物語っており，ファルケンシュタイン伯はこのような裁判権を
オーストリア大公から授封されたのである。この高級裁判権に関し，M・A・
ベッカーもまたこの【史料 9 】に見える「裁判収入」に基づいて，伯は「権勢
と裁判収入を伴うラント裁判権」を授封されたと見なしている[49]。このこと
は，ヘルンシュタインのアムトが cometia（comicia）〔グラーフシャフト〕と

---

(47)　E. Noichl (Bearb.), Codex Falkensteinensis, Nr. 2, S. 6f. また上述第 2 章第 2 節【史
　　　料 9 】を参照。

(48)　Gengler, Ein Blick auf das Rechtsleben Bayerns unter Herzog Otto Ⅰ. von Wit-
　　　telsbach, S. 19；M. A. Becker (Hrsg.), Hernstein in Niederösterreich, Ⅱ-2, S. 40.

(49)　M. A. Becker (Hrsg.), Hernstein in Niederösterreich, Ⅱ-2, S. 39f. bes. S. 40.

第1篇　中世盛期バイエルンの貴族ファルケンシュタイン伯の城塞支配権

呼ばれると同時に，伯の高級裁判権が行使されるラント裁判区であったという，本章第2節の冒頭ですでに述べた事柄とも相即的な関係に立つものと言わなければならない。ただし，この高級裁判権＝ラント裁判権は，すでにしばしば述べたように，流血裁判権と高級贖罪裁判権の二元主義的な性格を帯びる裁判権であったことを改めて確認しておく必要があろう。

　さらに，【史料9】に記された三つのレーエン，つまり軍役免除税，城塞夫役免除税，諸々の裁判収入，換言すれば，これらの収益の徴収権はいずれも，元来オーストリア大公のグルントヘルシャフトに基礎を置いた権利ではなく，高権的権利，政治的権利であることも我々の関心から見て確認する必要がある。なぜなら，これらの高権的権利は正に officium/Amt〔アムト〕，prepositura〔伯代理管区〕，urbs〔シャテルニー＝城主支配領域〕，cometia（comicia）〔グラーフシャフト〕と呼ばれたヘルンシュタインの城塞管区において，すでに言及した伯のグルントヘルシャフトが行使された村落のフローンホーフその他の所領とそこに住む従属農民を超えて行使されたからである。また【史料9】に見える「同伯の同支配領域〔terra〕」とは，他ならぬこのような高権的権利が行使される伯の支配領域であり，ヘルンシュタインの城塞管区，ヘルンシュタイン城塞を中核とするシャテルニーなのであった。

　ファルケンシュタイン伯の裁判権に関係する史料をもう一つ考察することにしたい。それは，第1章第3節2で言及した伯ジボトー4世の曾孫オイフェーミア・フォン・キューンリングとフライジング司教の間で生じたヘルンシュタインの城塞支配権（Herrschaft Hernstein）をめぐる争訟の審理記録（1267年）である。一方の当事者オイフェーミアの時代は伯ジボトー4世の時代からほぼ半世紀以上の長い時間が経過しているので，審理記録を見る前に，この審理に至るまでの経緯に簡単に触れることにしたい。

　ジボトー4世の系統は息子のジボトー5世と3人の孫，つまりジボトー6世（1244年死亡），コンラート（1257/58-1260年死亡），アーデルハイトへと継承されていった(50)。この孫娘のアーデルハイトは初婚でオーストリアの自由人貴族ベルトルト・フォン・ポッテンシュタイン，再婚で同じくオーストリアのミニステリアーレ，ハインリッヒ・フォン・キューンリングと結婚した。しかし，このミニステリアーレ・ハインリッヒとの身分違いの再婚により，アーデルハイトは自由人貴族の父祖が伝承してきた遺産をすべて放棄し，その子孫の

---

(50)　以下の記述に関し，上述第1章第3節2を参照。

180

第6章　ヘルンシュタインの城塞支配権

身分はミニステリアーレ身分に降下した。オイフェーミアはこのアーデルハイトとハインリッヒ夫妻の間の娘なのであった。オイフェーミアはやはりオーストリア大公の別のミニステリアーレ，ルードルフ・フォン・ポッテンドルフと結婚した。オイフェーミアの叔父，つまりジボトー5世の息子，上記のコンラートは1245年バイエルンとオーストリアにあるファルケンシュタイン伯の全財産をフライジング司教に売却していた。ところが，オイフェーミアは叔父コンラートの死亡後ヘルンシュタイン城塞を買い手のフライジング司教に引き渡さずに簒奪し，また裁判官の判決に反して，成功裏に引渡しを拒絶した。この時から，ヘルンシュタインは1380年にオーストリア大公に売却される時まで，長期に互りオイフェーミアに連なるポッテンドル家の手に掌握された。以上の歴史的経緯を踏まえて，以下に掲げる史料を考察することにしたい。この史料は，同時にオーストリア大公でもあるベーメン王オットカール2世の委任に基づいて，ニーダーオーストリアのラント裁判官ハルデック伯ハインリッヒがヘルンシュタインの城塞支配権をめぐるオイフェーミア・フォン・ポッテンドルフに対するフライジング司教コンラートの争いにおいて，司教の訴えの根拠と法的証明をベーメン王へ報告するために行った審理の記録である。

【史料34】（1267年）

Nos Heinricus comes de Hardeke, auditor datus a serenissimo rege Bohemie, duce Austrie et Styrie, marchione Morauie, venerabili patri et domino Chvnrado Frisingensi episcopo super suis querimoniis in Austria, presentibus profitemur, quod idem dominus episcopus coram nobis super castro et proprietatibus ac prediis Herranstein, in quibus dicit sibi et sue ecclesie iniuriam（per）dominam Offemiam de Potendorf ac eius heredes irrogari,（apparuit coram nobis）cum suum ius audire voluimus, in placito generali aput Mautarn proximo habito,（et）hec que infra scripta sunt, se asseruit probaturum per instrumenta vel per testes, que probata sue dixit sufficere intencioni. Primo, quod Chvnradus（comes）de Niwenburch siue Herrantstein eo tempore, quo potens de iure fuit vendere, vendidit castrum et predia Herrantstein et homines nobiles et ignobiles cum omnibus attinenciis et pertinenciis vniuersis bone memorie Chvnrado quondam venerabili Frisingensi episcopo et ecclesie Frisingensi, item quod dictus dominus episcopus soluit dicto Ch. comiti pecuniam, pro qua fuit empcio et vendicio predicti castri facta et omnium attinencium, item quod homines attinentes dicto castro Herrantstein, quondam proprii dicti C. comitis, iurauerunt fidelitatem tamquam proprii homines domino C. episcopo et ecclesie Frisingensi, item quod dictus dominus Ch. episcopus de bona voluntate dicti comitis in signum

181

第1篇　中世盛期バイエルンの貴族ファルケンシュタイン伯の城塞支配権

possessionis adepte in castro et prediis Herrantstain quosdam homines existentes
de familia castri predicti iuramento astrictos ipsi domino episcopo tamquam suos
castellanos et nomino suo prefecit castro Herrantstein, qui nomine ipsius domini
Ch. episcopi et ecclesie Frisingensis tenerent castrum et custodirent tamquam
sui castellani, item quod dictus dominus Ch. Frisingensis episcopus quosdam
de predictis hominibus tamquam suos officiales instituit in castro et prediis
memoratis, qui dicto Ch. comiti pro tempore vite sue solum deberent redditus
prediorum predictorum assignare, nomine tamen ipsius Ch. episcopi Frisingensis,
item quod dictus dominus Ch. episcopus, sicut predictum est, in possessione
castri, prediorum et hominum Herrantstein tamdiu fuit pacifice, quovsque
domina O. de Potendorf ipsum dominum episcopum et ecclesiam Frisingensem
a tali possessione prediorum predictorum violenter eiecit, item quod ministeriales
Austrie habentes fevdum a predicto C. comite, et existentes vasalli dicti comitis
racione castri et comicie Herrantstein, facta vendicione et translato dominio
et possessione castri ac prediorum Herrantstein ad ecclesiam Frisingensem,
fevdum sua, que quondam receperant ab ipso comite, postmodum de minibus
bone memorie Ch. Frisingensis episcopi (recipiebant), recognoscentes ipsum
et ecclesiam Frisingensem esse dominum fevdorum et castri ac prediorum
Herrantstayn, et tales adhuc recognoscunt Frisingensem episcopum dominum
fevdorum talium, item dictus dominus episcopus allegauit et allegat pro se
et ecclesia sua commune ius Austrie ab antiquis temporibus obseruatum, et
quod adhuc, vt meliores Austrie concordant et affirmant, ibidem obseruatur,
quod inquam ius tale est, quod cum filii sev filie progeniti de stripe nobilium
et liberorum copulati fuerint aliquibus non paris condicionis sed inferioris, ut
puta ministerialium ecclesiarum uel domini terre, uidelicet ducis, filii sev filie
progeniti de talibus copulatis, vt puta existentes deterioris condicionis, eciam
(non) habent, nec debent habere ius uel accionem in prediis sev proprietatibus,
que ab antique respiciebant solummodo homines libere condicionis, hoc est quod
vvlgo uocatur vreyzaygen. Vnde cum dicta domina O. de Potendorf nata sit de
viro ministeriali terre, quamuis de matre libera, non potest, nec debet capax esse
castri et predii Herrantstein, vt puta cum non sit compar eiusdem predii, quod
vvlgariter dicitur vreizaigen. Quare dicta domina O. de Potendorf et sui heredes
nomine matris uel auie non possunt, nec debent de iure possidere uel impetere
dictum predium et castrum Herrantstayn, nec ipsum dominum episcopum et
ecclesiam Frisingensem aliquatenus impedire〔最も晴朗なるベーメン王，オース
トリアとシュタイアーの大公，メーレンの辺境伯によって指定された代理裁判官，
余ハルデック伯ハインリッヒは，尊貴なる神父にしてフライジング司教閣下コン
ラートに，オーストリアにおけるその訴えに関して，本証書によって以下のこと

182

第6章　ヘルンシュタインの城塞支配権

を公に知らせる。すなわち，〔A〕同司教閣下が余の面前でヘルンシュタインの城塞並びに自由財産かつ所領 ―― ここにおいて，司教と司教の教会に女主人オイフェーミア・フォン・ポッテンドルフと同人の相続人たちに（より）攻撃が加えられることを司教閣下は述べるが ―― に関して，司教の権利を審理することを余が欲したので，マウテルン Mautern〔Mautarn〕で間もなく開催されたラント裁判所において，（司教は余の面前に出廷し），（また）下に記した事柄，ないし信じるに足りるものとして司教の意思に叶うと司教が述べた文書を通じてまたは証人を通じて，罪を認めさせようする事柄が主張された。最初に，（伯）コンラート・フォン・ノイブルク＝ヘルンシュタインは法律上売却する権利を有した当時，〔B〕ヘルンシュタインの城塞と所領と貴族と貴族でない者を，すべての付属物及び付帯物とともに，当時の尊ぶべき故フライジング司教コンラートとフライジング教会にすでに売却したこと，同じく，同司教閣下は上記の〔C〕城塞とすべての付属物の購入と売却の代金を，同伯コンラートにすでに支払ったこと，同じく，ヘルンシュタイン城塞に属する当時の同伯コンラートの従属民は，フライジング司教とフライジング教会にさながら従属民のように誠実宣誓を誓約したこと，同じく，同司教閣下コンラートは同伯の良き意思により，ヘルンシュタインの城塞と所領で獲得した財産の象徴として，同司教閣下に宣誓によって拘束された上記の城塞のファミリアからある既存の従属民を，さながら自己の城臣として自己の名においてヘルンシュタイン城塞の長に任じ，また城臣は同司教閣下コンラートとフライジング教会の名において，さながらその城臣として城塞に居住しかつ防衛するものとされたこと，同じく，同フライジング司教閣下コンラートは上記の従属民のある者をさながら自己の役人として，上記の城塞と所領に役人として配置した。またこの役人たちは同伯コンラートに，一生間上述の所領からの収益のみを引き渡す義務を負った，しかしそれは同フライジング司教閣下コンラートの名においてであるが。同じく，同司教閣下コンラートは，上述したように，女主人オイフェーミア・フォン・ポッテンドルフが同司教閣下とフライジング教会を上記の所領のゲヴェーレ Gewere〔possessio〕から暴力的に追い出した時まで，極めて長い間，静穏に〔D〕ヘルンシュタインの城塞，所領と従属民を所有していたこと，同じく，上記の伯コンラートからレーエンを保有するオーストリアのミニステリアーレン，及び同伯の既存の家臣は，〔E〕ヘルンシュタインの城塞かつグラーフシャフト〔comicia〕に関して，〔F〕ヘルンシュタインの城塞かつ所領の所有権と占有〔dominium et possessio〕がフライジング教会に売却されまた譲渡された時に，かつて同伯から受領したそのレーエンを，その時から故フライジング司教コンラートの手から（受領した）。余は同人とフライジング教会が封主でありかつ〔G〕ヘルンシュタインの城塞かつ所領の所有権者〔dominus〕であることを認め，またさらにその者たちはフライジング司教をそのようなレーエンの封主と認めていること，同じく，同司教閣下は自身とその教会のために，古来遵守されたオーストリアの共通の法〔commune ius Austrie〕を主張した〔こと〕，またさらに，オー

183

第1篇　中世盛期バイエルンの貴族ファルケンシュタイン伯の城塞支配権

ストリアの選良が取り決めかつ認証するごとく，同地で遵守されていること，つまり貴族と自由人の家系から生まれた息子や娘が，例えば教会または領国主つまり〔オーストリア〕大公のミニステリアーレンのごとく，同じ身分ではなくより低い身分の他の者と結婚したときに，例えば既存のより下級の身分の者のごとく，そのような結婚から生まれた息子や娘は，古来自由身分の人間のみに与えられた自由財産かつ所有地における権利ないし訴権，すなわち一般にフライスアイゲン vreyzaygen〔自由なアイゲン〕と呼ばれるものを依然としてもたず，またもつことを禁じられていることである。女主人オイフェーミア・フォン・ポッテンドルフはたとえ自由人の母親の娘であるとしても，ラント〔オーストリア〕のミニステリアーレ身分の男性の娘であるが故に，あたかも例えば一般にフライスアイゲン vreyzaygen と呼ばれる同所有地の同身分者ではないが故に，ヘルンシュタインの城塞かつ所領の適任者であることはできず，また適任者であることを禁じられている。またそれ故に同女主人オイフェーミア・フォン・ポッテンドルフとその相続人は，母親や祖母の名においてヘルンシュタインの同所領と同城塞を法律上所有することや攻撃することができずかつ禁止され，また同司教閣下とフライジング教会を少しでも阻止することができずかつ禁止されている〕(下線＝著者)[(51)].

　ヘルンシュタインの城塞支配権の全体をめぐるフライジング司教コンラートとオイフェーミア・フォン・ポッテンドルフの間の争訟が，極めて具体的かつ詳細に記述されており，その内容を改めて要約する必要はないであろう。問題の裁判権との関連で注目すべきこの史料上の記述は，「ヘルンシュタインの城塞かつグラーフシャフト［comicia］に関して，ヘルンシュタインの城塞かつ所領の所有権と占有［dominium et possessio］がフライジング教会に売却されまた譲渡された」という記述である。先ず，「グラーフシャフト［comicia］」とは城塞を中核とするファルケンシュタイン伯の支配区であり，伯の高級裁判権（流血裁判権と高級贖罪裁判権）が行使されるラント裁判区であることは，すでにしばしば確認した通りである。次に，「ヘルンシュタインの城塞かつ所領の所有権［dominium］と占有［possessio］」の記述に関し，dominium の語は possessio の語と対比して用いられているので，明らかに所有権を意味する。しかしこの場合に dominium の対象となっているのは，「自由財産かつ所領」，「所領と貴族と貴族でない者」，「すべての付属物及び付帯物」，「すべての付属物」，「所領」，「所領と従属民」という様々な言葉で表現された城塞の付属物並びにその中核としてのヘルンシュタイン城塞，換言すればこの両者の統合体，ないし城塞と支配権的権利と人間（家臣，城臣，従属農民）との統合体，要す

───────────────

(51)　M. A. Becker (Hrsg.), Hernstein in Niederösterreich, II-2, Beilagen CVII, S. 443-445.

184

第6章　ヘルンシュタインの城塞支配権

るに城塞支配権ないしシャテルニーの全体であり，またこの史料に現れる別の
言葉で言えば，グラーフシャフト［comicia］そのものなのである。さらにな
お〔A〕から〔G〕までの下線部は，ヘルンシュタイン城塞とその周囲の領域が支
配権の統一体であることを幾重にも示している。このような城塞支配権の売却
という，近代の言葉で言えば公法的な事態に対して dominium の語が使われて
いるために，この dominium の語を単に「所有権」と捉えるのは不十分である。
この問題に関し，dominium の語はより古い時代には，dominus の権力に服さ
せられうるすべてのものについて使われたが，12 世紀以来明確に意味の変化
が認められ，13 世紀になると dominium は他の何にも優って所有権的なカテ
ゴリーとなる(52)。ただし，私的所有権（私法）と国家的な高権（公法）が分離
する以前の中世社会にあっては，dominium を単に私的所有権と捉えるのは当
を得ておらず，第三の中間的な要素，つまり所有権に根ざした支配権という概
念をもって把握する必要がある(53)。この所有権に根ざした支配権という概念
は dominium が未だ「支配権」と「所有権」の間を動いている流動的な概念で
あること，より具体的には，城塞や村落等，領域的に限定された土地における
権利に結びつけられた支配権力を言い表す用語であることを意味した(54)。そ
れ故に，dominium の語を我々はこのような意味の支配権延いては支配領域の
意味に理解することにしたい。

　かくして，「ヘルンシュタインの城塞かつ所領の所有権［dominium］と
は，ファルケンシュタイン伯がヘルンシュタイン城塞とその周囲のアムト＝
シャテルニーにおいて保持する dominium〔支配権，支配領域〕として捉え
ることができることになる。また dominium の語も城主の支配権，城塞支配
権を表現する用語なのである(55)。しかも，この dominium はそもそも裁判権
Jurisdiktion ——この語は司法と行政両方の意味を含むが——と裁判収入を包括
するということを，疑いなく中世の人々は誰でも理解していた(56)。dominium

---

(52)　D. Willoweit, Grundherrschaft und Territorienbildung. Landherren und Landesher-
　　　ren in deutschsprachigen Urkuden des 13. Jahrhunderts, in：Gerhard Dilcher und
　　　Cinzio Violante（Hrsg.）, Strukturen und Wandlungen der ländlichen Herrschaftsfor-
　　　men vom 10. bis 13. Jahrhundert. Deutschland und Italien im Vergleich, 2000, S. 217f.
(53)　D. Willoweit, Grundherrschaft und Territorienbildung, S. 219.
(54)　D. Willoweit, Rezeption und Staatsbildung im Mittelalter, in：Ius Commune, Son-
　　　derheft 30, 1987, S. 32.
(55)　拙著『ドイツ封建社会の構造』239-245 頁も参照。
(56)　D. Willoweit, Rezeption und Staatsbildung im Mittelalter, S. 34. さらに，dominium

第1篇　中世盛期バイエルンの貴族ファルケンシュタイン伯の城塞支配権

の用語の考察の結果，結論的に，ファルケンシュタイン伯はヘルンシュタイ
ン管区においても裁判権を保持していたことが確認される。またこの裁判権は，
他でもなく，しばしば言及した二元主義的性格をもつ高級裁判権（流血裁判権
と贖罪高級裁判権）と下級裁判権（荘園裁判権）であったということができる。

第5節　小　　括

　本章で明らかになった事柄を改めて整理することにしたい。先ず，ファル
ケンシュタイン伯がヘルンシュタインのグラーフシャフト＝アムト＝城塞管
区において保持した所領は，11 の村落でフローンホーフ 12 箇所以上，さらに
19 の村落でフローンホーフ以外に mansus 等と呼ばれた所領 19，二つの村落
で水車各 1，森林 1，八つの村落・場所で葡萄畑 10，二つの村落で農場 8 で
ある。このうち，伯はグルントヘルとして水車に関し使用強制権，森林に関し
森林罰令権の形で罰令権（バン権）を行使した。次に，以上の所領から提供さ
れた貢租の種類はその他三つのグラーフシャフト＝アムト＝城塞管区から提
供された貢租と同じ種類のものであったが，ヘルンシュタインのグラーフシャ
フトはその他のグラーフシャフトと異なり，貨幣収入が際立って多くの比率
を占めた。その原因は，遙かな遠隔地のヘルンシュタイン城塞からファルケン
シュタイン伯の本拠地，南東バイエルンまで輸送するには現物貢租よりも貨幣
が適していることにあった。ヘルンシュタイン領域には家畜飼育農場が存在し
なかったが，この原因もまた，この領域が自家経営で家畜飼育農場を経営する
にはあまりにも遠隔地であったことに求められる。ヘルンシュタインの城塞
支配権がかくも遠隔地に建設された理由は，ジボトー 4 世の先祖のファルケン
シュタイン＝ヘルンシュタイン家系が異民族と対峙する辺境伯領に赴いて皇帝，
国王，辺境伯を支援し，その返礼に与えられた所領に城塞を建設し，これを中
核として支配権を構築したことにあるものと推定される。このことは，その他
三つの城塞支配権の成立事情とは大きく異なる点である。最後に，『CF 証書
集』において貢租としての葡萄酒の納入先が城塞であることが明確に書かれて
いることから，城塞がグルントヘルシャフトの中心であることが改めて確認さ
れた。

　の語は貢租と勤務，裁判権とその他の用益権を求める要求権が付着しているところの，
土地における固有権，所有権ないし所有権に類似の権利を意味した（ebenda, S. 38）。

第6章　ヘルンシュタインの城塞支配権

　次に，ヘルンシュタインのグラーフシャフト＝アムト＝城塞管区では，史料上フォークタイの存在は確認されない。これに対して，ファルケンシュタイン伯はこのグラーフシャフト＝アムト＝城塞管区において，オーストリア大公から高級裁判権＝ラント裁判権，正確には流血裁判権と高級贖罪裁判権の二元主義的な性格を帯びる裁判権をレーエンとして保有し，これを行使した。officium/Amt〔アムト〕，prepositura〔伯代理管区〕，urbs〔シャテルニー＝城主支配領域〕，cometia（comicia）〔グラーフシャフト〕の用語に加えて，terra〔支配領域〕と dominium〔支配領域〕の用語もまた，この裁判区＝グラーフシャフト＝アムト＝城塞管区を意味するものであった。同時に，dominium の用語は cometia（comicia）の用語と同様に裁判権の含意をもつものである。裁判権の他に，ファルケンシュタイン伯は軍役免除税，オーストリア大公の城塞で行われるべき城塞夫役の免除税をも大公のレーエンとして保有した。この二つの権利はファルケンシュタイン伯のグルントヘルシャフトの従属農民以外にこれを超えて行使される高権的権利であり，その意味において罰令権である。軍役免除税，城塞夫役免除税の徴収権とともに，高級裁判権もまた従属農民以外にこれを超えて行使される高権的権利，換言すれば罰令権力（バン権力）である。ヘルンシュタイン城塞を中核として周囲の支配領域に行使するファルケンシュタイン伯の罰令権力（バン権力）は，文字通り城主支配権，シャテルニー権力として把握されなければならない。なおラント裁判所の開催場所は判明していない。

　ヘルンシュタイン城塞の場合にも，城主たる伯ジボトー4世が城塞の周辺地にあるその他の貴族支配権を追い出すという手段を通して城塞支配権＝シャテルニーの濃密化を追求しており，最後に，ジボトー4世によるこの施策を見ておきたい。ジボトー4世の弟ヘラント2世が1155年に死亡した直後，ヘラント2世の遺産を巡りその二人の息子と伯ジボトー4世との間の争いを，本章第1節でしばしば言及した叔父ヴォルフカーが仲裁している[57]。この相続争いが曲りなりにも平和裏に決着を見たためと推測されるが，その後当主を失ったヘラント2世の家系は恐らくジボトー4世の圧力に抗しきれずに，ヘラント2世が遺した遺産を数度に互って順次ジボトー4世の手に引き渡している。ここで，これに関する史料を検討することにしたい。ヘラント2世の遺産から伯ジボトー4世とその息子クーノに帰属した所領を示す証書が伝承されている。そ

---

(57)　E. Noichl (Bearb.), Codex Falkensteinensis, Nr. 115.

187

第1篇　中世盛期バイエルンの貴族ファルケンシュタイン伯の城塞支配権

の全文は以下の通りである。

【史料35】（1168 年頃－1190 年頃）

Hec est summa bonorum, que contingent comitem Sibotonem et Chononem filium eius de patrimonio Herrandi Herrandesteine ; curia villici et mansio Adele ; Welandestorf beneficium et mansion ; Berneze beneficium, ibi beneficium et molendinum ; Osinberch beneficium et Harde vinea. Anno, quando stiure non datur, XV urne, hoc est due karrade et Ⅳ urne〔以下はヘラント〔2世〕の遺産たるヘルンシュタイン〔の城塞支配権〕[Herrandesteine] から伯ジボトーとその息子クーノに帰属する所領の全部である。すなわち，アデーラで荘司のフローンホーフと mansio，ヴェラースドルフでレーエンと mansio，ペルニッツでレーエンと水車，エチェンベルクでレーエン，ハルト Hart [Harde] で葡萄畑。税が納められない年に，〔葡萄酒〕15 ウルナ〔甕〕，すなわち2フーダーと4ウルナが納められる〕（下線＝著者）[58].

アデーラ，ヴェラースドルフ，ペルニッツ，エチェンベルクの村落は，本章第2節ですでにファルケンシュタイン伯がヘルンシュタインのグラーフシャフトにおいて保持するグルントヘルシャフトの所在地として言及した[59]。ハルトはヘルンシュタイン城塞の南に位置する村落である[60]。したがって，これらの所領はすべてヘルンシュタイン城塞の周辺地に位置する城塞付属物として捉えることができる。なお下線部はヘルンシュタイン [Herrandesteine] の城塞名それ自体が城塞とその周囲に横たわる支配権的権利との統合体，換言すれば城塞支配権＝シャテルニーを意味することを，雄弁に物語っていることが銘記されなければならない。

　次に，ヘラント2世の遺児とジボトー4世の間の相続争いとの関連で行われた財産処分の例として，伯コンラート・フォン・パイルシュタイン Konrad von Peilstein による請求権の放棄を取り上げることにしたい。伯コンラートはヘラント2世の奥方ゾフィーアの再婚相手であるが，この奥方が1176年に死亡した後，伯コンラートは同年秋に奥方に代わってヘルンシュタインの財産に対する請求権を主張していたのである[61]。これに関する史料は以下の通りである。

---

(58)　E. Noichl（Bearb.）, Codex Falkensteinensis, Nr. 102.

(59)　上述本章第2節175頁以下を参照。

(60)　E. Noichl（Bearb.）, Codex Falkensteinensis, Vorbemerkung zu Nr. 99, S. 63. ただし，ハルトはその後廃村となった。

(61)　ゾフィアについて第1章第3節35頁を参照。

188

第6章　ヘルンシュタインの城塞支配権

【史料36】（1176 年秋）

Chonradus comes de Bilstaine abrenunciavit omni querele, quam fecerat in Herradesteine super dominam Sophiam et liberos eius et dominum Nizonem et omnem hereditatem, que pertinet in Herradesteine〔パイルシュタイン伯コンラートはヘルンシュタイン城塞において，奥方ゾフィーアと同人の子どもたち並びにヘル・ニツォー，及びヘルンシュタイン城塞に属するすべての遺産に関して行ったあらゆる権利主張を放棄した〕[62]。

　ヘル・ニツォーとはヘラント2世の遺児，つまりヘラント2世と奥方ゾフィーアの間に生まれた娘のユーディットが初婚で結婚したレーゲンスブルク司教のミニステリアーレ，ニツォー・フォン・ライテンブーフ Nizo von Raitenbuch のことである[63]。この史料では所領の所在地または村落は記載されていないが，しかし伯コンラートによるこの要求権放棄もまた伯ジボトー4世の城塞支配権ヘルンシュタインから危険要因を除去し，延いてはその濃密化と強化に寄与したことは疑いないといってよい筈である。

　その他に，ヘラント2世の遺産の相続問題の処理との関連で，奥方ゾフィーアも伯ジボトー4世を，自身の子供たちを通じて有する可能性がある要求権から免除している（1175 年頃-1176 年3月12 日）[64]。息子ジボトー・フォン・アントヴォルトは相続争いの解決の際に，伯ジボトー4世とその二人の息子クーノとジボトー5世に，自身が将来相続権のある息子を遺さずに死亡した場合について，現在と将来の全財産を譲与している（1169 年頃-1170 年頃）[65]。ヘラント2世のもう一人の息子ヘラント3世は伯ジボトー4世に，自身の全財産を60 タレントの金額と引き換えに質入している[66]。ヘラント2世の奥方とその遺児たちによるこれら一連の法律行為を伝承する証書には，処分の対象とされた所領に関する具体的な記述がないために，そこに語られている所領がすべてヘルンシュタイン城塞の付属物と考えることはできず，ファルケンシュタイン伯のその他三つの城塞の付属物である可能性も否定できない。しかし間違いなくその一部はヘルンシュタイン城塞の付属物であることを否定することもできないのも事実である。

---

(62)　E. Noichl（Bearb.），Codex Falkensteinensis, Nr. 151. Ebenda, Nr. 150 でも伯コンラートはヘルンシュタインの財産に関するあらゆる要求権を放棄している。

(63)　第1章第3節36 頁以下を参照。

(64)　E. Noichl（Bearb.），Codex Falkensteinensis, Nr. 148.

(65)　E. Noichl（Bearb.），Codex Falkensteinensis, Nr. 136a.

(66)　E. Noichl（Bearb.），Codex Falkensteinensis, Nr. 152.

第1篇　中世盛期バイエルンの貴族ファルケンシュタイン伯の城塞支配権

　最後に，ヘラント2世の遺児とその伯父ジボトー4世の間の相続争いと直接に関係しない事例を二つ見ておくことにしたい。最初に，1160年頃−1166年夏頃の時期に，オットー・フォン・ヘルンシュタインが伯ジボトー4世とその二人の息子に所領パンツェンバッハPantzenbachを贈与した事例である。これに関する史料は以下の通りである。

【史料37】（1160年頃−1166年夏）
Otto dedit predium Panzenbag Sibotoni comiti et filiis in perpetuum pro bono suo〔オットーはパンツェンバッハの所領を伯ジボトーとその息子たちに自由財産として永続的に譲渡した〕[67]。

　オットーはジボトー4世の叔父ヴォルフカーの同格出生ではない息子，つまりミニステリアーレ身分の女性を母親とした[68]。パンツェンバッハは現在ニーダーオーストリア，ヴィーン郊外のゲマインデ・グーテンシュタインGutensteinの構成区域となっており[69]，ヘルンシュタイン城塞の周辺地に位置するといってよい。このパンツェンバッハはすでに本章第2節でヘルンシュタインのグラーフシャフトにおいて貢租を納めるべき所領として登場することも，その証左となろう。
　次に，ルードルフ・フォン・ピースティングRudolf von Piestingが，すでに受領した10タレントの金額と引き換えにジボトー4世にパツェリヘスペルゲ〔Pazerichesperge〕の所領を質入した事例を見てみたい。これに関する史料は次の通りである。

【史料38】（1167年頃−1168年8月4日）
Modo predictus Rodolfus de prescripto predio unum predium dedit et constituit domno comiti Sibotoni pro X talentis, quod vacatur Pazerichesperge, cultum et incultum〔さて，上述のルードルフは上記の所領のうち，パツェリヘスペルゲ〔Pazerichesperge〕と呼ばれる一つの所領を既耕地であれ未耕地であれ，10タレントの金額と引き換えにヘル伯ジボトーに引渡しかつ質入した〕[70].

この史料を収録する『CF証書集』の編集者ノイヒルは，パツェリヘスペルゲ

---

(67)　E. Noichl (Bearb.), Codex Falkensteinensis, Nr. 125.
(68)　E. Noichl (Bearb.), Codex Falkensteinensis, Vorbemerkung zu Nr. 125, S. 91，及び第1章第3節37頁を参照。
(69)　このことについて，E. Noichl (Bearb.), Codex Falkensteinensis, Regest zu Nr. 125, S. 91を参照。
(70)　E. Noichl (Bearb.), Codex Falkensteinensis, Nr. 129.

第6章　ヘルンシュタインの城塞支配権

の詳細な位置を特定することはできないとしつつも，ニーダーオーストリア
のヴィーン郊外，ヴィーナー・ノイシュタットに位置すると推定している[71]。
ルードルフの姓フォン・ピースティングは，正にその本拠地がピースティン
グであることを示し，またこのピースティングは同じくヴィーナー・ノイシュ
タットに位置するヘルンシュタイン城塞からわずか約3 km の至近距離に位置
する[72]。したがって，パツェリヘスペルゲはピースティングからそれほどの
遠距離に位置したのでなければ，ヘルンシュタイン城塞からもほど遠からぬ地
点に位置したと解釈することができる。パツェリヘスペルゲはヴィーナー・ノ
イシュタットに位置したと推定するノイヒルの見解に我々は賛成することがで
きると言うことができる。

　以上の伯ジボトー4世のためにその他の貴族により実行された財産処分の
事例は，いずれもヘルンシュタインの城塞支配権に支配権的権利をさらに付け
加えることを通じて，その濃密化ないし強化に寄与したものと評価されうる
し，他方ではまた伯ジボトー4世はかかる処置に基づいて意識的に城塞周辺地
からその他の貴族支配権を排除することをも狙ったものと理解される必要があ
る。特に【史料35】はヘラント2世の遺産から伯ジボトー4世に帰属した所
領が，ヘルンシュタインのグラーフシャフトにおけるその支配権に組み込まれ
るに至ったことを明確に示しており，こうして伯ジボトー4世による財産獲得
政策が城塞支配権の濃密化ないし強化と同時に，延いてはその他の貴族支配権
の排除に有利に作用したことを示している。さらに，相続争いの解決と関連す
る上記の財産処分の五つの事例は，伯ジボトー4世が弟ヘラント2世の家系に
分割して継承されたヘルンシュタインの城塞支配権に係わる支配権的権利・権
益を粘り強く自分の家系に回収し，城塞支配権の一体化を図ろうと努力したこ
とを示しているといわなければならない。なお【史料35】からは，ヘルンシュ
タインという城塞名がそれ自体だけでも単独に城塞支配権＝シャテルニーを意
味することが明らかとなることを，再度確認しておきたい。なぜならば，城塞
名がこのような意味を含むことはいくら強調しても足りないほどに重要な事実
だからである。この問題については，後に別の関連でもう一度言及することに
なるであろう。

---

(71)　E. Noichl (Bearb.), Codex Falkensteinensis, Register, S. 194 rechts.

(72)　Der Große ADAC AutoAtlas Deutschland/Europa, S. 267 A5 を参照。

第1篇　中世盛期バイエルンの貴族ファルケンシュタイン伯の城塞支配権

図13　ヘルンシュタインの城塞支配権（シャテルニー）

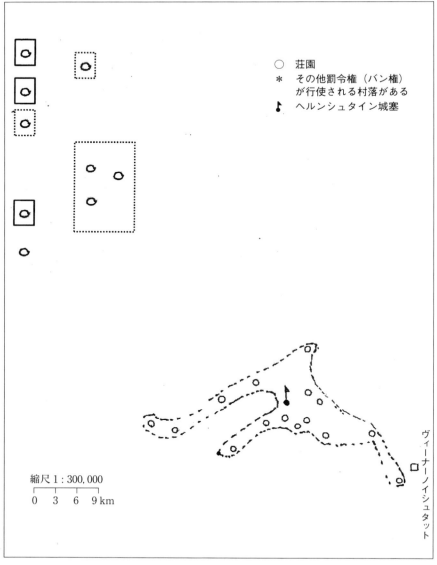

Der Große ADAC AutoAtlas : Deutschland/Europa, 2012/2013, S. 267-268 を基に作成

結　語

　最初に，これまでの検討から得られた結果を改めて整理し，併せて確認することにしたい。第一に，ファルケンシュタイン伯の権力基盤に関し，ガイスルバッハに保持するハントゲマールが，この家系の支配者としての地位の核心たる貴族権力の可視的な象徴であった。ハントゲマールに基づく貴族権力がレーエン制的支配権，裁判支配権，グルントヘルシャフト，教会支配権等，この家系が保持する多種多様な種類の支配権的権利を，城塞を中核とする統一体に纏める基礎を構成した。またこの家系はノイブルク，ファルケンシュタイン，ハルトマンスベルク，ヘルンシュタインの四つの主要城塞を所有し，主にこの各城塞の周囲にあるアロート財産と，その他膨大なレーエン財産が，この貴族支配権の財産的基礎を構成した。

　受動的レーエンに関し，ファルケンシュタイン伯はヴェルフェン家，オーストリア大公，バイエルンの宮中伯，パッサウ・ザルツブルク・フライジングの各司教等20名の封主から合計2,600マンススという膨大な面積のレーエン財産を保有した。このレーエン財産は一方ではファルケンシュタイン伯の支配権の基盤を構成したが，しかし家系の財産を保全するための補助手段とするという『ファルケンシュタイン証書集』の作成動機から判断して，富と権力を証明するものではなく，むしろバイエルン貴族層の内部におけるこの家系の従属的な地位を証明するものであった。能動的レーエンに関し，伯ジボトー4世は少なくとも27名という自身の多数の封臣へのレーエンの授封を通じて，人格的な勤務（軍役と主邸参向）を受領すると同時に，彼らが構成するレーエン制的軍隊を自身の軍事力の基礎とした。第二に，城塞守備を専属的勤務義務とする城臣に関し，ノイブルク城塞に15名，ファルケンシュタイン城塞に1名存在したことが史料上確認される。しかしファルケンシュタイン，ハルトマンスベルクとヘルンシュタインの各城塞についても5〜10名の城臣の存在が推定される。また，城臣に妥当する城塞守備レーエン法が家人法の影響を受けて発展したために，この城臣の多くがミニステリアーレ身分の者であったと推定される。武装した封臣と城臣ないしミニステリアーレンからなる戦士団がファルケンシュタイン伯の支配権力と政治的権勢を支える軍事力を構成した。

第1篇　中世盛期バイエルンの貴族ファルケンシュタイン伯の城塞支配権

　次は，ファルケンシュタイン伯の四つの城塞支配権を構成した要素ない
し内容に関する検討結果である。先ず，ノイブルク城塞を中核とする領域は，
procuratio〔フォークト管区またはフォークタイ管区〕，generale concilium
〔ラント裁判区〕，provincia〔ラント裁判区〕，cometia〔グラーフシャフト〕，
officium〔アムト〕，urbs〔シャテルニー＝城主支配領域〕と呼ばれると同時に，
この管区は最高の行政官吏 procurator〔フォークト〕により管理された。ファ
ルケンシュタイン伯はこの管区の中で，13 の村落において 21 以上のフローン
ホーフ＝ヴィリカツィオーン，その他マンスス mansus あるいはマンシオー
mansio と呼ばれる農民保有地を保持し，これに対してグルントヘルシャフト
を行使したほかに，水車の利用強制権の形でバン権力，あるいはアルメンデ利
用権をも保持した。このグルントヘルのバン権力は元来の荘園従属農民の枠組
みを超えて行使されるバン・グルントヘルシャフトとして把握される。さらに
伯はこの管区において，アイブリングのフォークタイ，ヴァイアルン修道院に
対するフォークタイ，ノイブルク城塞の権力下の慈悲深いフォークタイ，パイ
センベルクの聖堂区教会に対するフォークタイ，キルヒドルフのフォークタイ
という五つのフォークタイを行使した。特にアイブリングのフォークタイに関
し，ファルケンシュタイン伯は代理人たる procurator〔フォークト〕を通じ
て，51 の村落に散在するフォークタイ所領に対してフォークタイ権力を行使
した。フォークタイ税とフォークタイ裁判権がフォークタイ権力の主な内容を
なすが，このフォークタイ権力はグルントヘルシャフトが行使される上記のフ
ローンホーフ＝ヴィリカツィオーンとは別に，これを超えてその他 51 の村落
のフォークタイ所領に行使される権力であり，その意味で優れて罰令権力なの
である。その場合に，ファルケンシュタイン伯のフォークタイ裁判権は流血裁
判権と高級贖罪裁判権の二元主義的性格を内容とする高級裁判権であった。

　ノイブルク城塞を中核とするグラーフシャフト［cometia］は，ファルケン
シュタイン伯のグルントヘルシャフトが行使されるフローンホーフ＝ヴィリカ
ツィオーンとフォークタイ所領から構成され，またこれらの支配的権利はノ
イブルク城塞の付属物を構成した。さらにファルケンシュタイン伯はグラーフ
シャフトにおいて，伯としての地位に基づきラント裁判権を行使したが，この
裁判権もまた贖罪裁判権と流血裁判権の二元主義的性格を内容とする高級裁判
権であった。城主たるファルケンシュタイン伯の高級裁判権（流血裁判権と高
級贖罪裁判権）とフォークタイ裁判権に代表される罰令権力が行使されるノイ
ブルク城塞を中核とする支配領域は，伯が所有する城塞を表現する urbs の用

194

結　語

語が同時に城塞支配権＝シャテルニーの意味を含むことも相俟って，フランス型の城主支配領域ないしシャテルニーとして捉えられなければならない。

　次に，ファルケンシュタインの城塞支配権に関し，ファルケンシュタイン城塞を中核とする領域は officium〔アムト〕，prepositura〔伯代理管区〕，urbs〔シャテルニー＝城主支配領域〕，cometia（comicia）〔グラーフシャフト〕と呼ばれるとともに，この管区は最高の行政官吏 prepositus〔伯代理〕により管理された。さらに，ファルケンシュタイン伯はこの支配区において，城塞の周囲に位置する四つの村落で九つのフローンホーフ＝ヴィリカツィオーンとその他44の村落にある64の所領に対しグルントヘルシャフトを行使した。また伯はこれらのグルントヘルシャフトと所領の枠組を超えて，四つの教会とその教会領に対しフォークタイ権力を行使した。このフォークタイ所領に対するフォークタイ裁判権はやはり高級裁判権（流血裁判権と高級贖罪裁判権）であった。他方で，ファルケンシュタインの城塞管区には領域的に少し離れた場所に位置するロイケンタールのグラーフシャフト cometia が付属し，このグラーフシャフトは11の村落から構成されたが，ファルケンシュタイン伯はこれらの村落に対しても同じく高級裁判権（流血裁判権と高級贖罪裁判権）を行使した。四つの教会の教会領に対するフォークタイ権力ないしフォークタイ裁判権，ロイケンタールのグラーフシャフトにおいて行使された高級裁判権（流血裁判権と高級贖罪裁判権），さらにグラーフシャフト・ファルケンシュタイン自体において行使された高級裁判権（流血裁判権と高級贖罪裁判権）がいずれも罰令権力として，グルントヘルシャフトの従属農民を超えて，中心たるファルケンシュタイン城塞から行使された。この支配区において，ファルケンシュタイン伯は，伯としての地位に基づいてやはり流血裁判権と高級贖罪裁判権の二元主義的内容の高級裁判権を行使した。この罰令権力が行使されたファルケンシュタイン城塞を中心とする伯の支配区はシャテルニーとして把握される

　第三に，ハルトマンスベルクの城塞支配権に関し，ハルトマンスベルク城塞を中核とする領域もまた officium〔アムト〕，procuratio〔フォークト管区またはフォークタイ管区〕，urbs〔シャテルニー＝城主支配領域〕，cometia（comicia）〔グラーフシャフト〕と呼ばれ，またこの領域は最高の行政官吏procurator〔フォークト〕により管理された。ファルケンシュタイン伯はこの支配区，つまり城塞の周囲の領域において六つの村落に位置する10箇所のフローンホーフ＝ヴィリカツィオーンと26の村落に散在する所領に対するグルントヘルシャフト，その他に水車，森林，釣り場に対する経済的罰令権（経済

第1篇　中世盛期バイエルンの貴族ファルケンシュタイン伯の城塞支配権

的バン権）をも行使した。さらに，ファルケンシュタイン伯はオービングの市
場領主としての地位に基づいて市場開設権やポリツァイ権力たる度量衡監督権
等の保護権を行使した。言うまでもなく，伯はこれらの罰令権と保護権をグル
ントヘルシャフト＝フローンホーフの従属農民を超えてそれ以外の人々にも行
使した。ハルトマンスベルク領域におけるファルケンシュタイン伯のフォーク
タイに関し，伯はザルツブルク大司教領に属する 26 の村落に対するフォーク
タイ，またヘレンキームゼー修道院領に属する 94 の村落という著しく多数の
村落に対するフォークタイ権力を保持し，フォークタイ的保護権力，フォーク
タイ裁判権，フォークタイ従属民の離婚強制権を行使し，フォークタイ税と
してカラス麦を徴収した。このフォークタイ裁判権はその他の城塞管区におけ
ると同様に，流血裁判権と高級贖罪裁判権の二元主義的性格を内容とする高級
裁判権であった。これらのフォークタイ的保護権力，フォークタイ裁判権，離
婚強制権はファルケンシュタイン伯のグルントヘルシャフト＝フローンホーフ
の従属農民を超えて行使された罰令権力である。さらに，この領域において伯
はその他上述の支配区と同じく，伯としての地位に基づいて流血裁判権と高級
贖罪裁判権の二元主義的内容をもつ高級裁判権を行使した。これらフォークタ
イ権力と高級裁判権を内容とする罰令権力が行使されたハルトマンスベルク城
塞を中核とする伯の支配区は，その呼称 urbs〔シャテルニー＝城主支配領域〕
も示すように，シャテルニーとして捉えられる。

　最後にヘルンシュタインの城塞支配権に関し，ヘルンシュタイン城塞を中核
とする領域もまた officium/Amt〔アムト〕，prepositura〔伯代理管区〕，urbs
〔シャテルニー＝城主支配領域〕，cometia（comicia）〔グラーフシャフト〕と呼
ばれた。ただし，ヘルンシュタインの城塞支配区はこれらの呼称に加えて，さ
らに terra〔支配領域〕と dominium〔支配領域〕の呼称で呼ばれることがあっ
た。terra と dominium の用語もまた，裁判区＝グラーフシャフト＝アムト＝
城塞管区を意味した。その場合にそもそも dominium の用語自体が cometia
（comicia）の用語と同様に裁判権の意味を含んでいた。ファルケンシュタイン
伯はこの城塞支配区において，オーストリア大公からレーエンとして授封され
た流血裁判権と高級贖罪裁判権の二元主義的な性格を帯びる高級裁判権＝ラン
ト裁判権を行使した。なおこの支配区ではファルケンシュタイン伯のフォーク
タイは史料上検出されなかった。その限りでは，ヘルンシュタイン領域では伯
のフォークタイ権力やフォークタイ裁判権は問題にならない。ファルケンシュ
タイン伯はその他軍役免除税，オーストリア大公の城塞で提供されるべき城塞

夫役の免除税をも大公のレーエンとして保有した。この二つの権利はファルケンシュタイン伯のグルントヘルシャフトの従属農民を超えてその他の農民に対しても行使される罰令権である。このように、ヘルンシュタイン城塞の支配区において、ファルケンシュタイン伯は軍役免除税、城塞夫役免除税の徴収権、高級裁判権＝ラント裁判権といういずれも伯自身の従属農民以外にこれを超えて行使される高権的権利、つまり罰令権力を行使したのである。ファルケンシュタイン伯がヘルンシュタインの城塞支配区において保持したヴィリカツィオーン＝フローンホーフは 11 の村落で 12 箇所以上、その他 19 の村落でマンスス mansus 等と呼ばれた所領が 19 である。さらに伯がグルントヘルとして水車の利用強制権、森林罰令権を保持したことも確認された。ヘルンシュタイン城塞の支配区から提供される伯の収入として貨幣収入が多かった原因は、ヘルンシュタイン城塞が伯の本拠地、南東バイエルンから約 300 km とあまりにも遠隔地に位置するため現物貢租よりも貨幣が輸送に適していたことに、またこの支配区に家畜飼育農場が存在しなかった原因もまた、この支配区が自家経営で家畜飼育農場を経営するにはあまりにも遠隔地であったことに求められる。また言うまでもなく、ファルケンシュタイン伯はその他の城塞支配区におけると同様に、伯としての地位に基づいて流血裁判権と高級贖罪裁判権の二元主義的内容の高級裁判権を行使した。いずれにしても、ファルケンシュタイン伯が城主としてヘルンシュタイン城塞を中核とする城塞周囲の支配領域で行使した高級裁判権＝ラント裁判権、軍役免除税、城塞夫役免除税の徴収権等の罰令権力とグルントヘルシャフトの総体は、文字通り城主支配権＝シャテルニー権力として、城塞周囲の支配領域は城主支配圏＝シャテルニーとして把握されなければならない。

　さらに、ノイブルク、ファルケンシュタイン、ハルトマンスベルク、ヘルンシュタインのいずれの城塞支配権についても、ファルケンシュタイン伯はその他の貴族の支配権を購入や質入の平和的方法に基づいて取得し、延いては城塞支配権の一体性の強化と濃密化に努めたことが観察された。伯がこのような措置を取ったことは、ほかでもなく城塞の周囲に城主たる伯の支配権ないし支配領域、換言すれば、防衛すべき城塞支配権が横たわっていたことを側面から物語ることはもはや言うまでもないであろう。

　以上の整理と纏めにより、ファルケンシュタイン伯が所有するノイブルク、ファルケンシュタイン、ハルトマンスベルク、ヘルンシュタインの四つの城塞支配権の各々はフランスのシャテルニーに類似する罰令権力＝バン領主権

第 1 篇　中世盛期バイエルンの貴族ファルケンシュタイン伯の城塞支配権

Bannherrschaft であったことが改めて確認されたものと考えたい。すでに言及したように，G・デュビイによれば，城主が自身の荘園従属民を超えて行使する裁判権とその他の強制権力＝バン権（罰令権）がシャテルニー権力であった[1]。したがって，ファルケンシュタイン伯の四つの城塞支配権はこの G・デュビイの意味でのシャテルニー権力であることが明らかになったものといわなければならない。ファルケンシュタイン伯の四つの城塞支配権は正にこのような裁判権とその他のバン権（罰令権）から構成されていたことは，本篇での考察から明らかとなった通りである。細かな点を捨象して，この伯の城塞支配権は実態的な権利の点でも，フランスのシャテルニーと同質的なものと把握してよいものといわなければならない。したがって，以上四つの城塞支配権の内部構造を究明し，これを通じてこれらの城塞支配権がバン領主権であることを明らかにするという冒頭第 1 章第 1 節で提示した本篇の課題もまた果たされたものと考えたい[2]。この研究成果は従来半世紀以上もの長い間ドイツ，日本の歴史＝法制史学界で研究を要請されながら未解明なままに残されたドイツ封建社会の把握に係わる根本的な問題に関する無視しえない視点であるといっても過言ではない。なおファルケンシュタイン伯の四つの城塞支配権とフランスのシャテルニーの異同の問題を考察する際には，木村尚三郎氏のフランスのシャテルニーを示す用語に関する指摘が示唆的な観点を提供する。木村氏の指摘は次の通りである。

「この時代〔＝ 10 世紀末・11 世紀〕に新たに剣〔＝実力〕によってのみ正当化された」duc〔大公〕, comte〔伯〕, vicomte〔副伯〕, marquis〔辺境伯〕, avoué〔フォークト〕等の称号を有する人々は本質において城を拠点とする城主以外の何者でもなく，又何れも城を中心に城主支配圏を形成するものであった」[3]。「城主，城主支配圏とは，単に史料において，castellanus, castellania として表現されるもののみに限られず，この時代の duc〔大公〕, comte〔伯，グラーフ〕, avoué〔教会守護，フォークト〕等及び彼等の形成する duché〔大公領〕, comté〔伯領，グラーフシャフト〕, avouerie〔アヴェ管区，フォークタイ管区〕, seigneurie〔領主領，ヘルシャフト〕等の実態を城主，城主支配圏，又はその集積として捉えるところに成立する，一つの論理概念である」[4]。

---

(1)　上述第 1 章第 1 節 8 頁を参照。
(2)　この課題に関し，上述第 1 章第 1 節 6 頁を参照。
(3)　木村尚三郎「フランス封建制の成立 —— 11 世紀における城主支配圏・バン領主支配圏の形成」，『法制史研究』8 号，1958 年，118 頁。
(4)　前註を参照。

198

結　語

　木村氏の指摘によれば，1000 年頃以降大公，伯，フォークト等の称号を帯
びる貴族は一般に城塞を中核とする政治的支配圏を樹立した城主であり，この
政治的支配圏がたとえ史料上直截に，castellania（シャテルニー）とは呼ばれ
ず，大公領，伯領（グラーフシャフト），フォークタイ管区等と呼ばれることが
あるとしても，この政治的支配圏は実態的に城主支配圏つまりシャテルニーと
して把握される。またしたがって，城主支配圏＝シャテルニーとは，城塞を中
核として構築された政治的支配権を意味する論理概念，言い換えれば歴史概念
であるということになる。著者もまたシャテルニーを論理概念（歴史概念）と
捉える木村氏の見解に全く賛成することができる。なぜなら，ここまでの考察
を踏まえて今しがた述べたように，ファルケンシュタイン伯の四つの城塞支配
権は，直截にこれを指し示す用語（urbs）を差当り度外視して，実態的にシャ
テルニーとして把握することが可能だからである。またファルケンシュタイン
伯の四つの城塞支配権は，理論概念上もシャテルニーとして把握されるといえ
よう。結論的に，ファルケンシュタイン伯の四つの城塞支配権は理論概念上も，
フランスのシャテルニーと同質的のものと把握してよいことになる。

　続いてファルケンシュタイン伯の四つの城塞支配権の成立時期に関して，ヘ
ルンシュタイン城塞の建設年代が 11 世紀後半であったほか[5]，その他三つの
城塞ノイブルク，ファルケンシュタイン，ハルトマンスベルクの建設年代はい
ずれも 12 世紀前半期であった[6]。他方で『ファルケンシュタイン証書集』の
成立年代が 1166 年，つまり 12 世紀中葉であることを考慮するならば，この四
つの城塞支配権は 12 世紀前半期に，あるいは遅くとも 12 世紀中葉までには成
立していたと推定してよい筈である。なお，四つの城塞の中で最も早くに成立
したヘルンシュタイン城塞については，城塞支配権もまた 11 世紀後半から末
期にかけて成立したと推定することが可能であろう。次に，この成立時期と関
連し，ファルケンシュタイン伯の城塞支配権＝シャテルニー形成の経緯ないし
起動力の問題を考察することにしたい。

　一般に，初期中世の貴族は村落定住地の中の領主館に住んでいたが[7]，11
世紀以降村落を離れて，多くの場合に丘陵の上の城塞を住居とするようにな

---

(5)　これについて上述第 1 章第 3 節 33 頁，第 6 章第 1 節 171 頁を参照。

(6)　ノイブルク，ファルケンシュタイン，ハルトマンスベルクの各城塞について，上述
　　第 3 章第 1 節 79 頁，第 4 章第 1 節 131 頁，第 5 章第 1 節 147 頁を参照。

(7)　H. K. Schulze, Grundstrukturen der Verfassung im Mittelalter, Bd. II, 1997, S. 72
　　〔五十嵐修／浅野啓子／小倉欣一／佐久間弘展訳『西欧中世史事典 II —— 皇帝と帝
　　国 ——』，2005 年，185 頁〕．

第1篇　中世盛期バイエルンの貴族ファルケンシュタイン伯の城塞支配権

り，同時に城塞を支配の中心としていったことが説かれている[8]。ファルケ
ンシュタイン伯もまた遅くとも12世紀中葉までにこの経過を辿ったものと推
定してよい筈である。11世紀以降に始まるこの城塞支配権形成の過程は，上
述のように，同じく11世紀以降に始まるヴィリカツィオーン制（フローン
ホーフ制）から地代グルントヘルシャフトへの転換というグルントヘルシャ
フトの構造転換の過程と重なり合っている[9]。したがって，城塞を中核とし
procurator/prepositus が管理するグラーフシャフト＝アムト制の形成，換言
すれば，城塞支配権＝シャテルニーの形成は，グルントヘルがこのグルントヘ
ルシャフトの構造転換に対処するために実行したグルントヘルシャフトの再
編成，つまりグルントヘルシャフトのアムト制の形成を意味するものにほか
ならない。このことに関し，W・レーゼナーもまた一般的に「12と13世紀に
行われたヴィリカツィオーン制から〔グルントヘルシャフトの〕アムト制への
移行は，疑いなく，グルントヘルの管理実務における進歩を意味した」と述べ
るに止まらず，同時にファルケンシュタイン伯の事例にも言及し「城塞がそ
のようなグルントヘルシャフトのアムト —— これはその上しばしば裁判区と
一致したが —— の中心をなした。その際に，中世盛期の支配構造における城
塞の重要な行政上の機能が明確に現れる」と述べ，裁判区と行政区を具え新
たに成立したアムトが支配権行使の側面において古来のヴィリカツィオーン
制（フローンホーフ制）に対して優位に立つものであることを明言している[10]。
このようにして，城塞が支配と行政の中心・結晶点となると同時に，城塞は
重要な経営となり城塞が村落の領主館に取って代わり，これに伴い貢租が城
塞の上に届けられなければならなくなったのである[11]。またファルケンシュ
タイン伯の四つの城塞について見てきたように，城塞を中心とするアムト＝
グラーフシャフトの中には，複数のグルントヘルシャフトが位置し，これを
一名の procurator/prepositus が管理する体制が取られている故に，アムト
＝グラーフシャフト形成の過程からは，同時に所領の一円化ないし統一化に
向かう傾向が看取される。このことに関し，H・エーブナーもまた「所領が
一円化される際に個々のアムトの管理がグルントヘルの主要城塞に移された

---

(8)　H. K. Schulze, Grundstrukturen der Verfassung im Mittelalter, Bd. Ⅱ, S. 102〔上掲
　　 五十嵐他訳，213頁〕.
(9)　上述第3章第2節82-88頁を参照。
(10)　W. Rösener, Beobachtungen zur Grundherrschaft, S. 134f.
(11)　H-P. Baum, Burg Ⅰ. Deutschland [3] Adelsburgen, in：LM, Bd. Ⅱ, 1983, Sp. 970.

200

……」と述べて，城塞を中心とするアムト形成が所領の一円化の作用をもつことを指摘する(12)。これを踏まえて，さらに procurator/prepositus が管理する prepositura/procuratio，換言すればアムト＝グラーフシャフトは，改めてヴィリカツィオーン（フローンホーフ）の統合体として捉えることができるのである(13)。

　グラーフシャフト＝アムト制の形成，換言すれば，城塞支配権＝シャテルニーの形成がグルントヘルシャフトの構造転換と密接に関連していたことはすでに述べた通りである(14)。したがって，グルントヘルシャフトの構造転換を惹起した要因を，同時にグラーフシャフト＝アムト制の形成つまり城塞支配権＝シャテルニーの形成を引き起こした要因ないし起動力と見なしてよい筈である。そこで，すでに言及したグルントヘルシャフトの構造転換をもたらした要因を改めて想起することにしたい。つまり，(I) 11 世紀以後人口の著しい増大，気候の温暖化，農業生産の増大，都市貨幣経済の復活と繁栄並びに商業と貨幣流通の拡大，また一般に分業による流通経済の展開，(II) 荘司によるヴィリカツィオーン（フローンホーフ）の簒奪ないしグルントヘルに引き渡されるべき農民の給付の横領に対処するために，グルントヘルが，一方では従来の荘司の世襲的地位を可能な限り時間的に限定された賃貸借関係に切り換えつつ，フローンホーフそれ自体を荘司ホーフ Meierhof へと転換させ，他方では領主直営地を解体し従属農民に地代と引き換えに貸与する方策を取ったこと，(III) さらに夫役労働の給付に対する農民の嫌悪感の増大，最後に，(IV) 複雑な法的経済的構造を具えたフローンホーフの維持と管理に要する相対的に多くの経費を大幅に削減する必要があったという事情である(15)。これらの要因は，概括的に (I) 社会経済的要因ないし特に都市貨幣経済の復活，(II) 荘司の台頭，(III) 夫役労働に対する農民の嫌悪感の増大＝農民の地位の向上，(IV) フローンホーフ経営に要する経費削減，という要因に大別される。(I)の諸要因特に都市貨幣経済の復活に促されつつ，(II)，(III)，(IV)の問題に対処し解決するために，グルントヘルたるファルケンシュタイン伯が城塞を中核とするグラーフシャフト＝アムト，シャテルニーを構築したのであるから，(V) 城主となったファルケンシュタイン伯自身のイニシアティヴもまたこの場合の起動力であると理解され

---

(12)　H. Ebner, Die Burg, S. 56.
(13)　これに関して上述第 2 章第 1 節 52 頁をも参照。
(14)　上述第 3 章第 2 節 82-88 頁を参照。
(15)　これらの要因に関し第 3 章第 2 節 84 頁を参照。

第1篇　中世盛期バイエルンの貴族ファルケンシュタイン伯の城塞支配権

る必要がある。なおこの関連で，11世紀におけるフランスのシャテルニーの成立に関し木村尚三郎氏が挙げる要因を，概略的に示すならば，第一に土地領主権 seigneurie foncière の後退，第二に交換・貨幣経済の復活である[16]。また木村氏は土地領主権が後退した原因を（1）分割相続，教会への贈与等による直営地の分解，（2）直営地耕作に従事する奴隷の衰退ないし完全な消滅，（3）異民族の侵入，（4）荘園役人の独立化，（5）急激な人口増大に求めている。フランスのシャテルニー形成を促進したこれらの原因を，本篇で指摘したファルケンシュタイン伯の城塞支配権形成の原因と比較するならば，細かな点を捨象して，ほぼ同様であり，類似しているといわざるをえない。これは確認しておくべき重要な論点である。この確認により起動力を究明するという本篇の課題は果たされたものと考えたい。

　続いて，新たなグラーフシャフト＝アムト，シャテルニーが構築されたことの意味を考察することにしたい。この考察の前提として，先ず procurator/prepositus の管轄領域 procuratio/prepositura つまり officium/Amt は，特に罰令権力たる高級裁判権が行使されるグラーフシャフトないしラント裁判区＝高級裁判区でもあるので，明らかに領域的概念であるのに対して，一村多領主制つまり散在所有を特質とするグルントヘルシャフトは領域的概念であるとは言い難いことを想起し確認しておきたい[17]。次に，グルントヘルのかつての役人たる荘司と城主たるファルケンシュタイン伯の新たなアムト役人たる procurator/prepositus の相違に関し，荘司は元来グルントヘルのファミリアの出身で非自由人であり，官職レーエンを与えられていた[18]。しかし12世紀以降独立化し非自由騎士（ミニステリアーレ）へと上昇し，荘司の職をレーエンに転換しようとした[19]。かつての荘司の任務は収益を徴収すると同時に，記録し貯蔵倉庫に集め，ファルケンシュタイン伯の宮廷に発送することであった[20]。これに対して，procurator/prepositus は報酬をレーエンではなく，一部貨幣と現物の俸給の形で，一部は勤務領 Dienstgüter の形で受け取り，さら

---

(16)　木村氏の見解に関し，同「フランス封建制の成立 ―― 11世紀における城主支配圏・バン領主支配圏の形成」154-163頁を参照。

(17)　上述第2章第1節64-65，第3章第3節109頁を参照。

(18)　R. Schroeder und E. Frh. von Künsberg, Lehrbuch der deutschen Rechtsgeschichte, 7. Aufl., 1932, S. 229.

(19)　G. von Below, Geschichte der deutschen Landwirtschaft, S. 66f.〔上掲堀米訳『ドイツ農業史』83頁以下〕。

(20)　上述第3章第2節81頁を参照。

202

結　語

に任務に関し，かつての荘司の任務を一部継承しつつ上記の荘司の任務を実行した。その際に，地位の点で procurator/prepositus は荘司の上位に置かれ，これを監督する任務をも負った[21]。こうして procurator/prepositus が経済運営について大きな重要性を獲得するに至ったのに対し，これと反比例して荘司はかつての機能を喪失しその意義は大幅に後退していった[22]。グルントヘル＝城主たるファルケンシュタイン伯との関係に関し，荘司は与えられた官職レーエンに基づいて相対的に独立的地位を獲得し騎士身分へと上昇しつつあったのに対して，procurator/prepositus はかつての荘司の職務を果たしたにもかかわらず，レーエンを授封されたのではなく一部俸給と一部勤務領を与えられために，荘司よりも相対的にグルントヘルつまり城主の役人としての性格を示しているのである。このことは，荘司の台頭に対するグルントヘルの対抗策が効を奏したことを意味する。いずれにしても，新たなグラーフシャフト＝アムトないしシャテルニー＝城塞支配権の構築は，荘司を通じたヴィリカツィオーン（フローンホーフ）の経営から，これを克服すべく城塞を中核にすると同時に荘司を監督する procurator/prepositus を管理者に据えた複数のヴィリカツィオーン（フローンホーフ）の統合体が形成されたことを意味することになるのである。同時に，上述のように，グラーフシャフト＝アムトは領域的概念であるために，この統合体は領域的性格を有し，またシャテルニー＝城塞支配権は領域権力の性格を有することを確認しておきたい。

　次に，ドイツの城塞支配権＝シャテルニー権力ないしその内部構造に関する研究は，史料の伝承状況の悪さのために依然として存在しないことは第1章で述べた通りである[23]。このことを踏まえて，ファルケンシュタイン伯によるシャテルニー＝城塞支配権の形成は，この伯の場合にのみ行われた例外現象として理解しうるのかどうかが問題となる。結論を先に述べれば，我々はファルケンシュタイン伯によるシャテルニー＝城塞支配権の形成を数多存在したシャテルニー＝城塞支配権の一つの例として捉えるのが，当を得ているように思われる。その理由として，第一に，ドイツで12世紀は城塞建設の古典期であり，雨後の筍のように城塞が登場した時代であること，城塞建設の目的の一つ

----

(21)　前註を参照。

(22)　G. Umlauf, Grund und Boden, S. 79；W. Rösener, Beobachtungen zur Grundherr-schaft, S. 131.

(23)　上述第1章第1節10頁以下を参照。

(24)　H. Ebner, Die Burg, S. 56. 拙著『封建社会の構造』28，309頁も参照。

203

第1篇　中世盛期バイエルンの貴族ファルケンシュタイン伯の城塞支配権

がグルントヘルシャフトの保護であったこと[24]，したがって第二に，多くの場合にグルントヘルシャフトの保護を一つの契機として城塞を中核とする政治的支配権が樹立されたとごく自然に推定されるが，先に述べたように，このような政治的支配権は論理的に城主支配権（シャテルニー）として把握しうること，第三に，グルントヘルシャフトがアムト（officium, prepositura/prepositus）の形で再編成される事態は，ファルケンシュタイン伯の場合に限らず，12世紀と13世紀にバイエルンとその他ドイツのグルントヘルシャフトで一般的に見られる現象であったこと[25]，以上のことを我々は先ず考慮する必要があるからである。要するに，11世紀以降にグルントヘルシャフトの構造転換を促進した上記の諸要因（Ⅰ～Ⅳ）は，ファルケンシュタイン伯のシャテルニー＝城塞支配権形成をも促進する起動力となっただけでなく，同時に，時期と程度に地域的な相違はあるとはいえドイツ全体のグルントヘルシャフトの構造転換とシャテルニー＝城塞支配権の形成をも促進する起動力となったと考えても全く不思議ではないのである。

　理由として，第四に，ヘルンシュタイン城塞の例が明確に示すように[26]，城塞の名前は単に軍事建造物としての個々の城塞を特定する呼称であるだけではなく，それ自体としても単独に，城塞の周囲に横たわる城主の支配権の統合体，換言すれば城塞支配権＝シャテルニーを意味するからである。この点に関して，12世紀以降多数に登場する城塞について，H・エーブナーも「城塞を示す呼称はしばしば支配権と同義に用いられた」と指摘するように[27]，正に名前＝呼称をもつ城塞はたとえ史料上詳細な付属物に関する記述（付属物定式）を欠いている場合でも，城塞名それ自体が単独でも，城塞支配権＝シャテルニーを意味するものと解釈してよいのである。第1章第1節で上述したように，M・グローテンが11世紀末期以後のライン地方について，城塞名を家系の姓とする貴族の共通の標識を城塞支配権＝シャテルニーと捉えていることもまた，城塞名が単独でも城塞支配権＝シャテルニーを意味することを示唆している筈である[28]。理由として，第五に，『ファルケンシュタイン証書集』とほぼ同時代に作成された教会グルントヘルシャフトの史料に基づいて，城塞支配権＝シャテルニーの存在を突き止めることができるためである。その史

---

(25)　上述第3章第2節88頁以下。
(26)　上述【史料35】を参照。
(27)　H. Ebner, Die Burg, 57.
(28)　上述第2章第1節55頁以下を参照。

結　語

料とは，トリール大司教テオデリッヒ 2 世 Theoderich Ⅱ（在位 1212-42 年）の治世，1217 年から同 19 年までのいずれかの時期に作成された『トリールの大司教と教会との年次収入台帳 Liber annarium iurium archiepiscopi et ecclesie Trevirensis』（以下『年次収入台帳』と略記）である[29]。この『年次収入台帳』には，トリール大司教が所有する七つの城塞，つまりザールブルク Saarburg，マンダーシャイト Manderscheid，アラス Arras，グリムブルク Grimburg，ヴェルシュビリッヒ Welschbillig，ノイアーブルク・バイ・ヴィットリッヒ Neuerburg bei Wittlich，エーレンブライトシュタイン Ehrenbreitstein が記述されている。しかし A・レナルツ Lennarz によれば，「もしこの証書〔『年次収入台帳』〕がトリール大司教の領国の完全な叙述を与えることを意図したとしたならば，さらになおランデスヘル〔＝トリール大司教〕の城塞と都市に特別の注意を向け，それらの区域〔城塞区と都市の支配区〕を詳細に論じたと推定される」（下線＝著者）と述べると同時に，トリール大司教の領国の規模の正確な確定を断念させるほどに書き記していない空白が目立つことをも指摘する[30]。しかし，他方でレナルツは「それらの城塞のうちザールブルクのみは区域の中心として現れる」と述べて，『収入台帳』がそもそも不十分な記述という欠陥をもつにもかかわらず，ザールブルク城塞だけは城塞区つまり城塞支配権＝シャテルニーの中心をなすことが史料上明確に把握可能であることを示唆している。著者はすでに上記の『収入台帳』の独自の分析を通じて，トリール大司教はザールブルク城塞とその周辺地において高級裁判権，関税徴収権，市場開設権，漁業独占権，城塞夫役要求権（城塞罰令権）その他の経済的バン権を保持したことを突き止めた結果，ザールブルク城塞とその周辺地を城塞支配権＝シャテルニーとして把握することができることを明らかにした[31]。理

(29)　この史料は Urkundenbuch zur Geschichte der jetzt die Preussischen Regierungs-bezirke Coblenz und Trier bildenden mittelrheinischen Territorien, bearb. von Heinrich Beyer, Leopold Eltester und Adam Goerz, Bd. 2, Neudruck der Ausgabe 1865, 1974, S. 391-428 に収録されている。『年次収入台帳』の完成時期に関し，I. Bodsch, Burg und Herrschaft. Zur Territorial- und Burgenpolitik der Erzbischöfe von Trier im Hochmittelalter bis zum Tod Dieters von Nassau (1307), Diss. Bonn 1987, 1989, S. 104 を参照。

(30)　A. Lennarz, Der Territorialstaat des Erzbischofs von Trier um 1220 nach dem Liber annalium iurium archiepiscopi et ecclesie Trevirensis, Annalen des histori-schen Vereins für den Niederrhein, 69. Heft, Phil. Diss., 1900, S. 13.

(31)　拙稿「トリール大司教の自由所有城塞ザールブルクの城主支配権とシャテルニー」，法制史研究 53 号，2004 年，特に 89 頁以下，96 頁以下，及び拙稿「ザールブルクの

205

第1篇　中世盛期バイエルンの貴族ファルケンシュタイン伯の城塞支配権

由として最後に，本篇に続く第2篇で，城塞支配権＝シャテルニーは帝国全体に遍く存在し，また第3篇では同時に北東ドイツのヴェルフェン家の支配領域にも存在したことが明らかにされるからである。

　要するに，12世紀以前の貴族の世俗グルントヘルシャフトの具体相を比較的詳細に記述した史料として唯一伝承された『ファルケンシュタイン証書集』を基礎として解明されたシャテルニー＝城塞支配権が，中世盛期のドイツに唯一存在したシャテルニー＝城塞支配権なのではなく，その他史料が伝承されていないとはいえもし伝承されていたとしたならばそこに記述されていたと推定される数多存在したシャテルニー＝城塞支配権の一例として捉えるのが自然であるといわなければならない。

　また，シャテルニー＝城塞支配権の形成はヴィリカツィオーン制（フローンホーフ制）の地代グルントヘルシャフトへの構造転換に伴い，城塞を中核とするアムト制の形で地代グルントヘルシャフトを再編成する意味をもつが，この過程を発展史の観点から見るならば，支配の中心がヴィリカツィオーン制（フローンホーフ制）下の領主館からシャテルニー＝城塞支配権の中核たる城塞に移動したことを意味する[32]。W・シュテルマー Störmer は，家を支配の核心と見る O・ブルンナーの見解に依拠しつつ，グルントヘルシャフトの curtis〔領主館〕を初期中世の「家」と見なし，この家を中世盛期の「家」たる貴族の城塞に対応するものと見なしている[33]。このシュテルマーの見解もまた支配の中心が初期中世の領主館から中世盛期の貴族城塞に移動したことを構想している。これを踏まえて，一般的に，支配の中心がヴィリカツィオーン制（フローンホーフ制）の領主館からシャテルニー制＝城塞支配制の城塞へと移動したという発展線を構想することが可能であるといわなければならない。

　したがって，さらに城塞を中核とするシャテルニー制＝城塞支配制＝アムト制と領域権力たるランデスヘルのアムト制 Amtsverfassung との関連を考察することにしたい。中世後期（1250－1500年）以降の領域権力たるランデスヘルシャフトの地方行政組織の中心となったのが，しばしば市場ないし都市と並び城塞であったことが指摘されているためである。この点に関し，例えば法制史

　　城塞区と城塞支配権」『法学』（東北大学）63巻6号，2000年，特に61頁以下も参照。
(32)　領主館がヴィリカツィオーン制＝フローンホーフ制の中心であったことに関し，W. Rösener, Grundherrschaft, in : HRG, 2. Aufl., Sp. 583 を参照。
(33)　W. Störmer, Früher Adel. Studien zur politischen Führungsschicht im fränkisch-deutschen Reich vom 8. bis 11. Jahrhundert, S. 152.

206

結　語

家 H・ミッタイス Mitteis は次のように述べている。

「地方行政は城塞や防備を具えた場所（市場）を中心として行われた。これらの場所には諸侯の城塞フォークト（castellani）が配置されていたが，彼らは普通は同時にアムトマン（Pfleger）としてその支配区 —— その中心をなしたのは城塞である（堅固な家〔＝城塞〕とこれに付属するもの）—— を管理する任務をも負っていた」[34]。

　この城塞支配区としてのアムトは中世後期にランデスヘルシャフトの地方行政組織として突如出現したというよりは，それ以前の中世盛期にすでに存在した城塞支配権＝シャテルニーから発展したと推定するのがごく自然であると言わなければならない[35]。

　ランデスヘルシャフトのアムト制はドイツで 13 世紀後半期以降に登場し，14 世紀に一般化する地方行政組織である。このアムトはほとんど常に城塞を中心としその周囲にグルントヘルシャフト，裁判権，及びレガーリエン Regalien（貨幣鋳造権，ユダヤ人保護権，関税徴収権，護送権，鉱業権等）等の支配権的諸権利を組織的に集積統合することを通じて成立した[36]。多くの場合に期間を限って任命されたアムトマンがランデスヘルの代理人としてアムト管区の長を務め，財務行政と直轄領行政，裁判と法と平和の保護並びに軍事的任務（防衛，軍役と騎士勤務）の規律について管轄権を有していた[37]。アムトが一般に城塞を中心とした理由は，特にこの法と平和の保護並びに軍事的任務を遂行するために城塞が不可欠であったためである[38]。12 世紀後半期のファルケンシュタイン伯は未だランデスヘルではないために，この伯の城塞のアムトもまたランデスヘルシャフトのアムト制と見なすことができないことはいうまで

---

(34) H. Mitteis, Deutsche Rechtsgeschichte, neubearb. von H. Lieberich, S. 27〔11. Aufl., 1969 の邦訳＝上掲世良晃志訳『ドイツ法制史概説』379 頁以下〕.

(35) この問題について，後述第 3 篇「はじめに」271 頁以下を参照。

(36) D. Willoweit, Die Entwicklung und Verwaltung der spätmittelalterlichen Landesherrschaft, S. 68 ff., 94 ff. ; Ders., Deutsche Verfassungsgeschichte, S. 84.

(37) D. Willoweit, Die Entwicklung und Verwaltung der spätmittelalterlichen Landesherrschaft, S. 88 f. ; M. Wilde, Amtmann, in : HRG, 2. Aufl., Bd. I, Sp. 214.

(38) D. Willoweit, Die Entwicklung und Verwaltung der spätmittelalterlichen Landesherrschaft, S. 93 ff. ; E. Schubert, Fürstliche Herrschaft und Territorium im späten Mittelalter (Enzyklopädie deutscher Geschichte, Bd. 35), 1996, S. 16 ; K. Kroeschell・A. Cordes・K. Nehlsen - von Stryk, Deutsche Rechtsgeschichte, Bd. 2 : 1250-1650, 9., aktual. Aufl., 2008, S. 208.

207

第1篇　中世盛期バイエルンの貴族ファルケンシュタイン伯の城塞支配権

もない。しかし我々はこの伯の城塞を中核としその周囲に集積された裁判権や
グルントヘルシャフト等の支配権的諸権利の複合体たるこのアムト，換言すれ
ばシャテルニー＝城塞支配権は，ほぼ一世紀後にドイツで遍く登場してくるラ
ンデスヘルシャフトのアムトと基本的構造が似ていることに気がつく。この点
を若干敷衍するならば，例えばランデスヘルシャフトのアムトは固定化された
任務領域に関係づけられているために最初から客観化の方向を取り，支配者た
るランデスヘルの人から独立していた[39]。これに対応して，ランデスヘルの
アムトマンはその任務領域に関してランデスヘルの代理人なのであった[40]。
他方で，ファルケンシュタイン伯の城塞管区＝ officium〔アムト〕の最高の
行政官吏たるアムトマンは，procurator〔フォークト＝代理人〕あるいは
prepositus〔伯代理〕と呼ばれたことが示すように，明らかに城主たる伯の代
理人であり，やはり伯から独立した客観化された存在なのである。これに対応
して，procurator あるいは prepositus が管理する officium〔アムト〕もまた客
観化された存在であった。第3章第3節【史料20】の中でこの officium〔アム
ト〕が同時に provincia〔全ラント〕と呼ばれたこともその証左となろう。ラ
ンデスヘルのアムトとファルケンシュタイン伯の officium〔アムト〕はいずれ
も客観化された存在であるという共通性をもつこと，またランデスヘルのアム
トマンと城主たるファルケンシュタイン伯の城塞支配権＝シャテルニーのア
ムトマンはいずれも代理人という共通の特徴をもつ役人であることが確認され
る。さらに，先のミッタイスの引用文から，ランデスヘルの行政官吏＝アムト
マンの「支配区」（アムト管区）は城塞の付属物であったことが分かるが，シャ
テルニー＝城塞支配権もこれまでしばしば述べてきたように，城塞の付属物で
あり，要するにこの側面でもシャテルニー＝城塞支配権はアムトマンの「支配
区」（アムト管区）と共通性をもつのである。

　城塞支配権とランデスヘルのアムトの関係に関し，E・シューベルト
Schubert は一般的に「すでに中世盛期に，城塞の周囲に……領域的に定義さ
れた裁判統一体と同時に，初期の行政統一体が成立していたところでは，こ
れが存続し，形式上アムト構造の中に組み入れられたにすぎない」[41]，あるい

---

(39)　D. Willoweit, Die Entwicklung und Verwaltung der spätmittelalterlichen
　　　Landesherrschaft, S. 84.

(40)　D. Willoweit, Die Entwicklung und Verwaltung der spätmittelalterlichen Landes-
　　　herrschaft, S. 85.

(41)　E. Schubert, Fürstliche Herrschaft und Territorium, S. 16f.

208

は「このアムトは最初権力の支柱たる城塞組織に依存して，諸侯の個別的支配権原（またこれは特に収入権原を意味したが）を統合した……」と述べて[42]，城塞を中核とする裁判行政組織，我々の言葉で言えば城塞支配権＝シャテルニーがランデスヘルシャフトのアムト制の前段階に位置したことを指摘している。さらに W・レーゼナーもまた次のように述べて，城塞支配権＝シャテルニーがランデスヘルシャフトのアムト制の基礎となったことを明確に述べているのである。

> 「しかし 12 世紀と 13 世紀に，多くの貴族グルントヘルシャフトにおいて，所領の集中と支配の中心の創出に向かう明確な傾向が観察されうる。次第に，そこに各豪族家系の土地所領と支配権的諸権利が集中化され明確に境界設定された領域が成立し，同時に新たに建設された城塞が，通例，そのような濃密化した支配区の中心に現れた。貴族支配権の地域的集中化に伴い，同時により小さな領域での支配権的諸権利の濃密化が現れ，かくして城塞支配権とアムトによって，<u>将来の領国の礎石が置かれた。この変化過程は，ファルケンシュタイン伯，アンデクス伯，プフレンドルフ伯の南部ドイツの貴族ヘルシャフトの場合に観察され……</u>」（下線＝著者）[43]。

他方で，現実の出来事として，ファルケンシュタイン伯の男系はジボトー 4 世の孫ジボトー 6 世とコンラートの世代で 1260 年 10 月までに断絶すると同時に，家系の全支配権と所領もまたバイエルン大公によって没収され解体するに至ったために，この家系はランデスヘルへと上昇することはできず，独自のラントのアムト組織を構築することは叶わなかった[44]。しかし，本文ですぐに後述するように，ファルケンシュタイン伯の城塞支配権＝シャテルニーがバイエルン大公に継承され，形を変えて大公の領国のアムトとして存続させられた。この家系の運命を度外視して，その城塞支配権ないしシャテルニーをランデスヘルシャフトのアムト制と一般的に比較考察するならば，シャテルニーからランデスヘルシャフトのアムト制への発展系列を構想することが可能となるという結論が導き出される[45]。したがって，ヴィリカツィオーン制（フローンホー

---

(42) E. Schubert, LM, Bd. Ⅴ, 1991, Sp. 1655.

(43) W. Rösener, Beobachtungen zur Grundherrschaft, S. 157.

(44) 拙稿「中世盛期バイエルンの貴族ファルケンシュタイン伯の城塞支配権序説」『金沢法学』56 巻 2 号（生田省悟教授 退職記念論文集）2014 年，68 頁以下，上述第 1 章 44 頁を参照。

(45) このシャテルニーからランデスヘルシャフトのアムト制への発展について，拙稿「13 世紀ヴェルフェン家の城塞支配権とアムト制」『金沢法学』55 巻 2 号，2013 年，67 頁

第1篇　中世盛期バイエルンの貴族ファルケンシュタイン伯の城塞支配権

フ制）からシャテルニー＝城塞支配制への発展，シャテルニー＝城塞支配制からランデスヘルシャフトのアムト制への発展という発展線を構想することが可能となる。我々はドイツについて，ヴィリカツィオーン制（フローンホーフ制）の解体が始まる1100年頃からの中世盛期より，ランデスヘルシャフトの本格的な発展が始まる1250年頃までの約150年間をシャテルニー＝城塞支配制の時期，換言すればシャテルニー＝城塞支配権が一般的に存在した時期，あるいは敷衍すれば，城塞を基礎とした貴族支配権が支配権として決定的意味を有した時代として理解することができるものと考えたい。

　最後に，シャテルニー＝城塞支配制からランデスヘルシャフトのアムト制への移行との関連において，ファルケンシュタイン家系の所領の帰趨に言及し本篇を終えることにしたい。オーストリア領域のヘルンシュタイン城塞については，すでに述べたように，ジボト4世の孫でファルケンシュタイン家系の最後の男系たるコンラート（1257/58-1260年死亡）の姪のオイフェーミアが，1245年フライジング司教からヘルンシュタイン城塞を簒奪し，またその後オイフェーミアの嫁ぎ先ポッテンドル家がオーストリア大公に売却する1380年までこの城塞を支配した[46]。オーストリア大公はすぐさまヘルンシュタインの城塞支配権を管理するためのアムトマンを任命した[47]。他方で，バイエルン領域のファルケンシュタイン伯の三つの城塞支配権＝シャテルニーは，1260年頃に上記のコンラートの死亡後，伯のその他すべての所領とともにバイエルン大公により断固として占領されその支配下に組み入れられた[48]。先ず城塞支配権＝シャテルニー・ノイブルクは，バイエルン大公のアムト・アイブリングに吸収され，このアムトの基礎を構成した[49]。城塞アムト・ハルトマンスベルクもまた，最初はバイエルン大公の組織の中で独立した単位として引き続き存続した[50]。最後に，城塞支配権＝シャテルニー・ファルケンシュタインからは，アムト・フリンツバッハ，アムト・ブラネンブルク，アムト・アウドルフというバイエルン大公の三つの行政管区が創り出された。このうち特にアムト・フリンツバッハはファルケンシュタイン城塞の麓に位置するアムトつまり，

　　以下，116頁を参照。
（46）　上述第1章第3節36頁を参照。
（47）　M. A. Becker（Hrsg.）, Hernstein in Niederösterreich, II-2, S. 49 f.
（48）　F. Andrelang（Bearb.）, Landgericht Aibling, S.180；W. Rösener, Beobachtungen zur Grundherrschaft, S. 144.
（49）　P. Fried, Hochadelige und landesherrlich-wittelbachische Burgenpolitik, S. 344f.
（50）　P. Fried, Hochadelige und landesherrlich-wittelbachische Burgenpolitik, S. 345.

210

ファルケンシュタインの城塞支配権＝シャテルニーから直接に発展したアムトである[51]。ファルケンシュタイン伯はその他アンデクス家やヴァッサーブルク家と同様に 12 世紀と 13 世紀に政治的大変動と領邦化を推し進めるバイエルン大公の突撃に飲み込まれて没落したが，他方でバイエルン大公はファルケンシュタイン伯の城塞支配権＝シャテルニーの廃墟の上に，オーバーバイエルン領域において，新たな権力的地位を構築したのである[52]。その際に，ファルケンシュタイン伯の城塞支配権＝シャテルニーないし城塞アムトがバイエルン大公の行政管区たるアムトの一つの基礎を提供したことは確実である。この過程を T・ブルカルト Burkard は「高級貴族家系が……城塞建設と支配の中心 ── ここに向かってグルントヘルシャフトの諸権利，裁判権上の諸権利とフォークタイの諸権利がすべて整理されたが ── の構築を通じて……領邦君主のために準備作業をした」と評価する[53]。他方でこの過程を我々は国制史の視角から見るならば，ランデスヘルたるバイエルン大公による地方的レベルでの集権的中央集権 konzentrische Konzentration と見なすことができる[54]。11 世紀以後フランスの領域諸侯領 principauté territoriale において，レーエン制の徹底的な利用と改造，教会修道院を模範とする官僚制の創出，直轄領経済の改善，全支配領域における関税徴収権，市場開設権，経済的バン権の貫徹，これに伴う中央財政の充実等が図られ，やがて 13 世紀以後フランス王権は領域諸侯領で達成されたこのような成果を全国規模での権力集中化に利用していった[55]。H・ミッタイスはこの現象を領域諸侯の側から見て「レーエン諸侯〔＝領域諸侯〕は王権ために準備作業を行った」と，また他方では王権の側から見て「この予備的に行われた作業の遺産を継承し，また『集権的中央集権』の道を取って全フランスを中央集権化することができる……」と指摘する[56]。要するに，フランス王権は領域諸侯による成果を全国規模での権力集

---

(51) F. Andrelang (Bearb.), Landgericht Aibling, S. 180f.；Landgericht Wasserburg und Kling, bearb. von T. Burkard, S. 122 f.；G. Diepolder, Das Landgericht Auerburg, in：T. Burkard (Bearb.), Landgericht Wasserburg und Kling, S. 264；P. Fried, Hochadelige und landesherrlich-wittelbachische Burgenpolitik, S. 345.

(52) W. Rösener, Beobachtungen zur Grundherrschaft, S. 147.

(53) T. Burkard (Bearb.), Landgericht Wasserburg und Kling, S. 123.

(54) 集権的中央集権について，H. Mitteis, Der Staat des hohen Mittelalters. Grundlinien einer vergleichenden Verfassungsgeschichte des Lehenszeitalters, 9. unveränderte Aufl., 1974, S. 136, 209, 240f., 256, 351 を参照。

(55) H. Mitteis, Der Staat des hohen Mittelalters, S. 208f.

(56) H. Mitteis, Der Staat des hohen Mittelalters, S. 209.

第1篇　中世盛期バイエルンの貴族ファルケンシュタイン伯の城塞支配権

中化に利用し，バイエルン大公はファルケンシュタイン伯による成果を地方行政組織（アムト制）構築延いては領邦化のために利用したのである。権力集中化の視点から見て，フランス王権とバイエルン大公の間に，またフランスの領域諸候とファルケンシュタイン伯の間に，規模と実力の点で相違の違いがあるとしても，しかし対応関係が認められる。したがって，ファルケンシュタイン伯家系の盛衰は権力の集中化が全国規模で行われたフランスとラントの規模で行われたドイツの間の対照を垣間見させる興味深い事例としての意味をも有するのである。

第 2 篇

神聖ローマ帝国におけるシャテルニー
── 城塞の「付属物」の視角から ──

はじめに

は じ め に

　著者はすでに拙著『ドイツ封建社会の構造』（2008 年）において，11 世紀か
ら 13 世紀までの時期に，ドイツ王国の中部ライン河流域の 32 の城塞について，
実態と用語の両側面からフランス型のシャテルニーが存在したことを明らか
にすることを試みた[1]。この拙著において，著者は同時にドイツ王国のその
他各地域の合計 53 の城塞について，その周囲の支配領域が，用語の側面から，
やはりフランス型のシャテルニーとして把握できることも主張した[2]。その

---

(1)　拙著『ドイツ封建社会の構造』2008 年，特に 319-332 頁。その城塞名は次の通りで
　　ある。モンクレール Montclair，　レムベルク Lemberg，キュルブルク Kyllburg，マー
　　ルベルク Malberg，マンダーシャイト Manderscheit（上手の城と下手の城），ブリー
　　スカステル Blieskastel，ベルンカステル Bernkastel，フーノルシュタイン Hunolstein,
　　コッヘム Cochem，　トライス Treis，　コーベルン Kobern，　モンタバウアー
　　Montabauer，ナッサウ Nassau，　カウプ Kaub，　ミュンツェンベルク Münzenberg,
　　アッセンハイム Assenheim，　ドライアイヘンハイン Dreieichenhain，ケーニヒシュ
　　タイン Königstein，バーベンハウゼン Babenhausen，ハインハウゼン Hainhausen,
　　シュタインハイム Steinheim，エプシュタイン Eppstein，ファルケンシュタイン
　　Falkenstein，ホムブルク Homburg，ブラウバッハ Braubach，シュヴァールハイム
　　Schwalheim，シュヴァープスブルク Schwabsburg，〔ニーダー〕ヴィート Wied，オ
　　ルブリュック Olbrück，クレーベルク Kleeberg，ホイゼンシュタム Heusenstamm。
(2)　上掲拙著 332-334 頁。その城塞名は次の通りである。北西ドイツ（ライン河下流域）
　　の城塞：ヒュルヒラート Hülchrath，ローテンベルク Rothenberg，シナ Schinna，ヴァ
　　ルデンブルク Waldenburg，アスペル Aspel，ニュルブルク Nürburg，カイザース
　　ヴェルト Kaiserswerth，メルス Moers，リートベルク Liedberg。南西ドイツの城塞：
　　ヴィムプフェン Wimpfen，バルスハイム Balsheim，エーレンシュタイン Ehrenstein,
　　ライヘンベルク Reichenberg。南部ドイツの城塞：シュヴァルベック Schwalbeck,
　　フリーデブルク Friedeburg，ヴィンツィンゲン Winzingen，ヴォルフスベルク
　　Wolfsberg，エルムシュタイン Elmstein，ヴィースロッホ Wiesloch，フォイツベル
　　ク Voitsberg，ガーンシュタイン Garnstein，ホーホエッパン Hocheppan，カステル
　　ルート Kastelruth，ボーツェン Bozen のティロール伯アルバートの塔 casamentum,
　　ブランディス Brandis，ケーニヒスベルク Königsberg，ラーフェンシュタイン
　　Ravenstein。南東ドイツの城塞：アプバッハ Abbach，ランツフート Landshut，ロー
　　ゼンハイム Rosenheim，トゥロストベルク Trostberg，クーフシュタイン Kufstein,
　　ドーンベルク Dornberg，リヒテナウ Lichtenau，シェーンブロン Schönbronn，ボッ
　　クスベルク Bocksberg。中東ドイツの城塞：グリュンベルク Grünberg，フランケン
　　ベルク Frankenberg。中部ドイツの城塞：リーベンブルク Liebenburg，ナウムブル

215

第2篇　神聖ローマ帝国におけるシャテルニー──城塞の「付属物」の視角から──

際に依拠した史料集は主に地方史の証書集であったために，伝承されている証書の多くが1200年以降のものであった[3]。したがって，考察はほぼ1200年以降という中世盛期の後半期に限定されざるをえなかった。しかし，先ず，中世神聖ローマ帝国の国制史における城塞の意義を可能な限り正確に測定するために，またさらにフランス史との本格的な比較研究のためにも，考察の対象領域をドイツ王国の中部ライン河流域だけではなく，ドイツ王国の全体，さらにドイツ，イタリア，ブルグントの三つの王国から構成される神聖ローマ帝国の全体に拡大する必要があるだけでなく，考察の時代も，中世の貴族城塞が本格的に登場する紀元1000年頃にまで遡る必要があると言わざるをえない。

　そこで，本篇は，考察の対象とする時代と領域を拡大しつつ，11世紀から13世紀までの神聖ローマ帝国の全体にフランス型のシャテルニーが遍く一般的に存在したことについて，一定の見通しを得るよう試みるものである。また考察の中心的な視角は，城塞の「付属物」に絞られる。なお，神聖ローマ帝国はドイツ，イタリア，ブルグントの三つの王国から構成されたので，本篇はこれら三つの王国を考察の対象とすることになる。また周知のように，ドイツ王国とイタリア王国が帝国として統合されたのは，皇帝オットー1世が962年に皇帝戴冠された時であり，ブルグント王国が帝国に統合されたのは1032年であることも，念のため付記しておきたい[4]。イタリアとブルグントの両王国に

　　ク Naumburg，ヴァイデルスブルク Weidelsburg，ヴィルデンベルク Wildenberg，シャルテンベルク Schartenberg，バッテンブルク Battenburg，ケラーベルク Kellerberg，デューレン Dühren，グライヘンシュタイン Gleichenstein，シャルフェンシュタイン Scharfenstein，ビルケンシュタイン Birkenstein。

(3)　例えば，Codex Diplomaticus Nassoicus. Nassauisches Urkundenbuch, hrsg. von K. Mentzel und W. Sauer, Erster (Einziger) Bd. in 3 Abtheilungen. Die Urkunden des ehemals kurmainzischen Gebiets, einschließlich der Herrschaften Eppenstein, Königstein und Falkenstein : der Niedergrafschaft Katzenelnbogen und des kurpfälzischen Amts Caub, bearb. von W. Sauer, Abtheilung 2, Neudr. der Ausg. 1886, 1969 : F. Philippi (Hsrg.), Siegener Urkundenbuch, 1. Abtheilung bis 1350, Neudr. der Ausg, Siegen 1887, Osnabrück・H. Th. Wenner, 1975 ; Urkundenbuch für die Geschichte des gräflichen und freiherrlichen Hauses der Vögte von Hunolstein, hrsg. von F. Töpfer, I . Bd., 1866, II. Bd., 1867, III. Bd., 1872 ; Urkundenbuch zur Geschichte der jetzt die Preussischen Regierungsbezirke Coblenz und Trier bildenden mittelrheinischen Territorien, bearb. von H. Beyer, L. Eltester und A. Goerz, Bd. 1, Neudr. der Ausg. 1860, 1974, Bd. 2, Neudr. der Ausg. 1865, 1974, Bd. 3, Neudr. der Ausg. 1860, 1974 等の史料集である。

(4)　ブルグント王国は，1378年皇帝カール4世がフランス王位の継承者をこの王国の帝国代理職に任命したために，フランスに対して最終的に失われた。H. Bitsch, Arelat,

はじめに

ついて検討対象とする主な史料は，『ドイツ史料集成 Monumenta Germaniae Histrorica』のうちの『皇帝・国王証書集 Diplomata』であり，ドイツについてはこの Diplomata とその他地方史の証書集 Urkundenbuch が検討の対象となる。

　次に，なぜ「付属物」というあまり耳慣れずまた注目に値しないように思われる用語を主な検討対象とするのか，その理由について述べるならば，この用語は実は，以下の行論でも示されるように，「シャテルニーの存在」という問題に，直接に解明の光を当ててくれる用語ではないかと考えられるためである。言い換えれば，「付属物」の用語は，その言葉の消極的な響きにもかかわらず，中世ヨーロッパの中央に位置する帝国の支配・裁判構造の転換の過程を解き明かす暗号の一つ，ないしこの転換を示す一つの指標となるのではないかという見通しが得られたためにほかならない。このように城塞の「付属物」は無視しえない重要な歴史的意義をもつと思われるにもかかわらず，管見の範囲では，ドイツの歴史学と法制史学の文献において付随的な言及が散見されるに止まり，独自の問題として考察の対象とされることはほとんどなかったように思われる。また日本の歴史学と法制史学の文献においては，上掲拙著での付随的な考察を除けば，城塞史研究の遅れという事情も手伝って，そもそもこの問題に関心が向けられることがほとんどなかったように思われる[5]。上掲拙著での城塞の「付属物」に関する考察を，ここで改めて整理すると同時に，引き続き，敢えて城塞の「付属物」を独立の問題として取り上げるのは，そのような事情による。したがって，本篇は上掲拙著の不可分の続編をなすものである。

----

　　in : LM, Bd. I , 1980, Sp. 917.
(5)　城塞の「付属物」に関し，上掲拙著 7, 20-22, 26, 41-44, 46, 52-54, 60, 78-81,
　　86, 92-93, 103, 111-113, 115-116, 120, 122-123, 125-8, 130-132, 136-138,
　　141-142, 146-153, 158-162, 167-168, 175-176, 178-180, 199, 203, 209, 215-216,
　　220, 223-224, 228-231, 239, 213-216, 249-254, 256-257, 266, 270-271, 280-281,
　　288-291, 297-299, 302-307, 311-313, 316-317, 319-323, 326-327, 335-339,
　　346-347, 355-357 頁を参照。

第2篇　神聖ローマ帝国におけるシャテルニー——城塞の「付属物」の視角から——

第1章　城塞の成立と発展

　最初に，神聖ローマ帝国の圧倒的に主要な部分を構成したドイツ王国を中心として，城塞の成立と歴史的な発展を概観しておきたい。古来，城塞を建設しまたはその建設を承認する権利（築城権）は，王権によってレガリア regalia（国王留保権）として要求された[1]。しかし，ドイツ王権は最初から，貴族による城塞建設を統制下に置くことがほとんどできなかった。大公，辺境伯，及び後にはさらにグラーフ（伯）は国王からの委任により官職任務の枠内で築城高権を行使したのに加えて，すでに極めて古くから，無数の貴族領主が国王の明示的な承認を得ずに独断で自分の自由財産の上に城塞を建設していた[2]。

　10世紀までの城塞は，何よりも先ず，丘陵や沼沢地のような天然の要害に位置し木材と土で建造された大規模城塞であり[3]，敵による襲撃等の緊急時に周辺の住民を収容する避難城塞・民衆城塞であった[4]。この時期の城塞は外敵や国内の政敵に対する軍事行動の根拠地であり，また面積は1-10 ha と大きな規模のものだったが，一般にこのような城塞は城主が継続的に住む住居ではなく，時折利用されるに止まった[5]。11世紀まで，通常，領主の住居は城塞ではなく，村落（平地）に位置する領主館 Herrenhof であった[6]。城塞は一つの中心的領主館や副次的領主館，所領，及び森林等と共に，より大きなグ

---

(1)　H-M. Maurer, Die Entstehung der hochmittelalterlichen Adelsburg, S. 315, 329f. ; Ders., Rechtsverhältnisse der hochmittelalterlichen Adelsburg, S. 89 ; H. Ebner, Die Burg als Forschungsproblem, S. 43 ; K-F. Krieger, Burg C I. Deutschland, Sp. 965.

(2)　H. Ebner, Die Burg, S. 43 ; H. K. Schulze, Grundstrukturen der Verfassung im Mittelalter, Bd. II, S. 102〔上掲千葉他訳，213頁〕.

(3)　H. Ebner, Die Burg, S. 17f. ; H. K. Schulze, Grundstrukturen der Verfassung, Bd. I, S. 119〔上掲千葉他訳，228頁。ただし訳文は著者による。以下同様〕.

(4)　H-M. Maurer, Die Entstehung der hochmittelalterlichen Adelsburg, S. 303, 330 ; H. Ebner, Die Burg, S. 17f. ; H. K. Schulze, Grundstrukturen der Verfassung, Bd. I, S. 91f., 125〔上掲千葉他訳，201, 223頁〕; Burgen in Mitteleuropa, Bd. I, S. 38 (rechts).

(5)　H. K. Schulze, Grundstrukturen der Verfassung, Bd. II, S. 88〔上掲千他訳，200頁下段〕; Burgen in Mitteleuropa, Bd. I, S. 38 (rechts), 55 (links).

(6)　H. K. Schulze, Grundstrukturen der Verfassung, Bd. II, S. 101f.〔上掲千葉他訳，213頁上段〕; Burgen in Mitteleuropa, Bd. I, S. 56 (rechts) -57 (links und rechts).

第 1 章　城塞の成立と発展

ルントヘルシャフト Grundherrschaft（荘園）に属しその構成要素であった[7]。したがって，10 世紀までの城塞は未だ支配の中心ではなかった。

　しかし 9・10 世紀に貴族フェーデが猖獗を極めたという事情に加えて，9 世紀後半期のノルマン人や 10 世紀のハンガリア人のような外敵の侵入による脅威に対して安全を確保する必要により，貴族は住居に強力な防備を具える必要に迫られるに至り，従来の防衛困難なグルントヘルシャフトの住居（領主館）を去り，防衛に適した丘陵の上の新しい住居用の城塞に移転するという方法を採った[8]。ただし総じて，このような住居用の城塞は高く聳え立っていたのではなく，建設に費やされた費用もごく小額であったために，以前の住居と異なるところがなく，しばしば丘陵の上に移し変えられた領主館といってよい程度のものであった[9]。

　これに続く 11 世紀から 13 世紀が中世の城塞の最盛期であり[10]，特に 12 世紀と 13 世紀が中世の城塞建設の「古典期」と呼ばれた[11]。この時期の中で最も城塞建設が活発に行われたのは，ザーリアー王朝の皇帝ハインリッヒ 4 世 Heinrich Ⅳ.（在位 1056－1106 年）の未成年期に王権が弱体化した時期（1056－1065 年）[12]，その直後の司教叙任権闘争の動乱期（1075－1122 年）[13]，シュタウフェン家の国王フィリップ・フォン・シュヴァーベン Phillip von Schwaben（在位 1198－1208 年）とヴェルフェン家のオットー・フォン・ブラウンシュヴァイク Otto von Braunschweig（皇帝としてはオットー 4 世，在位 1198－1218 年）の二重選挙に伴って生じた王権の危機の時期[14]，最後にシュタウフェン王朝断絶後の大空位時代（1254－1273 年）[15]である。この間，12 世紀末期までは，上述のように，国王と帝国諸侯（大公，辺境伯，司教），グラーフ（伯）のごとき高級貴族が城塞建設者として現れるが，13 世紀以後下級貴族とミニステリ

---

(7)　Burgen in Mitteleuropa, Bd. Ⅰ, S. 56 (links).

(8)　Burgen in Mitteleuropa, Bd. Ⅰ, S. 57 (rechts) -58 (links).

(9)　Burgen in Mitteleuropa, Bd. Ⅰ, S. 61 (links und rechts).

(10)　H. K. Schulze,Grundstrukturen der Verfassung, Bd. Ⅱ, S. 104〔上掲千葉他訳，215 頁上段〕.

(11)　Burgen in Mitteleuropa, Bd. Ⅰ, S. 83 (rechts).

(12)　H-M. Maurer, Die Entstehung der hochmittelalterlichen Adelsburg, S. 319 ff.；M. Groten, Die Stunde der Burgherren, S. 97, 100. ハインリッヒ 4 世幼少時の王権の無力化について，例えば H. Mitteis, Der Staat des hohen Mittelalters, S. 193f. を参照。

(13)　H. Ebner, Die Burg, S. 20.

(14)　Burgen in Mitteleuropa, Bd. Ⅰ, S. 83 (rechts), 86 (links)；H-M. Maurer, Die Entstehung der hochmittelalterlichen Adelsburg, S. 331.

(15)　H. Ebner, Die Burg, S. 20.

第 2 篇　神聖ローマ帝国におけるシャテルニー——城塞の「付属物」の視角から——

アーレ（家人）もまた専断的に城塞建設を行うようになった[16]。

　11 世紀初め以降，それ以前の大規模な避難城塞・民衆城塞と明確に異なって，圧倒的大多数の城塞が，丘陵に位置し 0.04〜0.3 ha と小規模な面積のものとなり[17]，さらに注目すべきことに，建設材料ももはや土や木材ではなく，石や煉瓦に変っていった[18]。また城塞は防備堅固な軍事建造物の外観を示すと同時に，堂々と威信を顕示するような外観を呈するものとなった[19]。城塞のこのような特色は，主塔（ベルクフリート Bergfried），居館，礼拝堂，内庭，城門，跳ね橋，環状囲壁（城壁），鋸壁，城壁の上の銃眼を具えた巡視路であった[20]。これらの建造物から構成される城塞が，以後中世盛期と中世後期の城塞の典型的な形となる[21]。それ以前の大規模な環状城塞から中世盛期・後期の堅固な小規模城塞への移行は全ヨーロッパ的な現象である[22]。ただし，イタリアとブルグントにおいて，城塞の発展はドイツと少し違う様相を示している。

　イタリアでは，castrum または castellum の概念は，一般に，貴族の防備を具えた城塞を表すのではなく，常に防備を施された様々な大きさの継続的な定住地を表す。またこの定住地の城壁の内部には，しばしば，領主の住居つまり城塞があった[23]。このような貴族の城塞はラテン語で rocca と呼ばれた。以下本篇では，このような貴族の城塞 rocca を取り込んだ castrum または

----

(16)　Burgen in Mitteleuropa, Bd. I , S., 77 (links), 84 (rechts), S. 86 (links) ; H. K. Schulze, Grundstrukturen der Verfassung, Bd. II, S. 101ff.〔上掲千葉他訳，213 頁上段－下段〕.

(17)　Burgen in Mitteleuropa, Bd. I , S. 55, 75 (links) ; H. Ebner, Die Burg, S. 18.

(18)　Burgen in Mitteleuropa, Bd. I , S. 75 (rechts) ; H. Ebner, Die Burg, S. 18 ; H. K. Schulze, Grundstrukturen der Verfassung, Bd. II, S. 120, 123〔上掲千葉他訳，228 頁下段，232 頁上段〕.

(19)　H-M. Maurer, Die Entstehung der hochmittelalterlichen Adelsburg, S. 330 ; H. Ebner, Die Burg, S. 19, 77, 80 ; H. K. Schulze, Grundstrukturen der Verfassung, Bd. II, S. 120, 125〔上掲千葉他訳 228 頁下段，233 頁上段〕; Burgen in Mitteleuropa, Bd. I , S. 61 (rechts), 69 (rechts), 75 (rechts) ;

(20)　H. K. Schulze, Grundstrukturen der Verfassung , Bd. II, S. 83, 120f.〔上掲千葉他訳，196 頁上段，229 頁以下〕.

(21)　Ebenda.

(22)　Burgen in Mitteleuropa, Bd. I , S. 55 (links) ; H. Ebner, Die Burg, S. 18f. ; M. Bitschnau, Burg und Adel in Tirol zwischen 1050 und 1300. Grundlagen zu ihrer Forschung. Österreichische Akademie der Wissenschaften. Philosophisch–Historische Klasse. Sitzungsberichte. 403 Band. 1983, S. 15f.

castellum の意味での城塞が取り上げられる。また castrum または castellum
は，本来的に定住地を含む城塞であるから，「城塞管区」と呼ぶことができる。
この「城塞管区」の意味での城塞は，10 世紀の第一・4 半期から 12 世紀まで
の時期に大量に建設された[24]。

　ブルグントは 10 世紀中葉に高地ブルグント Hochburgund と低地ブルグン
ト Niederburgund の統合から生まれた王国である[25]。ブルグント王国は 12
世紀以後アルル Arelat 王国とも呼ばれ，また低地ブルグントはプロヴァンス
Provence 王国と呼ばれた[26]。これらのことは，ブルグント王国がフランス南
東部に位置し，したがってこの王国の城塞の発展が南フランスの城塞の発展に
類似していたことを示すものといってよい。とするならば，ブルグント王国で
は，フランスと同様に，ドイツよりもすでにほぼ一世紀早く 10 世紀中葉に城
塞建設が活発に行われると同時に，シャテルニーの形成もまた始まったことに
なる[27]。

　したがって，念のために言えば，11 世紀以降の時期に，ドイツ，イタリア，
ブルグントのいずれの王国についても，城塞を研究対象として取り上げてもよ
いことになる。

---

(23)　P. Toubert, Burg C. Europäische Entwicklung nach Ländern und Regionen unter
　　　besonderer Berücksichtigung der Rechts-und Verfassungsgeschichte. Ⅲ. Italien, in :
　　　LM Ⅱ, 1983, Sp. 973.
(24)　Ebenda.
(25)　H. Bitsch, Arelat, in : LM Ⅰ, 1980, Sp. 916 ; K. F. Werner, Burgund, in : LM Ⅱ, 1983,
　　　Sp. 1061ff.
(26)　K. F. Werner, Burgund, in : LM Ⅱ, Sp. 1061ff.
(27)　A. Debord, Burg C. Europäische Entwicklung nach Ländern und Regionen unter
　　　besonderer Berücksichtigung der Rechts-und Verfassungsgeschichte. Ⅳ. Frankreich,
　　　in : LM Ⅱ, Sp. 977 ; R. Fossier, Kastellanei, in : LM Ⅴ, 1991, Sp. 1036.

第2篇　神聖ローマ帝国におけるシャテルニー──城塞の「付属物」の視角から──

図14　典型的な城塞

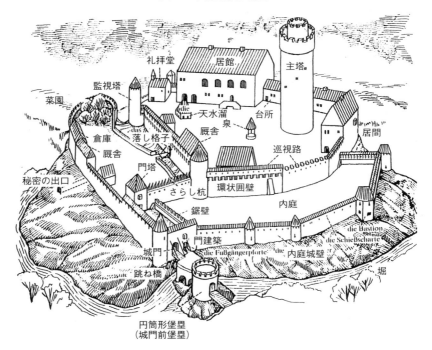

『独和辞典　第2版』，郁文堂，1987年，270頁に所載の図を基に作成

第2章　シャテルニーを示す用語とその具体的権限

先ず，第1章で言及した中部ライン河流域とドイツのその他各地域の諸城塞について，著者が明らかにしたシャテルニーを示す用語は次の通りである[1]。

ラテン語：castellania〔シャテルニー〕，districtus〔罰令区，裁判区〕，dominium〔支配領域〕，bannus〔罰令区〕，bannus et districtus〔罰令区と裁判区〕，circuitus（周辺領域，区域），custodia〔保護区〕，iurisdictio（jurisdictio，Jurisdictio，iurisdictiones）〔裁判区〕，terra〔支配領域〕，territorium〔支配領域，罰令区〕，attinentia〔付属物〕，appendicia（appenditia）〔付属物〕，jus et appendicia〔権利と付属物〕，appendicia et pertinentia〔付属物と付帯物〕，pertinentia〔付属物，付帯物〕等。

フランス語：chatelerie/chastelerie〔シャテルニー〕，appertenances〔付属物〕，appartenances〔付属物〕等。

次に，フランスのシャテルニーを示す用語は以下の通りである[2]。

ラテン語：castellaria（シャテルニー），castellania（シャテルニー），territorium（支配領域，罰令区），potestas（命令圏域），districtus（罰令区，裁判区），circuitus（周辺領域，区域），bannus（罰令区），salvamentum（保護

---

(1)　上掲拙著，拙著323-325頁。城塞名については，本篇「はじめに」註(1)と(2)を参照。

(2)　G. Duby, La société au XIᵉ et XIIᵉ siècle dans la region mâconnaise, S. 206 n. 1, p. 218 n. 3, S. 329, 449；R. Boutruche, Seignerie et féodalité, L'apogée（XIᵉ-XIIᵉ siècles），S. 267；G. Fourquin, Seignerie et féodalité au Moyen Age,, 2e éd., Paris, 1977, S. 92〔神戸大学西洋経済史研究室訳『封建制・領主制とは何か』1982年，120頁以下〕；J. Richard, Châteaux, châtelains et vassaux en Bourgogne au XIᵉ-XIIᵉ siècles, S. 437, 443, 445, 447；A. Debord, Burg, Sp. 977；R. Fossier, Kastellanei, Sp. 1036；Fr. Olivier-Martin, Histoire du droit français de origines à la Révolution, 1948, S. 132〔塙浩訳『フランス法制史概説』1986年，202頁〕；木村尚三郎「フランス封建制の成立──11世紀における城主支配圏・バン領主支配圏の形成──」『法制史研究』8号，1958年，所収，128頁及び同所註100-108，147頁及び同所註160-166；同「大陸封建社会　二　古典的封建制の成立」，『岩波講座　世界歴史7　中世1』，1969年，所収，348頁；塙浩「ポアトゥ伯領の統治構造史（9－12世紀）──ガロー教授の所説をたどって──」，服藤弘司・小山貞夫編『法と権力の史的考察──世良教授還暦記念　上──』所収，264頁；井上　泰男「ヨーロッパ封建社会論」，木村尚三郎他編集『中世史講座5　封建社会論』1985年，所収，203頁。

区），mandamentum（命令圏域），dominium（支配領域），custodia（保護区），jurisdictio（裁判区），pertinentia（付属物）等。

フランス語：châtellenie，pôté（potestas と同義），détroit（districtus と同義），sauvement（salvamentum と同義），mandement（mandamentum と同義），ban（bannus と同義）等。

さらに，「付属物」を示す用語，つまりラテン語の pertinentia，フランス語の appertenances 等の用語もまた，フランスのシャテルニーとして理解されるべきことが明らかにされている[3]。

したがって，中部ライン河流域を始めとするドイツの各地域の諸城塞のシャテルニーを表現する用語と，フランスのシャテルニーを表現する用語は，ほぼ相互に対応し，ほとんど同一であるとさえ結論することができる。本篇で特に中心的な問題として取り上げる「付属物」を指し示す用語は，ドイツとフランスいずれの国の城塞のシャテルニーをも表現すると解釈されるものといわなければならない。

次に，これもすでに上掲拙著で確認したように，ドイツのシャテルニーとフランスのシャテルニーはいずれも，次のような同様の具体的権限を内容とする[4]。(1)荘園領主権（グルントヘルシャフト），(2)軍事罰令権，つまり軍隊動員権と城塞夫役要求権[5]，(3)裁判権，つまり流血裁判権の意味での高級裁判権，または下級裁判権，(4)保護権力，(5)森林・牧場・河川利用権がそれである。

このように見てくるならば，ドイツのシャテルニーとフランスのシャテルニーは，これを表現する用語と具体的な権限内容の両側面から，ほぼ同質的なものであると結論してよいことになる。

---

(3)　上掲拙著，41 以下，52 頁以下，78 頁以下，86，92-93，103，123，137-139，147-149，152，159，162，178-179，239，231-243，245-246，256，271，280-281，289-290，295-299，303-307，311-313，316-318，326 頁を参照。

(4)　上掲拙著 328-332 頁を参照。ただし第 1 篇で明らかにしたように，ドイツについて高級裁判権は流血裁判権と高級贖罪裁判権の二元主義的性格のものであったことが看過されてはならない。

(5)　以下の諸権利に関し，G. Duby, La société au XIe et XIIe siècle dans la région mâconnaise, 1953, S. 108, 166, 226, S. 322ff. を参照。城主の諸権利に関して，他に例えば，R. Fossier, Kastellanei, Sp. 1037f. を参照。

第3章　ドイツ王国における付属物の意味

　初めに，著者がこれまで主な考察の対象としてきたドイツ王国のライン河中流域の城塞を例として取り上げ，改めて付属物の意味について考察したい。

　【史料1】ナッサウ城塞をヴォルムス教会がトリール教会に譲渡した
　　　　　1158 年の契約：

cum omnibus appendiciis suis. terris cultis. et incultis. pratis. campis. pascuis. uineis. areis. siluis. aquis. aquarumue decursibus. utriusque sexus mancipiis. exitibus et reditibus. seu cum omni utilitate ad idem predium pertinente ?〔ママ〕 omni proprietatis iure et usu habendam et possidendam〔「<u>そのすべての付属物［appendicia］と共に，つまり既耕地並びに未耕地，牧草，野原，牧場，葡萄畑，平坦な土地，森，湖沼，水流，男性並びに女性の非自由人，収益並びに収入と共に，あるいは同財産に属するすべての利益と共に，すべてのアイゲンと用益権によって保持されかつ所有されるべきものとして……</u>〕（下線＝著者）(1).

　下線部「<u>そのすべての付属物</u>［appendicia］<u>と共に，つまり……と共に……</u>」の部分が示すように，「付属物」とは，この記述に続く既耕地並びに未耕地以下の支配権的諸権利を意味することが分かる。

　【史料2】帝国ミニステリアーレ，フォン・ファルケンシュタイン＝ミュン
　　　　　ツェンベルク von Falkenstein-Münzenberg の四つの城塞に関する
　　　　　1286 年の証書：

hereditatem .... in dominio Muentzenberg, Assenheim, Hagen et Koenigstein cum omnibus attinentiis, videlicet hominibus, vasallis, pratis, agris, cultis et incultis, villis, nemoribus, aquis aquarumque decursibus et omnibus predictis munitionibus attinentiis〔ミュンツェンベルク〔城塞〕，アッセンハイム〔城塞〕，ドライアイヘンハイン〔城塞〕，及びケーニヒシュタイン〔城塞〕の支配領域［dominium］……における 遺産を，<u>すべての付属物［attinentia］，すなわち従属民，家臣，牧草地，既耕地と未耕地，都市，森，湖沼と水流，及び上述の城塞のすべての付属物［attinentia］と共に</u>〕」（下線＝著者）(2).

---

(1)　MRUB 1, Nr. 605.
(2)　CDN I -2, Nr. 1053.

第2篇　神聖ローマ帝国におけるシャテルニー──城塞の「付属物」の視角から──

この証書でも下線部「すべての付属物［*attinentia*］，すなわち」の文言から，「付属物」とは，下線部に続いて書かれている従属民，家臣，牧草地以下の支配権的諸権利を意味すると同時に，支配領域［dominium］を構成することが読み取れる。

【史料3】同じフォン・ファルケンシュタイン＝ミュンツェンベルクの上の四つの城塞と，さらに別のバーベンハウゼン城塞に関する1290年の証書：
partem hereditatis nos contingentis dominii Minzenberg, Assenheim, Hagen, Kungestein et Babenhusen cum omnibus suis attinentiis, videlicet ministerialibus, fasallis, hominibus, villis, nemoribus, silvis, pratis, pascuis, aquis aquarumque decursibus, iuribus, iurisdictionibus, iure patronatus ecclesiarum et breviter omnibus prefatis municionibus attinentibus〔遺産のうち我々に帰属するミュンツェンベルク，アッセンハイム，ドライアイヘンハイン，ケーニヒシュタイン及びバーベンハウゼンの支配領域［dominium］の持分を，(A) そのすべての付属物［*attinentia*］と共に，すなわちミニステリアーレン，家臣，従属民，村落，森，森林，牧草地，牧場，湖沼と水流，権利，裁判権（区）［iurisdictiones］，教会保護権，(B)つまり要するに上述の城塞に付属するすべてのもの［*omnia attinentia*］……とともに〕」（下線＝著者）(3).

この証書では，下線部(A)に加えて，さらに下線部(B)「つまり要するに上述の城塞に付属するすべてのもの」という記述から，「付属物」とは，下線部の次に書かれているミニステリアーレン，家臣に対する支配権，裁判権（区）［iurisdictiones］等の支配権的諸権利を意味することが，極めて明確に明らかになる。

【史料4】フーノルシュタイン城塞に関する1296年の証書：
castrum nostrum Hunoltsten cum castrensibus et fidelibus ad ipsum spectantibus nec non cum omnibus juribus et appendiciis suis ac cum omni jure et dominio〔我々のフーノルシュタイン城塞を，同城塞に属する城臣及び家臣と共に，またそのすべての権利及び付属物［*appendicia*］と共に，かつあらゆる権力及び「支配権（支配領域）［*dominium*］」とともに〕」（下線＝著者）(4).

この証書でも，下線部から，「付属物」とは，権力及び支配権（支配領域）［dominium］と同一視されていたことになる。このフーノルシュタイン城塞については，ほかに明確に「フーノルシュタインのシャテルニー」（［*la*

---

(3) CDN I‐2, Nr. 1115.
(4) F. Töpfer I, Nr. CXX.

第3章　ドイツ王国における付属物の意味

chatelerie de Hanaipiere][5] ないし [*la chastelerie de Hanaupiere*][6] の用語が検出される。したがって，この城塞の例から，dominium（支配領域）＝ appendicia（付属物）＝ chatelerie/chastelerie（シャテルニー）の等式が得られる[7]。

【史料5】〔ニーダー〕ヴィート城塞とオルブリュック城塞に関する
1249 年の証書：

cum suis pertinentiis videlicet dominiis jurisdictionibus judiciis vasallis ministerialibus castrensibus hominibus juribus patronatus agris cultis et incultis decimis censibus obuentionibus pratis pascuis nemoribus aquis aquarum decursibus piscationibus ceterisque juribus et redditibus quibuscunque〔その付属物 [pertinentia]，すなわち支配領域 [dominia]，裁判権 [jurisdictiones]，裁判区 [judicia]，封臣，ミニステリアーレン，城臣，従属民，権利，教会保護権，既耕地並びに未耕地，十分の一税，地代，収入，牧草，牧場，森林，河川湖沼，水流，漁業権，またその他すべての権利及びレンテと共に〕（下線＝著者）[8].

　この証書は「付属物」の詳細な記述を行っており，極めて参考になる有益な証書であるが，いずれにしても，「付属物」とは，「すなわち」以下に記述された支配領域 [*dominia*]（dominium, sing.），裁判権 [*jurisdictiones*]（jurisdictio, sing.），裁判区 [*judicia*]（judicium, sing.）等の紛れもない支配権的諸権利からなる統合体であることを，極めて鮮明に物語っている。

　次に，ライン河中流域以外の地域の二つの城塞の例を見てみたい。先ず，南東ドイツのボックスベルク城塞に関する三通の証書である。

⒜【史料6】1287 年1 月1 日の証書：

castrum Bockesperg et suburbium ibidem, ..., cum omnibus proventibus, judicio, jurisdictione, redditibus, vineis, agris, ortis, pratis, pascuis, siluis, nemoribus, molendino, piscacionibus, piscinis, aquis, aquarum decursibus, rius, riuulis, viis, inuiis, quesitis et non quesitis aliisque omnibus juribus et pertinentiis suis, quocumque nomine censeantur〔ボックスベルク城塞と同地の城外町を……そのすべての収入，裁判所，裁判権，収益，葡萄畑，耕地，農場，牧草，牧場，森，林，水車，漁場，養魚池，湖沼，水流，川，小川，道路，道

---

(5)　F. Töpfer Ⅰ, Nr. LXXⅡ.
(6)　K. Lamprecht, DWL. Ⅲ, Nr. 65.
(7)　上掲拙著 142 頁。
(8)　CRM Ⅲ, Nr. 26, S. 117f.

第2篇　神聖ローマ帝国におけるシャテルニー──城塞の「付属物」の視角から──

路のないところ，利益と利益でないもの，及びその他いかなる名前で記される
のであれ，すべての権利及び付属物［pertinentia］と共に）⁽⁹⁾.

この証書では，城塞に付属する支配権的諸権利が網羅的に記述されてい
るだけでなく，さらにこの城塞のシャテルニーを示すjudicium（裁判区）と
jurisidictio（裁判区）の用語も現れる。このことも，付属物［*pertinentia*］の
用語がシャテルニーとして理解されるべきことを物語っている。

(b)【史料7】翌1月2日の第1の証書：
castrum Bockesberg cum quibusdam certis bonis, eidem castro attinentibus,
que in alio instrumento super ipsa donacione confecto <u>plenius sunt declarata</u>
〔ボックスベルク城塞を，同城塞に付属しこの贈与に関して作成された別の証書
でより詳細に明示された<u></u>ある一定の財産と共に〕（下線＝著者）⁽¹⁰⁾.

(c)【史料8】1月2日の第2の証書：
castrum Bockisberg cum quibusdam certis bonis, eidem castro attinentibus,
que in alio instrumento super ipsa donacione confecto <u>plenius sunt expressa</u>.
〔「ボックスベルク城塞を，同城塞に付属しこの授封に関して作成された別の証
書でより詳細に記述された<u></u>ある一定の財産と共に〕（下線＝著者）⁽¹¹⁾.

1月2日の(b)と(c)二つの証書を1月1日の証書(a)と照らし合わせるならば，
1月1日の証書(a)は，城塞に付属する支配権的諸権利に関する記述の点で，1
月2日の証書と比べて「より詳細に明示された」証書，ないし「より詳細に記
述された」証書であることになる。つまり，単に「城塞を付属物と共に」ない
しこれに類似の書き方は，城塞に付属する様々な支配権的諸権利を簡略化した
書き方なのである。換言すれば，「付属物」の用語それ自体が，城塞に付属す
る支配権的諸権利を意味するのである。城塞に係わる契約の当事者たちにとっ
ては，恐らく支配権的諸権利を個別具体的に列挙しなくとも，何が城塞に付属
する支配権的諸権利であるか予め知られている場合には，あるいは念のため特
に個別具体的に列挙する必要がない場合には，「付属物」を個別具体的に，つ
まり詳細に列挙することをせず，単に「城塞を付属物と共に」ないしこれに類
似の書き方で済ませたものといわなければならない。要するに，この例もまた，
たとえ史料上単に「城塞を付属物と共に」と書かれているとしても，この場合

---

(9)　Monumenta Boica, Bd. 37, 1864. Nr. 489.

(10)　Monumenta Boica, Bd. 37, Nr. 490.

(11)　Monumenta Boica, Bd. 37, Nr. 491.

228

の「付属物」とは，城塞の周囲に横たわる支配権的諸権利の集積，ないしシャテルニーとして把握されるべきことを示している。

【史料9】北西ドイツ（ライン河下流域）のニムヴェーゲン（ナイメーヘン）城塞に関する1248年の証書＝国王ヴィルヘルム・フォン・ホラント Wilhelm von Holland がゲルデルン伯オットー Graf Otto von Geldern にこの城塞を質入した証書：

castrum quod vocatur Novimagium, cum omni dominio, quod eidem castro attinet et dinoscitur attinere, tum in hominibus nobilibus, fidelibus, ministerialibus, oppidanis, servis, manumissis, agris, nemoribus, pratis, aquis, pascuis, piscationibus, tum in proventibus etiam universis eiusdem dominii, non solum obligavimus. …. Adicimus etiam quod, si dictus comes viam universe carnis sine filio ingreditur, filie sue seniori dictum castrum cum omnibus suis attinentiis in forma prenotata remanebit obtinendum〔ニムヴェーゲン（ナイメーヘン）と呼ばれる城塞を，あるいは貴族，家臣，ミニステリアーレン（家人），城塞居住民，非自由人，被解放者という人間，耕地，森林，牧草，河川湖沼，牧場，漁場に関して，あるいはそれのみならず当「支配領域（支配権）」[dominium] からのすべての収益に関して，当城塞に付属しかつ付属することが知られているあらゆる「支配領域（支配権）」[dominium] と共に，朕は質入しただけでなく……。さらに，もし上記の伯が息子を遺さずにあらゆる肉の道を辿るならば，当城塞は上記の形のそのすべての付属物と共に，獲得されるべきものとしてその年長の娘に帰属すべきことを付言する〕（下線＝著者）[(12)]．

　「上記の形のそのすべての付属物」の記述は，明らかに，前半部に記されている付属物，つまり「貴族，家臣，ミニステリアーレン（家人），城塞居住民，非自由人，被解放者という人間，耕地，森林，牧草，河川湖沼，牧場，漁場」，「当「支配領域（支配権）」[dominium] からのすべての収益」，あるいは「当城塞に付属しかつ付属することが知られているあらゆる「支配領域（支配権）」[dominium]」等の付属物を指し示している。したがってこの証書から，「付属物」とは，多種多様な支配権的諸権利やそれらの統合体としての「支配領域（支配権）」[dominium] を意味する用語であることが，疑問の余地なく明らかになる。この証書もまた，「付属物」の用語は城塞に付属する多種多様な支配権的諸権利を含意する簡略化された用法であったことを極めて直裁に物語る証書である。

　以上の検討結果により，我々は，ライン河中流域と，さらにそれ以外の地域

(12)　DD. W. Nr. 34.

第2篇　神聖ローマ帝国におけるシャテルニー──城塞の「付属物」の視角から──

の城塞 ── 取り上げた例は二つと少ないが ── についても，単に「城塞と付
属物」等と書かれている場合であっても，この城塞の「付属物」を支配権的諸
権利の統合体，換言すればシャテルニーとして理解することができることにな
る。さらに言えば，皇帝・国王証書集はいうまでもなく，中世ドイツの各地域
に関する証書集には，「城塞をその付属物と共に」の類の記述，あるいは城塞
の「付属物」に係わる記述が，応対の暇もないほど無数に登場してくる。この
ことから，シャテルニーの存在はライン河中流域に限定されるのではなく，中
世ドイツの各地域に広範に存在したのではないかという見通しが得られる。次
に，城塞の付属物に関するドイツの学説を概観しておくことにしたい。

230

第4章　付属物に関するドイツの諸学説

(A)　個々の城塞についての学説

ここでは，著者がこれまで考察の対象としてきた中部ライン河流域・モーゼル河流域（ドイツ西部）の城塞に関する学説のみに言及しておきたい。

(1)　F・テプファー Töpfer は，フーノルシュタイン城塞についての記述 „ castri in Hunolstein cum omnibus appendiciis et pertinentiis suis " について，「城塞並びにヘルシャフトたるフーノルシュタインの der Veste und Herrschaft Hunolstein」と記し，「付属物及び付帯物」[appendicia et pertinentia] の表現を「ヘルシャフト」（支配権，支配区）の意味に理解する[1]。

(2)　I・ボトシュ Bodsch もまたフーノルシュタイン城塞について，「付属物」[appendicia] を「ヘルシャフト Herrschaft」と解釈している[2]。

(3)　L・エルテスター Eltester と A・ゲルツ Goerz は，モンクレール城塞（中部ライン河流域・モーゼル河上流域）についての記述 „ du chatel de Montcler et de la terre du dit chatel et des appertenances "〔モンクレールの城塞と同城塞の支配領域並びにその付属物に関して〕，„ die Burg und Herrschaft Montclair "〔城塞並びに支配区（権）モンクレール〕と翻訳している[3]。つまり，この二人の学者もまた「付属物」[appertenances] の用語を「城塞の支配領域」と解釈する。

このように，中部ライン河流域・モーゼル河流域の二つの城塞について，四名の学者が城塞の「付属物（付帯物）」を城塞支配権，城塞支配領域，城塞区の意味に理解していることが確認される。

(B)　ドイツの特定地域の城塞に関する学説

(一)　南西ドイツ

(1)　V・エルンスト Ernst は，シュヴァーベン地方の城塞について，「城塞が貴族所領の中心をなす。また，個々の所領と諸権利がその付属物と見なさ

---

(1)　F. Töpfer I, Nr. I（Regest）.
(2)　I. Bodsch, Burg und Herrschaft, 1989, S. 155f. und ebenda Anm. 158.
(3)　MRUB Ⅲ, Nr. 1386（Regest）.

第2篇　神聖ローマ帝国におけるシャテルニー──城塞の「付属物」の視角から──

れる」と述べた上で[4]，付属物 Pertinenz の具体的な内容として，菜園等の城主の所有地，牧草地（牧場）と耕地，葡萄畑，森林，釣り場〔漁場〕，「従属民と農場」（グルントヘルシャフト），裁判権，（水車，葡萄圧搾器等に対する）罰令権を挙げている[5]。エルンストは城塞支配権の言葉を使ってはいないが，城主のこの裁判権と罰令権を支配権的権利と呼び，またこれらを「支配権」（Herrschaft）と呼ぶ。したがって，エルンストもまた，付属物とは城塞周囲の所領と支配権から構成される統合体と見なしているといえよう。

　(2)　H-M・マウラー Maurer は南西ドイツ，ヴュルテムベルクのランデスヘルの城塞について，「経済的な財産と支配権的諸権利が原則的に付属していることは，中世の城塞の本質に属」し[6]，また「中世後期の城塞はすべてその付属物 Zugehörde をもつ」と述べる[7]。またマウラーは城塞の付属物の具体的な内容は，土地所有（耕地，牧草地，葡萄畑，森林，釣り場，牧場），グルントヘルシャフト，体僕領主権，手工業罰令権，下級裁判権，村落支配権（Zwing und Bann），保護権力であるとする[8]。さらに，これらの所領と諸権利の合計が支配権 Herrschaft を構成し，この支配権が行使される領域が Herrschaftsbezirk（支配区），Territorium（支配領域，罰令区）であると述べる[9]。要するに，マウラーは，中世の城塞は原則的に付属物を具えるものと見なし，また付属物を様々な所領と支配権的諸権利から構成される統合体，つまり支配区ないし支配領域と捉えていることになる。

　H-M・マウラーはさらに次のように述べる。「城塞はとりわけ君侯貴族 Dynastenadel と住民の関係にも変化をもたらした。伯及び伯と同等の貴族は11世紀まで村落の中かその近くの領主館に，ほとんど農民の真只中に住み，またその後11世紀の後半期に，城塞の中に，すなわちできる限り山の頂上に居住するという前代未聞の決断を行い，可視的に，それどころか示威的に住民大衆から離れ，またそれ以上にない断固さをもって注目を引くようにした。農村の上に高く聳えるこの山上の住居は，必然的に貴族としての優越感情と支配

---

(4)　V. Ernst, Die Entstehung des niederen Adels, 1965, Neudr. der Ausg. 1916, S. 5.

(5)　Ebenda, S. 6-10.

(6)　H-M. Maurer, Die landesherrliche Burg in Wirtemberg im 15. und 16. Jahrhundert. Studien zu den landesherrlich-eigenen Burgen, Schlössern und Festungen, Diss. Tübingen, 1958, S. 17.

(7)　H-M. Maurer, a. a. O., S. 16

(8)　H-M. Maurer, a. a. O., S. 16.

(9)　H-M. Maurer, a. a. O., S. 16.

第4章　付属物に関するドイツの学説

者たる自意識を生み出した。また逆にその住居は農村住民にとって貴族支配権の壮大な象徴として現れた。城塞それ自体がすでに，また丘陵城塞が特に，身分的相違を固め，かつ「支配権の示威 Verherrschaftlichung」を目に見えるものとした」[10]。H-M・マウラーのこのような指摘は，貴族による丘陵城塞の建設がすでに，城塞を中心とする支配権の形成を表現するものであったことを雄弁に物語っている。

　(3)　M・シャープ Schaab は「一連の村落に対する城塞からの支配権は，とりわけ開拓地域の特徴をなし，またそれは最も容易に，強制権力，罰令権力，及び下級裁判権力を通じて，ランデスヘルシャフトへと発展していった。……その際に，この過程の中で，上部ライン地域の大部分の領国において，城塞がアムトの所在地となることが認められる。〔ライン〕宮中伯領では，このラントの特別の特徴をなす多くのアムトが，高権的諸権利が若干の城塞に集中化され，その他の城塞は純然たる所領管理所へと地位が低下するという事情を通じて成立した。……　付属する支配領域の内部での城塞の位置が，合理的な行政の観点に従っていることは稀である」(傍点＝著者)[11]。この指摘は，領国の地方行政組織たるアムトの成立以前にあっては城塞周囲の支配領域が，アムト成立の後にはアムト自体が，城塞の「付属物」として捉えられることを意味する。

　㈡　南東ドイツ（バイエルン＝オーストリア法領域）

　(1)　O・ブルンナー Brunner は，周知のように，「ヘルシャフトは常にヘル，ないしその居所，その家，その城塞に因んで呼ばれる。次のように呼ばれる。つまり城塞とヘルシャフト云々 Burg und Herrschaft N. N.，要塞とヘルシャフト云々 Veste und Herrschaft N. N. と。あるいは，次のように呼ばれる。城塞，家云々及びそれに付属する物と」[12]。ブルンナーのこの見解もまた，城塞の「付属物」とは支配権を意味することを極めて直裁に示している。

　(2)　H・フォン・ヴォルテリーニ von Voltelini は，先ず「ザクセンにおける城塞区 Burgwardei と全く同様に，ここ〔＝ティロールの農民ゲマインデ〕においても，また間違いなくオーストリアにおいても，その住民が城塞に義

---

(10)　H-M. Maurer, Die Entstehung der hochmittelalterlichen Adelsburg, S. 321.

(11)　M. Schaab, Geographische und topographische Elemente der mittelalterlichen Burgenverfasssung nach oberrheinischen Beispielen, in : Die Burg im deutschen Sprachraum II（Vorträge und Forschungen, hrsg. von H. Patze, Bd. 19 Teil 2），1976, S. 41f.

(12)　O. Brunner, Land und Herrschaft. Grundfragen der territorialen Verfassungsgeschichte Österreichhs im Mittelalter, 5. Aufl., 1965., S. 254.

233

務を負う明確に境界設定された区域が，多くの城塞に付属する」と述べる[13]。さらにヴォルテリーニはこの「城塞平和領域が裁判区に成長した」，換言すればランデスヘルの地方行政区たる「ラント裁判区の数を増やす必要性が生じたときに，当時の人々は，城塞制度を通じて成立した区域に頼り，また城塞司令官に城塞平和領域 Burgfriede の内部での裁判権の行使を委ねた」と指摘する[14]。要するに，ヴォルテリーニによれば，城塞の周囲に形成された付属物としての支配区域つまり城塞区＝シャテルニーが，城塞司令官を長とするランデスヘルの地方行政区たるラント裁判区へ発展していったことになる。

(三)　中東ドイツ

W・シュレージンガー Schlesinger は皇帝オットー 1 世の時代（936－973 年）の中東ドイツについて，城塞の付属物［pertinentia］の語を，国境防衛のために設置された地域区分としての城塞区の意味に理解する[15]。またシュレージンガーはランデスヘルシャフト形成段階の 14 世紀末期について，付属物［attinencia］の語を領域的団体，ないし正にアムト（地方行政区）という用語を言葉の意味として，城塞区，領域的団体，アムト，支配領域，つまり城塞周囲の支配領域ないし支配権として理解する[16]。

(四)　北東ドイツ

W・ポデール Podehl はブランデンブルク辺境伯領の城塞に関して，「国制史の観点による城塞の研究は，核心において，支配の中心という城塞の機能を明らかにすることを目指す。この支配の中心とこれに付属する管区は，城塞の所有者が辺境伯たるランデスヘルであるか，貴族であるか，それとも教会の領主ないし騎士修道会であるかに応じて，異なる構造を有した。したがって，城塞の所有に関する問題が，鍵となる重要な問題であることが明らかになる」と述べる[17]。この指摘は，支配の中心をなす城塞と，これに付属しその周囲に

---

(13)　H. von Voltelini, Die Entstehung der Landgerichte im bayrisch-österreichischen Rechtsgebiete, in : Archiv für österreichische Geschichte, Bd. 94, 1907, besonders S. 31.

(14)　Ders., a. a. O., S. 32.

(15)　W. Schlesinger, Burgen und Burgbezirke. Beobachtungen im mitteldeutschen Osten, in : Ders., Mitteldeutsche Beiträge zur deutschen Verfassungsgeschichte des Mittelalters (Rudolf Kötzschke zum Gedächtnis), 1961, S. 162 und ebenda Anm. 28.

(16)　W. Schlesinger, a. a. O., S. 186 und ebenda Anm. 155.

(17)　W. Podehl, Burg und Herrschaft in der Mark Brandenburg. Untersuchungen zur mittelalterlichen Verfasssungsgeschichte unter besonderer Berücksichtigung von

位置する城塞管区＝城塞支配区は，城塞所有者の身分の相違に応じて異なる構造をもっていたために，城塞の所有如何という問題が殊の外重要であることを述べるものだが，同時にブランデンブルク辺境伯領の城塞は，付属物たる城塞管区＝城塞支配区を具えていたことを雄弁に物語るものでもある。なお，ポデールは「城塞並びに付属物」，「城塞並びにこれに付属する管区」，「城塞並びにこれに付属する支配区」，あるいは，城塞の付属物に関しこれらに類似の言及を随所に行っているが，このことはポデールが城塞管区＝城塞支配区としての付属物の重要性に着目していることを物語るものであろう[18]。

(五) 北部ドイツ

E・エネン Ennen はヒルデスハイム Hildesheim 司教領とオスナブリュック Osnabrück 司教領に関して，「城塞を起点として司教の土地の厳格な管理が可能になり，また同時に高権的諸権利が城塞に引き寄せられるというようにして，それとは元来何の関係ももたない領域に対しても通用力を獲得するほど著しい程度に，この諸権利を領邦化することに成功した。したがって，城塞は既存の土地所有と高権的諸権利を城塞区に纏め上げることに役立てられ，またこの城塞区からラント行政のアムトが生まれた」と指摘する（傍点＝著者）[19]。この指摘によれば，司教が保持する既存の土地に加えて，新たに城塞に引き寄せられたその他の高権的諸権利が城塞区ないし城塞支配権を構成したことになる。エネンはここでは直接に付属物の用語を使っていないが，しかしすぐにこれに続けて，同じ北ドイツのマイセン辺境伯領 Mark Meißen のアムトを示す通常の呼称が „castrum cum attinentiis "〔城塞並びに付属物〕であることも指摘する[20]。したがってエネンは先ず，明らかにアムトを「付属物」として捉えている。この場合に，アムトは城塞の周囲に形成されたランデスヘルの高権区

Altmark, Neumark und Havelland (Mitteldeutsche Forschungen, Bd. 76), Diss. Marburg 1973, 1975, S. 2.

(18) W. Podehl, Burg und Herrschaft, S. 41, 213, 222, 226, 230 f., 235, 236, 237, 250f., 259, 266, 267, 272f., 279f., 287, 317, 327, 347ff., 371ff., 379ff., 395, 403, 406, 463, 585f., 660, 667f., 678, 691, 696., 701, 707, 732, 734, 742, 745, 749, 752, 754, 760, 774 等を参照。

(19) E. Ennen , Burg, Stadt und Territorialstaat in ihren wechselseitigen Beziehungen, in : Rheinische Vierteljahrsblätter 12, 1942, S. 44-88, später in : Dies., Gesammelte Abhandlungen zum europäischen Städtewesen und zur rheinischen Geschichte, hrsg. von G. Droege・K. Fehn・D. Höroldt・F. Irsigler・W. Janssen, 1977, S. 70〔引用は後者による〕.

(20) E. Ennen, Burg, Stadt und Territorialstaat, S. 70.

域なのであるから，我々はエネンがその前段階となった城塞区ないし城塞支配権をも間違いなく「付属物」と理解していると考えてよい。エネンは「高権的諸権利が城塞に引き寄せられる」という上記城塞の領邦化の機能に加えて，城塞の第二の機能として，その周囲に城塞保持者の影響圏を一層広く拡大してゆくための根拠地となる機能に言及していることも，その証左となろう[21]。

(六) 北西ドイツ

W・ヤンセン Janssen はケルン大司教領について，先ず「〔大〕大司教の食卓領〔＝直轄領〕mensa episcopalis のための城塞並びにヘルシャフトの取得は，異なった世界を指し示している」（傍点＝著者）こと[22]，換言すれば，城塞とその周囲の支配権が都市と共に，ランデスヘルたるケルン大司教がヴィリカツィオーン Villikation（直営地型グルントグルントシャフト）の域をはるかに超える地方行政区アムトを形成するための結晶核・基点となったことを指摘する[23]。またヤンセンは次いで「アムトで入ってくるランデスヘルの収益が，アムトの中心と見なされる城塞の付属物として理解されればされるほど」と述べて[24]，ランデスヘルの収益がアムトの中心をなす城塞の付属物と考えられていたことにも言及する。ヤンセンは直截にヘルシャフトを城塞の付属物とは述べていないが，しかし「城塞並びにヘルシャフトの取得」，ランデスヘルの収益は「アムトの中心と見なされる城塞の付属物として理解され」たという記述は，ヘルシャフトが城塞の「付属物」であったとヤンセンは考えていると結論することを可能とする。

(七) 西部ドイツ

W・ライヘルト Reichert はルクセムブルク伯領について，ランデスヘルたる伯による地方行政組織の構築との関連で，地方行政区 Propstei（prepositura, prevosteit，provostey〔プレヴォー prévôt 管区〕）が13世紀中葉までに，最初はその中心たる城塞の支配と軍事の機能が優位に立っていたためにシャテルニー（castellania, chaistellerie, chastelerie, chastiaus, chastellerie, chastellenie）として現

---

(21) E. Ennen, Burg, Stadt und Territorialstaat, S. 71.

(22) W. Janssen, Die mensa episcopalis der Kölner Erzbischöfe im Spätmittelalter, in : H. Patze (Hrsg.), Die Grundherrschaft im späten Mittelalter I (＝Vorträge und Vorschungen, hrsg. vom Konsanzer Arbeitskreis für mittelalterliche Geschichte, Bd. XXVII), 1983, S. 313.

(23) W. Janssen, Die mensa episcopalis, S. 314, 323f.

(24) W. Janssen, Die mensa episcopalis, S. 325.

れたことを指摘している[25]。同時に，プレヴォー管区は，プレヴォー職の所在地たる城塞に「付属する行政区 zugehöriger Verwaltungsbezirk 」（傍点＝著者）として現れたという。したがって，ライヘルトによれば，ルクセンブルク伯の地方行政区たるシャテルニーないしプレヴォー管区は，城塞の「付属物」であったことになる[26]。さらにライヘルトはルクセンブルク伯の家臣の城塞にも言及し，伯のレーエン高権は家臣の城塞とその付属物，つまり「城塞と付属物と全支配領域の全体 (le) chastel et les apartennes et tote la terre entierement，つまり家臣のヘルシャフトの全体にも及んだ」と述べて，城塞の付属物（支配領域 la terre）はヘルシャフト，城塞支配権であることを明言する[27]。

　したがって，以上の諸学説は南西ドイツ，南東ドイツ，中東ドイツ，北東ドイツ，北部ドイツ，北西ドイツ，西部ドイツの各地域に関して一般的に，城塞の「付属物」を城塞支配権，城塞支配領域，城塞区として把握しているといえよう。

(C)　ドイツの城塞に関する一般的見解

(1)　J・フリードリヒス Friedrichs によれば「諸証書では，城塞の経済的付属物の構成要素が個別的に列挙されている。しかし，そうでなければ，同時に，その構成要素は極めてしばしば，単に概括的に „ pertinentia, appertinentia, appendicia, utensilia " 等々として，詳細な記述をせずに纏められ〔以上前半部分〕，それどころか，城塞はその付属物との確固たる関連において考えられたので，時折この呼称もまた省略され，またグルントヘルシャフトの全区域について，単に城塞が，命令を下すこの中枢部として言及される」（下線＝著者）[28]。この引用文の前半部分は，「付属物」の用語が，たとえ様々な構成要素つまり

---

(25)　W. Reichert, Landesherrschaft zwischen Reich und Frankreich. Verfassung, Wirtschaft und Territorialpolitik in der Grafschaft Luxemburg von der Mitte des 13. bis zur Mitte des 14. Jahrhunderts (= Trierer Historische Forschungen, hrsg. von H-H. Anton, G. Birtsch et al., Bd. 24), Diss. Trier 1990, Teil 2, 1993, S. 551, 556f., 567, 572, 576f., 587 und ebenda Anm. 242, S. 592, 595, 597, 610 und ebenda Anm. 422, S. 613 und ebenda Anm. 443, S. 621.

(26)　W. Reichert, Landesherrschaft, Teil 2, S. 557.

(27)　W. Reichert, Herrschaftliche Raumerfassung und Raumgliederung im Westen des Reiches am Beispiel der Grafen von Luxemburg, 1200-1350, in : Zeitschrift für Historische Forschung, Jg. 19-3, 1992, S. 275.

(28)　J. Friedrichs, Burg und territoriale Grafschaften, Diss. Bonn, 1907, S. 13.

237

第2篇　神聖ローマ帝国におけるシャテルニー——城塞の「付属物」の視角から——

権利権益に関する記述を伴わずに単独で記されていたとしても，実態的に様々な権利権益を意味することを明確に物語っている。さらにこの引用文の後半部分をフリードリヒスは次のようにも言い換えている。つまり，城塞の名称はヘルシャフトないし財産を同定する中枢部として把握されるべきであり，「提喩pars pro toto」つまり部分で全体を表す表現法として，このヘルシャフトないし財産を代表している(29)。したがって，上の引用文の全体を要するに，フリードリヒスによれば，城塞の「付属物」とは，「城塞並びに付属物」ないし「城塞を付属物と共に」等々という形で概括的に記述されている場合でも，城塞に付属するヘルシャフトないし財産，つまり我々の言葉で言えば，シャテルニーを意味することになり，それどころか城塞名だけが単独で記されている場合でさえ，それだけですでにシャテルニーを意味することになる筈である。

　また，フリードリヒスは「付属物」と城塞との確固たる結びつきは，ドイツで一般的に普及した現象であったという(30)。要するに，フリードリヒスの以上の見解を基礎としてすでに，シャテルニーはドイツに一般的に存在したという結論を導き出すことが可能である。なお，このフリードリヒスの見解は，明らかに，(B)㈠(2)で上述したH-M・マウラーの見解とほぼ一致するものといえよう。フリードリヒスの見解については，後にもう一度立ち返って論及することにしたい。

　(2)　M・ビテュナウ Bitschnau はドイツについて一般的に，「支配権の基準点たる城塞の付属物は，原理的に，高められた社会的地位の表現であるために」，「これに応じて，ティロールでも，城塞により際立ったミニステリアーレン家系の場合に，基本的に下級裁判権・時として同時に高級裁判権，世襲フォークタイ，騎士的兵員，教会保護権，通行税徴収権，関税徴収権，市場開設権，さらに狩猟権と漁業権，及び騎士的従士に対するレーエンの付与権からなる支配権もまた見出される」と述べる(31)。この見解は，「付属物」が様々な支配権的諸権利の統合体，言い換えれば支配権であること，また，城塞と「付属物」＝支配権の結びつきはドイツで一般的に見られる現象であったことを明言している。

　(3)　H・エーブナー Ebner は「城塞を示す名称はしばしばヘルシャフトと同義で使われた。ヘルシャフトの売却の際に，たいてい単に「城塞」の売却と

─────────

(29)　J. Friedrichs, a. a. O., S. 32.

(30)　J. Friedrichs, a. a. O., S. 13f.

(31)　M. Bitschnau, Burg und Adel, 1983, S. 22.

238

第4章　付属物に関するドイツの学説

いう表現が行われるか，「城塞を付属物と共に」の決まり文句が使われた。こ
の場合に，ヘルシャフトが「付属物として」城塞に属した。両者〔＝城塞と付
属物〕は相互に不可分の関係にあった」と述べる[32]。この指摘は，城塞の売
却の際に単に城塞名または「城塞を付属物と共に」の決まり文句が記されてい
るとしても，たいていの場合に，それだけですでに，「城塞とこれに付属する
ヘルシャフト」の意味をもつことを物語っている。要するに，「城塞名」が単
独で，あるいは「城塞を付属物と共に」の決まり文句が城塞ヘルシャフト（城
塞支配権）を意味することは，ドイツの一般な現象であったとする。この見解
は，先のJ・フリードリヒスの見解と同じ趣旨を語っているものといえよう。

　(4)　H・K・シュルツェ Schulze は，「城塞はほとんど常に，多かれ少なか
れ広大な支配領域 Herrschaftsbereich のための中心であり支配手段であった」
と述べる[33]。ここで，シュルツェは付属物の用語を使ってはいないが，しか
し城塞という中心から支配される「支配領域」を城塞の付属物と理解するなら
ば，シュルツェのこの記述から，城塞が支配領域を付属物として伴うことはド
イツの一般的な現象であったと結論してよいことになる。

　(5)　W・マイアー Mayer は，先ず「城主は自身の所領複合体
Güterkomplex たる勢力範囲 Machtbereich について，権力の独占を要求する
企業家であった」と述べる[34]。またマイアーによれば，「城塞は経済的企業
——これは，農場，用益権，独占的経営（例えば水車），関税徴収権，狩猟権，
漁業権及び勤務義務を負いまた地代支払い義務を負う臣民に対する命令権力
から成り立っていたが——の管理を行う中心を構成しただけでなく，農業生
産と手工業生産の場所でもあった。それ故に，城塞は文書史料の中でたいてい
Burggüter（城塞付属所領）ないし類似の呼び方をされる Umschwung（周囲の
土地）により取り囲まれていた」[35]。マイアーはここで城塞の「付属物」とい
う用語それ自体を用いておらず，Burggüter（城塞付属所領）の用語が微かに
城塞の「付属物」を想起させるにすぎないが，しかしこのような記述は，城塞
の周囲に，関税徴収権，狩猟権，漁業権，水車の利用強制権等の罰令権力＝バ
ン権力と荘園領主的権利が行使される城主の「勢力範囲」，つまり城主の支配

(32)　H. Ebner, Die Burg, S. 57.
(33)　H. K. Schulze, Die Grundstrukturen der Verfassung, Bd. II, S. 101〔上掲千葉他訳
　　　212頁〕.
(34)　W. Meyer, Die Burg als Wirtschaftszentrum, in : Burgen in Mitteleuropa, Bd. II, S.
　　　89（rechts）.
(35)　W. Meyer, a. a. O., S. 89f.

239

第2篇　神聖ローマ帝国におけるシャテルニー──城塞の「付属物」の視角から──

領域が横たわり，城塞に付属していたことを窺わせる。

(6)　C・メクゼーパー Meckseper によれば，「我々は城塞に近い単居ホーフ・時としてかなり多くの村落の取得あるいはそれどころかその新建設に遭遇し，またこれにより，しばしば散在しているとはいえ荘園領主的に組織化された所領の複合体（城塞付属物 Burgzubehör）に出会う」（傍点＝著者）[36]。この記述は，周囲の複数の村落の中に散在する権利権益ないし村落支配権が，城塞に付属することを物語っている。

　したがって，以上の学説は一致して，ドイツ王国について一般的に，城塞の付属物を支配権的諸権利の統合体，ないし城塞に付属する支配領域，支配権，支配区，あるいは罰令区として捉えていると結論してよいことになる。念のために言えば，この支配領域ないし罰令区は，すでに見たように，城主の裁判権，フォークタイ権力，水車罰令権，漁業権等の罰令権力＝バン権力が行使される領域である。またこの結論は，上記の第3章でライン河中流域とそれ以外の若干の地域の城塞について史料上確認した事柄，つまり，城塞の「付属物」は支配権的諸権利の統合体，換言すればシャテルニーとして把握されるという事態とも即応する。さらに，城塞に付属する支配領域ないし罰令区という付属物のそのような意味は，付属物に対応する中世ラテン語の appenditiae, appertinentiae, attinentiae, pertinentiae に関して，「付属領域」，「付属領」，territorium（「罰令区」，「支配領域」），districtus（「罰令区」，「裁判区」）の意味を記すデュ・カンジュ Du Cange の中世ラテン語辞典とも一致する[37]。またJ・F・ニールマイアーとC・ファン・デ・キーフトによる編集の『中世ラテン語小辞典 Mediae Latinitatis lexicon minus』が，pertinentia の語について明確に，„territoire qui dépend d'un château“〔城塞に付属する支配領域〕ないし „Burgbezirk"〔城塞区〕の意味を収録しているところとも一致する[38]。さらに，デュ・カンジュによれば，" districtus "〔罰令区，裁判区〕の用語はbannum/bannus（罰令区）と同義である[39]。したがって，言葉の意味だけから判断しても，城塞の「付属物」は，城主のバン領域，つまりそのバン権力

(36)　C. Meckseper, Der hochmittelalterliche Burgenbau. Mitte 12.-13. Jahrhundert, in : Burgen in Mitteleuropa, Bd. Ⅰ, S. 89.

(37)　Du Cange, Glossarium Mediae et Infimae Latinitatis, Ⅰ. Bd., unveränd. Nachdr. der Ausg. von 1883-1887, 1954. S. 326, 327, 458 ; Ⅵ. Bd., S. 289.

(38)　F. Niermeyer, C. van de Kieft (ed.), Mediae Latinitatis lexicon minus, M-Z, S. 1034.

(39)　Du Cange, Ⅰ. Bd., S. 558.

240

第4章　付属物に関するドイツの学説

Banngewalt が行使される領域を意味することになる。

　以上(A), (B), (C)で取り上げたドイツの諸学説は網羅的なものではなく，例示であり，したがってさらに増やすことができるであろう。しかしともかく，本節で言及したドイツの諸学説は(A), (B), (C)の三つの視角のいずれから見ても一致して，城塞の「付属物」を城塞の周囲に横たわる城主のバン領域，城塞支配権，城塞支配区，城塞区，城塞罰令区として把握しているものと結論される。

第5章　ドイツ，ブルグント，イタリアにおける付属物

第5章　ドイツ，ブルグント，イタリアにおける付属物

　先ず，史料上城塞だけが付属物を従えて現れるのではないことに留意する必要がある。仮に城塞を主体物とすると，史料上城塞のみが主体物として現れるのではなく，その他に例えば以下のようなものが主体物として現れる。bona〔財産，所領〕，capella〔礼拝堂〕，casale〔領主館〕，civitas〔司教都市〕，comitatus〔伯領，グラーフシャフト〕，comitis palatini dignitas〔宮中伯の位階〕，curtis (cortis)〔領主館，グルントヘルシャフト〕，districtus〔罰令区，裁判区〕，ducatus〔大公領〕，ecclesia〔教会〕，feudum〔レーエン，封〕，fiscus〔国庫領〕，ius patronatus〔教会保護権〕，locus〔村落〕，mansus (hoba)〔マンスス，フーフェ〕，marchia〔辺境伯領〕，mercatum〔市場〕，molendinum〔水車〕，monasterium (abbatia)〔修道院〕，mons〔山〕，oppidum〔都市〕，possessiones〔所領〕，predium〔所領〕，prepositura〔代官職〕，regnum〔王国〕，silva〔森〕，terra〔土地〕，villa〔村落〕，vinea〔葡萄畑〕。

　先に述べたように，中世の城塞の最盛期は11世紀から始まるが，しかし皇帝・国王証書の上では，皇帝ハインリッヒ2世の時代（1002-1024年）からコンラート3世（1137-1152年）の時代まで，城塞や城塞の付属物に関する記述を含む証書はまだ少なく，むしろその他グルントヘルシャフト，所領，村落等とその付属物に関する証書のほうがはるかに多く，無数にあるといっても過言ではない。そこで先ず，グルントヘルシャフト，所領，村落等の付属物を考察する。

⒜　ブルグント王国について —— 帝国への統合（1032年）以前

【史料10】ブルグント国王ルードルフ3世 Rudolf Ⅲ. が婚約者イルミンガルト Irmingard に，挙示した若干の所領を自由なアイゲンとして贈与した1011年の証書：

.... Aquis villam sedem regalem cum colonis eiusdem ville nostre proprietatis, ..., et do ei Anassiacum fiscum meum indominicatum cum appendiciis suis et servis et ancillis, ..., et do ei fiscum meum Rŏda cum appendiciis suis et

243

第2篇　神聖ローマ帝国におけるシャテルニー──城塞の「付属物」の視角から──

servis et ancillis, et do ei Font regale castellum cum appendiciis suis et talem partem ville Evonant, qualem Heinricus ibi visus est habere cum servis et ancillis et omnibus appendiciis, et do ei Novum Castellum regalissimam sedem cum servis et ancillis et omnibus appendiciis, et do ei Auerniacum cum servis et ancillis et omnibus appendiciis, et do ei Arinis cum omnibus pertinentiis suis et servis et ancillis. ......〔……余は国王の所在地たる村落エクス［Aquis］〔・レ・バン〕を余の自由所有地たる同村落の従属民と共に，……また余の直営の国庫領アネシ［Anassiacum］をその付属物並びに非自由人僕婢と共に，婚約者に贈与し，……また余の国庫領リド［Roda］をその付属物並びに非自由人僕婢と共に婚約者に贈与し，また婚約者に，国王の城塞フォン［Font］をその付属物と共に，さらにハインリッヒ〔＝アンリ〕が当地でもつと見なされたところの村落イヴォナン［Evonant］の持分を贈与し，また婚約者に国王たるに最も相応しい居所ヌシャテル［Novum Castellum］を非自由人僕婢並びにすべての付属物と共に婚約者に贈与し，また余は婚約者にオーヴェルニュ［Auerniacum］を非自由人僕婢並びにすべての付属物と共に贈与し，また余は婚約者にアラン〔＝現在のサン・ブレーズ〕［Arinis］をそのすべての付属物並びに非自由人僕婢と共に贈与する……〕(1).

　この証書では，フォンとヌシャテル両城塞の他に，村落，国庫領もまた付属物を具えた主体物として言及されている。この証書と関連するもう一つの証書を取り上げる。

【史料11】同じブルグント国王ルードルフ3世が，今度は奥方となったイルミンガルトに伯領サヴォアを自由なアイゲンとして贈与した1016年の証書：
...... in comitatu Sauoigense nostrae proprietatis cortes in Albiniacum maiorem cum ecclesia in honore sancti Petri consecrata et aliis omnibus appendiciis et alium Albiniacum cum ecclesia in honore sancti Iohannis consecrata et aliis omnibus appendiciis et Meiolanum cum omnibus appendiciis et Conflenz cum ecclesia in honore sanctae Mariae consecrate et omnibus appendiciis et Novum Castellum super Isaram fluvium cum omnibus appendiciis et mandamentis. .... actum Logis castello〔……伯領サヴォアにおいて，余の自由所有地たる大アルビニー［Albiniacum］のグルントヘルシャフトを……教会並びにその他すべての付属物と共に，また別のアルビニーのグルントヘルシャフトを……教会並びにその他すべての付属物と共に，また〔グルントヘルシャフト〕ミョラン［Meiolanum］をすべての付属物と共に，また〔グルントヘルシャフト〕コンフラン［Conflenz］を……教会並びにすべての付属物と共に，またイゼール川の畔の城塞シャトーヌフ［Novum Castellum］をすべての付属物及び命令圏域と共に。……ルワ［Logis］城塞で作成され……〕(2).

(1)　Burgund-Rudolf, Nr. 99.

第5章　ドイツ，ブルグント，イタリアにおける付属物

　この証書でも，シャトーヌフ城塞の他に，グルントヘルシャフト，村落が付属物を具えた主体物として言及されている。またこの証書は，シャトーヌフ城塞が mandamentis（mandamentia,subst., mandamentum, sing.）（命令圏域）つまりシャテルニーを具えていたことをも示している。

(B)　イタリア：皇帝ハインリッヒ2世の時代（1002－1024年）

【史料12】ハインリッヒ2世がミラノのアムブロシウス Ambrosius 修道院に対して四つのグルントヘルシャフトと2フーフェの土地を確認した1005年の証書：

cortes, ..., ... cum omnibus ad se pertinentibus, cum superioribus <u>scilicet</u> et inferioribus, cum ...., cum servis et ancillis aldionibus et aldiabus, cum capellis castris vineis campis pratis silvis montibus alpibus aquis aquarumque decursibus molen[dini]s piscationibus ac cum omnibus eisdem pertinentibus〔以下のグルントヘルシャフトを……これらへのすべての付属物と共に，<u>すなわち</u>高地のもの及び平地のものと共に，ないし非自由な僕婢，男性と女性の半自由人と共に，ないし礼拝堂，城塞管区，葡萄畑，野原，牧場，森林，山，山脈，湖沼と水流，水車，魚業権，すなわち同グルントヘルシャフトへのすべての付属物と共に〕（下線＝著者）[3].

【史料13】ハインリッヒ2世がペロ Pero の聖ペトルス修道院とその所領を確認し，この修道院を自身の保護に受け入れ，またこの修道院に村落聖ポロ Polo と聖マルティン礼拝堂を贈与した1017年の証書：

cappelam sancti Martini cum suis appendiciis, <u>videlicet</u> cum mansis domibus terris vineis pratis pascuis silvis venationibus piscationibus molendinis viis et inviis exitibus et reditibus quesitis seu inquirendis vel cum omnibus que quolibet modo dici aut nominari possunt utilitatibus〔聖マルティンの礼拝堂をその付属物と共に，<u>すなわち</u>マンスス（フーフェ），家屋，土地，葡萄畑，牧場，牧草地，森林，狩猟権，漁業権，水車，道路と道路のないところ，収益とレンテ，獲得物ないし要求されるべきものと共に，またいかなる仕方で語られあるいは呼ばれうるのであれ，すべての利益と共に〕（下線＝著者）[4].

---

(2)　Burgund-Rudolf, Nr. 108.

(3)　DH. II. Nr. 95.

(4)　DH. II. Nr. 373

第2篇　神聖ローマ帝国におけるシャテルニー──城塞の「付属物」の視角から──

⒞　ドイツ：皇帝ハインリッヒ2世の時代（1002-1024年）

【史料14】ハインリッヒ2世がヴォルムスの司教教会に，兄弟の大公オットーから
　　　　　自身に譲渡された都市ヴォルムスの所領を贈与した1002年の証書：

...... predium omnemque proprietatem, ..., cum omnibus ad eandem
proprietatem ...... pertinentibus, id est areis edificiis viis et inviis exitibus et
reditibus aquis aquarumque decursibus piscationibus molendinis mancipiis
utriusque sexus, ...　〔所領と自由所有地を……同自由所有地へのすべての付属
物と共に，すなわち農地，農場，道路と道路でないところ，収益とレンテ，湖沼
と水流，漁業権，水車，男性と女性の非自由人と共に〕（下線＝著者）[5].

【史料15】ハインリッヒ2世がヴュルツブルク司教教会に村落ザルツァ Salza を贈
　　　　　与した1002年の証書：

villam ...., cum omnibus pertinentiis eius, hoc est areis aedificiis terris cultis
et incultis pratis pascuis silvis aquis aquarumque decursibus piscationibus
molendinis viis et inviis exitibus et reditibus quesitis et inquirendis ac ceteris
quibuslibet pertinentiis 〔村落を……そのすべての付属物と共に，すなわち農地，
農場，既耕地と未耕地，牧場，牧草地，森林，湖沼と水流，漁業権，水車，道路
と道路でないところ，収益とレンテ，獲得物ないし要求されるべきもの，及びそ
の他すべての付属物と共に（下線＝著者）[6].

　このように，11世紀初期皇帝ハインリッヒ2世の時代，つまり中世城塞
の最盛期の初期にあっては，城塞が主体物として現れ（【史料10】と【史料
11】），また城塞が「国王たるに最も相応しい居所」（【史料10】）として城主の
権威や声望を顕示するものとして現れる。しかし，その他に村落（villa），伯
領（comitatus），グルントヘルシャフト（cortes），礼拝堂（cappela），所領
（predium），自由所有地（proprietas）等も主体物として現れる。その他に城塞
以外の様々なものが主体物として現れることはすでに述べた通りである。また
【史料12】【史料13】【史料14】【史料15】は，明らかに，グルントヘルシャフ
ト，礼拝堂，所領と自由所有地，村落が主体物として，様々な付属物，「すな
わち」支配権的権利と所領を具えていたことを示す。したがって元来，付属物
は，城塞に固有のものではなく，その他様々な主体物にも付属するものであっ
た。このように城塞だけが支配権・所領の中心だったのではなく，その他様々
な主体物もまた支配権・所領の中心であった。

───────────────
⑸　DH. II. Nr. 20
⑹　DH. II. Nr. 30.

第5章　ドイツ，ブルグント，イタリアにおける付属物

　作成された証書の数に関して言えば，今問題としているハインリッヒ2世の時代について，伝承されている真正な皇帝証書の総数は概数で509通であり，そのうち城塞に関する記述を含む証書の数はほぼ22通，つまり全体の約4.3％と少ない。またその内訳は，【史料11】のように城塞を主体物として記述する証書は11通（内訳＝イタリア9，ドイツ2），【史料12】のように城塞がグルントヘルシャフトや村落等の付属物として現れる証書は11通（内訳＝イタリア10，ドイツ1）である。これに対して，村落，国庫領，グルントヘルシャフト，礼拝堂，所領，自由財産，マンスス（フーフェ），修道院，司教都市を主体物として記す証書は合計186通である。全証書数に占めるその比率は36.5％である。これは城塞を主体物として記述する証書の数の約17倍にもなる。

　このように，ハインリッヒ2世の時代に，城塞が支配権の中心であったことを示す証書が散発的に見られるはするが，城塞以外にその他の主体物が付属物を具えた中心として現れること，また城塞以外の主体物に関する証書の数が圧倒的に多数であること，城塞を付属物とさえ記す証書さえしばしば見られること，これらのことは，当然のことだが，11世紀初期という草創期の中世城塞がいまだ広範に支配権や所領の中心となり切れていないことを意味する。別の側面から言えば，証書史料が，城塞を，その周囲の支配権・支配領域を意味するdominium，districtus，mandamentumあるいは付属物等の用語と共に記す例が増えてくるならば，それは城塞を中心とする支配権（シャテルニー）の存在も増えてくるということになる。結論を先取りして言えば，皇帝・国王証書の動向から窺われるその決定的な時代は，ハインリッヒ2世からほぼ一世紀半後の12世紀後半期，皇帝フリードリッヒ1世の時代（在位1152-1190年）である（第7章で後述）。この所見は，本篇第1章ですでに述べたように，一般的に13世紀とともに12世紀が中世城塞の古典期と言われることと符合する。

247

第6章　付属物との関連で興味深い，
都市ローマに関する二つの証書

【史料16】 皇帝ハインリッヒ2世が教皇ベネディクトゥス8世にアルプス以南の
　　　　 ローマ教会の修道院，所領を確認した1020年の証書：

civitatem Romanam cum ducatu suo et suburbanis atque viculis omnibus et
territoriis eius montanis ac maritimis, litoribus ac portubus, seu cunctis civitatibus
castellis oppidis ac viculis Tuscie partibus, id est Portum, Centumcellas, Cerem,
Bledam, Marturianum, Sutriam, Nepem, castellum Gallisem, Ortem, Polimartium,
Ameriam, Tudam, Perusiam......, Puluensim, Narniam et Vtriculum......〔司教都
市ローマを，その〔ローマ〕大公領とすべての城外地かつ村落，及びその支配領
域・山地と海岸，水路と港，またはすべての司教都市・城塞・都市かつ村落・ト
スカーナの地域と共に。すなわち，ポルトー，チヴィタヴェッキア，チェレヴェ
テーリ，ビエダ，モンタラーノ，ストリ，ネーピ，ガッレセ城塞，〔司教都市〕オ
ルテ，ボマルツォー，アメリア，トーディ，〔司教都市〕ペルージャ……ポルベー
セ島，ナルニ，オトリコーリ……である〕（下線＝著者）[1].

　このように教皇の都市ローマには，ローマ大公領・城外地・村落・都市の支
配領域以下，様々な都市，城塞，村落等，要するに広大な領域が付属してい

---

(1) DH. Ⅱ. Nr. 427. ローマ大公領 ducatus Romanus に関し，ビザンツ領イタリアは
　 7 世紀末期以後，いくつかの行政区に分かれ，各区に民治・軍政両権を併せもつ大
　 公 dux が置かれた。ローマ市及びその周辺の地域もこのような行政区の一つを形成
　 し，8 世紀以後これが ducatus Romanus と呼ばれている。この ducatus Romanus
　 においては，教皇が事実上の支配権を取得し，ランデスヘルに類似の地位を獲得し
　 た。ducatus Romanus の領域はほぼ「聖ペテロ世襲領」„ patrimonium St. Petri “ と
　 重なり合い，756 年フランク国王ピピンから教皇に贈与された北イタリアの「ラ
　 ヴェンナ総督領」„ Exarchat Ravenna “ と共に，教会国家の基礎となった。H. E.
　 Feine, Kirchliche Rechtsgeschichte. Die Katholische Kirche, 5. Aufl., 1972, S. 235,
　 321 ; Willibald M. Plöchl, Geschichte des Kircenrechts, Bd. Ⅰ. Das Recht des ersten
　 christlichen Jahrtausends. Von der Urkirche bis zum großen Schisma, 2. Aufl., 1960,
　 S.307f. ; H. J. Becker, Kirchenstaat, in : HRG Ⅱ, 1978, Sp. 823f. ; H. Mitteis, Deutsche
　 Rechtsgeschichte, neubearb. von H. Lieberich, 19. Auf., 1992, S. 55〔第 11 版の邦訳，
　 世良 晃志郎訳『ドイツ法制史概説』改訂版，1971 年，84 頁〕. 森田 鉄郎編『世界
　 各国史 15　イタリア史』1976 年，88 頁，M・D・ノウルズ他著，上智大学中世思想
　 研究所　編訳 / 監修『キリスト教史 3 中世キリスト教の成立』1990 年，108-118 頁，
　 130 頁註 5，131 頁註 13 を参照。

第2篇　神聖ローマ帝国におけるシャテルニー——城塞の「付属物」の視角から——

た。この証書では，付属物の用語は使われていないが，しかし下線部「司教都市ローマを……と共に」（傍点＝著者）の記述から，ローマに付属するそれらの支配構成体を実質的に付属物として捉えてよいことになる。

【史料17】　ランゴバルド人が原告または被告として関与する訴訟がローマまたはローマの付属物［pertinentia］（〔支配＝周辺〕領域）で提起された際に，ローマの裁判官は最終的にローマ法に従って判決を下すよう命令した皇帝コンラート2世の1038年の証書：

Imperator Choradus augustus Romanis iudicibus. Audita controversia, que hactenus inter vos et Longobardos iudices versabatur nulloque termino quiescebat, sancimus, ut, quecumce amodo negotia mota fuerint tam inter Romanae urbis menia quam etiam deforis in Romanis pertinentiis actore vel reo Longobardo, a vobis dumtaxat Romanis legibus terminentur nulloque tempore revivescant〔〔帝国の〕拡大者，皇帝コンラートがローマの裁判官に。これまで汝らとランゴバルド人の裁判官の間に存在しかつ落着しなかった審理された法律問題，ないし今後いかなる訴訟が都市ローマの城壁の中でも，さらに外部の〔都市〕ローマの付属物［pertinentia］〔支配＝周辺〕領域においても，ランゴバルド人の原告から，あるいはランゴバルド人の被告に対して起こされたとしても，汝らによりローマ法に基づいて判決を下されるとともに，いかなる時でも蒸し返されるべきではないことを命令する〕(2).

　この証書では，たとえランゴバルド人であっても都市ローマとその周囲の付属物 pertinentia（支配領域）で原告か被告として裁判に関与する場合には，ランゴバルド法ではなく，都市ローマの法つまりローマ法が適用されるという属地主義の原則が謳われている。この場合に，都市ローマとその周囲の付属物 pertinentia（支配領域）とは，明らかに，【史料16】に言うローマ大公領 ducatus を指していると解釈される。したがって，pertinentia（付属物）は都市ローマの周囲の支配領域，つまりローマ大公領を意味している。この証書に付した Regest（要約）の中で，皇帝証書集の編集者 H・ブレスラウ Bresslau もまた，この pertinentia の用語に Gebiet（領域）の訳語を充てている。

　特に皇帝の世界政策の要であった都市ローマに係わる【史料16】と【史料17】の証書は，付属物の用語が元来帝国において一般的に，必ずしも城塞と関係なく，様々な支配権的権利と所領の統合体ないし支配領域を意味することをこの上もなく明確に示している。また11世紀中葉に，皇帝ハインリッヒ4世

―――――――――――――

(2)　DK. I. Nr. 275.

250

第6章　付属物との関連で興味深い，都市ローマに関する二つの証書

の幼少期に始まる帝国の動乱期以降に城塞が陸続と建設され，付属物と共に登場するようになった時に，これは正に城塞が支配権的権利や財産の統合体ないし支配領域を従えその中心となるという意味をもつことになったと考えられる。

第7章 主に皇帝フリードリッヒ1世の
時代（1152-90年）の証書

　皇帝フリードリッヒ1世の時代に作成された証書の総数は，真正なものだけで概数で1,031通，そのうち城塞の記述を含むものはほぼ141通であり，全体に占める比率は13.67％である。これは先に述べたハインリッヒ2世期の比率，約4.3％と比較すると，3.18倍となる。城塞に係わる両皇帝の証書の比較だけから言っても，両皇帝の間の一世紀半という時代の間隔の間に，帝国で城塞がいかに大幅に増えたかが窺われる。ここでは，フリードリッヒ1世の時代の証書を基にして，帝国における城塞支配権（シャテルニー）の一般的な存在を考えてみたい。

（一）　城塞の付属物の側面から

【史料18】フリードリッヒ1世がグルノーブル司教ヨハンネスを保護に受け入れると同時に，レガリアを与えた1178年の証書：

.... concedimus et confirmamus eidem et suis per eum successoribus ecclesieque Grationopolitane, quicquid de antique vel de novo iure ipse vel sui antecessores nomine illius ecclesie legitime possederunt vel possidere iure debuerunt, videlicet regalia omnia a castello, quod dicitur Bellacumba, inferius in utraque ripa Ysare fluminis per totum episcopatum in civitate et extra civitatem, in agris, vineis, pascuis, pratis, silvis, nemoribus, terris cultis et incultis, aquis aquarumque decursibus, paludibus, portubus, viis et inviis, venationibus, piscationibus, castellis, villis, hominibus, plateis, pedegiis, monetis, foro, argenti fodinis, furnis, molendinis, in faciendis iudiciis et bannis tollendis et ceteris iusticiis et generaliter universis pertinentiis, ... 〔……朕は同司教と同人以下の継承者とグルノーブル教会に……すべてのレガリアを，ベルコムブと呼ばれる城塞に関して，イゼール川下流の両岸で司教区の全体を貫いて司教都市〔グルノーブル〕の内外で，耕地，ブドウ畑，牧草地，牧場，森，林，既耕地と未耕地，湖沼と水流，沼沢地，港，道路と道路でないところ，狩猟権，漁業権，城塞，村落，従属民，公道，関税，貨幣鋳造所，市場，銀鉱山，パン焼窯，水車について，裁判を開催する点で，またバン（罰令違反金）とその他の裁判収入を徴収する点で，要するに一般にあらゆる付属物に関して……譲与しかつ確認する〕（下線＝著者）[1].

---

(1)　DF. I. Nr. 756.

第2篇　神聖ローマ帝国におけるシャテルニー──城塞の「付属物」の視角から──

「要するに一般にあらゆる付属物」の表現は，付属物の用語が，この表現の前に記述されている様々な所領と支配権的権利を指す一般的な概括的表現であることが分かる。

【史料19】（イタリア）フリードリッヒ1世がメッツァーノ修道院を保護に受け入れ，当修道院にすべての権利と所領を確認した1186年の証書：

et caetera alia, quae ad ipsum monaterium pertinere videntur, ut in chartulariis ipsius monaterii legitur, castella cum terris cultis et incultis, ripis, rapinis, pratis, pascuis, montibus et vallibus, molendinis, piscationibus, aquis earumque ductibus, capellis, decimis, famulis et famulabus caeterisque appenditiis .... confirmamus.〔……また当修道院の謄本帳の中で読まれるように，当修道院の所有であると思われるその他のもの，ないし諸城塞を，既耕地と未耕地，川岸，貢租，牧草地，牧場，山々と峡谷，水車，漁業権，湖沼と水路，礼拝堂，十分の一税，非自由人の僕婢，及びその他の付属物と共に……朕は確認する……〕[2].

この証書は，特定の城塞の名前を挙げず，単に複数形で「諸城塞を」「及びその他の付属物と共に」と記している。この場合の諸城塞とは，言うまでもなくメッツァーノ修道院が所有する城塞であるが，しかしあれこれと特定の城塞の名前に言及されず，一般的な言い回しが行われている。この言い回しは，当時城塞が一般的に支配権的諸権利を付属物としてもつことが前提とされていたことによって，初めて行われるものと考えられる。

（二）　城塞の dominium の側面から

【史料20】（ブルグント）皇帝フリードリッヒ1世が，ベルトラン・フォン・ボー Bertrand von Baux に対して，ライムバルト・フォン・オランジュ Raimbald von Orange からベルトランに遺贈された財産と帝国直属性を確認した1178年の証書：

Bertrandus de Mirindolio iurato dixit, quod interfuit ultime voluntati Raimbaldi, in qua ultima voluntate donavit ei et filiis suis, quicquid habebat seu alii per eum Aurisiace et Curtezoni et in omnibus aliis locis in imperio Romano, et precepit ei, ut filias suas nuptui collocaret et constitueret eis dotem in pecunia numerata vel in rebus immobilibus pro suo arbitrio exceptis dominiis castellorum et civitatum〔ベルトランドゥス・デ・ミリンドリオは〔オランジュの〕都市政務官に次のように述べた。つまり，ライムバルトの遺言に立会い，またその遺言によりライムバルトは彼（ベルトラン・フォン・ボー）とその息子たちに，ライムバルトないし，その他の者がライムバルトを通じて，オランジュとクルテゾンにおいて，またロー

---

(2)　DF. I. Nr. 945.

第 7 章　主に皇帝フリードリッヒ 1 世の時代（1152-90 年）の証書

マ帝国のその他すべての場所で保持したすべてのものを贈与したと。またライム
バルトはベルトラン・フォン・ボーの娘たちを結婚させ，さらに彼女たちのため
に現金であるいは不動産の形で自身の意向に従って持参金を決めるよう，ベルト
ラン・フォン・ボーに指示した。ただし城塞と司教都市との支配領域（支配権）
［dominium］は除かれると］(3).

　この証書では，ベルトランの娘たちが持参金とすべき財産から，一般的に神
聖ローマ帝国内にあるライムバルトの城塞の dominium（支配領域＝支配権）が
除かれている。現実には，ライムバルトの城塞その他の所領が位置したのは，
主にブルグント王国内のオランジュとクルテゾン等であったと推測されるが，
しかしこの皇帝証書もまた，あれこれの特定の城塞ではなく，一般的に帝国の
城塞に関して，城塞支配権ないし城塞支配領域，我々の言葉で言えば，シャテ
ルニーのことを語っていると解釈される。

　(三)　城塞の支配領域 tenementa の側面から
【史料 21】（ブルグント）皇帝フリードリッヒ 2 世がヨハネ騎士団総長アイメリク
　　　　　ス・デ・パーケ Aimericus de Pace の要請により，当騎士団に，ティブ
　　　　　ルギスとライムバルト・フォン・オランジュ Tibugis und Raimbald von
　　　　　Orange が当騎士団に贈与したものを確認した 1216 年の証書：
.... concedimus et perpetuo confirmamus ...., quecumque Tibugis de
Aurasica ...., donaverunt et concesserunt .... in civitate Aurasice〔1〕tam
intra quam extra et in toto eius tenimento vel in castris et eorum tenementis
quocumque et ubicunque positis ad ipsos pertinentibus......〔……その内であれ
外であれ司教都市オランジュにおいて，また同都市の全支配領域において，ある
いは城塞において，並びにいずこへまたどこに位置するのであれ城塞に付属する
支配領域において，ティブルギス・デ・オランジュ……が贈与しかつ譲与したす
べてのものを，朕は……永続的に譲与しかつ確認する……〕(4).

　この証書でも，「いずこへまたどこに位置するのであれ城塞に付属する支配
領域において」の文言は，確かに直接的にはティブルギスがヨハネ騎士団に贈
与した城塞の支配領域 tenementa のことを語っているが，しかしやはり，一
般的に城塞に支配領域が付属していることを示している。

　(四)　城塞の付属物の記述が欠けている場合
　この場合に，城塞は付属物ないしシャテルニーを欠いているのであろうか。

───────────────
(3)　DF. I. Nr. 748.
(4)　DF. II. Nr. 347.

255

第2篇　神聖ローマ帝国におけるシャテルニー──城塞の「付属物」の視角から──

このような事例は枚挙に暇がないが，例えば皇帝フリードリッヒ1世がアルル大司教にレガリアと所領を確認した1153年の証書がある。

【史料22】（ブルグント）

……. castella de Fossis, de Albarone, de Aluernis, de Aualone, de Monte Draconis, de Sallone, regia potestate tibi tuisque successoribus confirmamus ……….〔……フォの城塞，アルバロンの城塞，ヴェルネグの城塞，アラーンの城塞，モンドラゴンの城塞，サロンの城塞を，国王の権力に基づいて汝と汝の継承者たちに確認する……〕(5).

この証書では，明らかに城塞の付属物の記述は見られない。ところが，皇帝フリードリッヒが同じアルル大司教にレガリアや所領を確認した1164年の証書では，同じ城塞について付属物が記述されているのである。

【史料23】（ブルグント）

Confirmamus etiam tibi dominium de Trincataill(is) et quartam partem de Fosso et quartam de Albarone et castrum de Sallone, castrum de Aluernico, de Aualone, castrum Sancti Amanti et castrum Vereum, castrum de Mornatio, castrum Montis Draconis, castrum de Niomns, castrum de Unzobrio, abbatiam Sancti Geruasii cum omnibus suis pertinentiis……〔朕はさらに汝にトランクタイユ〔城塞〕の支配領域とフォ〔城塞〕の4分の1の持分とアルバロン〔城塞〕の4分の1の持分とサロン城塞，ヴェルネグの城塞，アラーンの城塞，サン・シャマの城塞，カステルヴェールの城塞，モルナの城塞，モンドラゴンの城塞，ニヨンの城塞，ヴァンソブルの城塞，ゲルヴァシウス修道院をそのすべての付属物と共に……確認する〕(6).

この証書では，1153年の証書と比較して，皇帝によって確認された城塞の数が6から12へと増えた等々の違いはあるが，しかし1153年の証書に現れた六つの城塞について，明らかに，それらへの付属物が記されている。1164年の証書でこの六つの城塞に，新たに付属物が追加されたのか，それとも，これらの城塞が元来具えていた付属物が単に確認のために記されたのであろうか。我々は後者，つまり1153年の証書で，付属物は記述されなくとも，それは当然に城塞に付属する物として，敢えて省略されたものと考えたい。なぜなら，売買，質入，授封等の法律行為の際に，城塞の付属物を除外する場合には，その旨が極めて厳密かつ明確に証書に記述されるからである。レーゲンスブルク

(5) DF. I. Nr.64.
(6) DF. I. Nr. 436.

256

第7章　主に皇帝フリードリッヒ1世の時代（1152-90年）の証書

司教コンラート4世がバレデルン Baldern 城塞を，エルヴァンゲン Ellwangen 修道院長クーノーがメーレン Möhren 城塞を，相互に交換するのを確認した皇帝フリードリッヒ2世の1215年の証書がその明確な例である。

【史料24】（ドイツ）

.... cum castrum Baldern fuisset iure proprietatis Ratisponensis ecclesie et castrum Mern fuisset simili modo iure proprietatis Elewacensis ecclesie, placuit Chvnrado Ratisponensi episcopo et Chvnoni abbati Elewacensi, ..., ut ipsi de predictis castris tantum preter attinencia inter se concambium facerent et commutationem. Et hec permutatio coram nobis sollempniter est celebrate, ita quod decetero castrum Baldern tantum, scilicet sine omnibus attinenciis hominum et reddituum, preter solam viam, que ducit ad castrum, sit Elewacensis ecclesie iure proprietatis et castrum Mern tantum, similiter sine omnibus attinenciis hominum et reddituum, preter solam viam, que ducit ad castrum, sit ecclesie Ratisponensis iure proprietatis〔……バルデルン城塞は法律上レーゲンスブルク教会の自由財産であり，またメーレン城塞は同様に法律上エルヴァンゲン修道院の自由財産であったので，レーゲンスブルク司教コンラートとエルヴァンゲン修道院長クーノは……自分たちが上述の城塞のみについて，付属物を除いて，相互間で取引と交換を行うことを決断した。またこの交換は朕の面前で厳粛に行われた。さらに，バルデルン城塞のみが，すなわち城塞に通じる道路だけを例外として，従属民と収益というすべての付属物を除いて，法律上エルヴァンゲン修道院の自由財産となるものとし，またメーレン城塞のみが，城塞に通じる道路だけを例外として，同じく従属民と収益というすべての付属物を除いて，法律上レーゲンスブルク教会の自由財産となる，というようにしてである〕（傍点＝著者）[7].

この証書では，道路以外の付属物を除いた城塞のみが交換の対象とされているが，このことを，「城塞のみ」と「付属物を除いて」の表現をそれぞれ三度繰り返してくどいほど厳密に強調している。したがって，反対解釈をするならば，証書に「城塞のみ」ないし「付属物を除いて」の記述がない限り，単に城塞だけが記述されているとしても，付属物の記述が省略されているものと理解する必要があるということになる。「城塞の名称は，ヘルシャフトないし財産を同定する中枢部として把握されるべきであり，提喩 pars pro toto つまり部分で全体を表す表現法として，このヘルシャフトないし財産を代表している」，という先に述べたJ・フリードリヒスの見解，あるいは「城塞を示す名称はしばしばヘルシャフトと同義で使われた」とするH・エーブナーの見解は適切な

――――――――――
(7)　DF. Ⅱ. Nr. 339.

257

第2篇　神聖ローマ帝国におけるシャテルニー──城塞の「付属物」の視角から──

ものということになる。

むすび

む　す　び

　ドイツ，ブルグント，イタリアの三つの王国において，元来，付属物は司教
都市，教会，修道院，礼拝堂，村落，国庫領，グルントヘルシャフト，水車
等様々な主体物に付属する所領や支配権的権利の統一体として現れた。しかし，
城塞が 11 世紀以後本格的に登場した段階になると，付属物は城塞の周囲に位
置する所領と支配権的権利との統一体，ないし城塞支配権＝支配領域，シャテ
ルニーとしても現れる。すでに本篇第 4 章 (C)(3)で述べた H・エーブナーの指
摘，つまり「ヘルシャフトの売却の際に，たいてい単に城塞の売却という表現
が行われるか，「城塞を付属物と共に」の決まり文句が使われた。この場合に，
ヘルシャフトは「付属物として」城塞に属した。両者〔＝城塞と付属物〕は相
互に不可分の関係にあった」という指摘もまた，正に「付属物」の用語が城塞
に付属するヘルシャフト，換言すれば城塞支配権＝支配領域，シャテルニーを
意味することをあますところなく物語っているのである[1]。また「城塞を付属
物と共に」の記述が皇帝・国王証書や地域史の史料集において無数にといって
もいいほどに登場する。したがって，中世の神聖ローマ帝国に城塞支配権＝支
配領域（シャテルニー）が一般的に存在したと結論することが可能である。付
属物の用語以外にも，シャテルニーを直接に意味する用語，例えば dominium,
tenementa（tenementum, sing.）の用語の考察からも，（シャテルニー）が一般
的に存在したと結論することができる。さらに，証書史料において，これま
た頻繁に単に城塞名だけが記述されている場合がある。この場合には，城塞が
付属物を欠いているのではなく，城塞名だけですでに城塞のヘルシャフト，つ
まり城塞周囲の所領と支配権，つまりシャテルニーを表現しているものといわ
なければならない。「城塞を示す名称はしばしばヘルシャフトと同義で使われ
た」という，やはりすでに本篇第 4 章 (C)(3)で述べた H・エーブナーの指摘も

---

(1)　本篇第 4 章 (C)(3)を参照。

(2)　前註を参照。

(3)　W. Schlesinger, Burg und Stadt, in : Aus Verfassungs-und Landesgeschichte
　　（Festschrift für Theodor Mayer）1, 1954, S.97ff. hier besonders S. 150 = Ders.,
　　Beiträge zur deutschen Verfassungsgeschichte des Mittelalters 2, 1965, S. 92ff. hier

第2篇　神聖ローマ帝国におけるシャテルニー──城塞の「付属物」の視角から──

また，そのことを直截に表現するものである[2]。この点に関して，さらに「ゲルマン語の burg は，元来，城塞と付属する定住地の全複合体を意味した」というW・シュレージンガーの見解[3]，あるいは「castrum の呼称もまた，本来，城塞と定住地を意味した」というM・ミテラウアー Mitterauer の見解[4]もまた，城塞名が単独でもすでに城塞のヘルシャフトを含意していたことを述べるものである。したがって，11 世紀以降の神聖ローマ帝国において城塞ヘルシャフトないしシャテルニーは一般的に存在した，と我々は結論することができる。次に，このような「付属物」の歴史的な意味について考察しておきたい。

11 世紀以降に城塞ヘルシャフトが成立するが，このことは，証書の中での付属物に関する記述が「城塞以外の様々な主体物並びに付属物」ないし「城塞以外の様々な主体物を付属物と共に」の形から，「城塞並びに城塞以外の様々な付属物」ないし「城塞を城塞以外の様々な付属物と共に」の形へと変化したことから読み取りうることである。この変化は，換言すれば，城塞が，例えばグルントヘルシャフト，領主館，司教都市，伯領，罰令区，裁判区，大公領，教会，礼拝堂等の本篇第 5 章で述べた様々な主体物に取って代わり，これらの言わば城塞以前の主体物を付属物としつつ，自らそれらの主体物，つまり中心として登場するという意味をもつのである。それら城塞以前の主体物の中でも，グルントヘルシャフトが「所与の自然経済的諸前提の下で全文化的なまた政治的な生活のための豊かな構造をもつ基礎」[5]，「世俗並びに教会の指導階層にとっての経済的基礎」であると同時に「支配，教会及び文化の基礎」[6]，あるいは「政治社会組織の最も広範に普及した通常的な形式」[7]であったために，ここで何よりも先ず言及すべきものであるといえよう。このように，グルントヘルシャフトが政治社会組織や支配組織の最も通常的な形式であった以上，証書における記述が「グルントヘルシャフト並びに付属物」ないし「グルントヘルシャフトを付属物と共に」の形から，「城塞並びに様々な付属物」ないし

---

besonders S.147. さらに M. Mitterauer, Herrenburg und Burgstadt, in : Zeitschrift für bayerische Landeschichte, Bd.36, 1973, S. 470 も参照。

(4)　M. Mitterauer, Herrenburg und Burgstadt, S. 518.

(5)　F. Lütge, Geschichte der deutschen Agarvefassung vom frühen Mittelalter bis zum 19. Jahrhundert, 1963, S. 44.

(6)　W. Rösener, Agrarwirtschaft, Agrarverfassung und ländliche Gesellschaft im Mittelalter, 1992, S. 7.

(7)　D. Willoweit, Deutsche Verfassungsgeschichte, 6. Aufl., 2009, S. 41.

む す び

「城塞を様々な付属物と共に」の形へと変化したことは，必然的に，現実の政治社会構造の転換を反映するものであることが想定される。城塞ヘルシャフトないしシャテルニーの登場という現象は，実際に，11世紀以後の支配，政治，社会の大きな構造転換と密接に関連するものなのである。

先ず国制史の側面において，ごく簡単に言っても，シャテルニーの登場は貴族支配権の基礎が古来の領主館を中心とするグルントヘルシャフトから城塞を中心とするシャテルニーへ転換したことを意味する。このような転換をもたらしたのは，王権の弱体化のみならず，それ以前にすでに力のシステムの構造転換ないし封建化，つまり分権的な貴族権力による支配権形成または独立化の現象が進展していたことであった[8]。11世紀以後，貴族は所領と権利に穴を空けられた広範な散在状態を克服するために，纏まりをもつ所領の中核地帯と支配権の重心を創り出そうとする傾向を強めていった[9]。この点の発展では，イタリアとフランスが先行していた。貴族の所領と権利，あるいは支配権や身分を数世紀に亙って守ることができるのは城塞だけであり，この実体的な後ろ盾だけが，国王からの貴族の漸次的な独立化を可能なものにし，また領邦化 Territoriarisierung の出発点となった。領邦化の出発点となることを可能としたのは，城塞が，人間に対する従来の支配権を，土地に対する支配権に転換する比類のない手段であったためである[10]。

定住史の側面では，多くの場合に防衛し易いという軍事的な考慮から，また特に身分相応の体面の維持（自己顕示）と貴族的な優越感情という理由から，貴族が平地の領主館を去り丘陵の堅固な石造の堂々たる城塞へその住居を移したこと（貴族の隔地）は[11]，農村住民にとって新たな貴族支配権の顕現 Verherrschaftlichung と感じられ，センセーショナルな出来事と映った[12]。

---

(8) H-M. Maurer, Die Entstehung der hochmittelalterlichen Adelsburg, S. 320.

(9) Th. Biller, Die Adelsburg in Deutschland. Entstehung-Gestalt-Bedeutung, 2. Aufl., 1998, S. 52.

(10) D. Kerber, Die Burg als Element des Landesausbaus, in : Burgen in Mitteleuropa. Bd. Ⅱ, S. 72.

(11) これについて，H. W. Böhme, Der hochmittelalterliche Burgenbau. Burgen vom 10. bis Mitte des 12. Jahrhunderts, in : Burgen in Mitteleuropa, Bd. Ⅱ, S. 57, 61f. を参照。

(12) H-M. Maurer, Die Entstehung der hochmittelalterlichen Adelsburg, S. 300 ; W. Rösener, Adel und Burg im Mittelalter. Fragen zum Verhältnis von Adel und Burg aus kulturhistorischer Sicht, in : Zeitschrift des Geschichte des Oberrheins, 150. Band（Der neuen Folge 111. Bd.), hrsg. von Kommission für geschichtliche Landeskunde in Baden-Württemberg, 2002, S. 96f.

第2篇　神聖ローマ帝国におけるシャテルニー──城塞の「付属物」の視角から──

社会史的側面として，このような貴族の隔地は，城塞名が貴族の姓となるという現象を生み出した。つまり，貴族の特徴をより詳細に表現するために，従来一語でしかなかった人名に城塞名が付け加えられ，貴族家系の命名の基礎とされるに至った[13]。さらに貴族は城塞に継続的に居住することにより，数世代に亙って城塞と継続的な関係を保ち，こうしてこの関係は貴族家系の氏族意識，自己了解，歴史意識を育んでいった[14]。城塞は家族関係や親族関係を新たに形成するための客観的な基礎，ないし貴族家系の観念的な統合の中心となった。城塞建設と共に，男系親的に規定された貴族家系の形成に帰着する系譜学的＝家族的な構造転換が始まったのである[15]。またシャテルニーの登場は経済史的な転換の過程，つまり，11世紀以降中世都市の勃興に伴い，貨幣経済の進展と同時並行的に，自然経済を前提とする古来の領主直営地型荘園制（ヴィリカツィオーン制）の解体が始まり，農民による現物貢租と貨幣地代の提供を主な義務とする純粋荘園制（地代荘園制）に移行し始めるという現象と密接に関連する[16]。したがって，証書の中で，curtis (cortis)（グルントヘルシャフト）が城塞の「付属物」として現れる場合に，我々はこの curtis (cortes) とは解体途上のヴィリカツィオーン，ないし新たな型のグルントヘルシャフト，つまり純粋荘園（地代荘園）の意味に理解しなければならない筈である。城塞支配権ないしシャテルニーは，正にこの新たな段階のグルントヘルシャフに対応する貴族支配権の側面をもつのである。政治史の側面では，10世紀末期に南フランスで始まった神の平和運動の刺激を受けて，11世紀末期以後ドイツでも誓約共同体の理念を基礎とするラント平和運動が進展していったことが看過しえない。12世紀初め以後，ラント平和運動はそれ以前の贖罪可能な高級裁判権を，現実に生命身体刑を科しうる実刑裁判権・流血裁判権へと転換させる

---

(13)　H. Ebner, Die Burg, S. 41ff. : H. K. Schulze, Grundstrukturen der Verfassung, Bd. Ⅱ, S. 102, 125〔上掲千葉他訳，213頁下段，233頁上段〕: Burgen in Mitteleuropa, Bd. Ⅰ, S. 75 (links).

(14)　H. Patze, Die Burgen in Verfassung und Recht, S.428f. ; Burgen in Mitteleuropa, Bd. Ⅰ, S. 75 ; R. Sprandel, Verfassung und Gesellschaft im Mittelalter, S. 159ff .

(15)　H-M. Maurer, Die Entstehung der hochmittelalterlichen Adelsburg, S. 321.

(16)　11世紀以降，城塞の登場によって貴族支配権が質的に変化したこと，及び農民の主な義務が直営地労働から現物貢租と貨幣地代の提供へと転換していったことについて，D. Willoweit, Deutsche Verfassungsgeschichte, S. 83, ヴィリカツィオーン制の解体と純粋荘園制への移行について，差当り F. Lütge, Deutsche Sozial- und Wirtschaftsgeschichte. Nachdr. der dritten Aufl., 1979, S. 126 ; W. Rösener, Agrarwirtschaft, Agrarverfassung und ländliche Gesellschaft, S. 22f. を参照。

むすび

作用を及ぼした[17]。贖罪裁判権たる高級裁判権の流血裁判権への転換により，裁判権の行使は「お上」(Obrigkeit)，つまり公権力が果たすべき任務となった[18]。他方で，城塞の上に居住する貴族たる城主は，都市領主権のほかに，特に，高級裁判権と下級裁判権を行使し，これらの裁判権の中では他の何にも優って流血罰令権ないし流血裁判権が優れて固有の支配権的諸権利ないし支配権であった[19]。さらに，12世紀中葉皇帝フリードリッヒ1世の時代に，あらゆる裁判権は支配者たる皇帝に由来するとする法律がロンカリアの帝国議会で作成された後には，流血裁判権であれ下級裁判権であれ，いずれにしても裁判権を行使する城主は，自身の支配権をますます公権力として意識することになった筈である[20]。この関連でC・メクゼーパーは，城主にとって「帝国を具体化する階層の権力の一般的な分有を確信させることが重要であった」と述べて[21]，城主が城塞から行使する自身の支配権，我々の言葉で言えばシャテルニー権力を，帝国権力の分有つまり公権力であると捉えていたことを指摘する。

こうして城塞支配権ないしシャテルニーは軍事権力，罰令権力（裁判権，森林罰令権，狩猟権，漁業権，関税徴収権等），解体途上のヴィリカツィオーンあるいは生成途上の純粋グルントヘルシャフト等からなる領域的支配権として成立した。シャテルニーはこのような国制史，定住史，社会史，経済史，政治史的な性格をもつ包括的な歴史的転換を反映するだけでなく[22]，カロリング時代

(17) H. Hirsch, Die hohe Gerichtsbarkeit im deutschen Mittelalter, 2., unveränderte Auflage mit einem Nachwort von Theodor Mayer, 1958, S. 139, 148f., 151〔ハンス・ヒルシュ著，若曽根健治訳「中世ドイツにおける高級裁判権」第2部㈠，『熊本法学』106号，2004年，64，74-75，80頁〕，S. 167〔同第2部㈢，『熊本法学』107号，2005年，279頁〕；R. Sprandel, Verfassung und Gesellschaft im Mittelalter, S. 129. しかし他方で，高級裁判権が贖罪裁判権と流血裁判権の二元主義的性格をもつものであったことにも注意する必要がある（特に上述第1篇第3章第3節(b)と第4節を参照）。

(18) R. Sprandel, Verfassung und Gesellschaft im Mittelalter, S. 124.

(19) K. Schmid, Geblüt－Herrschaft－Geschlechterbewußtsein. Grundfragen zum Verständnis des Adels im Mittelalter, 1998, S. 109. このことについて，さらにM. Bischoff, Die Burg als representativer Wohnsitz, in : Burgen in Mitteleuropa, Bd. Ⅰ, S. 57 も参照。

(20) ロンカリアでの皇帝の裁判権に関する法律に関して，K. Kroeschell, Deutsche Rechtsgeschichte, Bd. 1 : Bis 1250, 2005, S. 174f., 182 ; D. Willoweit, Deutsche Verfassungsgeschichte, S. 58 を参照

(21) C. Meckseper, Burgenbau. Mitte 12.-13. Jahrhundert, in : Burgen in Mitteleuropa, Bd. Ⅰ, S. 104.

263

第 2 篇　神聖ローマ帝国におけるシャテルニー──城塞の「付属物」の視角から──

以来の支配＝裁判構造の根本的な改造をも表現するものである[23]。したがって，それ自体としてシャテルニーを意味する城塞の「付属物」の用語は，この歴史の大規模な構造転換を解き明かす暗号の意味をもつものということができる。さらに言えば，城塞を中核とするシャテルニーの発展は，国制史一般及び貴族の歴史と密接な関連に立ち，軍事権力，裁判権等の支配権が一層広範に貴族階層へ移行し，かくして貴族権力の地位が強化されるという帰結をもたらした。要するに，シャテルニーの発展は支配権の破滅的に進展する分裂，ないし政治権力の分権主義的な発展，他方ではまた中世盛期の貴族の力と栄光を特徴的に示すものである[24]。したがって，城塞の「付属物」の用語はまた，このような歴史的諸関連と発展を示す指標なのである。

　最後に，この中世盛期のシャテルニーと中世後期ドイツの領国の地方行政組織アムト Amt との関連に簡単に言及し，併せて若干の展望を述べて，本篇を閉じることにしたい。王権の弱体化，これと同時平行的に貴族への支配権の移動という歴史の発展の一つの帰結として，13 世紀以後帝国諸侯等の高級貴族による領国の発展が始まり，14 世紀以後この発展の延長線上で領国の地方行政区アムトが創り出される。このアムトの中核を構成したのは，しばしば城塞であった[25]。すでに見たように，南西ドイツ，南東ドイツ（バイエルン＝オーストリア法領域），中東ドイツ，北部ドイツ，北西ドイツ，西部ドイツ，つまりドイツのほぼ全領域で，領国の地方行政区がやはり「付属物」として現れた[26]。このような地方行政区は城塞の「付属物」である以上，城塞の周囲に横たわる支配区である筈である。ここから我々は，大空位時代の動乱期を通じて一層その権力を伸長させ皇帝・国王から相対的に独立的な領国を構築していった高級貴族は，すでに同じく城塞の周囲に形成していた城塞支配権＝シャテルニーに依拠しこれを拡大し再編成しつつ，領国の地方行政区を設置して

────────────────

(22)　H-M. Maurer, Die Entstehung der hochmittelalterlichen Adelsburg, S. 321 も参照。

(23)　M. Mitterauer, Herrenburg und Burgstadt, S. 504.

(24)　H-M. Maurer, Die Entstehung der hochmittelalterlichen Adelsburg, S. 331f. も参照。

(25)　例えば次の文献を参照。H. Ebner, Die Burg, S. 56；D. Willoweit, Die Entwicklung und Verwaltung der spätmittelalterlichen Landesherrschaft, in：Deutsche Verwaltungsgeschichte, hrsg. von Kurt G. A. Jeserich, H. Pohl, G-Ch. von Unruh, Bd. 1：Vom Spätmittelalter bis zum Ende des Reiches, 1983, S. 94f.；Ders., Deutsche Verfassungsgeschichte, S. 84；Mitteis-Lieberich, Deutsche Rechtsgeschichte, 19. Aufl., 1992, S. 271〔上掲世良訳，379 頁以下〕；H. K. Schulze, Grundstrukturen der Verfassung, Bd. Ⅱ, S. 104〔上掲千葉他訳，215 頁上段〕.

(26)　本篇第 4 章 (B) を参照。

264

むすび

いった，と高度の蓋然性をもって想定することができる。城塞区＝シャテル
ニーが，城塞司令官を長とするランデスヘルの地方行政区たるラント裁判区へ
発展していったとする，南東ドイツ（バイエルン＝オーストリア法領域）に関す
る上述のH・フォン・ヴォルテリーニの指摘[27]，あるいは城塞の付属物がア
ムトの土台を構成したとする，ブランデンブルク辺境伯領に関するW・ポデー
ルの指摘は，この想定を支持するものと言わなければならない[28]。これまで
の考察から，我々はドイツに関して，領主直営地を具え領主館を中心とするグ
ルントヘルシャフト（ヴィリカツィオーン制）から，城塞を中心としその周囲
に形成された城塞区＝シャテルニー制を通じて，この城塞区＝シャテルニー制
を基礎としつつ構築された領国ないしランデスヘルシャフトの地方行政区アム
トへの発展線を展望しかつ構築することができる。

---

(27) 本篇第4章(B)(二)(2)を参照。
(28) W. Podehl, Burg und Herrschaft in der Mark Brandenburg, besonders S. 759 f., 769.

第 3 篇

13世紀ドイツ北東部ヴェルフェン家の
城塞支配権とアムト制

は じ め に

　著者はすでに別稿で，城塞の周囲に形成された城塞支配権＝城塞支配領域
（城塞区 Burgbezirk，フランス史のシャテルニー châtellenie，バン領域，城塞罰令区），
つまり城塞の周囲に位置する所領と支配権的権利との統一体が，中世の神聖
ローマ帝国に一般的に存在したことを主張した[1]。この主張の根拠となった
のは，第一に，神聖ローマ帝国における城塞支配権 Burgherrschaft の一般的
な存在の推論を可能とする皇帝フリードリッヒ1世の証書と皇帝フリードリッ
ヒ2世の証書であった[2]。第二の根拠は，ドイツの各地域に関する諸学説が
一致して，城塞の「付属物」を城塞の周囲に横たわる城主のバン領域，城塞支
配権，城塞支配区，城塞区，城塞罰令区として把握していることである[3]。第
三の根拠は，史料に登場する城塞の「付属物」の用語（ラテン語で appendicia,
attinentia, pertinentia 等，他にドイツ語 zugehorung 等）もまた城塞支配権を意
味し，しかもこれらの用語は皇帝・国王証書や地域史の史料集の中に無数に登
場してくることである[4]。さらに重要なことに，史料上城塞の「付属物」の
記述が現れず単に城塞名だけが記述されている場合には，「付属物」の記述が
省略されていると考えられる必要があり，またそもそも城塞の名称それ自体が，
ヘルシャフトないし財産を同定する中枢部として把握されるべきであり，提喩
pars pro toto つまり（部分で全体を表す表現法）として，このヘルシャフトな
いし財産，つまり城塞支配権を代表していることも明らかとなった[5]。この
ように史料上単に城塞名だけが記述される場合も，これまた極めて頻繁に観察
されるのである。
　その際に，このような考察を踏まえて，著者はドイツに関し，領主直営地を
具え領主館を中心とするグルントヘルシャフト Grundherrschaft（ヴィリカツィ
オーン制 Villikationsverfassung，フローンホーフ制 Fronhofssystem）から，城塞

---

(1)　拙稿「神聖ローマ帝国におけるシャテルニー——城塞の「付属物」の視角から——」，
　　『金沢法学』53巻2号，2011年，91頁。また上述第2篇259頁以下を参照。
(2)　上掲拙稿86頁以下，上述第2篇第7章を参照。
(3)　上掲拙稿62頁以下，特に72頁，上述第2篇第4章を参照。
(4)　上掲拙稿90頁以下，特に91頁，上述第2篇「むすび」259頁を参照。
(5)　上掲拙稿90頁，上述第2篇第7章257頁も参照。

第3篇　13世紀ドイツ北東部ヴェルフェン家の城塞支配権とアムト制

を中心としその周囲に形成された城塞区＝シャテルニー制を通じて，この城塞区＝シャテルニー制を基礎としつつ構築された領国ないしランデスヘルシャフトの地方行政区アムト Amt への発展線を展望しておいた[6]。本篇はこのような展望を背景とし，特に13世紀という中世盛期から中世後期への移行期を主な対象時期としつつ，ヴェルフェン Welfen 家の支配領域について，上述した意味での城塞支配権の存在を究明すると同時に，この城塞支配権がランデスヘルとしてのヴェルフェン家の地方行政組織の基礎をなしたことを明らかにすることを試みるものである。したがって，ここでは城塞支配権の内部構造の問題には立ち入らず，この問題の考察は別稿に譲ることにしたい[7]。

　ヴェルフェン家の城塞支配権を考察の対象とするのには，主に二つの理由がある。第一に，ヴェルフェン家は過去1200年にも及ぶ伝統をもつドイツで最も古い貴族家門の一つであると同時に，ヨーロッパのいかなる貴族家系もこれを凌ぐものはないにもかかわらず[8]，日本では，ブランデンブルク辺境伯領，ヴィッテルスバッハ家のバイエルンやハープスブルク家のオーストリアに比べて考察の対象とされることが少ないという事情による。第二に，H・パッツェ Patze が1976年に，ヴェルフェン家の支配領域における城塞の法制史的及び国制史的意義に関する比較的大きな研究を行ったが，築城建造物たる城塞から直接に及ぼされた法的諸作用を叙述することに課題を限定し，具体的にはランデスヘルの築城権，城臣法〔城塞守備レーエン法〕，城塞建設契約，質入に関する法，開城権，勤務契約，城塞とアムトの授封，ブルクフリーデ（城塞平和），

---

(6)　上掲拙稿96頁，上述第2篇「むすび」264頁以下を参照。

(7)　内部構造について上述第1篇3～6章を参照。内部構造の問題として，差当たり，他に例えば，専ら城塞守備を勤務義務として果たす城塞守備封臣 Burgmann の問題について，拙稿「14世紀前半期トリール大司教バルドゥインの治世における城塞とランデスヘルシャフト——城塞レーエン政策の視角から——」『金沢法学』33巻1・2合併号，1991年，拙著『中世ドイツの領邦国家と城塞』2000年，第1章として収録，12-334頁，同「トリール大司教バルドゥインの城塞政策と領邦国家——レーエン制の視角から——」『金沢法学』34巻2号，後に上掲拙著『中世ドイツの領邦国家と城塞』，第2章として収録，50-88頁を参照。また城塞守備封臣について，恐らくドイツで最初の体系的な研究 H-M. Maurer, Rechtsverhältnisse der hochmittelalterlichen Adelsburg vornehmlich in Südwestdeutschland, in : Die Burgen im deutschen Sprachraum II（Vorträge und Forschungen, hrsg. vom Konstanzer Arbeitskreis für mittelalterliche Geschichte, hrsg. von H. Patze, Bd. 19 Teil 2), 1976, bes. S. 135-190 をも参照。

(8)　B. Schneidmüller, Die Welfen. Herrschaft und Erinnerung（819-1252), 2000, , Vorwort, S. 7. カール・ヨルダン著，瀬原義生訳『ザクセン大公ハインリッヒ獅子公』2004年，1頁。

はじめに

教会法における城塞の地位を考察するに止まり，城塞支配権それ自体には関心を向けてはいない[9]。同時に，パッツェは城塞と地方行政組織の関連について，城塞がヴェルフェン家の支配領域においてアムトとフォークタイとの結晶点をなし，またこれは国制史的な問題であることを指摘するが，しかし大きな紙幅を必要とするという理由により，考察の対象としないでおかざるをえないと述べ[10]，この問題の考察を回避してしまっている。他方でパッツェは，この問題については「個別的な，必ずしも十分に満足が行くとは限らない予備的研究しか存在しない」と述べ，従来の研究の不備ないし空隙に言及している[11]。なお，この「個別的な，必ずしも十分に満足が行くとは限らない予備的研究」とは，ヴェルフェン家の領国の一つ，リューネブルク大公領のアムト管区の成立に関する M・クリーク Krieg の研究であると推測される[12]。後述「むすび」では，この研究をも手掛かりとしつつ，ヴェルフェン家の支配領域における「城塞支配権とアムト」の関連が検討される。いずれにしても，その他にも，管見の範囲では，ヴェルフェン家の支配領域における城塞支配権に関する研究は見当たらず，依然として研究上の空隙として残されている。

　次に，城塞支配権からランデスヘルの地方行政組織アムトへの発展に関して，ドイツで，一般的に，例えば法制史家 H・ミッタイス Mitteis は次のように述べていた。つまり，ランデスヘルの「地方行政は城塞や防備を具えた場所（市場）を中心として行われた。これらの場所には諸侯の城塞フォークト（castellani）が配置されていたが，彼らは普通は同時にアムトマン（Pfleger）としてその支配区 —— その中心をなしたのは城塞である（堅固な家〔＝城塞〕とこれに付属するもの）—— を管理する任務をも負っていた」と[13]。最近では，国制史の視角から，D・Willoweit ヴィッロヴァイトは「ランデスヘルの新たな利害状況

---

(9) H. Patze, Rechts- und verfassungsgeschichtliche Bedeutung der Burgen in Niedersachsen, in : Die Burgen im deutschen Sprachraum. Ihre rechts-und verfassungsgeschichtliche Bedeutung I（Vorträge und Forschungen, hrsg. vom Konstanzer Arbeitskreis für mittelalterliche Geschichte, Bd. 19 Teil I），hrsg. von H. Patze, 1976, S. 515f.

(10) H. Patze, a. a. O., S. 516.

(11) Ebenda.

(12) M. Krieg, Die Entstehung der Amtsbezirke im ehemaligen Fürstentum Lüneburg, Neudr. der Ausg. 1922, 1975.

(13) H. Mitteis, Deutsche Rechtsgeschichte, neubearb. von H. Lieberich, 19. Aufl., 1992, S. 271〔第11版（1969年）の邦訳＝世良晃志郎訳『ドイツ法制史概説 改訂版』1971年，379頁以下〕。

第3篇　13世紀ドイツ北東部ヴェルフェン家の城塞支配権とアムト制

と法状態に役立てられる組織原理は，アムト制に見出された。僕婢と戦闘力を
もつ家来を従えたアムトマンが城塞に居住しつつ，近隣地からの収益を徴収
し，またランデスヘルのその他の諸権利を監視した。ここを中心にして，農
民地，修道院と道路の保護がなお最も容易に実現され，またまもなく裁判権も
行使された。このようにして，アムトの形で*支配権的諸権利の行政的統合が*
行われ，また常に諸侯の財政的な利害と軍事的な利害の結合がその核心として
現れる」（イタリック＝原文）と述べている[14]。さらに城塞史の視角から，H・
エーブナー Ebner は極めて簡潔に「アムトの形成とアムト組織はしばしば城
塞組織に基礎を置いている」と述べている[15]。ミッタイス，ヴィッロヴァイ
ト，エーブナーのこれらの指摘は，13世紀後期以降（＝中世後期）のランデス
ヘルシャフトの地方行政区たるアムト自体が一般的に城塞を中心とする支配区，
換言すれば城塞支配区，城塞支配権として把握することができることを物語っ
ている。ただし，この城塞支配区，城塞支配権たる地方行政区アムトの基礎を
構成したのは，これまた，それに先立つ中世盛期に形成されていた城塞支配区，
城塞支配権であることを，すでに著者は主張した[16]。要するに，一般的に中
世盛期の城塞支配区，城塞支配権が発展した結果，これが基礎となって中世後
期にランデスヘルシャフトの地方行政区アムトが成立したといえるのである。
城塞支配区，城塞支配権からアムト制への発展について，H・フォン・ヴォル
テリーニ Voltelini[17] と E・エネン Ennen もまた一般的に，すでに第二次世
界大戦以前に言及していた[18]。他方で，ドイツの各地域について，城塞支配区，

---

(14)　D. Willoweit, Deutsche Verfassungsgeschchte, 6. Aufl., 2001, S. 84。日本でも，この
　　　ヴィッロヴァイトの見解に拠りつつ，森崇浩氏は「アムト制による個々のグルントヘ
　　　ルシャフトや城塞罰令権の集合体の，閉鎖的行政管区への編成替えに着目し，領域支
　　　配政策を捉え直す必要がある」（「15世紀バーゼル邦におけるアムト制の展開――アム
　　　ト・リースタールの事例から――」，『西洋史学論集』（九州大学）40号，2002年，2頁）
　　　と述べている。

(15)　H. Ebner, Die Burg als Forschungsproblem mittelalterlicher Verfassungsgeschichte,
　　　in : Die Burgen im deutschen Sprachraum. Ihre rechts-und verfassungsgeschichtliche
　　　Bedeutung I , S. 56.

(16)　上掲拙著『中世ドイツの領邦国家と城塞』325頁以下，同『ドイツ封建社会の構造』
　　　2008年，341，349頁。

(17)　H. von Voltelini, Die Entstehung der Landgerichte im bayrisch-österreichischen
　　　Rechtsgebiete, in : Archiv für österreichische Geschichte, Bd. 94, 1907, S. 27Anm. 1.

(18)　E. Ennen , Burg, Stadt und Territorialstaat in ihren wechselseitigen Beziehungen,
　　　in : Rheinische Vierteljahrsblätter 12, 1942, S.44-88, später, in : Dies., Gesammelte
　　　Abhandlungen zum europäischen Städtewesen und zur rheinischen Geschichte,

城塞支配権からアムト制への発展を指摘した研究を挙げるならば，管見の範囲では，同じく E・エネンがヒルデスハイム司教領[19]，オスナブリュック司教領[20]，エルザス[21]，ヘッセンに関し[22]，W・ヤンセン Janssen がケルン大司教領に関し[23]，H・フォン・ヴォルテリーニ[24]，P・フリート Fried[25]がバイエルンに関し，M・クリークがヴェルフェン家のリューネブルク諸侯領に関して[26]，W・ポデール Podehl がブランデンブルク辺境伯領に関して[27]，W・ライヘルト Reichert がルクセンブルク伯領に関して[28]指摘している。日本では，管見の範囲では，バイエルン大公領に関する皆川勇作氏の研究[29]，バム

hrsg. von G. Droege・K. Fehn・D. Höroldt・F. Irsigler・W. Janssen, 1977, S. 67-97 〔以下引用は後者による〕, hier S. 69.

(19) E. Ennen , Burg, Stadt und Territorialstaat, S. 70.

(20) E. Ennen , Burg, Stadt und Territorialstaat, S. 80.

(21) E. Ennen , Burg, Stadt und Territorialstaat, S. 86.

(22) E. Ennen , Burg, Stadt und Territorialstaat, S. 92f.

(23) W. Janssen, Die mensa episcopalis der Kölner Erzbischöfe im Spätmittelalter, in : H. Patze (Hrsg.), Die Grundherrschaft im späten Mittelalter I (Vorträge und Vorschungen, hrsg. vom Konsanzer Arbeitskreis für mittelalterliche Geschichte, Bd. XXVII), 1983, S. 314f., 323f. なお，ケルン大司教領について，宮坂康寿氏は大司教の都市とともに城塞がアムトの中心となったことを指摘している（同氏「14 世紀ケルン大司教領におけるアムトの質入れと領域政策」,『史林』85 巻 4 号, 2002 年, 113 頁）。

(24) H. von Voltelini, Die Entstehung der Landgerichte, S. 25, 27.

(25) P. Fried, Hochadelige und landesherrlich-wittelsbachische Burgenpolitik im hoch-spätmittelalterlichen Bayern, in : Die Burgen im deutschen Sprachraum. Ihre rechts- und verfassungsgeschichtliche Bedeutung II (Vorträge und Forschungen, hrsg. vom Konstanzer Arbeitskreis für mittelalterliche Geschichte, Bd. 19 Teil II), hrsg. von H. Patze, 1976, S. 339ff., bes. S. 343-345.

(26) M. Krieg, Die Entstehung der Amtsbezirke, S.5 und passim.

(27) W. Podehl, Burg und Herrschaft in der Mark Brandenburg. Untersuchungen zur mittelalterlichen Verfasssungsgeschichte unter besonderer Berücksichtigung von Altmark, Neumark und Havelland (Mitteldeutsche Forschungen, Bd. 76), Diss. Marburg 1973, 1975, bes. S. 615 und passim.

(28) 名城邦夫「中世後期バムベルクにおけるアムト制の確立と農民（森本矗教授追悼号）」,『帝塚山大学経済学』7 巻, 1998 年, 73-74, 89 頁。

(29) 皆川勇作「バイエルン領邦国家の研究」,『文化』（東北大学文学部）1968 年, 32 巻 4 号, 1968 年, 611-627 頁, 特に 618 頁以下。これはランデスヘルたるバイエルン大公が支配機構を再編成する際に，ラント裁判区の中心をなす城塞（山城と平城＝都市）が重要な役割を演じたことを，日本で早期に正面から論じた注目すべき論稿である。バイエルン＝オーストリア法領域では，他に服部良久『ドイツ中世の領邦と貴族』, 1998 年が城塞が支配の拠点であったことを随所で指摘し，小野善彦「マクシミリアン一世期バイエルンにおける *Pflegsverwalter* 制度の展開」,『アルテス　リベラレ

273

第3篇　13世紀ドイツ北東部ヴェルフェン家の城塞支配権とアムト制

ベルク司教領に関する名城邦夫氏の研究[30]，トリール大司教領に関する著者の研究[31]が挙げられる。前置きが長くなったが，次章で早速本題に入ることにしたい。

ス』（岩手大学人文社会科学部）43号，1988年，24頁は，城塞が地方行政の所在地であったことに言及している。また若曽根健治「伯領フィンチュガウにおけるラント法的構造（一）（二・完）── 領邦ティロール成立史序説 ──」，『熊本法学』22号，同23号，1974年は，随所で城塞と城塞支配権に関して相当に注意を払っている。

(30)　W. Reichert, Herrschaftliche Raumerfassung und Raumgliederung im Westen des Reiches am Beispiel der Grafen von Luxemburg, 1200-1350, in : Zeitschrift für historische Forschung, Jg. 19-3, 1992, 266f. ; Ders., Landesherrschaft zwischen Reich und Frankreich. Verfassung, Wirtschaft und Territorialpolitik in der Grafschaft Luxemburg von der Mitte des 13. bis zur Mitte des 14. Jahrhunderts, Diss. Trier 1990, Teil 2, 1993, bes. S. 547f. und passim.

(31)　上掲拙著『中世ドイツの領邦国家と城塞』325頁以下。

第1章　1202年のラント分割契約

　ヴェルフェン家の城塞支配権の問題を考察する際に，特にこの家系により行
われたラント分割契約を検討するのが得策である。なぜなら，ヴェルフェン家
のラント分割は無条件に地理的な観点に従って，あるいは従来の国制上の統一
体に従って行われたのではなく，アムト管区，フォークタイ，諸権利からの収
益を考慮しつつ，城塞，都市，家臣等を分割したために，ラント分割契約の中
には，正にここで問題となっている城塞について比較的多くの情報が含まれて
いるためである[1]。ラント（国土）分割について，一般的に，すでに初期中世
フランク時代に，メロヴィング朝とカロリング朝がフランク王国の分割を行っ
ていた。しかし，中世の神聖ローマ帝国の分割は，特にこの帝国に皇帝の位階
が結び付けられていたために，時の王家のいずれによっても考慮されさえしな
かったし，決して可能でもなかった[2]。他方で，中世の帝国において，13世
紀中葉以来，帝国諸侯とその他の高級貴族によるラント分割が現れる。こうし
て，その時まで分割不可能と見なされた帝国レーエン（「公的な領域」）が分割
されるようになった。これに対して貴族の「私的な領域」においては事情が異
なり，自由所有財産（アロート Allod）はゲルマン的相続法の諸原則に基づいて，
相続権のある息子たちの間で，そのいずれにも優位が与えられることなしに，
均等に分割された。

　次に，ヴェルフェン家のラント分割に関して。ヴェルフェン家は1202年，
1267/69年，1291年，1345年，1388年，1402年，1409年，1428年，1432年，
1481年，1483年，1495年と，12回に及ぶ分割を繰り返している[3]。「はじめ
に」で述べたように，本篇は13世紀を主な考察対象とするために，1202年，
1267/69年，1291年の第1回から第3回までの分割を検討の対象とすべきと
ころであるが，1291年の第3回分割については，残念ながら当事者たちによ
る分割協定が伝承されていないためにこれを割愛し，1202年の第1回分割と

---

(1)　ヴェルフェン家のラント分割に関して，差当たり G. Pischke, Die Landesteilungen
　　der Welfen im Mittelalter, Diss. Göttingen 1984/85, 1987, S. 3 を参照。
(2)　G. Pischke, Die Landesteilungen der Welfen, S. 1, 3.
(3)　G. Pischke, Die Landesteilungen der Welfen, S. 4-11, 70-74.

275

第3篇　13世紀ドイツ北東部ヴェルフェン家の城塞支配権とアムト制

1267/69年の第2回分割だけを検討の対象とせざるをえない[4]。そこで，この両ラント分割を素材としつつ，上述したように，城塞支配権の存在，城塞支配権（区）から地方行政組織ないしアムト制への発展を考察してゆくことにしたい。

第1回ラント分割を行った当事者は，ハインリッヒ獅子公 Heinrich der Löwe（1195年死亡）の三人の息子，つまり長男のライン宮中伯ハインリッヒ Pfalzgraf bei Rhein Heinrich（1227年死亡），三男のドイツ国王オットー4世 Otto Ⅳ.（1218年死亡），四男のヴィルヘルム Wilhelm（1212/13年死亡）である[5]。ハインリッヒ獅子公には他に次男ロタル Lothar がいたが，すでに1190年に早世していた[6]。この息子たちの母親は，ハインリッヒ獅子公の再婚による妃（1168年婚姻），イングランド国王ヘンリー2世の息女マティルデ Mathilde（1189年死亡）である。ハインリッヒ獅子公の息子たちによるラント分割を巡る事情に関して，先ず獅子公自身から始める必要があろう。良く知られているように，獅子公は1179年1月13日ヴォルムス Worms の帝国議会で，ラント平和を乱した廉でラント法上アハト刑 Acht（追放＝迫害刑）を科せられると同時に，このラント法上の裁判に続いて，翌1180年1月13日ヴュルツブルク Würzburg の帝国議会で，今度は皇帝フリードリッヒ1世によりレーエン法上の裁判に基づきザクセンとバイエルンの両大公領を始めとするすべての帝国レーエンを剥奪された[7]。この皇帝権力をも凌ぐ実力をもつハイリッヒ獅子公の失脚をもたらした「ハインリッヒ獅子公の訴訟」は，様々な意味でドイツ史における重大な意義をもつものだが，獅子公は失脚により諸侯身分からエーデルフライエ Edelfreie（自由貴紳）の身分へと格下げされ，ザクセンとバイエルンの両大公領は権力の基礎としては失われ，世襲領 patrimonium が残るにすぎなくなった[8]。バイエルン大公領はヴィッテルスバッハ家のオットー Otto に再授封され，他方でザクセン大公領の東の部分はアルブレヒト熊

---

(4)　第3回分割に関する協定が伝承されておらず，あるいはそもそも作成されなかった可能性が高いことについて，G. Pischke, Die Landesteilungen der Welfen, S. 6f., 45 und ebenda Anm. 251 を参照。

(5)　B. Schneidmüller, Die Welfen. Herrschaft und Erinnerung (819-1252), 2000, S. 251f. ; G. Pischke, Die Landesteilungen der Welfen, S. 12f.

(6)　B. Schneidmüller, Die Welfen, S. 223. ヨルダン著，上掲瀬原訳267頁，ロータルについて，ヨルダン著，上掲瀬原訳253, 265頁も参照。

(7)　B. Schneidmüller, Die Welfen, S. 227 . ヨルダン著，上掲瀬原訳231-234頁。

(8)　B. Schneidmüller, Die Welfen, S. 227ff., S. 233f.

276

第 1 章　1202 年のラント分割契約

伯 Graf Albrecht der Bär の末子アンハルト伯ベルンハルトへ Graf Bernhard von Anhalt（以後ザクセン大公を名乗った）に再授封され，ザクセン大公領の西の部分はケルン大司教に再授封されると同時に，独立的な大公領（ヴェストファーレン大公領 Herzogtum Westfalen）へと改造されていった[9]。のみならず，獅子公はアハト刑を科せられたために，1182 年 7 月末その妃マティルデの父親，イングランド国王ヘンリー 2 世の下へ亡命の旅に出ざるをえなくなった[10]。これに随行したのは，妃マティルデ，唯一の娘リヘンツァ Richenza，長男ハインリッヒ，三男オットー，及び獅子公に忠実を誓約した一連の貴族とミニステリアーレン（家人）であった。二男のロータルは，いかなる理由によるのか不明だが，故郷のザクセンに留まった。またロータルは，その八年後，1190 年に死亡したことは上述の通りである。妃マティルデはイングランドに亡命して二年後，1184 年夏に末の息子ヴィルヘルムに生を与えた[11]。この名は英語名の William（ウィリアム）から名づけられたと推測される[12]。そして誰あろう，このヴィルヘルムこそは，その後のヴェルフェン家のすべての人々の祖先となった人物である[13]。この点に関して，兄のドイツ国王オットー 4 世はデーン人との同盟交渉の際に，ヴィルヘルムについてデーンマルク国王クヌート Knut の姉妹ヘレーネ Helene との婚姻を取り決め，これに応じてヴィルヘルムは 1202 年にヘレーネと結婚した。この結婚から 1204 年オットー幼童公 Otto das Kind が生まれた。幼童公はヴェルフェン家の唯一の男系として生き残り，1918 年まで統治したブラウンシュヴァイク＝リューネブルク Braunschweig=Lüneburg 大公家を創設し，周知のように，この家系から 1714 年ゲオルク・ルートヴィッヒ Georg Ludwig がイングランド国王に即位した[14]。

---

(9)　B. Schneidmüller, Die Welfen, S. 228ff.
(10)　B. Schneidmüller, Die Welfen, S. 234. ヨルダン著，上掲瀬原訳 253 頁。
(11)　B. Schneidmüller, Die Welfen, S. 234.
(12)　B. Schneidmüller, Die Welfen, S. 223.
(13)　ヨルダン著，上掲瀬原訳，254 頁。
(14)　B. Schneidmüller, Die Welfen, S. 251, 280ff., 290 ; H. Patze, Die Welfen in der mittelalterlichen Geschichte Europas, in : Ausgewählte Aufsätze von Hans Patze, hrsg. von P. Johanek, E. Schbert und M. Werner (Vorträge und Forschungen, hrsg. vom Konstanzer Arbeitskreis für Mittelalterliche Geschichte, Bd. L), 2002, S. 702.

277

第3篇　13世紀ドイツ北東部ヴェルフェン家の城塞支配権とアムト制

図15　ヴェルフェン家の系図

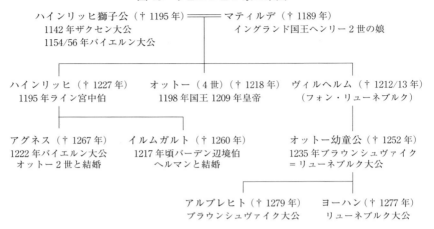

ハインリッヒ獅子公はイングランド国王ヘンリー2世の宮廷で三年間の追放生活を送った後，1185年家族とともに帝国の残された世襲領に戻ったが[15]，しかしその後第3回十字軍（1189-92年）への参加を拒否したために，皇帝フリードリッヒ1世により再びヘンリー2世の下で三年間の追放生活を送るよう余儀なくされた[16]。この時には，獅子公は長男のハインリッヒとともに1189年復活祭に再びイングランドに赴いた。なお，その直後6月28日に奥方マティルデが死亡し，ザクセンの地におけるヴェルフェン家の新たな墓所聖ブラージウス St. Blasius 教会（ブラウンシュヴァイク大聖堂 Braunschweiger Dom）に葬られた[17]。その後ハインリッヒ獅子公はドイツに帰還し，1195年8月6日病のためにブラウンシュヴァイクで死去し，聖ブラージウス教会の故奥方マティルデの右隣に葬られた[18]。

ハインリッヒ獅子公が死亡した時点で直ちに遺産の分割が行われたのではなかった。なぜなら，上述した三人の息子は一同に相会することができなかったためである。ハインリッヒ獅子公が死亡した時，長男ハインリッヒ（1195年以来ライン宮中伯）だけが獅子公の傍らにいた[19]。三男オットーは叔父のイング

---

(15) B. Schneidmüller, Die Welfen, S.235.
(16) B. Schneidmüller, Die Welfen, S. 236. ヨルダン著，上掲瀬原訳，256頁以下。
(17) B. Schneidmüller, Die Welfen, S. 236. ヨルダン著，上掲瀬原訳，261頁。ハインリッヒ獅子公の失脚後の動静と息子たちの状況について，差当たり H. Patze, Die Welfen in der mittelalterlichen Geschichte Europas, S. 588ff. を参照。
(18) B. Schneidmüller, Die Welfen, S. 239. ヨルダン著，上掲瀬原訳，274頁以下。

278

第1章　1202年のラント分割契約

ランド国王リチャードの宮廷に滞在していた。末子のヴィルヘルムは人質とし
てオーストリア大公の宮廷に留め置かれていた[20]。したがって，長男ハイン
リッヒが父親獅子公の遺産を保全し管理する義務を負った[21]。ハインリッヒ
が第3回十字軍に参加した間は，弟ヴィルヘルムがヴェルフェン家の財産を管
理し，それ以後支配に関与した。三男オットーは，1198年シュタウフェン家
の皇帝ハインリッヒ6世（在位1190-1198年）が突然死亡した後，ヴェルフェ
ン陣営により国王に選挙された（国王としてはオットー4世，在位1198-1218年，
1208年皇帝）[22]。他方のシュタウフェン陣営は亡き国王ハインリッヒ6世の3
歳の遺児フリードリッヒ（後のフリードリッヒ2世）が教皇インノケンティウス
3世の後見に服していたために，この遺児のための王位保存者として，ハイン
リッヒ6世の弟フィリップ・フォン・シュヴァーベン Philipp von Schwaben
（在位1198-1208年）を国王に選挙した[23]。この1198年の二重選挙は原理的
な諸発展により中世ドイツの歴史に決定的な刻印を与えると同時に[24]，国王
選挙と帝国国制に関する思考の精緻化，合理化と体系化を促進した意味で，帝
国の歴史の転換点と見なされるものである[25]。オットーは恐らくドイツ国王
に選挙された1198年に初めてイングランドからドイツの地に足を踏み入れた
[26]。こうしてハインリッヒ，オットー，ヴィルヘルムの兄弟三人は1198年の
年末になってようやく一同に会し，この機会にすでに，父親獅子公の遺産の
分配を取り決めた。しかし，1198年から99年への変わり目という時期は分割
にとって余りにも不都合と思われた。なぜなら，三男オットーが王位を巡る

---

(19)　G. Pischke, Die Landesteilungen der Welfen, S. 12. ヨルダン著，上掲瀬原訳，274
　　　頁以下。

(20)　G. Pischke, Die Landesteilungen der Welfen, S. 12；B. Schneidmüller, Die Welfen,
　　　S. 251.

(21)　G. Pischke, Die Landesteilungen der Welfen, S. 12；B. Schneidmüller, Die Welfen,
　　　S.240.

(22)　この二重選挙とこれに続く一連の歴史的経過について，差当たり H. K. Schulze,
　　　Grundstrukturen der Verfassung im Mittelalter, Bd.3：Kaiser und Reich, 1998,
　　　S. 212-221〔五十嵐修・浅野啓子・小倉欣一・佐久間弘展訳『西欧中世史事典Ⅱ
　　　――皇帝と帝国――』2005年，189頁上段-197頁上段〕；K. Kroeschell, Deutsche
　　　Rechtsgeschichte, Bd. 1：Bis 1250, 12. unveränd. Aufl., 2005, S. 304-307；B.
　　　Schneidmüller, Die Welfen, S. 242-250 を参照。

(23)　B. Schneidmüller, Die Welfen, S. 244.

(24)　B. Schneidmüller, Die Welfen, S. 242.

(25)　B. Schneidmüller, Die Welfen, S. 245.

(26)　G. Pischke, Die Landesteilungen der Welfen, S. 12.

第 3 篇　13 世紀ドイツ北東部ヴェルフェン家の城塞支配権とアムト制

シュタウフェン家のフィリップ・フォン・シュヴァーベンとの闘争に忙殺されていたためである。三男の国王オットーが比較的長期に帝国の北部に滞在した 1201/02 年に，パーダーボルン Paderborn でヴェルフェン家の財産の最初の分割が決定された[27]。分割の時期は，目前に迫る上述のヴィルヘルムとヘレーネ・フォン・デーンマルクの結婚式から決定的な影響を受けた。その婚約の時期は 1201/02 年の変わり目であった。この婚約が，すでに決定された分割を実行する好機となった。こうして 1202 年 5 月ハインリッヒ獅子公の遺産 patrimonium の分割が実行された[28]。なお，分割の時点までにハインリッヒ獅子公の遺産に対して三人の兄弟が保持した権利は合有 Gesamteigentum であった[29]。分割に先立ち，オットーは 1201 年，兄弟たちの同意を得て，国王たる自身への支援者ケルン大司教の利益のために，ヴェストファーレンとエンゲルン Engern との所領を放棄した。これにより，1180 年に実行されたザクセン大公領の新編成がヴェルフェン家の兄弟たちにより受け入れられたのである[30]。ただし，長男の宮中伯ハインリッヒは自身が作成する証書の中で，死の時までザクセン大公という父親の称号をも帯び続けたが。

　次に，1202 年のラント分割の内容を見てみたい。この相続分割の際に，四通の契約証書が作成されている。四通の契約証書のうち二通は長男のハインリッヒにより，その他の二通は三男オットーにより作成された。換言すれば，ハインリッヒは二人の弟ヴィルヘルムとオットーのために各一通の証書を作成し，オットーは兄のハインリッヒと弟のヴィルヘルムのために各一通の証書を作成し，したがって，これらの各証書は三人の兄弟それぞれが受け取るべき

---

(27)　G. Pischke, Die Landesteilungen der Welfen, S. 12 ; B. Schneidmüller, Die Welfen, S. 251. 1202 年のラント分割に関し，さらに W. Havemann, Geschichte der Lande Braunschweig und Lüneburg, Bd. 1, 1853, (Beiträge zur Geschichte, Landes-und Volkskunde von Niedersachsen und Bremen, Serie A : Nachdr. (Reprints), Bd. 20, 1974), S. 273ff. ; H. Patze, Die welfischen Territorien im 14. Jahrhundert, in : H. Patze (Hrsg.), Der deutsche Territorialstaat im 14. Jahrhundert II (Vorträge und Forschungen hrsg. vom Konstanzer Arbeitskreis für Mittelalterliche Geschichte, Bd. XIV), 1971, S. 10ff. も参照。

(28)　G. Pischke, Die Landesteilungen der Welfen, S. 12 ; B. Schneidmüller, Die Welfen, S. 251.

(29)　W. Havemann, Geschichte der Lande Braunschweig und Lüneburg, Bd. 1, S. 264, 273. 合有の概念に関して，ハインリッヒ・ミッタイス著，世良晃志郎＝広中俊雄共訳『ドイツ私法概説』1961 年，165 頁を参照。

(30)　B. Schneidmüller, Die Welfen, S. 251.

280

第1章　1202年のラント分割契約

相続分の割当てを内容とする[31]。ヴィルヘルムだけは二人の兄のために証書を作成することをせず，ハインリッヒとオットーが作成した各二通，合計四通の証書にそれぞれ捺印することで済ませた。なお，ヴィルヘルムのための証書，つまりヴィルヘルムの相続分を内容とする証書は，二人の兄ハインリッヒとオットーによって各一通，合計二通作成されているが，当然のことながら，それらの内容は大幅に重複する。したがってここでは，ヴィルヘルムの相続分に関する証書としては，オットーからヴィルヘルムへの証書だけを取り上げることで充分であるといえよう。この証書を便宜上，証書Cと呼ぶことにしたい。またその他，オットーからハインリッヒへの証書を証書A，ハインリッヒからオットーへの証書を証書Bと呼ぶことにしたい。以下では，証書A，証書B，証書Cの順番で考察してゆくことにしたい。先ず，オットーからハインリッヒへの証書Aの主な内容は，次の通りである。

証書A：Otto Dei gratia Romanorum Rex et semper Augustus. Quoniam omnia, quae aguntur in tempore, quadam quasi mutabilitatis lege tendunt ad interitum, cautum est, literalis adminiculi fulcimine facta roborari, quae semper, tanquam praesentia, futurorum sunt memoriae commendanda. Notum sit ergo tam future quam presentis aevi fidelibus, quod nos vna cum dilectis fratribus nostris, HENRICO praeinclyto Saxoniae Duce, eodem Rheni Palatino Comite, et GWILLEHELMO, patrimonii diuisione, fraterno et vnanimi consensu, in Padilburnin celebrata, portionem supradicto fratri nostro Henrico Duci a nostris segregatam, et sibi prouenientem, istis terminorum certis interstitiis distinximus. Incipit itaque loco, in quo fluvius Sevine influit Albiam；inde Albiam sursum vsque in mare, et Sevinam sursum vsque ad locum, vbi ipsa est vicinior Danlo；a Danlo vsque Nortburg；a Nortburg vsque in Flotwide a Flotwide vsque Honouir oppidum, quod Ducis est cum omnibus sibi attinentibus. Ab Honovir Leinam sursum vsque Northeim, quod et sibi spectat cum omnibus suis pertinentiis. A Northeim vsque in montem Plesse, inde vsque Gudingin et Gudingin suum est cum omnibus, quae sibi attinent. Inde vsque Haninstein, quod et suum est cum omnibus sibi pertinentibus. Ab Haninstein recta via et regia strata vsque Moguntiam. Inde per descensum Rheni vsque in mare. Quicquid itaque est infra terminum istum, quod Patris nostri piae recordationis fuit in praediis, cessit in patrem fratris Heinrici Ducis saepe numerati.Praeter haec prouenit sibi Stadium oppidum, et omne praedium nostrum, quod est infra comitiam Stadii vsque in Seuinam, et praedium, quod est in territorio Bremensi, et praedium,

(31)　G. Pischke, Die Landesteilungen der Welfen, S. 13.

第3篇　13世紀ドイツ北東部ヴェルフェン家の城塞支配権とアムト制

quod est circa Verden. Insuper Chelle et Nortburg cum omnibus attinentiis, et curtis Vrilede cum suis pertinentiis ; curia Merse et sibi attinentia, castrum Honberg cum suis pertinentiis ; Einbeke et quae sibi attinent ; Desinberg cum suis appenditiis ; Aldinvels et illi attinentia. Praeter praenumerata cesserunt patri suae〔omnia praedia ?〕in Wesfalia, et praedia quae communia habuimus in Ditmarsia et in Hadele. Comitia quoque Stadii successit ei, sed haec iure feodali respectu aliorum feodorum. Praeter haec praedium in Wortsatia,et omnes Ministeriales qui sunt infra terminos ipsos. Intererant autem huic nostrae diuisione Principes〔神の恩寵によるローマ人の王にして常に王国の拡大者オットー。すべては永続的に過ぎ去り，あたかも変移の法則に従って滅亡に向かって進むのであるから，あたかも現在のように，常に将来の者の記憶に委ねられるべき出来事が，証書による証明の支えに基づき法律上有効なものとされるよう配慮された。それ故に，現在の世代かつ将来の世代の家臣たちに，以下のことが知られるべきである。すなわち，余は余の親愛なる兄弟ザクセン大公，同ライン宮中伯，極めて欠けるところのないハインリッヒ，及びヴィルヘルムと一緒に，兄弟によるかつ一致した合意によりパーダーボルンにおいて厳粛に執り行われた世襲財産の分割に基づき，余の上記の兄弟，大公ハインリッヒのために，余により分割されかつこの兄弟自身に帰属する持分を，境界線のその明確な区切りにより区別したと。このようなわけで，境界線はゼーフェ川 Seeve がエルベ河に合流する場所から始まる。そこからエルベ河を海まで遡り，またゼーフェ川が〔村落〕ダッレ Dalle により接近する場所までゼーフェ川を遡る。ダッレからノルトブルク Nordburg〔城塞〕まで。ノルトブルク〔城塞〕からフルトヴィッデ Fluttwidde の中まで，フルトヴィッデから都市ハノーファーまで。この都市は，それ自身に付属するすべての物と共に，大公の所有である。ハノーファーからライネ川 Leina をノルトハイム Northeim まで遡る。ノルトハイムもまたそのすべての付属物と共に大公ハインリッヒの所有である。ノルトハイムからプレッセ山の中まで。そこからゲッティンゲンまで。ゲッティンゲンもまたそれ自体に属する付属物とともに，大公ハインリッヒのものである。そこからハンシュタイン Hanstein〔城塞〕まで。これもまたそれ自体に属するすべての付属物とともに，大公ハインリッヒのものである。ハンシュタインから真っ直ぐな道路と国王の公道に沿ってマインツ Mainz まで。そこからライン河の下る流れを通じ海まで。それ故に，その境界線の内部にあるものはすべて，所領についてすでに余の亡き父親〔＝ハインリッヒ獅子公〕の所有であり，しばしば述べた余の兄弟，大公ハインリッヒの持分に移行した。これらの他に，都市シュターデ Stade，ゼーフェ川の中までのグラーフシャフト〔comitia〕・シュターデの内部にある余のすべての所領，またブレーメン大司教区の中にある所領，またフェルデンの近くにある所領も，大公ハインリッヒ自身に帰属する。ツェレとノルトブルク並びにすべての付属物，また荘園フリレ Frille 並びにその付属物，荘園メルゼン Mörsen とこれ自体に属するもの，ホ

282

ムブルク Homburg 〔城塞〕並びにその付属物，アインベック Einbeck とこれ自
体に属するもの，デゼンベルク Desenberg 〔城塞〕並びにその付属物，アルテン
フェルス Altenvels 〔城塞〕とそれに付属するもの。先述したものの他に，ヴェス
トファーレンの〔すべての所領？〕がすでに大公の父親〔＝ハインリッヒ獅子公〕
の所有となっていた。またディトマルシェンとハーデルンにおいて余らが共有物
として所有した所領。シュターデのグラーフシャフトもまた大公ハインリッヒに
継承されたが，しかしこれは，その他のレーエンのために〔＝レーエン期待権〕，
レーエン法に従って。このグラーフシャフトの他に，ヴルステンの所領，及び同
境界線の中にいるすべてのミニステリアーレン。他方で，余のこの分割に，以下
の諸侯が立ち合った。……〕[32]。

　この証書によれば，12 の境界線と境界地点により最初に長男ハインリッヒ
の領域が画定された。ハインリッヒに配分された相続分は，エルベ河から村
落ダッレ，（ツェレの東の）ノルトブルク，ハノーファー，ノルトハイム，ゲッ
ティンゲンを通じて，ハンシュタインにまで及ぶ線の西側の領域にある財産
と要求権である。この配分によって，ハインリッヒは最も困難な課題を引き受
けることになった[33]。なぜなら，この領域はかつて父親のハインリッヒ獅子
公がレーエンとして保有したザクセン大公領の西部に当たり，ここでは，長男
のハインリッヒはヴェルフェン家の進出の手掛かりとなる多くのまばらな権利
を再び活性化し，あるいは改めて貫徹する必要があったためである。その代
わり，この西部領域では，支配権の拡大の有利な可能性が約束された。ハイン
リッヒの財産として具体的に挙示されているのは，合計 13 の城塞・都市・荘
園（村落）並びにそれらの大量の付属物，グラーフシャフト・シュターデの所
領，ブレーメンとフェルデンとの領域における所領，ヴェストファーレンの所
領，ディトマルシェンの所領，ハーデルンの所領，ヴルステンの所領である。
最後に，彼にはなおグラーフシャフト・シュターデがレーエン法に従って割り
当てられた。これには，その他のレーエンに対する期待権も結び付けられてい
る。さらにこの境界線の中のすべてのミニステリアーレンがハインリッヒの持
分とされた。ハインリッヒに割り当てられた持分は，後述するオットーやヴィ
ルヘルムの持分と比較して，完結性に最も欠けるものであった。この完結性を
与えることが，ハインリッヒの責務となった[34]。

----

(32)　Origines Guelficae, hrsg. von G. W. Leibniz und Chr. Knipping, Bd. Ⅲ, 1752, Nr.
　　　CXLⅣ, S. 626f.
(33)　B. Schneidmüller, Die Welfen, S. 251. 本章本文末尾の地図 1 を参照。
(34)　G. Pischke, Die Landesteilungen der Welfen, S. 33.

第3篇　13世紀ドイツ北東部ヴェルフェン家の城塞支配権とアムト制

13の城塞・都市・荘園（村落）に関して，ノルトブルク，ハンシュタイン，ツェレ，ホムブルク，デゼンベルク，アルテンフェルスが城塞であり[35]，ハノーファー，ゲッテインゲン，シュターデは都市，ノルトハイム，フリレ，メルゼン，アインベックは荘園（村落）である。ここで検討すべきは，言うまでもなく，ノルトブルク以下の六つの城塞である。これらの城塞について，それぞれの「付属物」が存在することが証書において記述されていることを改めて確認しておきたい。「付属物」を示す用語は，ノルトブルクとツェレの両城塞について attinentiis（主格 = attinentia），ホムブルク城塞について pertinentiis（主格 = pertinentia），ハンシュタイン城塞について pertinentibus（主格 = pertinentia），デゼンベルク城塞について appenditiis（主格 = appenditia），アルテンフェルス城塞について attinentia（主格）である。

　我々はここで，本篇が考察の対象としているのとほぼ同時代の13世紀末期（1279年と同92年の間の時期）に成立した『ブラウンシュヴァイク韻文年代記 Braunschweigische Reimchronik』の記事を参考としてみたい。この年代記はドイツ語で書かれた作者不詳の韻文の年代記であるが，作者はこれを文

---

(35)　ハンシュタインは証書において明確に castrum（城塞）と記されているので，問題はない。その他ノルトブルクが城塞であることについて，G. Pischke, Der Herrschaftsbereich Heinrichs des Löwen. Quellenverzeichnis, 1987, Nr. 422, S. 58；G. Pischke, Die Landesteilungen der Welfen, S. 20，ハンシュタインについて G. Pischke, Der Herrschaftsbereich, Nr. 413 S. 58，ツェレについて G. Pischke, Der Herrschaftsbereich, Nr. 16 S. 6, S. 118-4；M. Krieg, Die Entstehung der Amtsbezirke, S. 2, S. 3 Anm. 2, S. 5, S. 22f.；Handbuch der Historischen Stätten Deutschlands, Ⅱ. Bd. : Niedersachsen und Bremen, hrsg.von K. Brüning und H. Schmidt, 5., verbes. Aufl., 1986（以下 HHSD Ⅱ と略記），S. 94；G. Dehio, Handbuch der deutsche Kunstdenkmäler : Bremen, Niedersachsen, bearb. von G. Weiß, neubearb., stark erw. Aufl., 1992（以下 Dehio, Handbuch : Bremen, Niedersachsen と略記），S. 340；C. Tillmann, Lexikon der deutschen Burgen und Schlösser, Bd. Ⅳ : Atlas, 1961, S. 20 : 20b，ホムブルクについて G. Pischke, Der Herrschaftsbereich, Nr. 416 S. 57；HHSD Ⅱ, S. 241f.；Dehio, Handbuch : Bremen, Niedersachsen, S. 1241f.；C. Tillmann, Lexikon der deutschen Burgen und Schlösser, Bd. Ⅳ: Atlas, S.40 : 20e（bei Stadtoldendorf）］，デゼンベルクについて Monumenta Germaniae Historica. Laienfürsten- und Dynastenurkunden der Kaiserzeit, Ⅰ. Bd. : Die Urkuden Heinrichs des Löwen, Herzog von Sachsen und Bayern, unveränd. Nachdr. der 1941-1949 erschienenen Ausg., bearb. von K. Jordan, 1995（以下 Urk. HdL. と略記），Nr. 35, S. 50（castrum meum Dasenberch〔余のデゼンベルク城塞］）；G. Pischke, Der Herrschaftsbereich, Nr. 409 S. 56；G. Pischke, Die Landesteilungen der Welfen, S. 20，アルテンフェルスについて G. Pischke, Der Herrschaftsbereich, Nr. 404 S. 56；G. Pischke, Die Landesteilungen der Welfen, S. 20 を参照。

第 1 章　1202 年のラント分割契約

学的な観点に従って作成したのではなく，1235 年のブラウンシュヴァイク＝
リューネブルク大公領の創設（後述）という出来事を，歴史的な観点に従っ
て，法律用語と法概念及びその内容的ニュアンスを正確に踏まえつつ，歴史
過程の首尾一貫した帰結であることを証明する目的により作成したものであ
る[36]。したがって，この年代記を歴史史料として利用することに問題はない
ものといわなければならない。この年代記では，1202 年第 1 回分割の際の長
男ハインリッヒの相続分について，「Heynriche gaph daz gevelle dhe herscap
Stadhen unte Zelle ハインリッヒに対して幸運がヘルシャフト・シュターデ
とヘルシャフト・ツェレを与えた」と記述されている[37]。この記述を上記の
証書 A と対比するならば，シュターデに関してはヘルシャフトが証書 A のグ
ラーフシャフト comitia[38]と，ツェレに関してはヘルシャフトが証書 A の「付
属物 attinentia」に対応することになる。差当たり，ここでは城塞たるツェ
レのみを問題とするならば，要するに，この場合にも，「付属物 attinentia」
はヘルシャフトに等しいことになるといわざるをえない。また pertinentia,
appenditia 等それ以外の城塞の「付属物」を表現する用語についても，我々は
これをヘルシャフトの意味に理解して全く問題ない筈である。したがって，い
かなる用語によって表現されているのであれ，「付属物」とは，城塞の周囲に
横たわるヘルシャフトであることを改めて確認することができるし，また確認
する必要があるものといわなければならない。したがって，「付属物」と共に
現れる上記の六つの城塞ノルトブルク，ハンシュタイン，ツェレ，ホムブルク，
デゼンベルク，アルテンフェルスは，その周囲にヘルシャフトないし支配権・

---

(36)　H. Patze, Die Begründung des Herzogtums Braunschweig im Jahre 1235 und die
　　≫ Braunschweigische Reimchronik≪ , in : Ausgewählte Aufsätze von Hans Patze,
　　S. 598f., 607.

(37)　Braunschweigische Reimchronik, in : Monumenta Germaniae Historica. Deutsche
　　Chroniken, Bd. II, hrsg. von L. Weiland, 1877, S. 530.

(38)　comitia（comicia, comecia 等）は 11 世紀から 13 世紀までの国制上の発展と貴族
　　層内部の身分的再編成過程に伴って新たに登場した用語である。本来の真正なグ
　　ラーフ（伯）は，11 世紀以後，ラントグラーフ Landgraf，宮中伯 Pfalzgraf，辺境伯
　　Markgraf のごとき特別の称号をもつことによって，グラーフ（伯）の称号をもつに
　　すぎないその他の貴族から分かれ，その多くの者はランデスヘルへと上昇していった。
　　他方で，グラーフ（伯）称号をもつにすぎないその他の貴族は不真正な称号グラーフ，
　　つまりグラーフ（伯）の位階を得るまでに上昇した自由人貴族の家系であり，このよ
　　うな称号グラーフの支配領域は，真正なグラーフ（伯）の支配領域が comitatus と呼
　　ばれたのと異なって，comitia と呼ばれた。上掲拙著『封建社会の構造』15 章 222 頁
　　を参照。

285

第3篇　13世紀ドイツ北東部ヴェルフェン家の城塞支配権とアムト制

支配領域を具えており，またこのような城塞とヘルシャフトの統一体は，紛れもなく城塞支配権として把握されなければならない。またこの証書Aから，長男のハインリッヒは都市・荘園（村落）その他様々な支配権権利と財産のほかに，これら六つの城塞支配権を相続分として割り当てられたことを確認しておきたい。次に，ハインリッヒからオットーへの証書Bを検討することにしたい。その主な内容は以下の通りである。

証書B：In nomine sanctae indiuiduae Trinitatis. HENRICUS Dei gratia Dux Saxoniae Palatinus Comes Rheni. Quoniam omnia, quae aguntur in tempore, quadam quasi mutabilitatis lege tendunt ad interitum, cautum est literalis adminiculi fulcimine facta roborari, quae semper, tanquam praesentia futurorum sunt memoriae commendanda. Notum sit ergo tam futuris quam praesentis aeui fidelibus, quod nos vna cum dilectis fratribus nostris, Serenissimo Domino nostro OTTONE, Romanorum Rege et simper Augusto, et WILLEHELMO, patrimonii nostri diuisione fraterno et vnanimi consensu apud Paderburnam celebrate, portionem iam dicto fratri, Domino nostro Ottoni Romanorum Regi, a nostris segregatam et sibi prouenientem, istis terminorum interstitiis certissimis distinximus.Incipit itaque in hoc loco：Bruneswik suum est, et omnia inibi attinentia：et terra vsque Nortburg sua est：Nortburg vsque Danlo：a Danlo vsque Hunekesbotle：a Hunekesbotle vsque Swibeke：a Swibeke vsque Varesuelde et Varesuelde suum est. De hoc loco terra sua est vsque Wadenberge. A Wadenberge vsque ad nauigium Wagersleue：a Wagersleue vsque in montem, qui dicitur Hart ad villam Reimbeke et ab illo totus mons Hart suus est. Castrum Sommescenburch et omnia attinentia sua sunt. Quicquid, inquam, est in circuitu illo vsque Bruneswic, quod Patris nostri Henrici Ducis, piae recordationis, fuit in praediis, cessit in parte fratris et Domini nostri Ottonis, Romanorum Regis. In alio latere a Bruneswic vsque Vlotwede terra sua est et ipsum Vlotwede dimidium：et a Vlotwede vsque Hanouere terra sua est. A Hanouere fluuius Leina superius vsque Northeim, et iuxta Northeim vsque ad montem Plesse suum est, a monte Plesse vsque Gotinge, a Gotinge vsque Hanenstein；a Hanenstein regia strata vsque Moguntiam. Quicquid est infra terminum istum versus Bruneswic tam in Ministerialibus, quam in praediis et castris totum suum est. Haec sunt castra, quae cesserunt proprietati saepe dicti domini nostri Regis：Lichtenberge, Asle, Sciltberge, Stouffenburch, Osterode, Hertesberge, Scartfeldt, Lutterberge, Honstein, Rodenburch, Monasterium Honburg, totum patrimonium in Thuringia, quod erat patris nostri, suae cessit parti. Huius rei testes sunt〔不可分なる聖三位一体の名において。神の恩寵によるザクセン大公，ライン宮中伯ハインリッヒ。

286

第 1 章　1202 年のラント分割契約

すべては永続的に過ぎ去り，あたかも変移の法則に従って滅亡に向かって進むのであるから，あたかも現在のように，常に将来の者の記憶に委ねられるべき出来事が，証書による証明の支えに基づき法律上有効なものとされるよう配慮された。それ故に，現在の世代かつ将来の世代の家臣たちに，以下のことが知られるべきである。すなわち，余は親愛なる余の兄弟，ローマ人の王にして常に王国の拡大者，余の最も晴朗なる主君オットー及びヴィルヘルムと一緒に，兄弟によるかつ一致した合意によりパーダーボルンにおいて厳粛に執り行われた世襲財産の余による分割に基づき，すでに述べた余の兄弟，ローマ人の王オットーのために，余により分割されかつこの者自身に帰属する持分を，境界線のその最も明確な区切りにより区別したと。このようなわけで，境界線はこの場所において始まる。すなわち，ブラウンシュヴァイクとそこに属するすべてのものは，オットーのものである。ノルトブルクまでの支配領域もオットーのものである。ノルトブルクからダッレまで。ダッレからハンケンスビュッテル Hankensbüttel まで。ハンケンスビュッテルからスヴィーベケの小川まで，スヴィーベケからフォルスフェルデ Vorsfelde まで。フォルスフェルデもまたオットーのものである。この場所からヴァーデンベルゲまでオットーの支配領域である。ヴァーデンベルクからヴェガースレーベン Wegerleben の渡し場まで。ヴェガースレーベンから，村落ラインベック Reinbeck でのハルツ Harz と呼ばれる山の中まで，またそこにおいてハルツの山の全体がオットーのものである。ゾマーシェンブルク Sommerschenburg 城塞とすべての付属物はオットーのものである。繰り返して，ブラウンシュヴァイクまでのその境界線の内部にあるものはすべて，所領についてすでに余の亡き父親〔＝ハインリッヒ獅子公〕の所有であり，余の兄弟，余の主君，ローマ人の王オットーの持分に移行した。他方の側で，ブラウンシュヴァイクからフルトヴィッデまでの領域と同フルトヴィッデの半分は，オットーのものである。フルトヴィッデからハノーファーの支配領域はオットーのものである。ハノーファーからライネ川の上流ノルトハイムまで，またノルトハイムの近くでプレッセの山まで，プレッセの山からゲッティンゲンまで，ゲッティンゲンからハンシュタイン Hanstein まで，ハンシュタインから国王の公道によりマインツまで。ブラウンシュヴァイクの方向にその境界線の内部にあるものはすべて，ミニステリアーレンであれ土地や城塞であれ，全部がオットーのものである。以下が，しばしば述べた余の主君，国王〔オットー4世〕の所有物に移行した城塞である。すなわち，リヒテンベルク Lichtenberg，アッセル Assel，シルトベルク Schiltberg，シュタウフェンブルク Stauffenburg，オステローデ Osterode，ヘルツベルク Herzberg，シャルツフェルト Scharzfeld，ラウターベルク Lauterberg，ホンシュタイン Honstein，ローテンブルク Rothenburg，ホムブルク Homburg 修道院である。余の父親の所有であったテューリンゲンのすべての世襲財産はオットーの持分に移行した。以上の事柄の証人は以下である〕(39)．

287

第3篇　13世紀ドイツ北東部ヴェルフェン家の城塞支配権とアムト制

　この証書では，ブラウンシュヴァイクがヴェルフェン家の影響圏の中心とし
て最初に言及され，そこから北の方向へ最初にノルトブルクまで，またここか
らさらにダッレまで延びる領域がオットーの持分とされている[40]。ダッレか
ら境界線は南東に延び，オットーの領域を東のヴィルヘルムの領域から切り離
している。ハンケンスヴュッテル，スヴィーベケ，フォルスフェルデの土地が，
連結されるべき境界地帯である。スヴィーベケは小川である。ここからヴァー
デンベルゲまで及ぶ領域がオットーに帰属するものと認められた。渡し場ヴェ
ガースレーベンが次の基準点であり，ここからハルツ山地の中をラインベック
まで進み，またここから，全ハルツ山地がオットーに割り当てられている。ハ
インリッヒの持分に対する境界線もまたブラウンシュヴァイクから始まる。ガ
ウ・フルトヴィッデの半分を含む北西方向に向かう領域が，オットーに帰属す
るものとされている。ここからマインツまで，境界線は証書Aと証書Bにおい
て同一である。これに，記述された境界の内部のすべてのミニステリアーレン，
財産と城塞はオットーに帰属するとする規定が続く。続いて11の城塞 —— そ
の中に一つの修道院が含まれるが —— が列挙される。最後にオットーはテュー
リンゲンのすべての世襲財産を割り当てられている。これは主に皇帝ロター
ル3世（在位1125 – 1137年）からの相続財産である。ロタール3世は，三人の
兄弟の父親ハインリッヒ獅子公の奥方ユーディット Judith の父親，つまり母
方の祖父である。こうして，北部のハンケンスビュッテルからフォルスフェル
デ城塞[41]，ゾマーシェンブルク城塞，アッセル城塞，リヒテンベルク城塞を
通じて，シルトベルク，シュタウフェンブルク，オステローデ，ヘルツベルク，
シャルツフェルト，ラウターベルク，ホンシュタイン，ローテンブルクという
ハルツ領域で最も重要な諸城塞に至るまで，卓越した顕示の場，記念の場たる
ブラウンシュヴァイクの周囲のヴェルフェン家の支配領域 Welfenland，つま
りザクセンの中心地がオットーに帰属することになった。

　なお，ブラウンシュヴァイクはすでにハインリヒ獅子公によりザクセン大

（39）　Origines Guelficae, hrsg. von G. W. Leibniz und Chr. Knipping, Bd. Ⅲ, 1752,
　　　　Nr. CXLV, S. 627f.
（40）　以下の叙述について G. Pischke, Die Landesteilungen der Welfen, S. 16 ; B. Schneid-
　　　　müller, Die Welfen, S. 251f. も参照。
（41）　フォルスフェルデは渡河点であるが，同時に城塞があった。Dehio, Handbuch :
　　　　Bremen, Niedersachsen, S. 1317 ; HHSD Ⅱ, S. 469 ; C. Tillmann, Lexikon der
　　　　deutschen Burgen und Schlösser, Bd. Ⅳ : Atlas, S. 88 : 20 c. さらに H. Patze, Die
　　　　welfischen Territorien im 14. Jahrhundert, S. 15 も参照。

第 1 章　1202 年のラント分割契約

公領の中心都市とされていたが，12 世紀後半，獅子公はここにすでに 9 世紀以来存在した城塞建造物を自己の壮麗な居城ダンクヴァルデローデ Pfalz Dankwarderode へと改造し⁽⁴²⁾，この城塞が帝国における獅子公の特別の地位を可視的に象徴する機能を果たしていた⁽⁴³⁾。したがって，ブラウンシュヴァイクは，単に都市を意味するのではなく，城塞ダンクヴァルデローデの含意をも含むものといわなければならない⁽⁴⁴⁾。ドイツ語で書かれた『ブラウンシュヴァイク韻文年代記』の中で，状況に応じて "dhe borg zo Bruneswich"「ブラウンシュヴァイクの城塞」あるいは "Bruneswich dhe stat"「都市ブラウンシュヴァイク」の表記が現れること⁽⁴⁵⁾，また後述する証書Dの作成地が「居城ブラウンシュヴァイク」と記されていることも，その証左となろう⁽⁴⁶⁾。B・シュナイトミュラーもまた「ヴェルフェン家の支配権の場，顕示の場及び埋葬の場たるこの場所〔ブラウンシュヴァイク〕は行政上の，かつ要塞の形をとった権力的中心，つまり城塞ないし居城（castrum, palacium, domus）であり，経済の中心，つまり都市（civitas, urbs）であった……」と述べ，ブラウンシュヴァイクが城塞と都市の性格を併せもつことを指摘する⁽⁴⁷⁾。そこで，以下では，必要に応じて都市＝城塞ブラウンシュヴァイクと表記することにしたい。

　この証書Bにおいて，城塞支配権との関連では，都市＝城塞ブラウンシュ

---

(42)　ブラウンシュヴァイクは 1134 年に史料上初めて言及される城塞に依拠する商人定住地 Wik から都市へと発展していった（HHSD Ⅱ, S. 63）。12 世紀後半期にハインリッヒ獅子公が壮麗な城塞ダンクヴァルデローデを都市の中心に建設し，これを居城とした（Burgen in Mitteleuropa. Ein Handbuch. Bd. Ⅱ : Geschichte und Burgenlandschafeten, hrsg. von der Deutschen Burgenvereinigung e. V., durch H. W. Böhme, Busso von der Dollen, D. Kerber, C. Meckseper, B. Schock-Werner, J. Zeune, 1999, S. 84(rechts)–85 (links)）。

(43)　Dehio, Handbuch : Bremen, Niedersachsen, S. 251, 278；Burgen in Mitteleuropa, Bd. Ⅱ, S. 84(rechts)–85 (links).

(44)　G. Pischke, Der Herrschaftsbereich, Nr. 157 S. 56；C. Tillmann, Lexikon der deutschen Burgen und Schlösser, Bd. Ⅳ : Atlas, S. 18：20g もまた，ブラウンシュヴァイクを城塞として取り扱っている。さらに G・ピシュケ Pischke もまた「城塞（urbs）ブラウンシュヴァイク」と記述している（G. Pischke, Die Landesteilungen der Welfen, S. 37）。さらに，上掲拙著『ドイツ封建社会の構造』22 頁を参照。

(45)　Braunschweigische Reimchronik, S. 552 und 566.

(46)　後述本篇第 2 章 298 頁証書Dの末尾を参照。

(47)　B. Schneidmüller, Burg－Stadt－Vaterland. Braunschweig und die Welfen im hohen Mittelalter, in : J. Fried und O. G. Oexle (Hrsg.), Heinrich der Löwe. Herrschaft und Repränsentation (Vorträge und Forschungen, hrsg. vom Konstanzer Arbeitskreis für mittelalterliche Geschichte, Bd. LⅧ), 2003, S. 76.

289

第3篇　13世紀ドイツ北東部ヴェルフェン家の城塞支配権とアムト制

ヴァイク，ゾマーシェンブルク城塞についてその「付属物」が存在すること
が明示されている。都市＝城塞ブラウンシュヴァイクの「付属物」は「omnia
inibi attinentia」〔そこに属するすべてのもの〕，ゾマーシェンブルク城塞
の「付属物」は「omnia attinentia」〔すべての付属物〕である。いずれも
attinentia が「付属物」を指す用語であるが，この用語は城塞周囲のヘルシャ
フトを意味することは，すでに証書Aとの関連で比較的詳細に考察した通りで
ある。なお，さらにブラウンシュヴァイクについては，やはり『ブラウンシュ
ヴァイク韻文年代記』の中に，「dhe herscaph in Bruneswich」〔ブラウンシュ
ヴァイクのヘルシャフト〕[48]，「dhe herscaph von Bruneswich」〔ブラウン
シュヴァイクのヘルシャフト〕[49]，「dhe herscaph Bruneswich」〔ヘルシャフ
ト・ブラウンシュヴァイク〕[50]の記述が現れる。これらの記述もまた，「付属
物」の用語が城塞周囲のヘルシャフトを含意することを改めて明示しているの
である。なおここで語られている「dhe herscaph ヘルシャフト」は，城塞の
直近のヘルシャフトのみを意味するのではなく，もっと広領域的な上記のヴェ
ルフェン家の支配領域 Welfenland を意味する筈である。

　その他アッセル，リヒテンベルク，フォルスフェルデ，シルトベルク，シュ
タウフェンブルク，オステローデ，ヘルツベルク，シャルツフェルト，ラウ
ターベルク，ホンシュタイン，ローテンブルクの11の城塞については，「付属
物」を具えている趣旨の記述は見当たらない。ただし，これらの城塞のうちヘ
ルツベルクとシャルツフェルトについては，別の証書に「付属物」の記述が現
れるので，これを見ることにしたい。皇帝フリードリッヒ1世は1158年，ラ
ント分割を実行した三人の兄弟の父親ハインリッヒ獅子公から，バーデンヴァ
イラー Badenweiler 城塞並びに100人のミニステリアーレンと500フーフェ
Hufe の土地等を獲得し，その代わりにハルツに位置する帝国城塞ヘルツベル
クとシャルツフェルト等を獅子公に自由財産として譲与している。これに関
する国王証書の中に，「castrum videlicet Hirzesberch et castrum Scartuelt,
…… cum omnibus pertinentiis suis すなわち，ヘルツベルク城塞とシャルツ
フェルト城塞を……それらのすべての付属物 pertinentia と共に」の記述が現
れる[51]。したがって，例えば証書Bのようなある証書に城塞の「付属物」の

---

(48)　Braunschweigische Reimchronik, S. 551.
(49)　Braunschweigische Reimchronik, S. 551.
(50)　Braunschweigische Reimchronik, S. 552.
(51)　MGH DD F I Nr. 199. この交換を巡る事情について，差当たり B. Schneidmüller,

290

第1章　1202年のラント分割契約

記述が欠けていることを理由として，その城塞が「付属物」を欠いていると解釈することはできない。結論を先取りして言えば，すでに本篇の「はじめに」でも述べたように，むしろその逆に，「付属物」の記述が欠けている場合でも，城塞は「付属物」を具えていると推定する必要があるのである。そこで，ヘルツベルクとシャルツフェルトの両城塞を除く上記のアッセル以下九つの城塞についても，「付属物」を具えていると考えてよいことになる。この問題については，後述第4章の末尾で貴族支配権の象徴としての城塞との関連で，改めて論及することにしたい。次に，オットーからヴィルヘルムに宛てられた証書Cを見ることにしたい。その主な内容は以下の通りである。

証書C：Otto Dei gracia Romanorum Rex et semper Augustus. Omnibus tam presentibus, quam futuris in perpetuum. Ad notitiam omnium peruenire volumus, quod nos, inherentes vestigiis partum nostrorum, qui res gestas, ne traderentur obliuioni, scripture mandarunt, ea, que a nobis et a fratribus nostris in diuidenda hereditate sunt facta, vt firmitatem et perpetuum robur obtineant, nostro authentico scripto fecimus annotari. Itaque, conuocatis principibus et ministerialibus nostris, qui possessiones nostras bene nouerunt, plenam de ipsis possessionibus faciendi diuisionem contulimus potestatem : qui amicabiliter et pacifice inter nos talem fecerunt diuisionem, quod Luneborch et tota prouincia a Luneborch vsque ad fluuium Seuena, et ab eo loco, ubi Seuena influit Albiam, quidquid est vltra Albiam vsque ad mare, et usque ad Slauiam proprietatis, et citra Albiam ab eo loco, vbi Seuena proprius est Danlo, usque Danlo, et a Danlo usque Witenghe, a Witenghe vero vsque Swibeke, a Swibeke vsque Wadenberch, a Wadenberge vsque Wagersleue, a Wagersleue usque in montem, qui dicitur Hart et Reynbeke, in partem fratris nostri Wilhelmi cesserunt. Preterea quicquid autem est proprietatis a terminis predictis versus orientem, quod pater noster possederat, Wilhelmi est. Hec sunt nomina Vrbium : Leuwenborch, Blankenborch, Regenstein, Heymeborch, Heddisakere, Dalenborch, Berghe, Luchow, Dannenberg, Brome, Nienwalde. Insuper omnis proprietas, quae est in Marchia, et tota proprietas Haldensleuen, et proprietas tota in Nendorp, et omnes Ministeriales, qui infra prefatos terminos commorantur, preter Jordanem et Jusarium et Annonem. 〔神の恩寵によるローマ人の王にして常に拡大者オットー。現在の者並びに将来の者すべてに，永続的に。余は以下のことがすべての者に知られるに至ることを望む。すなわち，行われたことが忘却に委ねられないよう，余らの持分の標識に従いつつ，余と余の兄弟たちにより遺産の分割に関し

Die Welfen, S. 187 を参照。

291

第3篇　13世紀ドイツ北東部ヴェルフェン家の城塞支配権とアムト制

て行われたことを，確実性と永続的な有効性を獲得するために，余の真正な証書に書き記させたと。このようなわけで，余の所領を良く知り呼び集められた諸侯と余のミニステリアーレンに，余の所領について分割を行う完全な権限を譲与した。彼らは合意に基づきかつ平和的に以下のような分割をすでに実行した。すなわち，リューネブルク〔城塞〕及びリューネブルクからゼーフェ川に至るまでの全支配領域 tota prouincia，またゼーフェ川がエルベ河に合流する場所から，エルベ河を越えて海に至るまでのすべて，またスラヴ人の所有地まで，エルベ河の近くで，ゼーフェ川が〔村落〕ダッレに最も接近する場所からダッレまで，またダッレからヴィッティンゲンまで，他方でヴィッティンゲンからスヴィーベケの小川まで，スヴィーベケの小川からヴァーデンベルゲまで，ヴァーデンベルゲからヴェガースレーベンまで，ヴェガースレーベンからハルツと呼ばれる山の中まで，またラインベックが，すでに余の兄弟ヴィルヘルムの持分に移行した。さらに他方で，上述の境界線から東部に向かう自由財産であるものはすべて，かつて余の父親〔＝ハインリッヒ獅子公〕が所有したものであるが，ヴィルヘルムのものである。以下が城塞の名前である。すなわち，ラウエンブルク Lauenburg，ブランケンブルク Blankenburg，レーゲンシュタイン Regenstein，ハイムブルク Heimburg，ヒツアッカー Hitzacker，ダーレンブルク Dahlenburg，ベルゲン Bergen，リュウヒョ Lüchow，ダネンベルク Dannenberg，ブローメ Brome，ニーンヴォールデ Nienwohlde。マルク Mark〔・ブランデンブルク Brandenburg〕にあるすべての自由財産，また自由財産ハルデンスレーベン Haldensleben〔城塞〕の全部，またニーンドルフ Niendorf〔城塞〕の全自由財産，また上述の境界線の内部に居住するすべてのミニステリアーレン。ただしヨルダーノ Jordano とユサリウス Jusarius とアンノー Anno は除く。〕[52].

　この証書Cによれば，ヴィルヘルムの持分（支配領域）とハインリッヒの持分（支配領域）の間では，ゼーフェ川が境界線となり，これはさらに村落ダッレまで延びる。境界線はそこで村落ヴィッティンゲンの方向に向きが変わり，ここからヴィルヘルムに対するオットーの境界線と重なる[53]。ヴィルヘルムの持分には，12の城塞と一つの土地（ラインベック＝渡し場・村落）が帰属する。オットーに対する境界線の東側に位置しかつ彼らの父が所有したものすべて，及びゼーフェ川のエルベ河への合流点の右側のエルベ河のかなたの海までの領域，またスラヴの所領に至るまでの所領が，ヴィルヘルムに帰属した。リューネブルクからゼーフェ川までの全支配領域 tota prouincia においてリューネブ

---

(52)　Origines Guelficae, hrsg. von G. W. Leibniz und Chr. Knipping, Bd. Ⅲ, 1752, Nr. CCCLⅡ, S. 853.

(53)　G. Pischke, Die Landesteilungen der Welfen, S. 17 ; Schneidmüller, Die Welfen, S. 251.

292

第1章　1202年のラント分割契約

ルクが中心的部分を構成した。これに加えて，ヴィルヘルムにはなおマルク・ブランデンブルクの中の所領，ハルデンスレーベンとニーンドルフとの全財産，ヨルダーノ以下三名を除くミニステリアーレンの全員が帰属した。この証書Cはヴィルヘルムに独立的なヘルシャフト・リューネブルクを割り当てたのである。『ブラウンシュヴァイク韻文年代記』の「Willehalme daz gevelle gabh Luneborch und dhe herscaph ヴィルヘルムに幸運はリューネブルクとヘルシャフトを与えた」[54]，あるいは「Luneborch dhe herscaph」〔ヘルシャフト・リューネブルク〕[55]という記述もまた，その証左となろう。この証書Cにおいて，城塞支配権の観点からは，ヴィルヘルムに帰属した14の城塞，つまりリューネブルク，ラウエンブルク，ブランケンブルク，レーゲンシュタイン，ハイムブルク，ヒツアッカー，ダーレンブルク，ベルゲン，リューヒョ，ダネンベルク，ブローメ，ニーンヴォールデ，ハルデンスレーベン，及びニーンドルフが問題となる。この証書では，リューネブルク，ハルデンスレーベン，ニーンドルフは城塞として言及されてはいないが，しかしこれらは，明らかに城塞として取り上げられる[56]。先ず，「リューネブルク〔城塞〕及びリューネブルクからゼーフェ川に至るまでの全支配領域 tota prouincia」の記述は，リューネブルク城塞がこの支配領域全体の中心をなすものであることを物語っている。また「自由財産ハルデンスレーベン〔城塞〕の全部，またニーンドルフ Niendorf〔城塞〕の全自由財産」の記述は，これらの城塞がその周囲の自由財産ないし所領（荘園 Fronhof）と統一体をなすと同時に，その中心を構成することを側面から明示しているといわなければならない。その他11の城塞，つまりラウエンブルク，ブランケンブルク，レーゲンシュタイン，ハイムブルク，ヒツアッカー，ダーレンブルク，ベルゲン，リューヒョ，ダネンベルク，ブローメ，ニーンヴォールデの城塞については，「付属物」に関する記述や支配の中心を構成することを示唆するような記述は，証書Cには全く見

─────────

(54)　Braunschweigische Reimchronik, S. 530. G. Pischke, Die Landesteilungen der Welfen, S. 33 も参照。

(55)　Braunschweigische Reimchronik, S. 552.

(56)　リューネブルク城塞について G. Pischke, Der Herrschaftsbereich, Nr. 116, S. 25 ; M. Krieg, Die Entstehung der Amtsbezirke, S. 2f., 4 ; HHSD Ⅱ, S. 311ff. ; Dehio, Handbuch : Bremen, Niedersachsen, S. 873，ハルデンスレーベン城塞について G. Pischke, Der Herrschaftsbereich, Nr. 412, S. 56 usw. ; G. Pischke, Die Landesteilungen der Welfen, S. 23，ニーンドルフ城塞について G. Pischke, Der Herrschaftsbereich, Nr. 421, S. 58 ; G. Pischke, Die Landesteilungen der Welfen, S. 23 を参照。

第 3 篇　13 世紀ドイツ北東部ヴェルフェン家の城塞支配権とアムト制

られない。「付属物」を欠くこのような城塞の問題については，やはり後述第
4 章の末尾で考察することにしたい。

　改めて確認するならば 12 度に及ぶヴェルフェン家の相続分割の嚆矢とな
る三人の兄弟による 1202 年の分割は，城塞リューネブルクと都市＝城塞ブラ
ウンシュヴァイクをヘルシャフトの二つの中心地として浮かび上がらせた[57]。
ところが，この時の分割行為は無意味なものとなった。なぜなら，オットーと
ハインリッヒは遺産を相続すべき息子を遺すことなく死亡したために，末の弟
ヴィルヘルムの一人息子オットー幼童公がヴェルフェン家の諸ラントを再び一
手に統合したからである。次にこの問題を考察することにしたい。

---

(57)　G. Pischke, Die Landesteilungen der Welfen, S. 34.

第1章　1202年のラント分割契約

図16　分割後の地図1

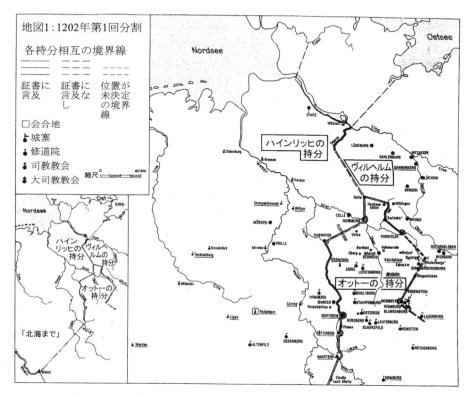

G. Pischke, Die Landesteilungen der Welfen im Mittelalter, 1987, Karte1 を基に作成

第2章　1223年皇帝オットーの死亡と
宮中伯ハインリッヒによる相続人の指定

　皇帝オットー4世が帝国を巡る激烈な闘争に忙殺されていた最中，1212年か1213年に弟のヴィルヘルムが死亡した[1]。後には，未成年の一人息子オットー幼童公（生没年1204-1252年）が遺された。皇帝オットーは1214年に結婚したが，結局子孫を遺さないまま1218年に死亡した[2]。他方で，長兄のハインリッヒには一人息子で同名のハインリッヒがおり，当面期待はこのハインリッヒに掛けられたが，1214年にこのハインリッヒも子孫を遺さずに夭折してしまった[3]。なお，長兄のハインリッヒには2人の娘がおり，そのうち姉のイルムガルト Irmgart は1217年頃にバーデン辺境伯ヘルマン5世 Markgraf Hermann V. von Baden と，妹のアグネス Agnes は1222年にヴィッテルスバッハ家のライン宮中伯オットー2世 Otto II. と結婚した[4]。その結果，末の弟ヴィルヘルムの一人息子オットー幼童公が，ヴェルフェン家の男系の相続人としては，唯一残る人物となった[5]。この状況を考慮した上でのことと推測されるが，三人の兄弟のうちで最後に残った長兄のハインリッヒは，自身の死亡の三年前1223年に[6]，自身の二人の娘婿バーデン辺境伯ヘルマン5世とライン宮中伯オットー2世を無視して，男系親優先の解決法をとる決断を下し，甥のオットー幼童公を自身の相続人に指定した[7]。そこで，この相続人指定に関する証書Dを見てみたい。その主な内容は次の通りである。

証書D：「Henricus Dei gracia dux Saxonie, comes palatinus Rheni, omnibus in perpetuum. ……. Notum igitur facimus tam presentibus quam posteris

---

(1)　G. Pischke, Die Landesteilungen der Welfen, S. 34 ; B. Schneidmüller, Die Welfen, S. 265.

(2)　B. Schneidmüller, Die Welfen, S. 265f., 268.

(3)　B. Schneidmüller, Die Welfen, S. 265.

(4)　B. Schneidmüller, Die Welfen, S. 268.

(5)　B. Schneidmüller, Die Welfen, S. 270.

(6)　1226年12月29日がハインリッヒの死亡日である。B. Schneidmüller, Die Welfen, S. 273.

(7)　G. Pischke, Die Landesteilungen der Welfen, S. 34Anm. 189 ; B. Schneidmüller, Die Welfen, S. 270f.

第3篇　13世紀ドイツ北東部ヴェルフェン家の城塞支配権とアムト制

universis, quod nos post multa obsequia, expensas et labores, quos karissimus
nepos noster Otto, dux de Luneborch, propter nos pertulit incessanter, ei
dilectionem debitam non immerito duximus exhibere et communicato fidelium
nostrorum consilio ipsi tanquam heredi nostro et legitimo succesori cupheo
nostro a capite dempto porreximus et in proprium dedimus Brunswich civitatem
cum universis ministerialibus et cum omnibus castris et bonis pertinentibus
ad eandem. Assignavimus quoque et dedimus ei omnem hereditatem et
proprietatem nostram tam in aliis civitatibus quam in castris et villis, liberis seu
porrectis, rogantes universos ministeriales nostros et monentes eos per eam, qua
nobis et nostris progenitoribus tenentur, fidem et dilectionem, similiter burgenses
et ruricolas nostros, ut fideliter ei serviant et tanquam suo legitimo domino sint
subjecti, quando perceperint, nos obisse. Pheoda etiam nostra ipsum de manu
nostra recognoscimus accepisse, que tenemus ab ecclesia Bremense, Verdense,
Mindense, Magdeburgense, Halberstadense, Hildensemense, Werdinense,
Quedelingeburgense, Gandershemense et Corbeyense, et supplicamus omnibus
dictarum ecclesiarum dominis nostris, ut ei favorabiliter porrigant pheoda nostra,
ad honores et profectus ipsum sollicite promoventes. ...... Actum est in palatino
Brunswick〔神の恩寵によるザクセン大公，ライン宮中伯，ハインリッヒはすべて
の者に永続的に〔知らしめる〕。……したがって，現在の者と同様将来のすべての
者にも以下のことを知らしめる。すなわち，最も親愛な余の甥オットー，リュー
ネブルク大公が余のために不断に堪えつつ果たした義務，出費と労力の故に，こ
の者に至当な慈愛を示すよう指令したことは不当ではなく，また余の家臣たちの
共同の助言に基づき，余の相続人と同時に適法な継承者たる同人に，頭上から取
り去った帽子をもって，都市ブラウンシュヴァイクをすべてのミニステリアーレ
ンと共に，かつ同都市に属するすべての城塞や所領と共に，すでに渡しかつ所
有物として与えたと。その他の都市の形であれ……城塞と村落の形であれ同人に
余のすべての遺産と所有物をもすでに譲渡した。余が死亡したことを知った時に，
忠実に同人に仕えまた適法な主人たる同人に服従するよう，余のすべてのミニス
テリアーレンに願い，かつ余と余の祖先に義務づけられている誠実と慈愛を通じ
て，そのようにミニステリアーレンを戒めるものである。またさらに，余がブレー
メン，フェルデン，ミンデン，マクデブルク，ハルバーシュタット，ヒルデスハ
イム，ヴェルデン，クヴェードリンブルク，ガンダースハイム及びコルバイの各
教会から余が保有する余のレーエンを，同人がすでに余の手から受領したことを
確認する。……居城ブラウンシュヴァイクで作成された。……〕（下線＝著者）[8].

---

(8) Urkundenbuch der Stadt Braunschweig, Bd.2, hrsg. von L. Haenselmann, 1900,
　　Nr. 60. この相続人の指定に関して，H. Patze, Die welfischen Territorien, S.12f. ;
　　Ders., Die Begründung des Herzogtums Braunschweig im Jahre 1235 und die
　　>>Braunschweigische Reimchronik<<, S. 593f. も参照。

298

第 2 章　1223 年皇帝オットーの死亡と宮中伯ハインリッヒによる相続人の指定

　この証書によれば，ハインリッヒは頭の帽子を取って甥のリューネブルク大
公オットーに手渡し，同人を自身の相続人，適法な継承者に指定した。帽子を
手渡すという象徴的な行為によって，ハインリッヒはレーエン財産を含めて自
身の全財産をヴェルフェン家の中で唯一の男系の支配権保持者オットーに譲与
したのである。証書 D から窺われるこの財産は，未だ都市，城塞，村落，ミ
ニステリアーレン等に対する支配権や権利の寄せ集めであることが窺われる。
しかしともかく，ブラウンシュヴァイクがミニステリアーレン，その他の都
市，城塞，村落，所領がそこに付属する支配の中心ないし周囲の支配領域の中
心として言及されていることは注目すべき事実であるといわなければならない。
B・シュナイトミュラーは，正当にも，この点に「ラント・ブラウンシュヴァ
イク」の成立を見ている⁽⁹⁾。なおこの証書の中で，ブラウンシュヴァイクは
都市と呼ばれているが，しかし都市と城塞の二重の意味に理解されるべきこと
は，すでに述べた通りである。こうして，1202 年の相続分割と同様に，1223
年ハインリッヒによる相続人指定の証書においても，リューネブルク城塞は
リューネブルク大公領の中心として，都市＝城塞ブラウンシュヴァイクはその
周囲の支配領域（ラント・ブラウンシュヴァイク）の中心として浮かび上がって
くるものといえよう。

---

(9)　B. Schneidmüller, Die Welfen, S. 271.

第3章　1235年オットー幼童公の帝国諸侯身分への昇格

　最初に，この帝国諸侯身分への昇格をもたらした事情に簡単に言及しておきたい。シュタウフェン家の皇帝ハインリッヒ6世の遺児フリードリッヒ（2世）は，叔父の国王フィリップ・フォン・シュヴァーベンが1208年に暗殺された後，1212年にヴェルフェン家の国王オットー4世の対立国王に選挙された。しかし上述したように，オットー4世は1218年に死亡したために，以後再びシュタウフェン家の国王フリードリッヒ2世の単独支配が確立された。フリードリッヒは1220年皇帝にも推戴された。一方のシュタウフェン家とカペー王朝フランスの陣営と他方のヴェルフェン家とプランタジネット王朝イングランドの陣営は，長年に互って対立を繰り返してきたが，皇帝フリードリッヒは1235年8月イングランドのジョン欠地王の息女イサベラ Isabella と結婚したために，この陣営状況は解体するに至った[1]。さらに皇帝は反抗する自身の息子ハインリッヒ（7世）との闘争を成功裏に遂行するために，同盟者を探していた。これらの事情が背景となって，皇帝フリードリッヒは積年の対立関係にあったヴェルフェン家のオットー幼童公と和解を行う必要に迫られた。こうして，皇帝は1235年マインツの宮廷会議においてオットーを帝国諸侯身分（大公）へ昇格させると同時に，オットーのために新たにブラウンシュヴァイク＝リューネブルク大公領 Herzogtum Braunschweig ＝ Lüneburg を創設するに至った[2]。これに関する証書の主な内容は次の通りである。先ずレーエン寄進行為について。

　証書E：In qua dum assidentibus nobis principibus nostra serenitas resideret de reformando terre statu disponens, nominatus Otto de Luneburch flexis genibus coram nobis, omni odio et rancore postpositis, que inter proavos nostros existere potuerunt, se totum in manibus nostris exposuit, nostris stare beneplacitis

---

(1)　B. Schneidmüller, Die Welfen, S. 279f.

(2)　K. Kroeschell, Deutsche Rechtsgeschichte, Bd. 1, S. 291f. ; B. Schneidmüller, Die Welfen, S. 280. この大公領の新たな創設に関し，差当たり H. Patze, Die Begründung des Herzogtums Braunschweig im Jahre 1235 und die >> Braunschweigische Reimchronik << を参照。

第3篇　13世紀ドイツ北東部ヴェルフェン家の城塞支配権とアムト制

et mandatis, et insuper proprium castrum suum Luneburch, quod idiomate Teuthonico vocatur eygen, cum multis aliis castris, terris et hominibus eidem castro pertinentibus in nostram proprietatem et dominium specialiter assignavit, ut de eo, quicquid nobis placeret, tamquam de nostro proprio faceremus. Nos autem, qui tenemur modis omnibus imperium augumentare, predictum castrum de Luneburch cum omnibus castris, pertinenciis et hominibus suis, quemadmodum ex eiusdem Ottonis assignatione in proprietatem accepimus, in presentia principum in imperium transtulimus et concessimus, ut per imperium infeodari deberet. Civitatem insuper de Brunswich, cuius medietatem proprietatis dominii a marchione de Baden et reliquam medietatem a duce Bavarie, dilectis principibus nostris, emimus pro parte uxorum suarum, que fuerunt quondam filie Henrici de Brunswich comitis palatini Reni, patrui dicti Ottonis, similiter in eadem curia imperio concessimus, proprietatem nobis debitam in dominium imperii transferentes〔そこ（宮廷）において，ラントの体制を改革することについて決定すべく，朕の諸侯が会議を行いまた朕が玉座に座った時に，上述のオットー・フォン・リューネブルクが朕の前に跪き，朕らの父祖の間に存在しえたすべての敵視と遺恨を度外視して，朕の恩恵と命令に応ずるべく，全面的に自身の運命を朕の手に委ねた。またさらにオットー・フォン・リューネブルクはドイツ語でアイゲン eygen（所有物）と呼ばれるその所有のリューネブルク城塞を，同城塞に付属するその他多くの諸城塞・所領・及び従属民と共に，朕の所有物［proprietas］及び「支配権」［dominium］として，特に寄進した。かくして，この城塞について，朕はあたかも朕の所有物についてなしうるごとくに，朕が欲することをすべてなしうる。しかし，全力を挙げて帝国を拡大する義務を負っている朕は，帝国によってレーエンとして授封されうるべく，朕が同オットーの寄進により所有権として受領したのと同様に，上述のリューネブルクの城塞をそのすべての〔付属〕城塞・付属物・従属民とともに，諸侯の臨席の下で帝国に対して譲渡し引き渡した。さらに都市ブラウンシュヴァイク —— その所有物の「支配権」［dominium］の半分をバーデン辺境伯から，残りの半分をバイエルン大公から（いずれも朕の親愛な諸侯であるが），同オットーの父方の伯父，ライン宮中伯ハインリッヒ・フォン・ブラウンシュヴァイクのかつての娘たちであるこの両人の妻たちの持分として，朕は購入したが —— を，同じく同宮廷において帝国に譲渡した。その際に，朕に当然帰せられるべき所有権を帝国の支配権として譲渡するものである……〕[3].

――――――――――――

(3) K. Zeumer (Bearb.), Quellensammlung zur Geschichte der Deutschen Reichsverfassung in Mittelalter und Neuzeit, Nr. 59. 同じ証書は L. Weinrich (Ausgewählt und übersetzt), Quellen zur deutschen Verfassungs-, Wirtschafts-und Sozialgeschichte bis 1250, Nr. 120 a, S. 484 ff., hier S. 486 にも収録されている。本文の引用は後者による。

第3章　1235年オットー幼童公の帝国諸侯身分への昇格

次に，同じ証書の中で，レーエンの授封と新たな大公領の創設について。

証書F：Quapropter cum consilio, assensu et assistencia principum civitatem Brunswich et castrum Luneburch cum omnibus castris, hominibus et pertinenciis suis univimus et creavimus inde ducatum et imperiali auctoritate dictum consanguineum nostrum Ottonem ducem et principem facientes ducatum ipsum in feodum imperii ei concessimus, ad heredes suos filios et filias heredetarie devolvendum, et eum sollempniter iuxta consuetudinem investivimus per vexilla ……〔それ故に，諸侯の助言・同意・助力を得て，<u>都市ブラウンシュヴァイクと</u><u>リューネブルク城塞並びにそのすべての〔付属〕諸城塞・従属民・付属物を結び</u><u>つけ，そこから一つの大公領 ducatus を創設し</u>，また皇帝の権威によって，親戚の同オットーを大公並びに諸侯となしつつ，息子であれ娘であれ同人の相続人に相続権に基づいて継承されるべく，同大公領を帝国レーエンとして同人に授封し，また同人に対して厳粛に慣習に従い旗をもって授封した……〕（下線＝著者）[4].

証書EとFから，第一に，オットー・フォン・リューネブルクは自身が所有するリューネブルク城塞並びにこれに付属するすべての所領と従属民を帝国に譲与（寄進）したこと，第二に，これに対して，皇帝フリードリッヒ2世はすでに帝国が獲得していた都市ブラウンシュヴァイクを従来のオットーの所領に付け加え，オットーの所領の全体を大公領（ブラウンシュヴァイク＝リューネブルク大公領）に昇格させたこと，最後に，皇帝はオットーを帝国諸侯（大公）へ昇格させると同時に，この大公領をオットーに授封したこと等が明らかになる。先ず証書Eにおいて注目すべきことは，寄進前のオットーの支配権が「リューネブルク城塞を，同城塞に付属するその他多くの諸城塞・所領・及び従属民と共に」というように，リューネブルク城塞とその他これに付属する城塞・所領・従属民をもって表現されると同時に，城塞を中心とするこれらの支配権の総体が「支配権」[dominium]と表現されていることである。このことはオットーの支配権（領国，ラント）の中核がリューネブルク城塞であること，またその支配権は巨大な城塞支配権（支配領域 dominium）として理解されていたことを意味するものである。この事実は本篇の視角との関連で注目されるべきである。この関連で，H・パッツェは「付属物の語によって，これが何らかの自由所有財産であることが表現されているのではなく，諸侯領の規模をもつ諸ラントの複合体であることが表現されている」と述べているが[5]，この付

---

(4) K. Zeumer (Bearb.), Quellensammlung, Nr. 59 ; L. Weinrich, Quellen, S. 488. 本文の引用は後者による。

第3篇　13世紀ドイツ北東部ヴェルフェン家の城塞支配権とアムト制

属物（巨大な支配権）が城塞を中核とすることを看過しているといわざるをえない。

　なお「支配領域」[dominium] とは，勿論，dominium（支配権）が行使される領域であるが，同時に裁判権が行使される領域，換言すれば裁判区でもある。次にこれを示す史料を見てみたい。皇帝フリードリッヒ2世はブラウンシュヴァイク＝リューネブルク大公領が創設された二ヶ月後，1235年10月31日，グラーフシャフト・シュターデのミニステリアーレンに対する指令の中で「....... universis ministerialibus infra comitatum Stadensem constitutis et ad dominium de Brunswic attinentibus, ... Credimus ad vestram audentiam pervenisse, qualiter de consilio principum dilectorum O. de Luneborch, dilectum nostrum, in principem creaverimus, concedentes ei de gracia speciali ducatum de Brunswic cum omnibus iustiiciis et rationibus attinentibus ad dominium civitatis ipsius de Brunswic. グラーフシャフト・シュターデの中に居住しかつブラウンシュヴァイクの支配領域 [dominium] に属するすべてのミニステリアーレンに対して……。朕の誠実なる諸侯の助言に従い，朕の家臣オットー・フォン・リューネブルクを諸侯に昇格させたことは，すでに汝らの耳に届いているものと考えるが，同時に同人に特別の恩寵により，ブラウンシュヴァイク大公領を，同都市ブラウンシュヴァイクに対する支配権 [dominium] に属する裁判権 [iusticiae] 及び権原 [rationes] のすべてとともに授封した」と述べている[6]。この証書は [dominium]（「支配領域」，「支配権」）の用語は裁判権延いては裁判領域や裁判区の意味をも含むことを，極めて鮮明に示しているものである。したがって，D・ヴィロヴァイトが中世に dominium の語は裁判権と裁判収入を包括する用語であると述べたことは，全く正当である[7]。これも無視することができない観点である。また大公領創設に関する証書Fの下線部「都市＝城塞ブラウンシュヴァイクとリューネブルク城塞を，それらのすべての〔付属〕諸城塞・従属民・付属物共々結びつけ」という記述は，都市＝城塞ブラウンシュヴァイクを中核とする都市＝城塞支配権と共に，リューネブルク城塞を中核とする城塞支配権が新しい大公領

---

(5)　H. Patze, Die welfischen Territorien, S. 13.

(6)　L. Weinrich, Quellen, S. 490.

(7)　D. Willoweit, Rezeption und Staatsbildung, in : Ius Commune Sonderheft 30, 1987, S. 34, 38 ; Ders., Zum Einfluss gelehrten Rechtsdenkens des 13. Jahrhunderts, in : STUDIA GRATIANA XXVIII (Festschrift F. Weigand), 1996, S. 578 ff.

第 3 章　1235 年オットー幼童公の帝国諸侯身分への昇格

の中核をなしたことを示している。またこの城塞支配権＝支配領域 dominium
は，すでに証書ＡとＣとの関連でしばしば言及した「ヘルシャフト」（herscap,
herscaph）に対応するものであることは，もはや多言を要しないであろう。

　要するに，1235 年皇帝フリードリッヒ 2 世によって新たに創設されたオッ
トー・フォン・リューネブルクのブラウンシュヴァイク＝リューネブルク大
公領は，一方の都市＝城塞ブラウンシュヴァイクを中心とする都市＝城塞支配
権と他方のリューネブルク城塞を中心とする城塞支配権から構成される支配領
域 dominium であったと結論してよいことになる。同時に，大公並びに帝国諸
侯へと昇格したオットーがこのような支配領域 dominium に対して行使する支
配権を，我々はランデスヘルシャフトと呼ぶことができる。ブラウンシュヴァ
イク＝リューネブルク大公領の創設をヴェルフェン家のランデスヘルシャフな
いし領国の成立の画期と捉えてよいことは，「この和解〔＝ 1235 年のシュタウ
フェン家＝ヴェルフェン家の和解〕はオットー〔幼童公〕とその息子たちに，
・・・・・・・・・・・・・・・・・・・・・・・・・・・・・
北ドイツのランデスヘルシャフトへの方向を指し示した」（傍点＝著者）とする
Ｂ・シュナイトミュラーの見解も示している[8]。Ｈ・Ｋ・シュルツェ Schulze
もまた，1235 年の dominium Brunswic を一つの例に挙げつつ「ドイツにおけ
る領域国家の成立と共に，Dominium はランデスヘルシャフトを示す技術的用
語 terminus technicus となった」と述べている[9]。この指摘もブラウンシュ
ヴァイク＝リューネブルク大公領の創設をヴェルフェン家のランデスヘルシャ
フないし領国の成立の画期と捉えてよいことを支持する。

　ブラウンシュヴァイクとリューネブルクのそれぞれを中心とする支配権に関
する記述は，その後 1267 年の二回目のラント分割契約にも登場する。次章で，
補足的にこれに関する証書を検討することにしたい。

---

(8)　B. Schneidmüller, Die Welfen, S. 282.

(9)　H. K. Schulze, Dominium, öffentlich-rechtlich, in : HRG, 2.,völlig überarb. und erw.
　　Aufl., hrsg. von A. Cordes, H. Lück, D. Werkmüller und R. Schmidt-Wiegand, Bd. Ⅰ,
　　2008, Sp. 1106.

305

第4章　1267年のラント分割契約

　先ずこの時のラント分割に至る経過について述べるならば，ブラウンシュヴァイク＝リューネブルク大公オットー幼童公は1252年に死亡し，四人の息子を遺した。そのうち四男のオットーと五男のコンラートは聖職身分に入り，それぞれヒルデスハイム司教，フェルデン司教となった[1]。二男のオットーは父親のオットー幼童公の死よりも5年前にすでに他界していた。残りの長男アルブレヒトと三男ヨーハンの兄弟は，父親の死後1267年まで15年間その遺産（領国）を共同で統治し，1269年に遺産の分割を実行した[2]。この時の分割については本来の分割証書は存在せず，1267年の予備契約の写しが伝承されているにすぎないが[3]，その内容は注目すべき厳密さを示している[4]。そこで，以下では，この1267年の予備契約を検討の対象としたい。いかなる理由がこの分割を決断させる機縁となったのかは明らかになっていないが，以下に掲げる証書Gの冒頭にある「ブランデンブルク辺境伯オットーの仲裁に基づいて」（傍点＝著者）の記述は，アルブレヒトとヨーハンの兄弟の間に生じた争訟の和解が一つの機縁となったことを確実に物語っている。なお，この度の分割は帝国レーエンの細分化に当たるが，この種の分割に関してすでに100年以上も前に皇帝フリードリッヒ1世の時代の帝国決議によって，国王の承認を必要とするという処置が取られていた[5]。しかし，帝国における国王の地位は弱体であったために，国王の了解を得ることは回避されえた。1267年のラント分割契約（予備契約）に関する証書の主な内容は以下の通りである。

　証書G：Hec est forma. qualiter mediante Illustri Principe Marchione Ottone in brandemb. super separacione et diuisione Illustrium Principum Alberti

---

(1)　G. Pischke, Die Landesteilungen der Welfen, S. 35 und ebenda Anm. 193. 本篇第1章278頁に掲げた系図も参照。

(2)　H. Patze, Die welfischen Territorien, S.14.

(3)　G. Pischke, Die Landesteilungen der Welfen, S. 36.

(4)　H. Patze, Die Begründung des Herzogtums Braunschweig im Jahre 1235 und die >> Braunschweigische Reimchronik<<, S. 595.

(5)　G. Pischke, Die Landesteilungen der Welfen, S. 35.

第3篇　13世紀ドイツ北東部ヴェルフェン家の城塞支配権とアムト制

et Johannis Ducum in Brunsw. Presentibus vtriusque Consiliarijs exstitit placitatum. Quinta feria ante. Dominicam Judica miserunt. sortem cum Tesseribus dicti Duces. quis ex eis bona ipsorum et dominium eque diuideret. et alter eligeret partem que sibi magis placita videretur. Cecidit itaque sors super Ducem Albertum. vt diuidere debeat. qui tam dominium quam homines. tam distincte et remote in diuisione ab inuicem separabat. quod nullus pressuram ab altero patiatur. Brunsw erit Dominium speciale, et luneb aliud per se. et ad vnum istorum apponetur Tzellis. et ad aliud dominium Ghifhorne. et hoc stabit in arbitrio diuidentis. ...... Vrbem Brunsw tenebunt ambo. et de ea debebunt principes nominari. ...... 以下は，いかにして高貴な諸侯，ブランデンブルク辺境伯オットーの仲裁に基づいて，ブラウンシュヴァイクの大公，高貴な諸侯，アルブレヒトとヨーハンによる切離しと分割に関して，両大公の現在の顧問たちにより裁判が開催されたかの証書である。先の金曜日，御受難の主日に，上記の大公たちはさいころによる籤を使う分割を決定し，二人のうちの一方が自分たちの所領と支配権 dominium を同等に分割し，また他方は自身にとりより多く好ましいと思われた持分を選択した。このようなわけで，分割する義務を負うべく，籤は大公アルブレヒトに当たった。誰も他方から圧迫を受けないように，アルブレヒトは支配権 dominium と同様に従属民をも，分割により別々にかつ判然と相互に分割するものとする。ブラウンシュヴァイクは特別の支配権〔dominium speciale〕であり，リューネブルクも他方の〔独立の〔支配権 dominium〕aliud per se〕であり，またそれらの支配権 dominium の一方にツェレ Celle が，他方には支配権ギフホルン dominium Gifhorn が付加され，またこのことは分割する者の判断に委ねられるものとする。……ブラウンシュヴァイク城塞を両者が所有するものとし，かつこの城塞に因んで姓を名乗る義務を負うものとする。……」(6).

　この証書においては，ブラウンシュヴァイクの「特別の支配権 dominium speciale」とリューネブルクの「独立の支配権 dominium aliud per se」の各々が，アルブレヒトとヨーハンのいずれに帰属するのかは書かれていない。『ブラウンシュヴァイク韻文年代記』によれば，ブラウンシュヴァイクの「特別の支配権 dominium　speciale」はアルブレヒトに，リューネブルクの「独立の支配権 dominium aliud per se」はヨーハンに帰属したという(7)。本篇との関

---

(6) Urkudenbuch zur Geschichte der Herzöge von Braunschweig und Lüneburg und ihrer Lande. 1. Teil：Bis zum Jahre 1341 (Beiträge zur Geschichte, Landes-und Volkskunde von Niedersachsen und Bremen, Serie A：Nachdr. (Reprints), Band 9), gesamm. und hrsg. von H. Sudendorf, 1974, Nr. 64.

(7) 「大公アルブレヒトは一方のブラウンシュヴァイク大公と呼ばれ，……大公ヨーハンは他方のリューネブルク大公と呼ばれる herzoge Albrecht heyz dher erste von Bruneswich ...... dher andere von Luneborch herzoge Johan」(Braunschweigische

308

第4章　1267年のラント分割契約

連では，この証書において，ブラウンシュヴァイクとリューネブルクが，分割されかつ割り当てられた「支配権 dominium」の中心を構成したことが，改めて浮き彫りになったものといわなければならない。さらに，支配権ギフホルン dominium Gifhorn の存在が新たに明確になることも注目される。ギフホルンも城塞であり，しかも言うまでもなく，「支配権ギフホルン dominium Gifhorne」とは，ギフホルン城塞を中核とする城塞支配権として把握されるべきものである[8]。ただし，ギフホルンの支配権＝支配領域とは，これまでの諸証書に現れたブラウンシュヴァイクとリューネブルクの支配権＝支配領域と異なって，大規模なものではなく，城塞周囲の相対的に小規模な支配権＝支配領域である。また証書の末尾にある「ブラウンシュヴァイク城塞を両者が所有するものとし，かつこの城塞に因んで姓を名乗る義務を負う」という記述は，ブラウンシュヴァイク城塞がアルブレヒトとヨーハン兄弟の共有財産とされたことを示している。ブラウンシュヴァイク城塞には大公の位階が付着していたために，この城塞が両者の共有の財産であることは絶対に必要なことだったのである[9]。このことは，ブラウンシュヴァイク城塞が大公つまり帝国諸侯としてのヴェルフェン家の支配権，権力と声望を象徴的に表現するものであることを物語っている。要するに，この例は城塞が貴族支配権の何にも優る象徴そのものであったことを遺憾なく示している。

　最後にこの関連で，付属物に関する記述を欠く城塞の問題について言及することにしたい。著者は，「ほじめに」の冒頭でも述べたように，神聖ローマ帝国のシャテルニー（城塞支配権）を論じた別稿において，すでに諸学説の検討と史料の分析に基づいて，史料に「城塞のみ」ないし「付属物を除いて」の記述がない限り，単に城塞だけが記述されているとしても，付属物の記述が省略されているものと考える必要があること，換言すれば，城塞名だけですでに城塞のヘルシャフト，つまり城塞周囲の所領と支配権，つまりシャテルニーを表現していることを結論として指摘しておいた[10]。したがって，その際同時に，「城塞の名称は，ヘルシャフトないし財産を同定する中枢部として把握されるべきであり，提喩つまり（部分で全体を表す表現法）として，このヘルシャフト

　　Reimchronik, S. 556）。G. Pischke, Die Landesteilungen der Welfen, S. 38 も参照。

[8]　M. Krieg, Die Entstehung der Amtsbezirke, S. 56 も参照。

[9]　H. Patze, Die welfischen Territorien, S. 14；G. Pischke, Die Landesteilungen der Welfen, S. 39.

[10]　上述第2篇第7章㈣も参照。

第3篇　13世紀ドイツ北東部ヴェルフェン家の城塞支配権とアムト制

ないし財産を代表している」というJ・フリードリヒスの見解[11]，さらに「城塞を示す名称はしばしばヘルシャフトと同義で使われた。ヘルシャフトの売却の際に，たいてい単に城塞の売却という表現が行われるか，「城塞を付属物と共に」の決まり文句が使われた。この場合に，ヘルシャフトは「付属物として」城塞に属した。両者〔＝城塞と付属物〕は相互に不可分の関係にあった」とするH・エーブナーの見解[12]は適切な見解であることも併せて確認しておいた。また証書Bに現れる「付属物」の記述を欠く九つの城塞のうち，ヘルツベルクとシャルツフェルトについては，別の証書に「付属物」の記述が現れる事実もまた，付属物の記述が省略されていると考える必要があるとする我々の観点を支持するものである。また「原則的に経済的な財産と支配権的諸権利が付属していることは，中世の城塞の本質に属する」とするH-M・マウラーの指摘[13]，さらに「どの城塞にも何らかの支配権的諸権利が付属させられていた」とするK-H・シュピース Spiess の指摘もまた[14]，看過しえない証左となろう。ただし，フェーデの際に敵方の城塞を攻撃する目的で建設された対抗城塞 Trutzburg がフェーデの後に建設者によって破壊されることがあり，このような場合に城塞周囲の支配権形成は差当たり問題にならず，付属物も問題にならないことは，言うまでもないことである[15]。

　証書Aに登場する城塞はすべて「付属物」を具えていたことはすでに見た通りである。したがって，証書Bにおいて，ヘルツベルクとシャルツフェルトを除いて，「付属物」に関する記述を欠く七つの城塞，つまりアッセル，シルトベルク，シュタウフェンブルク，オステローデ，ラウターベルク，ホン

---

(11)　J. Friedrichs, Burg und territoriale Grafschaften, Diss. Bonn, 1907, S. 32

(12)　H. Ebner, Die Burg, S. 57.

(13)　H-M. Maurer, Die landesherrliche Burg in Wirtemberg im 15. und 16. Jahrhundert. Studien zu den landesherrlich-eigenen Burgen, Schlössern und Festungen (Veröffentlichungen der Kommision für Geschichtliche Landeskunde in Baden=Württemberg Reihe B Forschungen, 1. Bd.), Diss. Tübingen, 1958, S. 17.

(14)　K-H. Spiess, Burg und Herrschaft im 15. und 16. Jahrhundert, in : Landesgeschichte und Reichsgeschichte. Festschrift für Alois Gerlich zum 70. Geburtstag (Geschichtliche Landeskunde. Veröffentlichungen des Instituts für Geschichtliche Landeskunde an der Universität Mainz, hrsg. von Michael Matheus, Bd. 42), hrsg. von W. Dotzauer, W. Kleiber, M. Matheus und K-H. Spieß, 1995, S. 198.

(15)　トリール大司教バルドゥイーンが1340年頃にモーゼル河の支流ナーエ Nahe 川流域に森林グラーフ Wildgraf のダウン Dhaun 城塞の対抗城塞として建設したガイアースライ Geierslei 城塞がその例である。上掲拙著『中世ドイツの領邦国家と城塞』281，283-288，297，309，318-319，321頁を参照。

310

シュタイン，ローテンブルクについて，また証書Cにおいて，「付属物」に関する記述を欠く11の城塞，つまりラウエンブルク，ブランケンブルク，レーゲンシュタイン，ハイムブルク，ヒツアッカー，ダーレンブルク，ベルゲン，リューヒョ，ダネンベルク，ブローメ，ニーンヴォールデについても，それぞれその周囲に「付属物」ないしヘルシャフトを具えた城塞支配権を構成したものと考えられなければならない。

第3篇　13世紀ドイツ北東部ヴェルフェン家の城塞支配権とアムト制

図17　1267/69年第2回分割

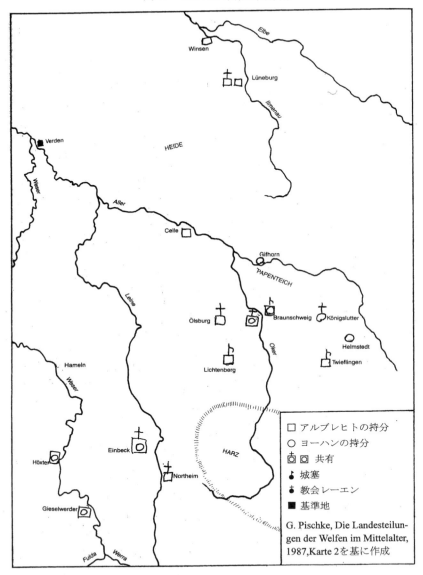

むすびと展望

　最後に，城塞支配権から地方行政組織（アムト Amt ないしフォークタイ Vogtei）への発展を考察し，結びに代えたい。本篇「はじめに」ですでに確認したように，ランデスヘルシャフトが成立する 13 世紀の段階において，一般的に，地方行政区たるアムトは城塞を中心とする支配区，換言すれば城塞支配区，城塞支配権として把握することができることは，ドイツ学界の確立した見解であるといってよい。

　これまでに検討した証書 A，B，C，D，E，F，G に現れる城塞のうち，D，E，F，G に現れる城塞（ブラウンシュヴァイク，リューネブルク，ツェレ）はすべて，証書 G に現れるギフホルン城塞を除けば，すでに証書 A，B，C にも現れる。そこで，ここでは証書 A，B，C に現れる城塞について，城塞支配権からランデスヘルの地方行政区（アムトないしフォークタイ）への発展を考察すればよいことになる。そこで先ず，考察すべき城塞は，以下のようになる。

　証書 A に現れる城塞：ノルトブルク，ハンシュタイン，ツェレ，ホムブルク，デゼンベルク，アルテンフェルス

　証書 B に現れる城塞：ブラウンシュヴァイク，ゾマーシェンブルク，アッセル，リヒテンベルク，フォルスフェルデ，シルトベルク，シュタウフェンブルク，オステローデ，ヘルツベルク，シャルツフェルト，ラウターベルク，ホンシュタイン，ローテンブルク

　証書 C に現れる城塞：リューネブルク，ラウエンブルク，ブランケンブルク，レーゲンシュタイン，ハイムブルク，ヒツアッカー，ダーレンブルク，ベルゲン，リューヒョ，ダネンベルク，ブローメ，ニーンヴォールデ，ハルデンスレーベン，ニーンドルフ

　証書 G に現れる城塞：ギフホルン

　したがって，合計 34 の城塞という結果になる。これらの城塞を中核とする地方行政区（アムトないしフォークタイ）の存在を明らかにするよう試みてみたい。その際に，城塞の建設とともにその周囲に城塞支配権が先に形成され，その後この城塞支配権を基礎として地方行政区が形成されたことを示すために，

第3篇　13世紀ドイツ北東部ヴェルフェン家の城塞支配権とアムト制

各城塞について，判明する限りで，建設された時期または存在が確認される時期を記し，次いで地方行政区の存在を示す役人（アムトマンないしフォークト）あるいは地方行政区それ自体を指す用語（アムトないしフォークタイ）について記すことにしたい。

I　証書 A に現れる城塞
① ツェレ：ブルーノ家 Brunonen（10-11世紀のザクセンの貴族）によって建設[1]，1265年フォークタイ[2]
② ホムブルク：1129年までに建設[3]，1400年フォークタイ[4]

II　証書 B に現れる城塞
③ ブラウンシュヴァイク：ダンクヴァルデローデ城塞が1175年頃ハインリッヒ獅子公により建設[5]，ハインリッヒ獅子公の時代（12世紀後半期）から1224年までとそれ以後にもフォークト（アムトマン）[6]
④ リヒテンベルク：12世紀半ばよりも後にハインリッヒ獅子公により建設[7]，13世紀以後大公のフォークト[8]，特に13世紀に三度（最初1246年）フォークトの言及[9]
⑤ フォルスフェルデ：10世紀の建設[10]，1254年大公のフォークト[11]，1742年大公のアムト[12]

---

(1) HHSD II, S. 8；G. Pischke, Der Herrschaftsbereich Heinrichs des Löwen, S. 6 Anm. 27.
(2) H. Patze, Die welfischen Territorien, S. 40f. M. Krieg, Die Entstehung der Amtsbezirke, S. 22f. も参照。
(3) Dehio, Handbuch : Bremen, Niedersachsen, S. 1241.
(4) H. Patze, Die welfischen Territorien, S. 41. その他1428年以後ブラウンシュヴァイク＝ヴォルフェンビュッテル Braunschweig=Wolfenbüttel 家系のアムト所在地であったことが指摘されている（HHSD II, S. 242 ; Dehio, Handbuch : Bremen, Niedersachsen, S. 1241)。
(5) Dehio, Handbuch : Bremen, Niedersachsen, S. 279.
(6) H. Patze, Die welfischen Territorien, S.40；G. Pischke, Die Landesteilungen der Welfen, S. 214.
(7) Dehio, Handbuch : Bremen, Niedersachsen, S. 847.
(8) HHSD II, S. 293f., bes. S. 294.
(9) H. Patze, Die welfischen Territorien, S. 40, 44.
(10) Dehio, Handbuch : Bremen, Niedersachsen, S. 1317.
(11) H. Patze, Die welfischen Territorien, S. 44.

314

むすびと展望

⑥ シュタウフェンブルク：11 世紀の建設と推定され，1258 年以後ヴェルフェン家の所有[13]，大公のアムト[14]

⑦ オステローデ：1152 年頃に建設[15]，1259 年フォークト[16]

⑧ ヘルツベルク：ハインリッヒ獅子公の所有に移行する 1158 年よりも前に建設[17]，1315 年アムトマン[18]

⑨ シャルツフェルト：ハインリッヒ獅子公に移行する 1158 年よりも前に建設[19]，1593 年アムト[20]

Ⅲ 証書 C に現れる城塞

⑩ リューネブルク：：950 年頃に建設[21]，1200 年フォークト[22]，1271 年大フォークトと下級フォークト[23]

⑪ レーゲンシュタイン：1180 年よりも前[24]，または皇帝ロタル 3 世の治世（1125 – 1137 年）よりも前に建設[25]，1344 年アムトマン，後にフォークト[26]

⑫ ヒツアッカー：1180 年までハインリッヒ獅子公の所有[27]，それ故にそれ以前の建設，1394 年アムト[28]，1428 年大公のフォークタイ，18 世紀にランデスヘルのアムト[29]

---

(12) HHSD Ⅱ, S. 469.

(13) Dehio, Handbuch：Bremen, Niedersachsen, S. 960.

(14) HHSD Ⅱ, S. 437f., bes. S. 438.

(15) Dehio, Handbuch：Bremen, Niedersachsen, S. 1074.

(16) H. Patze, Die welfischen Territorien, S. 40.

(17) 上述本篇第 2 章註(51)及び同所本文を参照。

(18) H. Patze, Die welfischen Territorien, S. 45.

(19) 上述本篇第 2 章註(51)及び同所本文を参照。

(20) HHSD Ⅱ, S. 412f.

(21) Dehio, Handbuch：Bremen, Niedersachsen, S. 875.

(22) H. Patze, Die welfischen Territorien, S. 40. M. Krieg, Die Entstehung der Amtsbezirke, S. 2ff. も参照。

(23) H. Patze, Die welfischen Territorien, S. 41.

(24) B. Schneidmüller, Die Welfen, S. 229；G. Pischke, Der Herrschaftsbereich, Nr. 423, S. 59.

(25) HHSD Ⅱ, S. 388.

(26) H. Patze, Die welfischen Territorien, S. 43.

(27) G. Pischke, Der Herrschaftsbereich Heinrichs des Löwen, Nr. 415, S. 57.

(28) H. Patze, Rechts- und verfassungsgeschichtliche Bedeutung der Burgen in Niedersachsen, in：Burgen im deutschen Sprachraum, Bd. 19, Teil Ⅰ, 1976, S. 542.

第3篇　13世紀ドイツ北東部ヴェルフェン家の城塞支配権とアムト制

⑬　ダーレンブルク：860年と900年の間[30]，または9世紀の建設[31]，大公のフォークタイ，18世紀にフォークタイ[32]

⑭　ベルゲン：1197年に初めて言及[33]，18世紀にアムト[34]

⑮　リューヒョ：1144年に初めて言及される[35]，1371年[36]と1428年[37]フォークタイ，18世紀にアムト[38]

⑯　ダネンベルク：1182年には存在[39]，1303年以後フォークト及び1340年にアムトマン[40]，1428年にフォークタイ[41]，18世紀にアムト[42]

⑰　ブローメ：証書Cの中で初めて言及（1202年），1428年フォークタイ[43]

Ⅳ　証書Gに現れる城塞

⑱　ギフホルン：1265年に城塞の存在が推定される[44]，1265年ブラウンシュヴァイク大公のフォークタイ[45]，1388年[46]，1428年　大公のフォークタイ[47]，18世紀にアムト[48]

したがって，これまでに考察した合計34の城塞のうち，半数の17の城塞が，フォークタイ（アムト）の中心を構成したことが確認される。最後の⑱ギフホルンを除いて，それ以外のすべての城塞は1200年頃までに成立していたこと，

---

(29)　M. Krieg, Die Entstehung der Amtsbezirke, S. 3 und ebenda Anm. 2, S. 5.

(30)　HHSD Ⅱ, S. 104.

(31)　Dehio, Handbuch : Bremen, Niedersachsen, S. 372.

(32)　M. Krieg, Die Entstehung der Amtsbezirke, S.44.

(33)　HHSD Ⅱ, S. 41.

(34)　M. Krieg, Die Entstehung der Amtsbezirke, S. 5, 26 ; HHSD Ⅱ, S. 41.

(35)　HHSD Ⅱ, S. 306.

(36)　H. Patze, Die welfischen Territorien, S. 42.

(37)　M. Krieg, Die Entstehung der Amtsbezirke, S. 3 Anm. 2.

(38)　M. Krieg, Die Entstehung der Amtsbezirke, S. 2f., 5, 52, 67f.

(39)　G. Pischke, Der Herrschaftsbereich Heinrichs des Löwen, Nr. 606, S. 108.

(40)　M. Krieg, Entstehung der Amtsbezirke, S .63 ; H. Patze, Die welfischen Territorien, S. 42 ; HHSD Ⅱ, S. 107.

(41)　M. Krieg, Die Entstehung der Amtsbezirke, S. 2f., S. 3 Anm. 2.

(42)　M. Krieg, Die Entstehung der Amtsbezirke, S. 2f., 5.

(43)　M. Krieg, Die Entstehung der Amtsbezirke, S. 3 Anm. 2.

(44)　Dehio, Handbuch : Bremen, Niedersachsen, S. 496 ; HHSD Ⅱ, S. 167.

(45)　Dehio, Handbuch : Bremen, Niedersachsen, S. 496 ; HHSD Ⅱ, S. 167.

(46)　H. Patze, Die welfischen Territorien, S. 42.

(47)　M. Krieg, Die Entstehung der Amtsbezirke, S. 3 Anm. 2.

(48)　M. Krieg, Die Entstehung der Amtsbezirke, S. 2f., 5.

むすびと展望

またアムト制は③ブラウンシュヴァイクのアムトのように12世紀ハインリッヒ獅子公の時代にまで遡るもの，⑩リューネブルクのように1200年にフォークトが存在した例を除けば，概して13世紀後半期以後に発展したこと，したがって同時に，アムトはしばしば城塞に依拠していたことも確認された[49]。このように見てくると，③ブラウンシュヴァイク，⑩リューネブルク，⑱ギフホルンを除く14の城塞について，1200年頃までに建設されると同時に，あるいは建設の後，城塞の周囲に城塞支配権が形成され，13世紀後半期以後この城塞を中核とする城塞支配権が基礎となって，フォークタイ（アムト）が発展していったと結論することができる。建設が950年頃，フォークトの登場が1200年と早い⑩リューネブルクについても，時期の相違はあれ，城塞支配権からアムトへの発展が行われたことを想定することに問題はないものといわなければならない。ブラウンシュヴァイクとギフホルンについて，当面著者の手元にあるデータによれば，城塞の建設とフォークトの登場が同じ時期であるが，この場合にも城塞延いては城塞支配権がアムトの中心を構成したこと自体は否定することができない。なお，帝国のその他の諸領国におけると同様に，ヴェルフェン家の諸ラントにおいても，城塞がフォークトないしアムトマン及びその他の役人の所在地であった。その管区（フォークタイないしアムト）は一つないし複数のゴー Go（裁判区）から構成され[50]，フォークトはゴーにおけるランデスヘルの裁判官として裁判権を行使した。またフォークトは城塞と城塞管区の指揮官として軍事高権の他に，財政高権をも行使した。H・パッツェはこのようなフォークタイをランデスヘルシャフトの組織細胞であると述べたが[51]，この組織細胞の中核を構成した城塞と城塞管区ないし城塞支配権の重要性は，いくら評価しても評価し足りないといわざるをえない。いずれにしても，ヴェルフェン家の支配領域について，城塞支配権が存在すること，また城塞支配権から地方行政組織ないしアムト制への発展を究明するという本篇の課題は達成されたものと考えたい。

最後に，「はじめに」で言及したヴィリカツィオーン制から城塞区＝シャテ

---

(49) G・シェール Scheel もまたヴェルフェン家の諸領国におけるアムト制の成立を13世紀後半以後のことと考えている (G. Scheel, Kurbraunschweig und die übrigen welfischen Lande, in : K. G. Jeserich / H. Pohl / G.- Ch. von Unruh (Hrsg.), Deutsche Verwaltungsgeschichte, Bd. 1, 1983, S. 741-763, hier S. 743f.)。

(50) M. Krieg, Die Entstehung der Amtsbezirke, S. 94ff. ; H. Patze, Die welfischen Territorien, S. 40ff., 46 ; D. Willoweit, Die Entwicklung und Verwaltung, S. 101.

(51) H. Patze, Die welfischen Territorien, S. 46.

第3篇　13世紀ドイツ北東部ヴェルフェン家の城塞支配権とアムト制

ルニー制を通じてアムト制への発展について言及し，本篇を締め括ることにしたい。D・ヴィロヴァイトによれば，ヴィリカツィオーン制の解体傾向は，ドイツで一般的に12世紀に始まるが[52]，H・K・シュルツェはこの過程は，ヴェルフェン家の支配領域が位置する北ドイツでも同じ12世紀に始まることを指摘している[53]。ヴィリカツィオーン制という領主館を中心とし領主直営地を具えたコムパクトな荘園形態が解体の方向に進んだ主な原因は，11・12世紀以後の一般的な経済的社会的な発展に求められる[54]。ヴィリカツィオーン制は貨幣流通が乏しく市場経済が未成熟な純農業的経済秩序に適合した経済的社会的組織形態であった。商業交易と手工業生産が活発化し，貨幣流通と市場取引が成長し，中世都市が興隆するのに伴い，ヴィリカツィオーン制は市場向けの生産よりも自給自足経済に適合した経済的社会的組織形態であったために，時代遅れのものとなったのである。この関連で，リューネブルク大公領に関し「城塞の成立は大部分，時期的に，言及したばかりのヴィリカツィオーン制の解体という経済的な変化と重なるであろう」というM・クリークの指摘は極めて示唆的である[55]。なぜならば，城塞の成立＝建設つまり城塞支配権の登場は，都市貨幣経済を主な機縁とするヴィリカツィオーン制の解体と同時並行的に起こった現象であったことになるからである。右に言及した18の城塞のうち，その大よその成立年代が11世紀以前のものは5であるのに対して，12世紀に属する城塞は13と圧倒的に多く，この比率はM・クリークの指摘と合致するといってよいことも，その証左となろう。また一般に12世紀と13世紀が中世の城塞建設の「古典期 klassische Epoche」と呼ばれること[56]，また上述したように，ヴィリカツィオーン制の解体傾向が一般的に12世紀に始まることを考慮するならば，この同時並行的な現象はリューネブルク領域にだけに見られるのではなく，ブラウンシュヴァイク領域に，さらに多少の偏差を伴

---

(52)　D. Willoweit, Die Entwicklung und Verwaltung, S. 93f.

(53)　H. K. Schulze, Grundherrschaft, in : HRG, hrsg. von A. Erler und E. Kaufmann, Ⅰ. Bd., Sp. 1837.

(54)　H. K. Schulze, Grundstrukturen der Verfassung im Mittelalter, Bd. Ⅰ, 2., verb. Aufl., 1992〔千葉徳夫・浅野啓子・五十嵐修・小倉欣一・佐久間弘展訳『西欧中世史事典 ── 国制と社会組織 ──』1997年，97頁〕。さらに上述第1篇83-86，123-124，199-202頁も参照。

(55)　M. Krieg, Die Entstehung der Amtsbezirke, S. 93.

(56)　Burgen in Mitteleuropa. Ein Handbuch. Band Ⅰ: Bauformen und Entwicklung, hrsg. von der Deutschen Burgenvereinigung e. V., durch H. W. Böhme, Busso von der Dollen, D. Kerber, C. Meckseper, B. Schock-Werner, J. Zeune, 1999, S. 83 (rechts).

いつつ全ドイツ領域にも見られるものといわなければならない。要するに，一般的に，12 世紀に領主館を中心とするヴィリカツィオーン制から城塞を中心とする城塞支配権への転換ないし発展が行われたものと想定することが可能である[57]。

　次に，この城塞支配権とアムト制の関係について。城塞支配権の成立は 12世紀，アムト制の成立は 13 世紀後半期のことであるとすると，城塞支配権の成立とアムト制の成立の間に 50 年から 150 年のタイムラグがあることになる。したがって，このタイムラグの期間は城塞支配権の時代として捉える必要があることになる。またこのことは，一般的に中世盛期の城塞支配区，城塞支配権が基礎となって中世後期にランデスヘルシャフトの地方行政区アムトが成立したという，すでに本篇冒頭で述べた指摘は相当に大きな蓋然性をもって当たっていることを改めて確認するものであるといえよう。最後に，本篇で取り上げた城塞を中心とするアムトのうち，①ツェレ，⑫ヒツアカー，⑮リューヒョ，⑯ダネンベルク，⑱ギフホルンの五つのアムトは，近現代のプロイセンのクライス（郡）Kreis の先駆をなしたことも指摘されている[58]。したがって，ヴィリカツィオーン制→城塞支配権（城塞区制）→アムト制→近現代のクライス制という発展系列をさえ展望することができる。

---

(57)　もっとも，これは 11 世紀以前に城塞支配権が存在することを否定する趣旨ではない。なぜならば，本章でも見たように，11 世紀以前にも城塞は存在したからである。

(58)　M. Krieg, Die Entstehung der Amtsbezirke, Vorwort, S. 2 Anm. 2, S.6, 18, 22f., 61, 64, 67.

文 献 目 録

文 献 目 録

Ⅰ. 刊 行 史 料

Acht, Peter : Die Traditionen des Klosters Tegernsee 1003-1242, 1952.

Aventinus, Johannes Turmair gen. : Sämmtliche Werke, hrsg. von der königlichen Akademie der Wissenschaften, 6 Bde., München 1880-1908.

Beyer, Heinrich , Eltester, Leopold und Adam Goerz (Bearb.) : Urkundenbuch zur Geschichte der jetzt die Preussischen Regierungsbezirke Coblenz und Trier bildenden mittelrheinischen Territorien, Bd. 1, Neudr. der Ausg. 1860, 1974, Bd. 2, Neudr. der Ausg. 1865, 1974, Bd. 3, Neudr. der Ausg. 1860, 1974.

Bitterauf, Theodor (Hrsg.) : Die Traditionen des Hochstifts Freising, Bd. 2 (926-1283), 1909.

Braunschweigische Reimchronik, in : Monumenta Germaniae Historica. Deutsche Chroniken, Bd. Ⅱ, hrsg. von Ludwig Weiland, 1877.

Günther, Wilhelm (Hrsg.) : Codex Diplomaticus Rheno-Mosellanus. Urkunden-Sammlung zur Geschichte der Rhein- und Mosellande, der Nahe- und Ahrgegend und des Hunsrückens, des Meinfeldes und der Eifel, Ⅲ. Theil : Urkunden des ⅩⅣ. Jahrhunderts, Ⅲ. Theil : Urkunden des ⅩⅣ. Jahrhunderts, 1824.

Haenselmann, Ludwig (Hrsg.) : Urkundenbuch der Stadt Braunschweig, Bd. 2, 1900.

Hauthaler, Willibald und Franz Martin (gesamm. und bearb.) : Salzburger Urkundenbuch, Bd. Ⅱ : Urkunden von 790-1119, 1916.

Hund, Wiguläus : Bayerisch Stammenbuch, 2. Teile, Ingolstadt 1585/86 ; Wiguläus Hund : Metropolis Salisburgensis, Ingolstadt 1582 ; Wiguläus Hund : Metropolis Salisburgensis, hrsg. und bearb. von Christoph Gewold, Bd. 3, München 1620.

Hund, Wiguläus : Metropolis Salisburgensis, Teil 3, hrsg. und bearb. von Christoph Gewold, 1620.

Lamprecht, Karl : Deutsches Wirtschaftsleben im Mittelalter. Untersuchungen über die Entwicklung der materiellen Kultur des platten Landes auf Grund der Quellen zunächst des Mosellandes, hrsg. von Karl Lamprecht, unveränd. Neudr. der Ausg. 1885-86, 1960, Ⅲ. Quellensammlung.

Mentzel, Karl und Wilhelm Sauer (Hrsg.) : Codex Diplomaticus Nassoicus. Nassauisches Urkundenbuch, Erster (Einziger) Bd. in 3 Abtheilungen. Die Urkunden des ehemals kurmainzischen Gebiets, einschließlich der Herrschaften Eppenstein, Königstein und Falkenstein ; der Niedergrafschaft Katzenelnbogen und des kurpfälzischen Amts Caub, bearb. von Wilhelm Sauer, Abtheilung 2, Neudr. der Ausg. 1886, 1969.

Monumenta Boica, Bd. 2, 1764, Bd. 7, 1766, Bd. 37, 1864.

Monumenta Germaniae Historica (MGH) :

Diplomata (DD) :

Ⅰ. Regum Burgundiae e stirpe Rudolfina Diplomata et Acta : Die Urkunden der Burgundischen Rudolfinger, bearb. von Theodor Schieffer unter Mitwirkung von Hans Eberhard Mayer, 1977, unveränd. Nachdr. 1983 (Burgund-Rudolf)

321

文 献 目 録

Ⅱ. Diplomata regum et imperatorum Germaniae：
1. Die Urkunden Heinrichs Ⅱ. und Arduins, hrsg. von H. Bresslau, 1900-1903（DH Ⅱ）.
2. Die Urkunden Konrads Ⅱ., unveränd. Nachdr. der 1909 erschienenen Ausg., hrsg. von H. Bresslau, 1980（DK. Ⅱ）.
3. Die Urkunden Friedrichs I., Teil I（1975）, Teil Ⅱ（1979）, Teil Ⅲ（1985）, Teil Ⅳ（1990）, bearb. von Heinrich Appelt（DF I）.
4. Die Urkunden Friedrichs Ⅱ., Teil I（2002）, Teil Ⅱ（2007）, bearb. von Walter Koch, 2007（DF. Ⅱ）.
5. Die Urkunden Heinrich Raspes und Wilhelm von Holland, Teil I, bearb. von Dieter Hägermann und Jaap G. Kruischeer, 1989.

Ⅲ. Die deutschen Geschichtsquellen des Mittelalters 500-1500. Laienfürsten- und Dynastenurkunden der Kaiserzeit, I. Bd.：Die Urkuden Heinrichs des Löwen, Herzog von Sachsen und Bayern, unveränd. Nachdr. der 1941-1949 erschienenen Ausg., bearb. von Karl Jordan, 1995（Urk. HdL.）.

Noichl（Bearb.）, Elisabeth：Codex Falkensteinensis. Die Rechtsaufzeichnungen der Grafen von Falkenstein（=Quellen und Erläuterungen zur bayerischen Geschichte, hrsg. von der Kommission für Landesgeschichte bei der Bayerischen Akademie der Wissenschaften, NF/Bd. XXIX）, 1978.

Petz, Hans, Grauert, Hermann und Johann Mayerhofer（Hrsg.）, Drei bayerische Traditionsbücher aus dem XII. Jahrhundert：Festschrift zum 700 jährigen Jubiläum der Wittelsbacher Thronbesteigung, 1880.

Sauer, Wilhelm（Bearb.）：Die ältesten Lehenbücher der Herrschaft Bolanden, 1882.

Scheidt, Christian Ludwig（Hrsg.）：Origines Guelficae, Bd. Ⅲ, 1752.

Sudendorf, Hans Georg Friedrich Julius（Hrsg.）：Urkudenbuch zur Geschichte der Herzöge von Braunschweig und Lüneburg und ihrer Lande, 1. Teil：Bis zum Jahre 1341（Beiträge zur Geschichte, Landes-und Volkskunde von Niedersachsen und Bremen, Serie A：Nachdr.（Reprints）, Bd. 9）, 1974.

Töpfer, Friedrich（Hrsg.）：Urkundenbuch für die Geschichte des gräflichen und freiherrlichen Hauses der Vögte von Hunolstein, I. Bd., 1866, Ⅱ. Bd., 1867, Ⅲ. Bd., 1872.

Weinrich, Lorenz（Ausgewählt und übersetzt）, Quellen zur deutschen Verfassungs-, Wirtschafts- und Sozialgeschichte bis 1250, 1970.

Zeumer, Karl（Bearb.）：Quellensammlung zur Geschichte der Deutschen Reichsverfassung in Mittelalter und Neuzeit, Teil I und Ⅱ, 1913.

Ⅱ. 事典と地図

Bosl, Karl（Hrsg.）：Handbuch der Historischen Stätten Deutschlands, Bd. Ⅶ：Bayern, 3. Aufl., 1961.

Brüning, Kurt und Heinrich Schmidt（Hrsg.）, Handbuch der Historischen Stätten Deutschlands, Ⅱ. Bd.：Niedersachsen und Bremen, 5., verb. Aufl., 1986.

Du Cange, Glossarium Mediae et Infimae Latinitatis, I. Bd., Ⅱ. Bd., Ⅵ. Bd., Ⅷ. Bd., unveränd. Nachdr. der Ausg. von 1883-1887, 1954.

Dehio, Georg：Handbuch der deutschen Kunstdenkmäler, Bayern Ⅳ：München und

322

文 献 目 録

Oberbayern, bearb. von H. Götz, H. Habel, K. Hemmeter, F. Kobler, M. Kühlenthal, K. Kratzsch, S. Lampl, M. Meier, W. Neu, G. Paula, A. Rauch, R. Schmid und F. Trenner, 3. aktual. Aufl., 2006.

Dehio, Georg : Handbuch der deutschen Kunstdenkmäler : Bremen, Niedersachsen, bearb. von G. Weiß, neubearb., stark erw. Aufl., 1992.

Dehio, Georg : Handbuch der deutschen Kunstdenkmäler, Rheinland-Pfalz und Saarland, bearb. durch von H. Caspary, W. Götz und E. Klinge, überarb. und erweit. von H. Caspary, E. Karn und M. Klewitz, 2. bearb. und erw. Aufl., 1984.

Der Große ADAC AutoAtlas Deutschland/Europa 2012/2013.

Haberkern, Eugen/Friedrich Wallach : Hilfswörterbuch für Historiker, Teil I und Teil II., 6. Aufl., 1980.

Handwörterbuch zur Deutschen Rechtsgeschichte, hrsg. von Adalbert Erler und Ekkehard Kaufmann, I. Bd., 1971, II. Bd. , 1978, III. Bd., 1984, IV. Bd., 1990, V. Bd., 1998.

Handwörterbuch zur Deutschen Rechtsgeschichte, 2., völlig überarb. und erw. Aufl., Bd. I , hrsg. von Albrecht Cordes, Heiner Lück, Dieter Werkmüller und Ruth Schmidt-Wiegand, 2008. Bd. II, hrsg. von Albrecht Cordes, Heiner Lück, Dieter Werkmüller und Christa Bertelsmeier-Kierst als philologischer Beraterin, 2012.

Handwörterbuch zur Deutschen Rechtsgeschichte, 2., völlig überarb. und erw. Aufl., 17. –23. Lieferung, hrsg. von Albrecht Cordes, Hans-Peter Haferkamp, Heiner Lück, Dieter Werkmüller und Christa Bertelsmeier-Kierst als philologischer Beraterin, 2013‒2016 (HRG, 2. Aufl., Lieferung と略記).

Lexikon des Mittelalters, Bd. I , 1980, Bd. II, 1983, Bd. IV, 1989, Bd. V , 1991.

Niermeyer, F. und C. van de Kieft (ed.) : Mediae Latinitatis lexicon minus, Édition remaniée par J. W. J. Burgers, 2 Bde., 2002.

Ploetz : Deutshe Geschichte. Epochen und Daten, hrsg. von Wener Konze und Volker Hentschel, 2. Aufl., 1980.

Taddey, Gerhard von (Hrsg) : Lexikon der deutschen Geschichte, 3., überarb. Aufl., 1998.

Tillmann, Curt : Lexikon der deutschen Burgen und Schlösser, Bd. I , 1958, Bd. II, 1959, Bd. III, 1960, Bd. IV : Atlas, 1961.

III. 欧 文 文 献

Becker, Moritz Alois (Hrsg.) : Hernstein in Niederösterreich. Sein Gut und das Land im weiteren Umkreise, II. Band. 2. Hälfte : Geschichte von Hernstein in Niederösterreich und der damit vereinigten Güter Starhemberg und Emmerberg, bearb. von Josef von Zahn, 1889.

Beimrohr, Wilfried : Die Gemeinden und Ortschaften Tirols und ihre Einwohnerzahlen 1817, Tiroler Landesarchiv 2010 ; Österreichische Akademie der Wissenschaften : Historisches Ortslexikon. Statistische Dokumentation zur Bevölkerungs-und Siedlungsgeschichte. Tirol. Datenbestand. 30. Juni 2011.

Below, Georg von : Geschichte der deutschen Landwirtschaft des Mittelalters in ihren Grundzügen, aus dem hinterlassen Manuskript, hrsg. von Dr. habil. Friedrich Lütge, 1937〔ゲオルク・フォン・ベロウ著, 堀米庸三訳『ドイツ農業史』, 1985 年〕.

Biller, Thomas : Die Adelsburg in Deutschland. Entstehung － Gestalt － Bedeutung, 2. Aufl.,

323

文 献 目 録

1998.

Bitschnau, Martin : Burg und Adel in Tirol zwischen 1050 und 1300. Grundlagen zu ihrer
Forschung. Österreichische Akademie der Wissenschaften. Philosophische–Historische
Klasse. Sitzungsberichte. Band : 403 (Mitteilungen der Kommission für Burgenforschung
und Mittelalterarchäologie, Sonderband 1), 1983.

Bodsch, Ingrid : Burg und Herrschaft. Zur Territorial- und Burgenpolitik der Erzbi-
schöfe von Trier im Hochmittelalter bis zum Tod Dieters von Nassau (1307) (Veröf-
fentlichungen der Landeskundlichen Arbeitsgemeinschaft im Regierungsbezirk Koblenz
e. V., Bd. 13), Diss. Bonn 1987, 1989.

Bosl, Karl : Die Reichsministerialität der Salier und Staufer. Ein Beitrag zur Geschichte
des hochmittelalterlichen deutschen Volkes, Staates und Reiches, Teil 1 (Monumenta
Germaniae Historica, Schriften・Band 10, 1), Nachdr. der Ausg. von 1950, 1979.

Boutruche, Robert : Seignerie et féodalité, L'apogée (XIe- XIIIe siècles), 1970.

Brunner, Otto : Land und Herrschaft. Grundfragen der territorialen Verfassungsgeschichte
Österreichs im Mittelalter, 5. Aufl., 1965.

Burgen in Mitteleuropa. Ein Handbuch, hrsg. von der Deutschen Burgenvereinigung e. V.
durch Horst Wolfgang Böhme usw., 1999 : Bd. I : Bauformen und Entwicklung. Bd. II :
Geschichte und Burgenlandschaften.

Diepolder, Gertrud : Oberbayerische und Niederbayerische Adelsherrschaften im
wittelsbachischen Territorialstaat des 13.-15. Jahrhunderts. Ansätze zum Vergleich
der historischen Struktur von Ober-und Niederbayern, in : Zeitschrift für bayerische
Landesgeschichte, Bd. 25, 1962.

Diepolder, Gertrud : Das Landgericht Auerburg, in : Historischer Atlas von Bayern. Teil
Altbayern, Heft 15 : Landgericht Wasserburg und Kling, bearb. von Tertulina Burkard,
1965.

Duby, Georges : La société au XIe et XIIe siècle dans la region mâconnaise, 1953.

Ebner, Herwig : Die Burg als Forschungsproblem mittelalterlicher Verfassungsgeschichte,
in : Die Burgen im deutschen Sprachraum. Ihre rechts-und verfassungsgeschichtliche
Bedeutung I (VF, Bd. 19 Teil 1), 1976.

Eckhardt, Karl August : Das älteste Bolander Lehnbuch, in : Archiv für Diplomatik 22,
1976.

Ennen, Edith : Burg, Stadt und Territorialstaat in ihren wechselseitigen Beziehungen,
in : Rhein. Vjbll 12, 1942, S. 44-88, später, in : Dies., Gesammelte Abhandlungen zum
europäischen Städtewesen und zur rheinischen Geschichte, hrsg. von Georg Droege・
Klaus Fehn・Dietrich Höroldt・Franz Irsigler・Walter Janssen, 1977.

Ernst, Viktor : Die Entstehung des niederen Adels, Neudr. der Ausg. 1916, 1965.

Ernst, Viktor : Mittelfreie. Ein Beitrag zur schwäbischen Standesgeschichte, 1920.

Feine, Hans Erich : Kirchliche Rechtsgeschichte, 5., durchg. Aufl., 1972.

Fossier, Robert : Kastellanei, in : Lexikon des Mittelalters, Bd. V, 1991.

Fourquin, Guy : Seignerie et féodalité au Moyen Age, 2e éd., Paris, 1977 〔神戸大学西洋経済
史研究室訳『封建制・領主制とは何か』, 1982 年〕.

Fried, Pankraz : Vortrag über das Thema : „Von der Grafschaft zur Landesherrschaft und
Landeshoheit in (Alt) Bayern", Protokoll über die Arbeitssitzung vom 12. Januar 1963,

324

文献目録

Konsanzer Arbeitskreis für mittelalterliche Geshichte e. V.

Fried, Pankraz : Grafschaft, Vogtei und Grundherrschaft als Grundlagen der wittelsbachischen Landesherrschaft in Bayern. Zu den Anfängen der unteren Gerichts-und Verwaltungsorganisation in Bayern, in : Zeitschrift für bayerische Landesgeschichte, Bd. 26, 1963.

Fried, Pankraz : Hochadelige und landesherrlich-wittelbachische Burgenpolitik im hoch- und spätmittelatelichen Bayern, in : Die Burgen im deutschen Sprachraum. Ihre rechts- und verfassungsgeschichtliche Bedeutung Ⅱ（VF, Bd. 19 Teil Ⅱ), 1976.

Fried, Pankraz und Wilhelm Liebhart, Die Edelfreie von Maisach, Zur Geschichte der Edelfreien von Maisach, in : Ferdinand Kramer und Wilhelm Störmer（Hrsg.）, Hochmittelalterliche Adelsfamilien, 2005.

Friedrichs, Jakob : Burg und territoriale Grafschaften, Diss. Bonn, 1907.

Gengler, Heinrich Gottfried : Ein Blick auf das Rechtsleben Bayerns unter Herzog Otto Ⅰ. von Wittelsbach〔um 1117- 1183〕, 1880.

Groten, Manfred : Die Stunde der Burgherren. Zum Wandel adliger Lebenformen in den nördlichen Rheinlanden in der späten Salierzeit, in : Rhein. Vbll., Jg. 66, 2002.

Havemann, Wilhelm : Geschichte der Lande Braunschweig und Lüneburg, Bd. 1,1853, （Beiträge zur Geschichte, Landes-und Volkskunde von Niedersachsen und Bremen, Serie A : Nachdr. (Reprints), Bd. 20, 1974.

Hechberger, Werner : Adel im fränkisch-deutschen Mittelalter. Zur Anatomie eines Forschungsproblems,Habilitationsschrift Passau2003（Mittelalter-Forschungen, Bd. 17）, 2005.

Heeg-Engelhart, Ingrid : Das älteste Herzogsurbar. Analyse und Edition（Quellen und Erörterungen zur bayerischen Geschichte, NF 37）, Diss.Würzburg, 1990.

Hirsch, Hans : Die hohe Gerichtsbarkeit im deutschen Mittelalter, 2., unveränd. Aufl. mit einem Nachwort von Theodor Mayer , 1958〔若曽根健治訳, 第一部（二）,『熊本法学』90 号, 1997 年, 第一部（四・完）,『熊本法学』93 号, 1998 年, 第二部（一）,『熊本法学』105 号, 2004 年, 第二部（二）,『熊本法学』106 号, 2004 年, 第二部（三）,『熊本法学』107 号, 2005 年, 第二部（四）,『熊本法学』108 号, 2005 年〕

Histoire de l'Europe. Une initiative européenne de Frédéric Delouche, revised and updated. ed., 1997〔フレデリック・ドルーシュ綜合編集, 木村尚三郎監修／花上克己訳『ヨーロッパの歴史　欧州共通教科書』第 2 版, 1998 年〕.

Historischer Atlas von Bayern. Teil Altbayern, Heft 15 : Landgericht Wasserburg und Kling, bearb. von Tertulina Burkard, 1965.

Historischer Atlas von Bayern. Teil Altbayern, Heft 17 : Landgericht Aibling und Reichsgrafschaft Hohenwaldeck, bearb. von Franz Andrelang, 1967.

Historischer Atlas von Bayern. Teil Altbayern, Heft 38 : Rosenheim, bearb. von Gertrud Diepolder, Richard van Dülmen, Adolf Sandberger, 1978.

Inama-Sternegg, Karl Theodor von : Deutsche Wirtschaftsgeschichte des 10. bis 12. Jahrhunderts, 1891.

Janssen, Wilhelm : Die mensa episcopalis der Kölner Erzbischöfe im Spätmittelalter, in : H. Patze (Hrsg.), Die Grundherrschaft im späten Mittelalter Ⅰ（VF, Bd. XXⅦ), 1983.

Krahe, Friedrich W. : Burgen des deutschen Mittelalters. Grundrißlexikon, 1994.

Kramer, Ferdinand und Wilhelm Störmer（Hrsg.）, Hochmittelalterliche Adelsfamilien

325

文 献 目 録

in Altbayern, Franken und Schwaben (Studien zur bayerischen Verfassungs-und Sozialgeschichte, Bd. XX), 2005.

Krieg, Martin : Die Entstehung der Amtsbezirke im ehemaligen Fürstentum Lüneburg (Veröffentlichungen der Histrorischen Kommission für Hannover, Oldenburg, Braunschweig, Schaumburg-Lippe und Bremen. Studien und Vorarbeiten zum Historischen Atlas Niedersachsens, 6. Heft, Neudr. der Ausg. 1922, 1975.

Krieger, Karl - Friedrich : Burg CI. Deutschland [1] Allgemeine rechts-und verfassungs- geschichtliche Bedeutung, in : Lexikon des Mittelalters, Bd. II, 1983.

Krieger, Karl-Friedrich : Die Lehnshoheit der deutschen Könige im Spätmittelalter (ca. 1200-1437) (Untersuchungen zur deutschen Staats-und Rechtsgeschichte NF 23), 1979.

Kroeschell, Karl : Deutsche Rechtsgeschichte, Band 1 : Bis 1250, 12. Aufl., 2005.

Kroeschell, Karl・Cordes,Albrecht・Karin Nehlsen-von Stryk, Deutsche Rechtsgeschichte, Bd.2 : 1250-1650, 9., aktual. Aufl., 2008.

Kuchenbuch, Ludolf : Potestas und Utilitas. Ein Versuch über Stand und Perspektiven der Forschung zur Grundherrschaft im 9.-13. Jahrhundert, in : HZ., Bd. 265, 1997.

Kuchenbuch, Ludolf : Abschied von der „Grundherrschaft". Ein Prüfgang durch das ostfränkisch- deutsche Reich 950-1050, in : ZRG. GA. 121, 2004.

Kulischer, Josef : Allgemeine Wirtschaftsgeschichte des Mittelalters und der Neuzeit, Bd. 1 : Das Mittelalter, 1928〔クーリッシェル著，増田四郎監修，伊藤栄／諸田實訳『ヨーロッパ中世経済史』，1974 年〕

Lennarz , Albert : Der Territorialstaat des Erzbischofs von Trier um 1220 nach dem Liber annalium iurium archiepiscopi et ecclesie Trevirensis, in : Annalen des Historischen Vereins für den Niederrhein, 69. Heft, 1900.

Liebhart, Wilhelm : Die Edelfreie von Maisach im 12. Jahrhundert. Pankraz Fried zum 50. Geburtstag, in : Heimatkundliche Vierteljahresschrift „Amperland" für die Kreise Dachau, Freising und Fürstenfeldbruck, Jg. 17, 1981.

Loibl, Richard : Zwischen Edelfreiheit und Grafenstand : Die Herren von Kamm-Hals. Eine Fallstudie zur Differenzierung edelfreier und gräflicher Geschlechter im 12. und 13. Jahrhundert, in : Ferdinand Kramer und Wilhelm Störmer (Hrsg.), Hochmittelalterliche Adelsfamilien, 2005.

Lütge, Fridrich : Deutsche Sozial-und Wirtschaftsgeschichte, 3. Aufl., 1966.

Lütge, Fridrich : Geschichte der deutschen Agrarverafssung vom frühen Mittelalter bis zum 19. Jahrhundert, 2. Aufl., 1967.

Maurer, Hans-Martin : Die landesherrliche Burg in Wirtemberg im 15. und 16. Jahrundert. Studien zu den landesherrlich-eigenen Burgen, Schlössern und Festungen (Veröffent- lichungen der Kommision für Geschichtliche Landeskunde in Baden=Württemberg Rei- he B Forschungen, 1. Bd.), Diss. Tübingen, 1958.

Maurer, Hans-Martin : Die Entstehung der hochmittelalterlichen Adelsburg in Süd- westdeutschland, in : Zeitschrift für die Geschichte des Oberrheins 117 (NF 78), 1969.

Maurer, Hans-Martin : Rechtsverhältnisse der mittelalterlichen Adelsburg, in : Die Burgen im deutschen Sprachraum II (VF, Bd. 19 Teil 2), 1976.

Metz, Wolfgang : Staufische Güterverzeichnisse. Untersuchungen zur Verfassungs- und Wirtschaftsgeschichte des 12. und 13. Jahrhunderts, 1964.

文 献 目 録

Mitteis, Heinrich : Lehnrecht und Staatsgewalt. Untersuchungen zur mittelalterlichen Verfassungsgeshichte, unveränd. Nachdr. der 1. Aufl. von 1933, 1974.

Mitteis, Heinrich : Der Staat des hohen Mittelalters. Grundlinien einer vergleichenden Verfassungsgeschichte des Lehenszeitalters, 9. unveränd. Aufl., 1974.

Mitteis, Heinrich : Deutsches Privatrecht, ein Studienbuch, neubearb. von H. Lieberich, 3. durchg. und erg. Aufl., 1959〔ハインリッヒ・ミッタイス著，世良晃志郎・広中俊雄共訳『ドイツ私法概説』, 1961 年〕.

Mitteis-Lieberich, Deutsche Rechtsgeschichte, 19. Aufl., 1992〔第 11 版（1969 年）の邦訳＝世良晃志郎訳『ドイツ法制史概説 改訂版』, 1971 年〕.

Mitterauer, Michael : Herrenburg und Burgstadt, in : Zeitschrift für bayerische Landegeschichte, Bd. 36, 1973.

Mottek, Hans : Wirtschaftsgeschichte Deutschlands, Bd. 1, 5. Aufl., 1976.

Olivier-Martin, François : Histoire du droit français de origines à la Révolution, 1948〔塙浩訳『フランス法制史概説』, 1986 年〕.

Ott, Andreas G. : Die Arbeitsverfassung der bayerischen Grundherrschaft vom 10. bis zum 14. Jahrhundert (Berliner Juristische Universitätsschriften : Reihe Grundlagen des Rechts ; Bd. 6), Diss.Berlin, Humboldt-Univ. 1996, 1997.

Patze, Hans（Hrsg.）: Die Burgen im deutschen Sprachraum I‐Ⅱ (VF, Bd. 19), 1976.

Patze, Hans : Rechts- und verfassungsgeschichtliche Bedeutung der Burgen in Niedersachsen, in : Die Burgen im deutschen Sprachraum. Ihre rechts-und verfassungs-geschichtliche Bedeutung I (VF, Bd. 19 Teil I), hrsg. von H. Patze, 1976.

Patze, Hans : Die Welfen in der mittelalterlichen Geschichte Europas, in : Ausgewählte Aufsätze von Hans Patze, hrsg. von P. Johanek, E. Schbert und M. Werner (VF, Bd. L), 2002.

Patze, Hans : Die Begründung des Herzogtums Braunschweig im Jahre 1235 und die ＞＞ Braunschweigische Reimchronik＜＜, in : Ausgewählte Aufsätze von Hans Patze.

Patze, Hans : Die welfischen Territorien im 14. Jahrhundert, in : H. Patze (Hrsg.), Der deutsche Territorialstaat im 14. Jahrhundert Ⅱ (VF, Bd. ⅩⅣ), 1971.

Pischke, Gudrun : Der Herrschaftsbereich Heinrichs des Löwen. Quellenverzeichnis. (Veröffentlichungen der Histrorischen Kommission für Niedersachsen und Bremen Ⅱ, Studien und Vorarbeiten zum Historischen Atlas Niedersachsens, 32. Heft), 1987.

Pischke, Gudrun : Die Landesteilungen der Welfen im Mittelalter (Veröffentlichungen des Instituts für Historische Landesforschung der Universität Göttingen ; Bd. 24), Diss. Göttingen 1984/85, 1987.

Planitz, Hans : Das deutsche Grundpfandrecht, 1936.

Podehl, Wolfgang : Burg und Herrschaft in der Mark Brandenburg. Untersuchungen zur mittelalterlichen Verfasssungsgeschichte unter besonderer Berücksichtigung von Altmark, Neumark und Havelland (Mitteldeutsche Forschungen, Bd. 76), Diss. Marburg 1973, 1975.

Ramp, Karl : Studien zur Grundherrschaft Neuburg-Falkenstein auf Grund des „Codex diplomaticus Falkensteinensis", Diss. München 1925.

Reichert, Winfried : Landesherrschaft zwischen Reich und Frankreich. Verfassung, Wirtschaft und Territorialpolitik in der Grafschaft Luxemburg von der Mitte des 13.

327

文 献 目 録

bis zur Mitte des 14. Jahrhunderts (= Trierer Historische Forschungen, hrsg. von H-H. Anton, G. Birtsch et al., Bd. 24), Diss. Trier 1990, Teil 2, 1993.

Reichert, Winfried : Herrschaftliche Raumerfassung und Raumgliederung im Westen des Reiches am Beispiel der Grafen von Luxemburg, 1200-1350, in : Zeitschrift für Historische Forschung, Jg. 19-3, 1992.

Richard, Jean : Châteaux, châtelains et vassaux en Bourgogne au XIe-XIIe siècles, in : Cahiers de civilation medievale, 10e-12e siècles, 1960.

Ritter von Lang, Karl Heinrich : Bayerns alte Grafschaften und Gebiete als Fortsetzung von Bayerns Gauen, urkundlich und geschichtlich nachgewiesen, 1831.

Rösener, Werner : Grundherrschaften des Hochadels in Südwestdeutschland im Spätmittelalter, in : Die Grundherrschaft im späten Mittelalter II, hrsg. von H. Patze (VF, Bd. 27), 1983.

Rösener, Werner : Agrarwirtschaft, Agrarverfassung und ländliche Gesellschaft im Mittelalter (Enzyklopädie deutscher Geschichte 13), 1992.

Rösener, Werner : Beobachtungen zur Grundherrschaft des Adels im Hochmittelalter, in : W. Rösener (Hrsg.), Grundherrschaft und bäuerliche Gesellschaft im Hochmittelalter (Veröffentlichungen des Max-Planck Instituts für Geschichte ; 115), 1995.

Rösener, Werner : Codex Falkensteinensis. Zur Erinnerungskultur eines Adelsgeschlechts im Hochmittelalter, in : W. Rösener (Hrsg.), Adelige und bürgerliche Erinnerungskulturen des Spätmittelalters und der frühen Neuzeit, 2000.

Rösener, Werner : Adel und Burg im Mittelalter. Fragen zum Verhältnis von Adel und Burg aus kulturhistorischer Sicht, in : Zeitschrift der Geschichte des Oberrheins, 150. Band (Der neuen Folge 111. Band), hrsg. von Kommission für geschichtliche Landeskunde in Baden-Württemberg, 2002.

Rösener, Werner : Die Grundherrschaft als Forschungskonzept. Strukturen und Wandel der Grundherrschaft im deutschen Reich (10 -13. Jahrhundert), in : ZRG. GA. 129. Bd., 2012.

Schaab, Meinrad : Geographische und topographische Elemente der mittelalterlichen Burgenverfasssung nach oberrheinischen Beispielen, in : Die Burg im deutschen Sprachraum II (VF, Bd. 19 Teil 2), 1976.

Scheel, Günther : Kurbraunschweig und die übrigen welfischen Lande, in : K. G. Jeserich / H. Pohl / G.- Ch. Von Unruh (Hrsg.), Deutsche Verwaltungsgeschichte, Bd. 1, 1983.

Scherbaum, Walburga:Die Grafen Valley, in : Ferdinand Kramer und Wilhelm Störmer (Hrsg.), Hochmittelalterliche Adelsfamilien in Altbayern, Franken und Schwaben (Studien zur bayerischen Verfassungs- und Sozialgeschichte, Bd. XX), 2005.

Schlesinger, Walter : Herrschaft und Gefolgschaft in der germanisch-deutschen Verfassungsgeschichte, in : Historische Zeitschrift, Bd. 176, 1953.

Schlesinger, Walter : Burgen und Burgbezirk. Beobachtungen im mitteldeutschen Osten, in : Von Land und Kultur. Festschrift für Rudolf Kötzschke, 1937, jetzt in : Ders., Mitteldeutsche Beiträge zur deutschen Verfassungsgeschichte des Mittelalters, 1961.

Schlesinger, Walter : Burg und Stadt, Aus Verfassungs-und Landesgeschichte (Festschrift für Theodor Mayer) 1, 1954, später in : Ders., Beiträge zur deutschen Verfassungsgeschichte des Mittelalters 2, 1965.

文 献 目 録

Schmid, Karl : Geblüt-Herrschaft-Geschlechterbewußtsein. Grundfragen zum Verständnis des Adels im Mittelalter (VF, Bd. 64), 1998.

Schneidmüller, Bernd : Burg-Stadt-Vaterland. Braunschweig und die Welfen im hohen Mittelalter, in : Johannes Fried und Otto Gerhard Oexle (Hrsg.), Heinrich der Löwe. Herrschaft und Repränsentation (VF, Bd. 57), 2003.

Schneidmüller, Bernd : Die Welfen. Herrschaft und Erinnerung (819-1252) (Urban-Taschenbücher ; Bd. 465), 2000.

Schroeder, Rchard und Eberhard Freiherr von Künsberg : Lehrbuch der deutschen Rechtsgeschichte. 7. Aufl., 1932.

Schubert, Ernst : Einführung in die Grundprobleme der deutschen Geschichte im Spätmittelalter, 1992.

Schubert, Ernst : Fürstliche Herrschaft und Territorium im späten Mittelalter (Enzyklopädie deutscher Geschichte, Bd. 35), 1996.

Schulze, Hans Kurt : Grundstrukturen der Verfassung im Mittelalter : Bd. Ⅰ: Familie, Sippe und Geschlecht, Haus und Hof, Dorf und Mark, Burg, Pfalz und Königshof. Stadt, 2., verb. Aufl., 1992〔千葉徳夫・浅野啓子・五十嵐修・小倉欣一・佐久間弘展訳『西欧中世史事典 ── 国制と社会組織 ── 』1997 年〕. Bd. Ⅱ : Kaiser und Reich, 1997〔五十嵐修 / 浅野啓子 / 小倉欣一 / 佐久間弘展訳『西欧中世史事典Ⅱ ── 皇帝と帝国 ── 』, 2005 年〕.

Seeliger, Gerhard : Die soziale und politische Bedeutung der Grundherrschaft im früheren Mittelalter. Untersuchungen über Hofrecht, Immunität und Landleihen (des ⅩⅩⅡ. Bandes der Abhandlungen der philosophisch-historischen Klasse der Königl. Sächsischen Gesellschaft der Wissenschafften Nr. Ⅰ), 1903.

Seeliger, Gerhard : Staat und Grundherrschaft in der älteren deutschen Geschichte, 1906.

Spiess, Karl-Heinz : Burg und Herrschaft im 15. und 16. Jahrhundert, in : Landesgeschichte und Reichsgeschichte. Festschrift für Alois Gerlich zum 70. Geburtstag (Geschichtliche Landeskunde. Veröffentlichungen des Instituts für Geschichtliche Landeskunde an der Universität Mainz, hrsg. von Michael Matheus, Bd. 42), hrsg. von Winfried Dotzauer, Wolfgang Kleiber, Michael Matheus und Karl-Heinz Spieß, 1995.

Spiess, Karl-Heinz ; unter Mitarbeit von Thomas Willich : Das Lehenswesen in Deutschland im hohen und späten Mittelalter, 2., verb. und erw. Aufl., 2009.

Spinlder, Max : Die Anfänge des bayerischen Landesfürstentums (Schriftenreihe zur bayerischen Landesgeschichte, Bd. 26), Neudr. der Ausg.1937, 1973.

Spinlder, Max (Hrsg.) : Handbuch der bayerischen Geschichte, 1. Bd.: Das alte Bayern. Das Stammesherzogtum bis zum Ausgang des 12. Jahrhunderts, 2. überarb. Aufl., 1981.

Sprandel, Rolf : Verfassung und Gesellschaft im Mittelalter, 4. Aufl. 1991.

Störmer, Wilhelm : Früher Adel. Studien zur politischen Führungsschicht im fränkischen-deutschen Reich vom 8. bis 11. Jahrhundert, Teil Ⅰ-Ⅱ (Monographien zur Geschichte des Mittelalters. In Verbindung mit Friedrch Prinz, hrsg. von Karl Bosl, Bd. 6, Ⅰ-Ⅱ), 1973.

Umlauf, Gertrud : Grund und Boden im Codex Falkensteinensis. Besitz, Besitzrechte und Wirtschaftsführung, Diss. Masch. Wien 1955.

Voltelini, Hans von : Die Entstehung der Landgerichte im bayrisch-österreichischen Rechtsgebiete, in : Archiv für österreichische Geschichte, Bd. 94, 1907.

Willoweit, Dietmar : Rechtsgrundlagen der Territorialgewalt. Landesobrigkeit, Herrschafts-

329

文 献 目 録

rechte und Territorium in der Rechtswissenschaft der Neuzeit (Forschungen zur Deutschen Rechtsgeschichte 11), 1975.

Willoweit, Dietmar : Die Entwicklung und Verwaltung der spätmittelalterlichen Landesherrschaft, in : Deutsche Verwaltungsgeschichte, hrsg. von Kurt G. A. Jeserich, H. Pohl, G-Ch. von Unruh, Bd. 1 : Vom Spätmittelalter bis zum Ende des Reiches, 1983.

Willoweit, Dietmar : Rezeption und Staatsbildung, in : Ius Commune Sonderheft 30, 1987.

Willoweit, Dietmar : Zum Einfluss gelehrten Rechtsdenkens des 13. Jahrhunderts, in : STUDIA GRATIANA XXVII (Festschrift F. Weigand), 1996.

Willoweit, Dietmar : Grundherrschaft und Territorienbildeung. Landherren und Landesherren in deutschsprachigen Urkuden des 13. Jahrhunderts, in : Gerhard Dilcher und Cinzio Violante (Hrsg.), Strukturen und Wandlungen der ländlichen Herrschaftsformen vom 10. bis 13. Jahrhundert. Deutschland und Italien im Vergleich (Schriften des Italiensch-Deutschen Historischen Instituts in Trient : Bd. 14), 2000.

Willoweit, Dietmar : Deutsche Verfassungsgeschichte. Vom Frankenreich bis zur Wiedervereinigung Deutschlands, 6. Aufl., 2009.

Willoweit, Dietmar : Reich und Staat. Eine kleine deutsche Verfassungsgeschichte, 2013.

Wolter, Udo : Amt und Officium in mittelalterlichen Quellen vom 13. bis 15. Jahrhundert Eine begriffsgeschichtliche Untersuchung, in : ZRG. KA. Bd. 74, 1988.

R. Zehetmayer, Urkunde und Adel. Ein Beitrag zur Geschichte der Schriftlichkeit im Südosten des Reiches vom 11. bis zum frühen 14. Jahrhundert (Veröffentlichungen des Instituts für Österreichische Geschichte, Bd. 53), Habilitationsschrift Wien 2009, 2010.

Ⅳ. 邦 語 文 献

石川武「 Grundherrschaft, Bannherrschaft, Gerichtsherrschaft ── 封建社会における「荘園制」の位置をめぐって ──」,『北大史学』3 号, 1955 年

伊藤栄『ドイツ村落共同体の研究』, 1959 年

伊藤栄『ドイツ封建社会発達史研究』, 1963 年

伊藤栄「ドイツ中世村落史の研究 (一)」,『国学院経済学』18 巻 2 号, 1970 年

伊藤栄「中世ドイツの村落形態と荘園支配 (四)──中世前期ウェストファリアを中心に──」,『国学院経済学』17 巻 1 号, 1969 年

伊藤栄「村落共同体とは何か」,『国学院経済学』18 巻 2 号, 1970 年

伊藤栄『ヨーロッパの荘園制』, 1972 年

井上泰男「フランス領主制の基本的特質」,『史学雑誌』65 編 1 号, 1956 年

井上泰男『西欧社会と市民の起源』, 1976 年

井上泰男「ヨーロッパ封建社会論」, 木村尚三郎外編集『中世史講座 5 封建社会論』所収, 1985 年

ヴィッロヴァイト, ディートマー著, 神宝秀夫・西川洋一訳「ケルンの神の平和 (1083) における平和侵害に対する制裁──ドイツ初期平和運動における刑罰の意味に関する一考察──」,『東北学院大学論集 歴史学・地理学』23 号, 1991 年

エンネン, エーディット著, 阿部謹也・泉眞樹子共訳『西洋中世の女たち』, 1992 年

小野善彦「マクシミリアン一世期バイエルンにおける *Pflegsverwalter* 制度の展開」,『アルテス リベラレス』(岩手大学人文社会科学部) 43 号, 1988 年

木村尚三郎「フランス封建王制, その確立過程, 帰結」,『史学雑誌』64 編 10 号, 1955 年

330

文 献 目 録

木村尚三郎「フランス封建制の成立 —— 11 世紀における城主支配圏・バン領主支配圏の形成」,『法制史研究』8 号, 1958 年

木村尚三郎「中世フランスの農村構造と領主権力 —— G・デュビーの新著をめぐって ——」,『法学会雑誌（東京都立大学）』4 巻 2 号, 1964 年

木村尚三郎「中世フランスの農村構造と領主権力（承前）—— G・デュビーの新著をめぐって ——」,『法学会雑誌（東京都立大学）』5 巻 1 号, 1964 年

木村尚三郎「大陸封建社会 二 古典的封建制の成立」,『岩波講座 世界歴史 7 中世 1』, 1969 年

ゲッツ, ハンス・ヴェルナー著, 轡田收・川口洋・山口春樹・桑原ヒサ子訳『中世の日常生活』, 1989 年

櫻井利夫「一四世紀前半期トリール大司教バルドゥインの治世における城塞とランデスヘルシャフト —— 城塞レーエン政策の視角から ——」,『金沢法学』33 巻 1・2 合併号, 1991 年

櫻井利夫「トリール大司教バルドゥインの城塞政策と領邦国家 —— レーエン制の視角から ——」,『金沢法学』34 巻 2 号, 1992 年

櫻井利夫『中世ドイツの領邦国家と城塞』, 2000 年

櫻井利夫「トリール大司教の自由所有城塞ザールブルクの城塞支配権とシャテルニー」,『法制史研究』53 号, 2004 年

櫻井利夫「ザールブルクの城塞区と城塞支配権」,『法学』（東北大学）63 巻 6 号, 2000 年

櫻井利夫「ドイツ封建社会における城塞とシャテルニー —— 中部ライン領域を例として ——」, 小山貞夫先生古稀記念論集編集委員会編『西洋法制史学の現在 小山貞夫先生古稀記念論集』, 2006 年

櫻井利夫「ドイツ封建社会における城塞とシャテルニー —— 中部ライン領域・マンダーシャイトの二つの城塞とケルペン城塞の例 ——」,『金沢法学』34 巻 2 号, 2007 年

櫻井利夫『ドイツ封建社会の構造』, 2008 年

櫻井利夫「神聖ローマ帝国におけるシャテルニー —— 城塞の「付属物」の視角から ——」,『金沢法学』53 巻 2 号, 2011 年

櫻井利夫「一三世紀ヴェルフェン家の城塞支配権とアムト制」,『金沢法学』55 巻 2 号（梅田康夫教授, 中山博善教授, 井上英夫教授, 鹿島正裕教授退職記念号）, 2013 年

櫻井利夫「中世盛期バイエルンの貴族ファルケンシュタイン伯の城塞支配権序説」,『金沢法学』56 巻 2 号（生田省悟教授 退職記念論文集）, 2014 年

鯖田豊之『封建支配の成立と村落共同体』, 1962 年

下野義朗『西欧中世社会成立期の研究』, 1992 年

世良晃志郎『封建制社会の法的構造』（法律学大系 II 法学理論篇 25）1954 年, 再刊 1977 年

服部良久『ドイツ中世の領邦と貴族』, 1998 年

塙浩「書評 石川武著「封建制の成立と封建制社会の 《細胞》・木村尚三郎著「フランス封建制の成立 —— 十一世紀における城主支配圏・バン領主支配圏の形成」」,『法制史研究』10 号, 1960 年

塙浩「フランドル伯領城主支配圏制度に関する一所説 —— ガンスホーフ「シャッテルニー裁判廷研究」——」,『神戸法学雑誌』15 巻 1 号, 1965 年

塙浩「フランドル伯領城主支配圏序説 —— ことにベルギー史学の動きをめぐって ——」,『法学』30 巻 1 号, 1966 年

塙浩「ポアトゥ伯領の統治構造史（9 - 12 世紀）—— ガロー教授の所説をたどって ——」, 服藤弘司・小山貞夫編『法と権力の史的考察 —— 世良教授還暦記念 上 ——』, 1977 年, 所

文献目録

収

堀米庸三「中世国家に関する二つの研究 ── 世良晃志郎・封建制社会の法的構造，高柳信
　一・近代プロイセン国家成立史序説 ──」，『国家学会雑誌』69 巻 1・2 合併号

名城邦夫「中世後期バムベルクにおけるアムト制の確立と農民（森本蟲教授追悼号）」，『帝
　塚山大学経済学』7 巻，1998 年

名城邦夫『中世ドイツ・バムベルク司教領の研究 ── 貨幣経済化と地代 ──』，2000 年

皆川勇作「バイエルン領邦国家の研究」，『文化』（東北大学文学部）32 巻 4 号，1968 年

宮坂康寿「一四世紀ケルン大司教領におけるアムトの質入れと領域政策」，『史林』85 巻 4 号，
　2002 年

森崇浩「一五世紀バーゼル邦におけるアムト制の展開 ── アムト・リースタールの事例から
　──」，『西洋史学論集』（九州大学），40 号，2002 年

若曽根健治「伯領フィンチュガウにおけるラント法的構造（一）（二・完）── 領邦ティロー
　ル成立史序説 ──」，『熊本法学』22 号，同 23 号，1974 年

ヨルダン，カール著，瀬原義生訳『ザクセン大公ハインリッヒ獅子公』，2004 年

渡辺節夫『フランス中世政治権力構造の研究』，1992 年

事項・地名・人名索引

あ 行

アイゲン（自由財産）……58, 60, 70, 174, 184
アイメリクス・デ・パーケ
　（ヨハネ騎士団総長）………………255
アヴェンティン（人文主義者）……21-2, 24,
　　　　　　　　　　　　　　70, 113
アウグスティヌスの会則 ………………96
アギロルフィング家 ……………………97
アッセル城塞…………287-8, 290, 310, 313
アッセンハイム城塞 ………………225-6
アーデルハイト（ジボトー5世の妻）…35
アーヘ川 ……………………………159
アムト（officium）……………47, 88, 124
アムト
　――・アイブリング……103, 109-12, 210
　――制……5, 88, 134, 200-1, 206-7, 209-10, 212
　――所在地としての城塞 ……………233
　――の収益 ……………………………53
　支配権的諸権利の行政的統合としての
　　　――……………………………272
アムトマン………52, 81-2, 87, 123-4,
　　　　　　140, 203, 207-8, 210
　――（ランデスヘルの地方行政役人）
　　　　　　　　　207-8, 271-2, 314-7
　――の役所 ……………………………140
アムブロシウス修道院（ミラノ）………245
新たなグラーフシャフト概念 ………121-2
アラーン城塞 ……………………………256
アルテンフェルス城塞 …………283-5, 313
アルテンブルク城塞………………95, 133
アルバロン城塞 …………………………256
アルブレヒト
　――1世（オーストリア大公）…………172
　――熊伯 ………………………………277
　ブラウンシュヴァイク大公――……307-9
アルメンデ利用権…………93, 125, 184

アルル
　――王国 ………………………………221
　――大司教 ……………………………255
アロート（自由財産）………59, 70-1, 77, 101,
　　　　　　113-5, 120, 133, 135-6
アンデクス伯 …………………………209
アンデクス＝メラーニエン大公 …………42
F・アンドレラング ………16-7, 28, 33, 52, 97,
　　　　　　102-3, 115, 136, 139-40
家修道院（私有修道院）………………137-8
イサベラ（皇帝フリードリッヒ2世の
　奥方）………………………………301
イタリア ……………………………7, 216
一村多領主制＝散在所有…………………202
井上泰男 ………………………………11
イン河 ……………………5, 8, 13, 140, 173
イングランド ……………………………7
インタール ……………………………34
インノケンティウス3世（教皇）………279
ヴァイアルン
　――家系 …………………………34, 40
　――修道院 …………21-3, 28, 31-2, 63, 94-7,
　　　　　125, 137, 147, 152-3, 194
　――修道院のフォークト（フォークタイ）
　　　………32, 63, 94-7, 125, 137
　――城塞 …………………26, 31-2, 94, 96
　――伯 ……………………………34, 72
　――伯ジボトー …………………41, 100
『ヴァイアルン修道院史料集成』…………23
ヴァイステューマー（法判告）………117, 120
ヴァッサーブルク
　――家 ………………………………211
　――伯ハル ……………62, 65, 155, 211
E・ヴァードレ …………100, 118, 121
ヴァンソブル城塞 ……………………256
ヴィグロイス・フント …………21-24, 167
ヴィッシング ……………86, 89, 92, 124

333

事項・地名・人名索引

ヴィッテルスバッハ家 ……… *13, 20, 22-3, 41,*
　　　　　　　　58, 62-4, 98, 102-3, 270
　　──のオットー …………………*276*
D・ヴィッロヴァイト ……………*271-2*
ヴィーナー・ノイシュタット ………*171, 190*
ヴィリカツィオーン＝フローンホーフ ‥*52,*
　　　　　　　　　　　　　　　197
ヴィリカツィオーン制（領主直営地型
　荘園制）……………*5, 17, 83-90, 124, 200,*
　　　　206, 209-10, 262, 265, 317-9
　　──から城塞区＝シャテルニー制を通
　　　じてアムト制への発展 …………*317-9*
　　──の解体傾向 …………………*318*
ヴィルヘルム
　　──＝ウィリアム（ハインリッヒ獅子公
　　　の四男）………*276-83, 287-8, 291-4, 297*
　　──・フォン・ホラント（国王）………*229*
ヴェストファーレン大公領 …………*277*
ヴェルデン教会 ……………………*298*
ヴェルネグ城塞 ……………………*256*
ヴェルフェン
　　──大公 ……………………………*62*
　　──家 ………………*5, 33, 63-4, 77, 193,*
　　　　　　206, 270, 275-7, 294
　　──家の系図 …………………*278*
H・フォン・ヴォルテリーニ‥*233-4, 265, 272*
ヴェルフ４世（バイエルン大公）……*33, 166*
ヴォルムス
　　──教会 …………………………*225*
　　──帝国議会 …………………*276*
　　──（都市）……………………*246*
G・ウムラウフ ……………*15-6, 28, 52, 92, 99*
ヴュルツブルクの帝国議会 …………*276*
ヴュルテムベルク地方 ………………*231*
ウンターティーフェンバッハ ………*61*
E・エネン …………………*235-6, 272*
H・エーブナー …………………*257, 272*
エーベルハルト・フォン・マイザッハ
　　　…………*112-4, 116, 120, 126-7, 135, 143*
エルヴァンゲン修道院 ………………*257*
エルザス ……………………………*273*

L・エルテスター ……………………*231*
V・エルンスト ……………………*100*
エンゲルベルト３世（辺境伯）………*159*
エンドルフ …………………*75, 77, 168*
オイフェーミア・フォン・キューンリング
　　………*35-6, 73, 180-1, 184, 210*
オーヴェルニュ ……………………*6*
オステローデ城塞 …*287-8, 290, 310, 313, 315*
オーストリア ………*23, 35-6, 48, 61-2, 64, 171,*
　　　173, 179, 181-3, 190, 210, 270
　　──大公 …………*25, 36, 61-4, 77, 171-2,*
　　　179-81, 187, 193, 196, 210
　　──大公領 ……………………*171-2*
　　──の共通の法（commune ius Austrie）
　　　…………………………………*183*
　　──辺境伯領 …………………*172*
オストマルク（東部辺境）…………*171-3*
オスナブリュック司教領 ………*235, 273*
オットー
　　──１世（皇帝）……*171-2, 216, 234*
　　──３世（皇帝）……………………*171*
　　──４世（ハインリッヒ獅子公の三男，
　　　国王）……*276-9, 287, 297, 301*
　　──幼童公（ヴェルフェン家）‥*277-8, 294,*
　　　　　　297, 301, 307
　　──２世（ライン宮中伯，ヴィッテルス
　　　バッハ家）……………………*278, 297*
　　──（ゲルデルン伯）……………*229*
　　──・フォン・ヴィッテルスバッハ
　　　（宮中伯）………………………*58*
　　──（ブランデンブルク辺境伯）……*307-8*
オットカール２世（ベーメン王，オース
　トリア大公）………………*171, 181*
オービング（市場）‥*77, 148-9, 151-2, 164, 196*
オランジュ（都市）…………………*254-5*
オルブリュック城塞 ………………*227*

か 行

開城権 ………………………………*270*
ガイスルバッハ …………*57-8, 77, 193*
開拓地域 ……………………………*233*

事項・地名・人名索引

下　級
　　──貴族 ……………………………………219
　　──裁判権 ……89, 179, 186, 232, 238, 263
　　──フォークト …………………………97
　　──レーエン …………………………68, 100
家　章 ……………………………………………56-7
ガスコーニュ ……………………………………6
カステルヴェール城塞 …………………………256
河川湖沼 ………………………………………227
castrum または castellum（イタリアの
　城塞管区）…………………………………220
家畜飼育農場 ……86-7, 91-3, 108, 124, 132-3,
　　　　　　　142, 148, 150, 164, 177, 186
ガッレセ城塞 …………………………………249
カペー
　　──王朝フランス ……………………301
　　──家 …………………………………10
貨　幣
　　──経済 ………………………………262
　　──貢租 ……………………………89, 92
　　──収入 …………………178, 186, 197
　　──鋳造権 ……………………………207
　　──鋳造所 ……………………………253
ガマースドルフ ………………………………61
神の平和（運動）………………………116, 262
カロリング家 …………………………………10
カロリング朝 …………………………………275
関　税 …………………………………………253
ガンダースハイム教会 ………………………298
騎士身分への上昇 …………………………202-3
貴　族
　　──支配権 ………9, 13, 17, 58-9, 77, 121, 128,
　　　　　　　143, 165, 187, 192-3, 209-10
　　──支配権の顕現 ……………………261
　　──の構造転換 ………………………9, 261-3
　　──の財産的基礎 ……………59, 77, 193
　　──の資格 ……………………………58
　　──の象徴としての城塞 …………233, 291
　　──の地域的集中化 …………………209
　　──の優越感情 …………………232-3, 261
　　──フェーデ …………………………219

キッツビューエル（ラント裁判区）…141, 159
ギフホルン（dominium 支配権）………308-9
キーム
　　──ガウ ……………………………34, 147
　　──湖 …………………………………147, 168
木村尚三郎 ………………………II, 198-9, 202
宮廷官職 ………………………………………76
丘陵城塞 ………………………………………233
教　会
　　──グルントヘルシャフト …………204
　　──支配権 …………………………59, 77, 193
　　──諸侯領の還俗 ……………………25
　　──のイムニテート領域 …………101, 125
　　──法 …………………………………271
　　──法上の婚姻障害 …………………41
　　──保護権 …………………………226-7, 238
行政官吏
　　prepositus（ファルケンシュタイン管区，
　　　ヘルンシュタイン管区）……50-2, 80-2,
　　　　　　　87, 132, 140, 143, 200-3, 208
　　procurator（ノイブルク管区，ハルトマ
　　　ンスベルク管区）……50-3, 81-2, 87, 98-9,
　　　　　　123-6, 148, 154, 156, 194-5, 200-3, 208
漁　業
　　──権 ……150, 177, 227, 238, 246, 253
　　──独占権 …………………………150, 205
居住義務 ……………………………………68-9
キルヒドルフのフォークタイ……94, 125, 194
緊急裁判所 ……………………………………120
銀鉱山 …………………………………………253
勤務領 ………………………………………202-3
クヴェードリンブルク教会 …………………298
クヌート（デーンマーク国王）…………277
クーノ ……93, 112-3, 135, 139, 141, 166, 187-9
クーノ
　　──4世・フォン・メードリング………74
　　──（エルヴァンゲン修道院長）………257
クーフシュタイン地方 ………………………173
L・クーヘンブーフ …………………………10-2
クライス（郡）Kreis 制 ……………………319
クライブルク辺境伯 …………………………62, 67

335

事項・地名・人名索引

グラーフシャフト ………97, 100, 113-6, 120-6,
131, 135, 140-3, 148, 150, 159,
163, 171, 175, 177-9, 183-4,
186-8, 190, 192, 194-6, 198-203
──（伯の支配区）…9, 47-9, 52-5, 57, 62,
64, 78, 81-2, 87-9, 93, 100, 113-4
──＝アムト ………47, 53, 55, 79-82,
87-9, 93, 124, 135, 148, 150,
175, 178, 186-7, 196, 200-3
──＝アムト＝シャテルニー構築の意味
………202-3
──＝アムト＝城塞管区…………186-7
──裁判所（comitia）…………113
──＝ラント裁判区…………121
──の家産化の現象…………122
クリストフ・ゲヴォルト…………23-4
M・クリーク…………271, 273, 318
クルテゾン…………254-5
グルントヘルシャフト ………11, 15, 17, 34,
50, 52, 59, 68, 77, 79-85, 87-90, 94,
99, 109-12, 120-6, 131, 142-3, 147,
151-2, 163-4, 176, 178, 180, 186-8
──から城塞支配権＝シャテルニーへの
構造転換…………124
──のアムト制…………88, 124, 200
──のアムトへの再編成 ………82-3, 88,
124, 200, 206
──の機構…………123
──の構造転換 …82-9, 200-1, 204, 206, 262
──の裁判所…………93
──の組織構造の再編成…………82-9
──の統合体…………52
──の罰令区…………93
世俗──…………13-4, 40, 206
世俗──の譲渡帳簿…………13, 18
世俗──の徴税台帳 ………13, 16, 20-1, 23-6,
40, 53, 55, 59, 69, 77, 81, 85, 89, 93, 98, 102
地代──（純粋荘園制）…84-90, 124, 200, 206
歴史学＝法律学の整理概念としての──
…………79
E・クレーベル…………119

軍 役
──と主邸参向 …………68, 78, 193
──免除税…………179-80, 187, 196-7
軍 事
──権力…………263
──高権…………317
──罰令権…………7, 224
「軍馬の飼料」，「軍馬のモディウス」
（marchimutte）…………62, 179
経 済
──史…………13, 16-7, 40, 124
──的罰令権（バン権）………7, 111, 156,
163-4, 195-6, 205, 211
──的有機体（封鎖的家経済）…………151
ゲヴェーレ（possessio）…………183-4
ゲオルク・ルートヴィッヒ
（イギリス国王）…………277
ゲッティンゲン…………282-4, 287
ケーニヒシュタイン城塞…………225-6
家人法…………76, 78, 193
ゲノッセンシャフト…………83
ゲープハルト・フォン・ブルクハウ
ゼン（伯）…………173
ゲマインデ
──・フェルトキルヘン＝ヴェスターハム
…………79
──・ヘムホーフ…………147, 149
ゲルヴァシウス修道院…………256
A・ゲルツ…………231
ゲルトルート ………27-8, 31-5, 41, 79,
95, 100-1, 122, 147, 171
ゲルマン的相続法…………275
ケルン
──大司教 ………8, 116, 273, 277, 280
──大司教領…………236
H・G・ゲングラー…………15, 23
現行犯…………117
堅固な小規模城塞への移行…………220
現物貢租 ………81, 89, 92, 128, 178, 186, 197
ゴー Go（裁判区）…………317
高級貴族…………57, 100, 174, 211, 219, 275

事項・地名・人名索引

高　級
　　──裁判区 ……………………………202
　　──裁判権………*100-2, 114, 116-9, 121, 125-6,*
　　　　　　132, 135, 140-3, 148, 163-4, 175,
　　　　　　179-80, 186-7, 194-7, 202, 205, 238
　　──裁判権（流血裁判権と高級贖罪裁判権）
　　　　……………*121, 125, 163-4, 175, 184, 194-5*
　　──裁判権＝ラント裁判権 …………*197*
　　──贖罪裁判権 ………*118, 121, 125, 132, 135,*
　　　　140-3, 148, 163-4, 175, 180, 184, 187, 194-7
鉱業権 ……………………………………*207*
後見権 …………………………………*62, 64*
高権的権利（政治的権利）…*180, 187, 197, 236*
後見人の指定 …………………*20, 24, 58, 60*
公権力 …………………………………*263*
貢　租
　　──徴収権限 ……………………………*110*
　　──納入先としての城塞 …………*200*
皇帝の仲裁裁判所 ………………………*97*
国王平和 …………………………………*116*
国王ホーフ ………………………………*97*
国制史 …………………………*260-1, 263*
湖沼と水流 ……………………………*246*
護送権 …………………………………*111, 207*
国境防衛 …………………………………*234*
古来の伯管区（comitatus）………………*121*
コンラート
　　── 2 世（皇帝）………………………*250*
　　── 3 世（国王）………………………*30, 243*
　　── 4 世（レーゲンスブルク司教）…*256-7*
　　──（5 世）……………*35-6, 41, 46, 73-4,*
　　　　　　180-1, 183, 209-10
　　──（バイルシュタイン伯）…………*62*
　　──（フライジング司教）…*36, 73-4,*
　　　　　　182-4, 210
　　──・フォン・ノイブルク＝ヘルン
　　　　シュタイン …………………………*183*
　　──・フォン・パイルシュタイン（伯）…*188*

さ 行

財政高権 …………………………………*317*

裁　判
　　──支配権 ………………*17, 34, 59, 77, 193*
　　──収入 …………………*62, 179-80, 185*
　　──罰令権 ……………………*93, 159, 163*
細密画（Miniatur）…………………*47, 55*
サヴォア（伯領）…………………………*244-5*
ザクセン ………………………………*7, 233*
ザクセンシュピーゲル …………………*117*
ザクセン大公領 …………………………*280*
鯖田豊之 …………………………………*11*
ザーリアー王権（朝）………*7-8, 10, 101, 116*
ザルツブルク
　　──教会 ………………*25, 31, 50, 96, 156*
　　──教会のフォークタイ …………各所
　　──大司教………*22-3, 25, 31, 33, 35, 50, 63-4,*
　　　　　77, 94, 96, 152-6, 163-4, 166, 193, 196
『ザルツブルク大司教教会』…………*22-3*
サロン城塞 ………………………………*256*
サン・シャマ城塞 ………………………*256*
自家経営 ……………*17, 63, 83-4, 86-8, 91-2,*
　　　　　　123, 133, 178, 186, 197
司教叙任権闘争 …………………………*219*
自己顕示 ……………*220, 246, 261, 288-9*
市　場 ……………………………………*253*
市場開設権 ………*151-2, 164, 196, 205, 211, 238*
自生的グラーフシャフト ………………*122*
質　入 ……………*24, 112-5, 120, 126-8,*
　　　　　　135-6, 143, 165-8, 189-90, 197
質権設定契約 …………………………*114, 136*
実刑裁判権・流血裁判権 ……*102, 116, 262-3*
私的所有権（私法）と国家的な高権（公法）
　　の分離 ………………………………*185*
支配権
　　──的諸権利の集中化 ………………*209*
　　──等の購入 ………*74, 127, 136, 151, 183, 197*
　　──等の買入 ……*24, 112-6, 120, 126-8, 135-6,*
　　　　143, 165-7, 170, 189-190, 197, 270
　　──の基準点としての城塞 …………*238*
　　──の示威 …………………………*233*
支配＝裁判構造の根本的な改造 ………*263-4*
支配・裁判構造の転換 …………………*217*

337

事項・地名・人名索引

支配の中心の領主館から城塞への移動 …88, 124, 206

ジボトー

—— 1世 ……………………30-1, 41, 100, 136

—— 2世 ……30-4, 41, 72, 94, 96-8, 100, 147

—— 3世 …………………………………31

—— 4世 ……………13, 18-21, 24-31, 33-7, 40-1, 47-8, 57-60, 63-6, 71-5, 77-81, 85-6, 93-4, 98, 100-1, 112-3, 122, 124, 126-8, 131, 135-9, 143, 147, 151, 153-4,158-9, 163, 165-8, 171-5, 178, 180, 186-90,192-3, 209-10

—— 5世………………35-6, 42, 66, 112-3, 122, 135, 141, 166, 180-1, 189

—— 6世 ……………35, 41-2, 73, 180, 209

社会史 ………………………………262

シャッラブルク（伯）………………62

シャテルニー châtellenie …………………各所
—— からランデスヘルのアムト制への
　　発展系列 …………………………5, 209
—— ＝城塞支配制の時期 ………………210
—— の一般的な存在 ………………259
—— の具体的権限 ………………224
—— の内部構造……………6-10, 14, 17, 24
—— を意味するものとしての城塞名…238-9
—— を示す用語（ドイツ）………………223
—— を示す用語（フランス）………223-4

シャトーヌフ城塞 ………………244-5

シャルツフェルト城塞 …………287-8, 290-1, 310, 313, 315

シュヴァーベン ………………118, 231-2

自由人貴族（高級貴族）…35-6, 58, 122, 174, 180

重大な刑事事件（Ungericht）…114, 116, 120

自由なアイゲン ………………174, 184

従属民〔農奴〕…8,73, 83, 97, 120-1, 126, 136, 142, 151, 158, 164, 173, 183-4, 196, 198

十分の一税 ………………………………227

自由身分 ………………8, 56-8, 114, 174, 184

手工業罰令権 ………………………232

シュタイアー大公 ………………182

主体物としての城塞 ………………246-7

シュタウフェン王権（朝）……………101, 112

シュターデ（都市）…………………282-3, 285

シュタウフェンブルク城塞 ………287-8, 290, 310, 313, 315

W・シュテルマー ………………124, 206

シュトゥム ……………153-4, 158, 162-3

B・シュナイトミュラー …………289, 299, 305

K＝H・シュピース ……………………310

M・シュピンドラー ………………13, 56

E・シューベルト ……………………208

シュラネン Schrannen 裁判権 …………119

シュリヒト（所領）………………150, 167-8

狩猟権 ………………………238, 253

W・シュレージンガー ………………234

シュロス湖 ……………………………147

荘　園
—— 管理役人 ………………………52
—— 荘園裁判所（下級裁判所）…………89
—— 法 ………………………………83
—— 領主権（グルントヘルシャフト）…各所

上級ホーフ［prepositura］……52, 63, 82, 152-3

城　塞
—— 建設の古典期 …………14, 203, 219
—— 指揮（令）官 ………………74, 234
—— 守備 …………6, 26, 68-9, 72, 193
—— 守備勤務 ………………………6
—— 守備隊 ………………………72
—— 守備封臣（城臣）……6, 24, 68-74, 76, 78, 183-4, 193
—— 守備封臣（城臣）の人数 ……69, 78
—— 守備レーエン法 …68-9, 76, 78, 193, 270
—— 守備レーエン法における授封状 …69, 156, 158-9
—— 守備レーエン法におけるレーエン
　　対象 ………………………69, 179
—— ネットワーク ……………68-9, 74
—— の影響圏を拡大する根拠地として
　　の機能 ………………………236
—— の建設材料 …………………220
—— の周辺地 …166, 170, 187-8, 190-1, 205
—— の地方行政区を形成するための結

338

事項・地名・人名索引

晶核・基点の機能 ……236
──のファミリア ……73-4, 183
──の領邦化の機能 ……236
──罰令区 ……269
──フォークト ……271
──平和領域 ……234
──を中核とする統一体 ……59, 77, 193
城塞以外の主体物 ……246-7
城塞（管）区 ……5, 12, 56, 131-2, 140, 142, 147-8, 150, 154, 163-4, 166, 175, 177-8, 180, 186-9, 195-6, 205, 208, 234-5, 245
──＝シャテルニー ……234
城塞支配区 ……196-7, 207
城塞支配権 ……各所
──から領国の地方行政組織アムトへの発展 ……269-70, 313-9
──形成の起動力 ……5, 199, 201-2, 204
──＝シャテルニー形成の起動力……199-204
──＝シャテルニーの一般的な存在 ……269
──＝シャテルニーを意味するものとしての城塞名 ……55, 188, 191, 204
──＝城塞支配領域 ……269
──に関する史料状況 ……10, 14-5, 24, 102
──の成立 ……9-10, 14, 24, 199, 202
──の内部構造 ……6-10, 14, 17, 24, 198, 203
貴族階層の共通の標識としての──……9, 204
貴族支配権の現象形態としての── ……8
全ヨーロッパ的現象としての── ……6
城塞の付属物 ……55, 121, 126, 184, 189, 194, 208, 217, 269, 282-5, 287, 290-1, 293, 302-4, 309-11
──としてのシャテルニー＝城塞支配権 ……208
──としてのランデスヘルのアムト管区 ……208
──の意味 ……225-230
城塞夫役 ……8, 62, 64
──免除税 ……64, 179-80, 187, 197
──要求権（城塞罰令権）……205
城塞付属所領（Burggüter）……239-40
経済的企業の管理を行う中心

としての── ……239
荘園領主的に組織化された所領の複合体の中心としての── ……239-40
農業生産と手工業生産の場所としての── ……239
城塞名 ……8-9, 55, 66, 188, 262
城塞支配権＝シャテルニーの表現としての── ……188, 191, 204, 238-9, 259, 269, 309
荘　司 ……54, 70, 81-2, 84-5, 87-9, 123-4, 155, 162, 176, 188, 201-3
──と新たなアムト役人の間の相違……202-3
──の台頭 ……201, 203
──のフローンホーフ ……82, 84-7, 176, 188, 201
城主 châtelains ……6-8, 10, 55, 69, 73-4, 76
──のイニシアティヴ ……201
初期中世の「家」としての領主館……88, 124, 206
贖　罪
──可能性 ……117, 119
──裁判権 ……101, 116-120, 125, 135, 194
──裁判権たる高級裁判権 ……262-3
──裁判と流血裁判の二元主義 ……101, 117-120, 125, 135, 164, 180, 186-7, 194-7
贖罪金……7, 100-2, 116-8, 179
──システム ……100
植民者 ……173
所有権と占有（dominium et possessio）…183
所　領
──の一円化ないし統一化 ……197, 200-1
──の分割 ……25, 71, 93, 166
──複合体の中核 ……18, 47
ジョン欠地王（イングランド国王）……301
シルトベルク城塞 ……288, 290, 310, 313
神聖ローマ帝国 ……216, 218, 259, 275, 269
人的管轄権 ……114, 121, 125
審判人（iudices）……113
森　林 ……227, 245
──罰令権 ……150, 177, 186, 197
水　車……63, 71, 92-3, 96, 111, 124, 148, 150,

事項・地名・人名索引

155-6, 162-6, 175-7, 188, 194-5, 177, 246

──利用強制権 ……*93, 111, 124, 150, 177, 186*

スペイン ………………………………*7*

聖エメラム修道院 ………………*96-7*

政治的支配権（政治権力）……*121, 199, 204*

聖ブラージウス教会（ブラウンシュヴァ
　イク大聖堂）………………………*278*

聖ペーター修道院 ……*63, 131, 135-9, 142*

生命・身体刑 ……………………*116*

窃盗と犯罪（Dieb und Frevel）…………*118*

世良晃志郎 ………………………*11*

専属的勤務義務 …………………*193*

倉庫役人 …………………*53, 72, 81-2, 123*

争訟の審理記録 …………………*180*

草創期の中世城塞 ………………*247*

相続財産（Erbe）………………*114, 120*

属地主義の原則 …………………*250*

その他の貴族支配権の除去
　（城塞支配権の濃密化）…………*127-8, 136,
　　　　　　　　　　　　　143, 187, 191-2*

ゾフィーア・フォン・フォーブルク
　（ヘラント 2 世の妻）…………*35, 143, 188-9*

ゾマーシェンブルク城塞 ……*287-8, 290, 313*

村落支配権 ………………………*232, 240*

た　行

大規模城塞 ………………………*218*

大空位時代 …………………*219, 264*

対抗城塞 …………………………*310*

第 3 回十字軍 ……………………*278*

体僕支配権 ………………………*17*

貸与地（beneficium）…………*133, 142, 149*

タシロ 3 世（バイエルン大公）……*97*

ダネンベルク城塞 ……*292-3, 311, 313, 316, 319*

ダーレンブルク城塞 ………*292-3, 311, 313, 316*

単位荘園（ヴィリカティオー villicatio）…*70,
　　　　　　　　　　　　　　　　84, 90*

ダンクヴァルデローデ城塞 ……*289, 313-4*

力のシステムの構造転換（封建化）……*261*

築城権 ……………………………*218*

地代所領システム ………………*87*

地　方
　──行政区 ………………………*5*
　──史研究 …………………*9, 15*
　──的レベルでの集権的中央集権 ……*211*

中　世
　──城塞の古典期 ………………*247*
　──城塞の最盛期 ………………*219*

中世盛期の「家」としての城塞 …………*206*

中東ドイツ ………………………*234*

中部フランケン地方 ……………*92*

懲戒権力 …………………………*102*

通行税徴収権 ……………………*238*

R・ツェーエトマイアー…………*16*

ツェレ城塞 ……*282-5, 284-5, 308, 313-4, 319*

定期裁判集会 ………………*101, 117, 120*

帝　国 ………*5, 9-10, 18, 55, 97*
　──諸侯 …………………*264, 275*
　──諸侯身分 ……………………*301*
　──レーエン …………*275-6, 303, 307*

定住史 ………………………*261, 263*

ディートリッヒ・フォン・クレーフェ・
　ウント・トムブルク ………………*9*

ティブルギスとライムバルト・フォン・
　オランジュ ………………………*255*

G・ディーポルダー …………*15-7, 72, 103, 127*

ティーモ（ザルツブルク大司教）……*166, 175*

提喩（pars pro toto）…………*238, 269*

廷吏（precones）…………………*113*

ティロール …………………*233, 238*

テオデリッヒ 2 世（トリール大司教）…*205*

テガーンゼー修道院 ………*27, 28, 30,
　　　　　　　　　　　34, 63, 86, 147*
　──のフォークト（フォークタイ）……*38,
　　　　　　　　　　　　　　　40, 44*

『テガーンゼー修道院譲渡証書』…………*27*

デゼンベルク城塞 ……………*283-5, 313*

F・テプファー ……………………*231*

デュ・カンジュ Du Cange …………*240*

G・デュビイ ……………*6, 8, 10, 198*

テューリンゲン ………………*287-8*

R・ファン・デュルメン……………*13*

340

事項・地名・人名索引

ドイツ …………5-11, 13, 24, 55, 57, 59, 68-9, 82
　　—王国 …………………………216, 218
　　—学界 …………………………313
　　—史学 …………………………10
　　—中世封建社会 ………………5
　　—・レーエン法 …………………68
　　北西— …………………………236
　　北東— …………………………234
　　北部— …………………………235
同害報復の原理 …………………118
トゥリースティング川 …………………171
都市貨幣経済の復活 ………………201-2
土地所有 …………………………232
ドライアイヘンハイン城塞 …………225-6
トランクタイユ城塞 ………………256
トリエント司教 ……………………62, 64
度量衡監督権 ………………152, 164, 196
トリール
　　—教会 …………………………225
　　—大司教の領国 ……………205, 274
『トリールの大司教と教会の年次収入台帳』
　………………………………………205
F・ドルーシュ ………………………7-8

な 行

名城邦夫 …………………………274
ナッサウ城塞 ……………………225
西フランク …………………………10
二重選挙 (1198 年) ………………279
ニーダーヴィート城塞 ……………227
ニーダーオーストリア …23, 48, 171, 181, 190
日本の研究状況 …………………II-2
ニムヴェーゲン（ナイメーヘン）城塞 …229
ニヨン城塞 ………………………256
J・F・ニールマイアーとC・ファン・
　デ・キーフト ………………………240
ニーンドルフ城塞 …………………292-3, 313
ヌシャテル城塞 ……………………244
E・ノイヒル …………16-8, 20, 22, 24, 26-8, 30,
　　　　　　　　　51, 75-6, 141, 159, 190-1

ノイブルク
　　—家系 …………………………各所
　　—管区 …………49-51, 86, 93, 98-9, 109
　　—城塞 …………………………各所
ノイブルクとファルケンシュタインの
　伯の系譜 …………………………28
農民保有地 ………………85-6, 92-3, 124, 194
ノルトブルク城塞…………282-5, 287-8, 313
ノルマン
　　—王朝 …………………………7
　　—人 ……………………………219
ノルマンディー ……………………7

は 行

バイエルン ……97-8, 101, 111, 115, 118-20, 124,
　　　　　　172-4, 178, 181, 186, 193, 197, 210
　　—＝オーストリア法領域……101, 120, 174
　　—州立中央文書館 …………………18
　　—大公 …20, 22, 33, 42, 62, 97-8, 102-3, 107,
　　　　109-11, 118, 140-1, 159, 166, 171, 209-12
　　—大公領 …………97, 171, 273, 276-7
　　—の王領 …………………………97
　　—の宮中伯 …………………63-4, 77, 193
　　—・ラント法 ……………………119
『バイエルン史料集成』
　（Monumenta Boica）…………23-24, 71
『バイエルン人の系図』…………………22-23
バイエルン大公の領国のアムト ………210
　　—・アイブリング………………210-1
　　—・アウドルフ ………………210
　　—・ハルトマンスベルク ………210
　　—・ブラネンブルク ……………210
　　—・フリンツバッハ ……………210
パイセンベルク……85-6, 89, 92, 94, 124-5, 194
ハイムブルク城塞………………292-3, 311, 313
ハイモー・フォン・アントヴォルト ……165
ハインリッヒ
　　—2 世（皇帝）………97, 243, 245-6, 249
　　—4 世（皇帝）………10, 219, 250-1
　　—6 世（皇帝）………………279, 301
　　—（7 世，国王）…………………301

事項・地名・人名索引

――（ハインリッヒ獅子公の長男，
　　ライン宮中伯）……*276-83, 285-6, 288,*
　　　　　　　　　292, 294, 297-8, 302
　――獅子公 ……………*276, 278, 280,*
　　　　　　　　287-90, 292, 314-5, 317
　――獅子公の訴訟 ………………*276*
　――・フォン・キューンリング …*35, 180*
ハウスロイテン ……………………*61, 77*
ハウンスベルク家 …………………*57*
伯（グラーフ）
　――の身分への上昇 ……………*41, 122*
　――の地位（グラーフシャフト）……*100*
パーダーボルン ……………*280, 282, 287*
パツェリヘスベルゲ …………………*190-1*
パッサウ司教 ………………………*61-4*
H・パッツェ ……………*270, 303, 317*
発展系列 ……………………………*5, 209*
パットー …………*27-30, 32, 40-1, 172*
罰令区 ………………………………*260*
罰令権力（バン権力）……*7, 52, 79, 121, 125-6,*
　　　　　138, 163, 187, 195-7, 202, 263
バーデンヴァイラー城塞 …………*290*
バーデン辺境伯 ……………*278, 297-302*
バナリテ banalités（バン権＝罰令権）…*8, 93*
塙　浩 ………………………………*12*
ハノーファー（都市）………*282-4, 287*
ハープスブルク家 …………………*172*
ハーフナッハ ………………………*173*
バーベンハウゼン城塞 ……………*225-6*
バーベンベルガー家 ………………*172*
バムベルク
　――教会 …………*97, 100-1, 103, 109, 112, 125*
　――ベルク司教領 ………………*273-4*
パリ盆地 ……………………………*7*
ハルデック伯ハインリッヒ
　　（ラント裁判官）………………*181-2*
バルデルン城塞 ……………………*257*
ハルデンスレーベン城塞 ……*292-3, 313*
ハルトマンスベルク管区 ……*49-51, 87, 152*
ハルトマンスベルク城塞 …………各所
ハルバーシュタット教会 …………*298*

ベレンガール（ズルツバッハ伯）……*31, 98*
バン
　――（罰令違反金）………………*253*
　――・グルントヘルシャフト ……*93, 151,*
　　　　　　　　　　　　165, 194
　――権力…………*93, 124, 187, 194, 239-241*
　――の権利 le droit de ban ……………*8*
　――領域 …………………………*269*
　――領主権 ……………*8, 10-1, 197-8*
ハンガリア人 ………………………*172, 219*
ハンシュタイン城塞 ……*282-5, 287, 313*
パンツェンバッハ …………………*176, 190*
ハントゲマール（家族世襲財産）……*16, 20,*
　　　24, 29, 56-9, 77, 121, 126, 193
パン焼窯 ……………………………*253*
非自由人 …*31, 67, 75, 101-2, 120, 125, 158-9, 202*
ピースティング川 …………………*171*
ヒツアッカー城塞 ……*292-3, 311, 313, 315*
M・ビテュナウ ……………………*238-9*
避難城塞・民衆城塞 ………………*218*
ピュルテンの教会 …………………*97*
Th・ビラー …………………………*11*
H・ヒルシュ …………*100-1, 116-7, 119-20*
ヒルデガルト・フォン・メードリング
　　（ジボトー4世の妻）………………*27, 35*
ヒルデスハイム
　――教会 …………………………*298*
　――司教領…………………………*235, 273*
ピンツガウ …………………………*127-8*
ファーゲン …………………………*70, 79*
ファミリア familia ……………*74, 83, 101-2,*
　　　　　　　125, 158, 183, 202
ファルケンシュタイン証書集 …………各所
　――の印刷本 ……………………*23-4*
　――の作成の機縁 ……*64-5, 77, 103, 136, 193*
　――の成立 ………………………*14, 18*
　――のドイツ語写本 ……*22, 24, 40*
　――の内容 ………………………*24-5*
　――のラテン語写本…………*18, 21-2*
ファルケンシュタイン
　――＝ヘルンシュタイン家系 ……*26, 32,*

事項・地名・人名索引

40-41, 100, 171-3, 186
──管区 ……………………………50-2
──城塞………………………………各所
──（アウドルフ）のアムト ……54, 86,
140, 142, 210
フィリップ・フォン・シュヴァーベン
（国王）………………………219, 279-80, 301
夫役労働…………………………83-4, 201
──に対する農民の嫌悪感 …………201
フェルデン教会 …………………………298
フォークタイ ……50-1, 63-4, 67, 79, 93-4, 97,
99, 100-2, 104, 107, 109-10,112-3, 116,
119, 121, 125-6, 135-9, 148, 152-7,
158-60, 163-4, 178, 186, 194-6, 211
──・アイブリング ………50, 93-4, 97-102,
110-2, 115, 125-6, 154, 194
──管区 ………51, 56, 148, 163, 194-5, 198-9
──権力 ………51, 97, 110-1, 112, 125, 136,
138-9, 142-3, 163-4, 194-6
──裁判所（権）……50-97, 99-102, 116, 125-6,
135, 138-9, 142-3, 154, 163-4, 194-6
──従属民の離婚強制権 …………164, 196
──授封状 …………………………156, 158
──所領 ………102-3, 107, 109-10, 154, 194
──税 ………94, 102, 156, 159, 163-4, 194, 196
──的保護権力 …………142, 163-4, 196
エプスの── …………………135, 139, 142
エルルの── …………51, 135, 139, 142
キルヒドルフの── …………94, 125, 194
世襲── ………………………137, 238
ノイブルク〔城塞〕の権力下の慈悲
深い── …………………94, 125, 194
パイセンベルクの聖堂区教会に対す
る── …………………94, 125, 194
フォークト
──の宿泊権 ……………………7, 97
──の罰令権 ……………………158-9
フォ城塞 …………………………256
フォルスフェルデ城塞 ……288, 290, 313-4
フォン城塞……………………………244
フォン・ファルケンシュタイン＝ミュン

ツェンベルク …………………………225-6
付属物
──定式 ……………………………204
──としての城塞 …………………246-7
──と城塞の不可分の結びつき ………239,
259, 310
──と城塞の結びつきはドイツの一般
的現象 ……………………239-40
巨大な支配権としての── …………304
支配権的諸権利の統合体＝支配権と
しての── ……………………240
領国の地方行政区としての── ………264
フーノルシュタイン
──城塞 …………………226-7, 231
──のシャテルニー …………226-7
膚髪刑 ……………………………102
プフレンドルフ伯 …………………209
フライジング司教 ……39, 62-3, 73-4,
137-8, 180-4, 210
ブラウンシュヴァイク
──（特別の支配権 dominium speciale）
……………………………308-9
──（都市＝城塞）………287-90, 294, 299,
304-5, 308-9, 313-4, 317
──城塞 ……………………307-8
──大公領 …………………………304
──＝リューネブルク大公家 ………277
──＝リューネブルク大公領の創設 …285,
301, 303-5
『ブラウンシュヴァイク韻文年代記』…284,
289-90, 293, 308
フランク
──王国 …………………………171
──時代 …………………………275
ブランケンブルク城塞 ………292-3, 311, 313
フランス
──型の城主支配領域ないしシャテルニー
……………………………5, 195
──史 ……………………………216
──史学 ……………………………6, 10-1
──の城塞守備 ……………………69

343

事項・地名・人名索引

――の全国規模での権力集中化 ……211
プランタジネット家 ……………………7
ブランデンブルク辺境伯領 ……234, 270, 273
フランドル ………………………………7
――伯領 ……………………………12
P・フリート ……………13, 16-7, 52, 118-9, 273
J・B・フリード ………………16-7, 20, 28
フリードリッヒ
――1世（皇帝）……………20, 26, 172
――2世（皇帝）………………255, 279
――2世の諸侯法 …………………III
――・フォン・ヴィッテルスバッハ
（宮中伯）……………………63
J・フリードリヒス ………237-8, 257, 310
フリンツバッハ ……………51, 70, 112-3, 115,
126, 131-2, 134-6, 142
――教会（聖マルティン教会）……113, 135
オーバー―― ………113, 115, 135-6, 143
T・ブルカルト …………………76, 211
burg（ゲルマン語）………………259
ブルクフリーデ（城塞平和）…………270
ブルグント ……………………216, 221
――王国 ……………………243-4
ブルックベルク家 ………………57
O・ブルンナー ……………79, 124, 206
ブレヴォー管区 …………………237
ブレーメン教会 ……………282, 298
プロイセン ……………………319
プロヴァンス ………………………6
――王国 ……………………221
M・ブロック Bloch ………………6
ブローメ城塞 …………292-3, 311, 313, 316
フローンホーフ
――＝ヴィリカツィオーン ………132, 148,
163, 175, 194-5, 203
――経営に要する経費削減 ………201
――制（領主直営地型荘園制，ヴィリカ
ツィオーン制）………5, 17, 83, 87-8,
90, 200, 206, 209-10
――団体 …………63, 83, 85, 87, 152
――の統合体としてのアムト＝グラーフ

シャフト …………………52, 203
M・A・ベッカー ………15, 23, 33, 56, 173, 179
ヘッセン ……………………273
H・ペッツ ……………15, 23-4, 52, 76
ベーデ（懇願税，タイユ）…………7
ベネディクトゥス8世（教皇）………249
W・ヘヒベルガー …………………10-2, 14
ヘラント
――1世 ………30, 33, 165-6, 171-2, 174
――2世 ………35-6, 143, 187-9, 191
――3世 …………………36, 189
ベルゲン城塞 …………292-3, 311, 313, 316
ベルコムブ城塞 …………………253
ヘールシルト制（レーエン制的階層秩序）
…………………………65, 76
ヘルツベルク城塞 …………287-8, 290-1,
310, 313, 315
ベルトラン・フォン・ボー …………254-5
ベルトルト
――（アンデクス伯）…………63, 65, 209
――・フォン・ポッテンシュタイン…35, 180
ヘルマン5世（バーデン辺境伯）………297
ヘルンシュタイン
――管区（prepositura）…………50-1, 92,
178, 186
――城塞………………………各所
ベルンハルト（アンハルト伯）………277
ヘレーネ（デーンマーク国王の姉妹）…277
ヘレンキームゼー修道院……19-20, 25, 33, 35,
40, 72, 152, 154, 156, 158-60, 163-4, 196
――の寄進帳 ………………19
――のフォークト（フォークタイ）…19, 33,
35, 72, 152, 154, 156, 158-60, 163-4, 196
ヘレン島（キーム湖）……………159
ヘレンホーフ（領主農場）……………87
ボアトゥ ……………………………7
封建的階層制 ……………………65, 77
封　臣 ……………………68-9, 72-3
――の義務としての軍事的勤務（軍役）
Heerfahrt ………………68, 193
――の義務としての主邸参向 Hoffahrt

344

事項・地名・人名索引

……………………68, 78, 193
──の目録 ……………66, 68, 78
法制史 ………………13, 16, 23, 198
法と平和の保護 ………………207
保護権力 ………………………232
ボックスベルク城塞 …………227-9
ポッテンドルフ家………36, 181, 210
W・ポデール …………234, 265, 273
I・ボトシュ……………………231
ホムブルク
　──修道院 …………………287
　──城塞 …………284-5, 313-4
ポリツァイ権力 ………7, 152, 164, 196
M・ボルゴルテ…………………118
ホンシュタイン城塞………287-8, 290, 310, 313

ま 行

W・マイアー ………………239-40
マイセン辺境伯領 ……………235
マインツ ……………283, 287-8, 301
マウテルン（ラント裁判所の開催地）…183
H-M・マウラー…………69, 71, 74, 76
マクデブルク教会 ……………298
マコン地方………………………6
マティルデ（ハインリッヒ獅子公の奥方）
…………………………………276-7
マドロン（聖ペーター）山………131, 138-9
マルクヴァルトシュタイン（ラント裁判区）
……………………………………159
マングファル川 ………13, 32, 34, 79, 115
マンスス …………62-4, 67, 70, 77, 85-6, 92,
96, 102, 149, 158, 193-4, 197
水城（ハルトマンスベルク城塞）…48, 147
H・ミッタイス …………………271
M・ミテラウアー ……………260
皆川勇作………………………273
ミニステリアーレ（家人）……30-1, 35-7, 61-2,
64, 72, 74-8, 127-8, 174, 180-1, 184,
189-90, 193, 202, 219-20, 225, 227

　──身分 …………………180, 194
　支配権の支柱としての──…………77

ミュンツェンベルク城塞 ……………225-6
ミュンヘン ……………………80, 143
ミルビング ………………113, 115, 135-6
ミンデン教会 …………………298
無条件的封臣制
　（ligeitas=lat, ligesse=fr.）………69
C・メクゼーパー ……………240, 263
メッツァーノ修道院 …………254
モノグラム ……………………56
モルナ城塞 ……………………256
メーレン城塞 …………………257
メロヴィング朝 ………………275
モンクレール城塞 ……………231
モンドラゴン城塞 ……………256

や 行

W・ヤンセン …………………273
ユダヤ人保護権 ………………207
ユーディット
　（ハインリッヒ獅子公の奥方）………288
余剰生産物 ……………………151
ヨハネ騎士団 …………………255
ヨーハン
　（ブラウンシュヴァイク大公）…278, 307-9
ヨハンネス（グルノーブル司教）………253
予備契約 ………………………307

ら 行

W・ライヘルト ………………236
ライヘンハル …………………67, 97
ライムバルト・フォン・オランジュ …254-5
ライン河 ………………………215
ラインダーン …………………113-6
ライン地方（ラインラント）………8-10, 204
ラウエンブルク城塞………292-3, 311, 313
ラウターベルク城塞………287-8, 290, 310, 313
ラテラノ宮殿 …………………30
ラヘルヴァント（断崖）………131
ラボトー（オルテンブルク伯）…………63
K・ラムプ………………15-6, 50-1, 87, 89, 91-2
K・H・R・フォン・ラング ………15

345

事項・地名・人名索引

ラングビュルガー湖 ……………………*147*
ランゴバルド
　　――人 ………………………………*250*
　　――法 ………………………………*250*
ランデスヘル
　　――の地方行政区 ……………*313, 319*
　　――の地方行政区としてのラント裁判区
　　　………………………………………*234*
　　――の地方行政組織（アムト制）と
　　　シャテルニー制＝城塞支配制＝
　　　アムト制の間の関連 ……………*206*
ランデスヘルシャフト ……*5, III, 206-10, 233*
　　――の高権区域………………………*235-6*
　　――の組織細胞としての城塞と城塞管区
　　　ないし城塞支配権 ………………*317*
ラント
　　――裁判区（provincia）…*113-4, 121, 125-6,*
　　　132, 142, 148, 175, 179, 184, 194, 202
　　――裁判区 ……………………………*265*
　　――裁判区住民（comprovinciales）……*113*
　　――裁判権 ……*125-6, 179-80, 187, 194, 196-7*
　　――裁判所（lantagidingi）…………*113*
　　――裁判所（区）（generale concilium）
　　　…………………………*113-4, 120-1, 125-6, 184*
　　――・ブラウンシュヴァイクの成立 …*300*
　　――分割契約 …………………*275-6, 305, 307*
　　――平和（運動）……………*101-2, 116-8*
　　――平和の破壊 ………………………*276*
　　――平和立法 …………………………*118*
　　――法上のアハト刑（追放＝迫害刑）…*276*
　　――法上の自由人 ……………………*76*
リチャード（イングランド国王）………*279*
流　血
　　――裁判権 …………*100-2, 116-121, 125-6,*
　　　132, 135, 140-3, 148, 163-4,
　　　175, 180, 184, 186-7, 194-7
　　――罰令権 ……………………………*263*
H・リュック ……………………………*117*
リューネブルク
　　――（他方の独立の支配権 dominium
　　　aliud per se）……………………*308*

　　――城塞 …*292-4, 300, 302-5, 309, 313, 315, 317*
　　――大公 ………………*298-301, 303, 307*
　　――大公領 ……………………………*271*
リヒテンベルク城塞 ……………*287-8, 290, 313*
リヘンツァ（ハインリッヒ獅子公の娘）…*277*
リューヒョ城塞 ………*292-3, 311, 313, 316, 319*
領国（ランデスヘルシャフト）の地方
　　行政組織アムト ………………*233, 264*
領　主
　　――直営地……*5, 17, 83-5, 87-8, 90, 123, 201-2*
　　――館 …………*56, 83, 88, 124, 199, 200, 206*
領邦化 ……………………………………*261*
臨時裁判集会 ………………*101, 117, 120*
ルクセンブルク伯領 ……………*236-7, 273*
ルートヴィッヒ・デア・バイアー（皇帝）
　　………………………………………*118-9*
ルードルフ …*27-8, 30-7, 41, 61, 79, 94, 96,*
　　　101, 122, 131, 137, 147, 166, 171, 174
ルードルフ
　　――1世（国王）……………………*172*
　　――2世（オーストリア大公）…………*172*
　　――3世（ブルグント国王）…………*243-4*
　　――・フォン・ピースティング ………*190*
ルワ城塞……………………………………*244*
レーエン
　　――高権 ………………………………*237*
　　――財産…*59-60, 63-6, 68, 77, 103, 121, 126, 193*
　　――制的軍隊 …………………*68, 78, 193*
　　――制的支配構造 ……………………*64-5*
　　――目録 …*23-4, 59-60, 63-6, 77, 98, 137, 140*
　　官職―― …………………………………*202*
　　受動的―― ………*16, 20, 24, 58, 60,*
　　　65, 67, 77, 178, 193
　　城塞守備―― …………*24, 68-70, 76, 78, 193*
　　能動的―― …………*16, 65, 78, 193*
レガーリエン（レガリア regalia,
　　国王留保権）……*III, 118, 152, 164, 207, 218*
レーゲンシュタイン城塞…*292-3, 311, 313, 315*
レーゲンスブルク司教 …………*36, 63, 189*
W・レーゼナー …………*16-7, 20, 28, 33,*
　　　51, 87-8, 200, 209

事項・地名・人名索引

レッヒフェルト（アウクスブルク近郊）…*172*
A・レナルツ …………………………………*205*
ロータル
　——3世（皇帝）……………………………*288*
　——（ハインリッヒ獅子公の二男）…*276-7*
rocca（イタリアの貴族城塞）……………*220*
ローテンブルク城塞………*287-8, 290, 311, 313*
ロートリンゲン ……………………………………*6*
ローマ
　——（都市）……………………………*249-50*

——教会 …………………………………*249-50*
——大公領 ………………………………*249-50*
——法 ………………………………………*249*
——の裁判官 ………………………………*250*
——の付属物 [pertinentia]
　　（〔支配＝周辺〕領域）……………*249-50*
ロンカリアの帝国議会 ………………………*263*

347

城塞支配権の原語索引

appenditia (-cia) ·······················284-5

appertinentia (-cia) ················237, 240

attinentia (-cia) ···········71, 181-3, 223, 225-6,
229, 234-5, 240, 257

bannus (m) ·····························223-4, 240

castellum ·······················220-1, 244, 249

castrum ··················73, 123, 177, 181-2,
220-1, 226-9, 235, 256-7, 260

chastelerie ·················223, 227, 236, 269

chatelerie·······························223, 227

cometia (-cia) ············114, 121-3, 131, 140,
163-4, 175, 179-80, 187, 194-6

districtus·····························240, 243, 247

dominium ·········183, 185, 187, 196, 223-7,
229, 248, 254-6, 259, 303-4, 309

iudicium ······································228

iurisdictio (es) ···················22, 223, 226

mandamentum ·····················245, 247

officium ·········26, 47, 49, 51-2, 56, 80, 82, 88,
124, 126, 131, 140, 142, 144, 163-4,
175, 180, 187, 194-6, 202-4, 208

pertinentia (-cia) ······54, 60, 223-4, 227-8, 234,
237, 240, 244-6, 269, 282, 284-5, 290, 302-3

prepositura···········50-6, 80, 82, 131, 140, 142,
175, 180, 187, 195-6, 201-4, 236

procuratio···············49-56, 80, 82, 91-2, 98,
126, 148, 163-4, 194-5, 201-4

tenementum ·································259

terra·····························179-80, 187, 196, 233

terre ·······································231, 237

urbs ···············53-6, 126, 131, 140, 142, 148,
163-4, 175, 180, 187, 194-6, 199, 289

zugehorung ·································269

348

〈著者紹介〉

櫻 井 利 夫（さくらい としお）

　金沢大学名誉教授
　金沢大学客員研究員
　博士（法学）
　西洋法制史専攻

〈主要著作〉
　『中世ドイツの領邦国家と城塞』（創文社，2000 年）
　『ドイツ封建社会の構造』（創文社，2008 年）

学術選書
159
西洋法制史

❦ ❀ ❦

ドイツ封建社会の城塞支配権

2017年（平成29年）9 月25日　第 1 版第 1 刷発行
6759：P368　¥8000E-012-030-010

著　者　　櫻　井　利　夫
発行者　　今井 貴・稲葉文子
発行所　　株式会社　信 山 社
編集第 2 部

〒113-0033　東京都文京区本郷 6-2-9-102
Tel 03-3818-1019　Fax 03-3818-0344
info@shinzansha.co.jp
笠間才木支店　〒309-1611 茨城県笠間市笠間 515-3
Tel 0296-71-9081　Fax 0296-71-9082
笠間来栖支店　〒309-1625 茨城県笠間市来栖 2345-1
Tel 0296-71-0215　Fax 0296-72-5410
出版契約 No.2017-6759-4-01011 Printed in Japan

©櫻井利夫, 2017　印刷・製本／ワイズ書籍(Y)・牧製本
ISBN978-4-7972-6759-4 C3332　分類 322.400

JCOPY 《(社)出版者著作権管理機構 委託出版物》
本書の無断複写は著作権法上での例外を除き禁じられています。複写される場合は，
そのつど事前に，(社)出版者著作権管理機構（電話 03-3513-6969，FAX 03-3513-6979，
e-mail: info@jcopy.or.jp）の許諾を得てください。

◆逐条国会法　1〜7　昭和54年3月衆議院事務局 編
◆逐条国会法　8 補巻〈追録〉平成21年12月衆議院事務局 編
◆国会運営の理論　鈴木隆夫 著／今野彧男 解題
◆国会法の理念と運用—鈴木隆夫論文集　鈴木隆夫 著
◆国会法　白井誠 著
◆占領政策としての帝国議会改革と国会の成立 1945-1958　梶田秀 著
◆国会運営の裏方たち—衆議院事務局の戦後史
　　今野彧男 著／赤坂幸一・奈良岡聰智 編著
◆立法過程と議事運営—衆議院事務局の三十五年
　　近藤誠治 著／赤坂幸一・奈良岡聰智 編著
◆議会政治と 55 年体制—衆議院事務総長の回想
　　谷福丸 著／赤坂幸一・奈良岡聰智・牧原出 編著
◆憲法の基底と憲法論 — 思想・制度・運用（高見勝利先生古稀記念）
　　岡田信弘・笹田栄司・長谷部恭男 編
◆憲法改革の理念と展開　上・下（大石眞先生還暦記念）
　　曽我部真裕・赤坂幸一 編
◆日本近現代法史（資料・年表）〔第 2 版〕
　　藤田正・吉井蒼生夫・小澤隆司・林真貴子 編著
◆行政手続法制定資料〔平成 5 年〕塩野宏・小早川光郎 編著
◆国家賠償法〔昭和 22 年〕宇賀克也 編著
◆地方自治法改正史　小西敦 著
◆判例プラクティス憲法【増補版】憲法判例研究会編／淺野博宣・
　　尾形健・小島慎司・宍戸常寿・曽我部真裕・中林暁生・山本龍彦 著
◆（衆議院ノ）議事解説 昭和 17 年帝国議会衆議院事務局 編（復刻版）
◆議事解説 昭和 17 年帝国議会衆議院事務局 編／原田一明 解題（翻刻版）
◆日本国憲法制定資料全集 芦部信喜・高橋和之・高見勝利・日比野勤 編著

信山社

ドイツ憲法判例研究会 編

◆ 講座 憲法の規範力 ◆

〔全5巻〕

第1巻　**規範力の観念と条件**
編集代表 古野豊秋・三宅雄彦

第2巻　**憲法の規範力と憲法裁判**
編集代表 戸波江二・畑尻 剛

第3巻　**憲法の規範力と市民法** [続刊]
編集代表 小山 剛

第4巻　**憲法の規範力とメディア法**
編集代表 鈴木秀美

第5巻　**憲法の規範力と行政**
編集代表 嶋崎健太郎

◆ **放送の自由（増補第2版）**　鈴木秀美 著
◆ **プロセス演習憲法（第4版）**　棟居快行・工藤達朗・小山剛 編
◆ **憲法（第5版）**　工藤達朗・畑尻剛・橋本基弘 著
◆ **人権論の新構成**　棟居快行 著
◆ **憲法学再論**　棟居快行 著
◆ **憲法学の可能性**　棟居快行 著
◆ **憲法講義（人権）**　赤坂正浩 著
◆ **世紀転換期の憲法論**　赤坂正浩 著
◆ **立憲国家と憲法変遷**　赤坂正浩 著
◆ **司法的人権救済論**　井上典之 著
◆ **基本権論**　P.ヘーベルレ 著／井上典之 編訳
◆ **行政訴訟と権利論**　神橋一彦 著
◆ **行政救済法（第2版）**　神橋一彦 著
◆ **放送の自由の基層**　西土彰一郎 著

◆憲法の発展Ⅰ－憲法の解釈・変遷・改正－

〈日独憲法対話2015〉　鈴木秀美／M・イェシュテット／小山 剛／R・ポッシャー 編

信山社

ドイツ憲法集（第7版）高田敏・初宿正典 編訳

オットー・フォン・ギールケ **ドイツ団体法論**
〔第1巻 翻訳全4分冊〕庄子良男 訳

近代民事訴訟法史・オーストリア 鈴木正裕 著

民事訴訟法の立法史と解釈学 松本博之 著

国際法原理論 ハンス・ケルゼン 著／長谷川正国 訳

医事法講座 甲斐克則 編

法学上の発見と民法 小野秀誠 著

ドイツ研究 日本ドイツ学会 編

ロクシン刑法総論

第1巻［基礎・犯罪論の構造］（翻訳第1分冊）〔第3版〕
クラウス・ロクシン 著／平野龍一 監訳

第1巻［基礎・犯罪論の構造］（翻訳第2分冊）〔第4版〕
クラウス・ロクシン 著／山中敬一 監訳

第2巻［犯罪の特別現象形態］（翻訳全2分冊）〔第4版〕
クラウス・ロクシン 著／山中敬一 監訳

近代刑法の史的展開 山中敬一 著

グローバル化と社会国家原則
──日独シンポジウム 髙田昌宏・野田昌吾・守矢健一 編

信山社

消費者法研究

2017.7刊行 第3号

河上正二 責任編集

◆特集 改正民法における「定型約款」と消費者法◆

1 「約款による契約」と「定型約款」
〔河上正二〕
2 改正民法における「定型約款」の規制とその問題点〔山本敬三〕
3 「定型約款」規定の諸課題に関する覚書き
〔鹿野菜穂子〕
4 「定型約款」のいわゆる採用要件について
〔沖野眞巳〕
5 「定型約款」に関する規定と契約法学の課題
〔丸山絵美子〕
6 「定型約款」時代の不当条項規制
〔大澤 彩〕
7 「定型約款」規定についての覚書を再び掲載するに当たって〔廣瀬久和〕

岩村正彦・菊池馨実 責任編集
社会保障法研究
太田勝造・佐藤岩夫 責任編集
法と社会研究
大塚 直 責任編集
環境法研究

ロジスティクス知的財産法
◆ I 特許法◆田村善之・時井真 著

◆ II 著作権法◆田村善之・高瀬亜富・平澤卓人 著

民法研究 第2集

大村敦志 責任編集　創刊

第1号 〔東アジア編1〕

創刊にあたって〔大村敦志〕
■ シンポジウムに参加して〔中田裕康〕
■「人の法」から見た不法行為法の展開〔大村敦志〕
■「重過失」の概念について〔道垣内弘人〕
■ 日本法における「過失相殺」について〔河上正二〕
■ 不当利得と不法行為〔松岡久和〕
■ 契約と不法行為―消滅時効〔沖野眞巳〕

第2号 〔東アジア編2〕

■ 第2回東アジア学術大会(中国延辺)国際シンポジウムについて〔河上正二〕
■ 消費者法の視点からみた日本の売買法と民法改正〔中田邦博〕
■ 高齢化社会と消費者の保護〔野澤正充〕
■ 約款法と消費者法〔河上正二〕
■ 消費者契約法10条による無効判断の方法
〔道垣内弘人〕
■ 消費者撤回権と民法〔松岡久和〕
■ 損害賠償額の予定・違約金条項規制の展開
〔丸山絵美子〕

第3号も近刊！

広中俊雄創刊『民法研究』を継承し、新たな構想の下スタートする第2集。第一線の民法学者による報告論文とその中国語、韓国語訳。

信山社

法律学の森シリーズ

変化の激しい時代に向けた独創的な体系書

戒能通厚　イギリス憲法

新　正幸　憲法訴訟論〔第 2 版〕

大村敦志　フランス民法

潮見佳男　新債権総論 I　民法改正対応

潮見佳男　新債権総論 II　民法改正対応

小野秀誠　債権総論

潮見佳男　契約各論 I

潮見佳男　契約各論 II　（続刊）

潮見佳男　不法行為法 I〔第 2 版〕

潮見佳男　不法行為法 II〔第 2 版〕

藤原正則　不当利得法

青竹正一　新会社法〔第 4 版〕

泉田栄一　会社法論

小宮文人　イギリス労働法

高　翔龍　韓国法〔第 3 版〕

豊永晋輔　原子力損害賠償法

信山社